U0622534

职业教育专业基础课系列教材

# 无机及分析化学

陈凌◎主编

化学工业出版社

·北京·

## 内 容 简 介

《无机及分析化学》将无机化学、分析化学内容优化整合，共有 10 章，包括分散体系、化学实验基础知识、化学反应速率和化学平衡、定量分析基础、酸碱平衡和酸碱滴定法、沉淀溶解平衡和沉淀滴定法、原子结构和元素周期律、化学键与物质结构、氧化还原平衡和氧化还原滴定法、配位平衡和配位滴定法。为强化学生的实践操作能力，本教材还配套有实训手册供学生学习。

本教材编写体现高等职业教育的属性，以职业能力培养为根本，充分体现工学结合的高职教育特色。本教材通过数字资源的方式加入了微课，学生通过扫描二维码即可观看微课，为学生的预习和复习提供了一个学习平台。本教材还配套有电子课件，可以从 www.cipedu.com.cn 下载。

本书适用于高职制药类、食品类、生物类和农业类等专业，也可作为其他相关专业或分析检验工作者的参考用书。

**图书在版编目（CIP）数据**

无机及分析化学 / 陈凌主编. -- 北京：化学工业出版社，2025.5. --（职业教育专业基础课系列教材）.
ISBN 978-7-122-47732-3

Ⅰ. O61；O65

中国国家版本馆 CIP 数据核字第 2025SQ3644 号

---

责任编辑：王嘉一　迟　蕾　李植峰　　　　文字编辑：段曰超
责任校对：田睿涵　　　　　　　　　　　　装帧设计：王晓宇

---

出版发行：化学工业出版社
　　　　　（北京市东城区青年湖南街 13 号　邮政编码 100011）
印　　装：中煤（北京）印务有限公司
787mm×1092mm　1/16　印张 18¾　彩插 1　字数 460 千字
2025 年 9 月北京第 1 版第 1 次印刷

---

购书咨询：010-64518888　　　　　　售后服务：010-64518899
网　　址：http://www.cip.com.cn
凡购买本书，如有缺损质量问题，本社销售中心负责调换。

---

定　　价：58.00 元　　　　　　　　　　　版权所有　违者必究

# 《无机及分析化学》编写人员

主　编　陈　凌

副主编　张守花　崔利辉

编　者（以姓氏笔画为序）

孙云雷（浙江广厦建设职业技术大学）

汪小阳（浙江经贸职业技术学院）

张守花（鹤壁职业技术学院）

陈　凌（浙江广厦建设职业技术大学）

果婷婷（浙江广厦建设职业技术大学）

孟　望（新疆建投项目管理咨询有限公司）

崔利辉（杨凌职业技术学院）

无机化学和分析化学是高等职业教育药品生产技术、药学、药品质量与安全、食品质量与安全、生物制药技术等专业的专业基础课程，内容非常广泛，但相当一部分有交叉和重复。根据我国高职院校上述专业的化学基础课加强学生实验技能的训练，理论课课时有所缩减的情况，将无机化学和分析化学课程内容合并为无机及分析化学。本书既继承了无机化学理论知识的基础性和科学性，又突出了分析化学实验技能的应用性，减少教学中的重复和与专业脱节现象，体现高职教育的特点：以化学分析方法为主要内容，系统介绍无机及分析化学的基础知识、基本概念；综合应用已学过的化学知识，重视基本技能的训练，理论联系实际。

本书具有以下特点：

① 注重实用性、应用性。根据上述专业的特点，紧贴专业实际应用。理论联系实际，重视基本原理、基础知识和基本操作技能的培养。

② 融入思政元素。从科学精神、科学思维、科学伦理等角度切入思政话题，培养学生严谨细致的工作态度、辩证思维的科学探索意识、敢于求真的科学态度，追求卓越的工作责任感和使命担当。

③ 与《中华人民共和国药典》、国家标准（GB）等有关内容及要求有机融合，推进书证融通、课证融通，为区域经济发展培养合格的分析检测技术人员。

④ 配套数字化资源。本教材开发配套数字化资源，在书中以二维码形式提供，便于学生自主学习，有利于难点的突破。

本书由浙江广厦建设职业技术大学陈凌主编，鹤壁职业技术学院张守花、杨凌职业技术学院崔利辉副主编；浙江广厦职业技术大学孙云雷、果婷婷，新疆建投项目管理咨询有限公司 BIM 管理中心孟望、浙江经贸职业技术学院汪小阳参编。全书由陈凌通读、统稿后定稿。

教材编写过程中得到编者所在单位领导和同事的热情关心与支持，在此表示衷心感谢。鉴于编者水平和时间有限，疏漏之处在所难免，我们诚恳希望同行专家、广大师生和读者提出宝贵意见，以便进一步修订和完善。

编　者
2025 年 1 月

# 目录

第一章
分散体系　/ 001

第一节　溶液　/ 001
一、分散系　/ 001
二、溶液浓度的表示方法　/ 002
三、溶液浓度之间的换算　/ 005
第二节　稀溶液的依数性　/ 006
一、溶液的蒸气压下降　/ 006
二、溶液的沸点升高　/ 007
三、溶液的凝固点下降　/ 008
四、溶液的渗透压　/ 010
第三节　胶体溶液　/ 011
一、胶体的吸附作用　/ 011
二、胶体的结构　/ 012
三、胶体的性质　/ 013
四、胶体的稳定性和聚沉　/ 014
五、高分子溶液　/ 015
习题　/ 015

第二章
化学实验基础知识　/ 018

第一节　玻璃仪器的洗涤和干燥　/ 018
一、玻璃仪器的洗涤　/ 018
二、玻璃仪器的干燥　/ 019
第二节　无机化学实验基本操作　/ 020
一、化学试剂及其取用　/ 020
二、物质的溶解、固液分离、溶液的浓缩与结晶　/ 022
习题　/ 028

第三章
化学反应速率和化学平衡　/ 030

第一节　化学反应速率　/ 030
一、定义　/ 030

# 目录

　　二、反应机理　/ 031

　　三、反应速率方程　/ 031

　　四、化学反应速率理论　/ 033

**第二节　影响反应速率的因素　/ 036**

　　一、浓度对反应速率的影响　/ 036

　　二、压力对反应速率的影响　/ 036

　　三、温度对反应速率的影响　/ 036

　　四、催化剂对反应速率的影响　/ 037

**第三节　化学平衡　/ 037**

　　一、可逆反应与化学平衡　/ 037

　　二、平衡常数　/ 040

**第四节　化学平衡的移动　/ 043**

　　一、浓度对化学平衡的影响　/ 043

　　二、压力对化学平衡的影响　/ 044

　　三、温度对化学平衡的影响　/ 045

　　四、催化剂对化学平衡的影响　/ 045

　　五、平衡移动原理　/ 045

**习题　/ 046**

## 第四章
## 定量分析基础　/ 049

**第一节　定量分析概述　/ 049**

　　一、分析化学的任务和作用　/ 049

　　二、定量分析过程　/ 050

　　三、定量分析方法　/ 050

**第二节　定量分析的误差　/ 051**

　　一、有关测定数值的介绍　/ 052

　　二、误差的表征　/ 053

　　三、误差的分类　/ 056

　　四、提高分析结果准确度的方法　/ 057

　　五、分析数据的处理　/ 059

**第三节　有效数字及其运算规则　/ 062**

　　一、有效数字　/ 062

　　二、有效数字的修约　/ 063

　　三、有效数字的运算规则　/ 063

**第四节　滴定分析法　/ 065**

　　一、滴定分析的基本术语　/ 065

　　二、滴定分析法对化学反应的要求及滴定方式　/ 065

# 目录

三、标准溶液的配制 / 066

习题 / 067

### 第五章
### 酸碱平衡和酸碱滴定法　/ 070

第一节　酸碱理论　/ 070
　　一、酸碱电离理论　/ 071
　　二、酸碱质子理论　/ 071
第二节　酸碱平衡与酸碱的相对强度　/ 072
　　一、酸碱解离平衡与解离平衡常数　/ 073
　　二、影响酸碱解离平衡的主要因素　/ 076
第三节　溶液的酸碱性　/ 078
　　一、水溶液中酸碱平衡处理的方法　/ 078
　　二、强酸（强碱）溶液 pH 值的计算　/ 079
　　三、一元弱酸（弱碱）溶液 pH 值的计算　/ 080
　　四、多元弱酸（弱碱）溶液 pH 值的计算　/ 081
　　五、弱酸混合溶液的 pH 值　/ 082
　　六、两性物质溶液的 pH 值　/ 082
　　七、酸碱缓冲溶液　/ 083
第四节　酸碱指示剂　/ 087
　　一、酸碱指示剂的作用原理　/ 087
　　二、指示剂的变色范围　/ 087
　　三、影响指示剂变色的因素　/ 089
第五节　酸碱滴定法　/ 090
　　一、强碱（强酸）滴定强酸（强碱）　/ 090
　　二、强碱（强酸）滴定一元弱酸（弱碱）　/ 092
　　三、多元酸（或多元碱）、混酸的滴定　/ 093
第六节　酸碱滴定法的应用　/ 095
　　一、酸标准溶液的配制和标定　/ 095
　　二、碱标准溶液的配制和标定　/ 096
　　三、$CO_2$ 对酸碱滴定的影响　/ 097
　　四、酸碱滴定法的应用　/ 097

习题 / 100

### 第六章
### 沉淀溶解平衡和沉淀滴定法　/ 103

第一节　沉淀溶解平衡　/ 103

一、沉淀溶解平衡的概念 / 103

二、溶度积常数 / 103

三、溶度积与溶解度的关系 / 104

**第二节　溶度积规则及其应用　/ 105**

一、溶度积规则 / 105

二、沉淀的生成 / 106

**第三节　沉淀滴定法　/ 111**

一、莫尔法 / 111

二、佛尔哈德法 / 112

三、法扬斯法 / 114

四、沉淀滴定法的应用实例 / 115

**习题　/ 116**


**第七章**
**原子结构和元素周期律　/ 119**


**第一节　核外电子的运动状态　/ 119**

一、核外电子运动的量子化特征 / 120

二、核外电子运动的波粒二象性 / 121

三、核外电子运动状态的描述 / 123

**第二节　原子核外电子排布与元素周期律　/ 126**

一、多电子原子轨道的能级 / 126

二、基态原子中电子的排布原理 / 127

三、原子的电子结构和元素周期律 / 128

四、元素性质的周期性 / 130

**习题　/ 135**


**第八章**
**化学键与物质结构　/ 138**


**第一节　离子键　/ 138**

一、离子键的形成和特征 / 138

二、离子的特性 / 139

**第二节　共价键理论　/ 140**

一、共价键的形成 / 140

二、价键理论的要点 / 141

三、共价键的特征 / 141

四、共价键的类型 / 142

五、键参数 / 143

# 目录

**第三节　杂化轨道理论** / 145
一、杂化轨道理论的基本要点 / 145
二、杂化轨道的类型 / 146
**第四节　分子间作用力与氢键** / 149
一、分子的极性和变形性 / 149
二、分子间力 / 150
三、氢键 / 152
**习题** / 154

**第九章**
**氧化还原平衡和氧化还原滴定法** / 156

**第一节　氧化还原反应方程式的配平** / 156
一、氧化数 / 156
二、氧化还原反应方程式的配平 / 158
**第二节　原电池与电极电势** / 161
一、原电池 / 161
二、电极电势 / 163
三、影响电极电势的因素 / 166
**第三节　电极电势的应用** / 168
一、判断氧化剂和还原剂的相对强弱 / 168
二、判断氧化还原反应进行的方向 / 169
三、判断氧化还原反应进行的程度 / 169
四、测定溶度积常数和稳定常数 / 171
五、元素电势图及其应用 / 172
**第四节　氧化还原滴定法** / 174
一、氧化还原滴定曲线 / 174
二、氧化还原滴定中的指示剂 / 178
三、氧化还原滴定前的预处理 / 179
**第五节　常见的氧化还原滴定法** / 181
一、高锰酸钾法 / 182
二、重铬酸钾法 / 183
三、碘量法 / 184
**习题** / 187

**第十章**
**配位平衡和配位滴定法** / 191

**第一节　配位化合物的基本概念** / 191

# 目录

一、配位化合物的组成和命名 / 191

二、配位化合物的分类 / 195

**第二节 配位化合物在水溶液的稳定性** / 197

一、配位平衡及其平衡常数 / 197

二、配位化合物稳定常数的应用 / 198

三、EDTA 配位化合物的条件稳定常数 / 200

**第三节 配位滴定法** / 203

一、配位滴定的基本原理 / 203

二、金属指示剂 / 207

**第四节 提高配位滴定选择性的方法** / 210

一、混合离子准确滴定的条件 / 210

二、消除干扰的主要途径 / 210

**第五节 配位滴定方式及其应用** / 212

一、配位滴定方式 / 212

二、配位滴定法的应用 / 214

**习题** / 215

**附录** / 219

附录1 常见化合物的摩尔质量表 / 219

附录2 常见弱电解质的解离常数 (298.15K) / 221

附录3 常见难溶电解质的溶度积 (298.15K) / 221

附录4 常见氧化还原电对的标准电极电势 (298.15K) / 222

附录5 常见配离子的稳定常数 (298.15K) / 224

**参考文献** / 226

# 第一章 分散体系

 **学习目标**

**素质目标：**

（1）提高发现问题、分析问题的能力；

（2）通过溶液变化的规律，培养辩证思维。

**知识目标：**

（1）了解分散系、分散质、分散剂，分散体系的分类；

（2）掌握溶液的蒸气压下降、沸点升高、凝固点下降等稀溶液的依数性的基本概念及相关计算；

（3）了解胶体溶液的吸附作用、胶体的结构和性质、胶体的稳定性及聚沉；

（4）掌握溶液的物质的量浓度、质量摩尔浓度、物质的摩尔分数的计算。

**能力目标：**

（1）能解析胶团的结构；

（2）能应用拉乌尔定律解决实际问题。

## 第一节 溶 液

### 一、分散系

一种或多种物质分散到另一种或多种物质中所得到的体系叫作分散体系（分散系）。分散体系中被分散的物质称作分散相（或分散质），另一起分散作用的物质称作分散介质（或分散剂）。按分散质粒子的大小，常把分散系分为溶液、胶体、粗分散系三类。

溶液是一种物质（溶质）以分子或离子的状态，均匀地分布在另一种物质（溶剂）中所得到的分散体系。溶液又称分子溶液或真溶液，它具有高度的稳定性，只要外界条件不发生变化（温度不变，溶剂没有蒸发），无论放置多久，溶质都不会析出。溶液并不限于液体状态，任何聚集状态都可以组成溶液。如空气是气体溶液；铜银、铜镍合金是固体溶液。通常所说的溶液是指液态溶液。

胶体是一种特殊的混合物，由两种或多种物质组成，其中一种物质以微小颗粒的形式分散在另一种物质中。这些微小颗粒的直径通常在 $1\sim100\mathrm{nm}$ 之间，介于溶液和悬浮液之间。

粗分散系主要包括悬浊液和乳浊液。悬浊液是固体分散相以微小颗粒分散在液体物质中

形成的分散体系，如自然界中浑浊的河流。乳浊液是液体分散质以微小的珠滴分散在另一种液体中形成的分散体系，如从油井中喷出的原油、橡胶的乳胶等都是乳浊液。

悬浊液、乳浊液与溶液不同的地方，主要是均匀状态和稳定性。溶液澄清、透明、不浑浊，能长期放置而不会析出溶质；悬浊液或乳浊液都是浑浊的，放置后分散相与分散介质会分离。这种性质上的差别，主要是由分散相颗粒大小不同而决定的。

三种分散系之间虽然有明显的区别，但是却没有明确的界线。三者之间的过渡是渐变的。实际上已经发现粒子直径为 500nm 的分散体系也表现出胶体的性质。因此以粒子大小范围作为分散系的分类标准只具有相对性。

在研究问题的时候，经常将溶液、悬浊液、乳浊液和胶体分别进行讨论。但实际上存在的分散体系往往是比较复杂的。牛奶就是一个复杂的分散体系，它的基本成分有水、脂肪、干酪质、乳糖等，脂肪以乳浊液的形式分散在水中。在牛奶静置时存在面上的干酪质则以胶体溶液的形式分散在水中，当用醋酸化时很容易以奶渣的形式分离出来。乳糖则是以分子状态溶于水中。

## 二、溶液浓度的表示方法

溶液在日常生活中具有重要意义，生物的生命活动与水溶液息息相关，动物体内有许多物质如血液、组织液、淋巴液以及胆汁等体液都是以溶液的形式存在的，生物营养物质的运输、消化、吸收等生理活动都离不开溶液，生物体内新陈代谢的各种物质所组成的溶液都起着维持生命活动的作用，并参与各种生理生化反应。在科学研究中，大部分化学反应都是在溶液中进行的；在医学方面，固体药物必须转化为溶液才能发挥药效；在农业方面，农药的使用、组织培养液的配制和无土栽培技术的应用都离不开溶液，大多数分析检验都在溶液中实施。

### 1. 物质的量浓度

物质的量：表示组成物质的基本单元数目多少的物理量，符号为 $n$。物质的量的单位为摩尔，简称摩，符号为 mol。某物系中所含有的基本单元数目与 0.012kg $C_{12}$ 的原子数目（即阿伏伽德罗常量，$6.023 \times 10^{23}$）相等，此物系的"物质的量"为 1mol。

使用物质的量及其单位时，必须同时指明基本单元（用符号 B 表示），B 既可以是分子、原子、离子、电子及其他粒子，也可以是这些粒子的特定组合，如 H、$H_2$、NaOH、$\frac{1}{2}H_2SO_4$、$\frac{1}{5}KMnO_4$、$SO_4^{2-}$ 和（$H_2 + \frac{1}{2}O_2$）等。

摩尔质量：1mol 物质的质量。B 物质的摩尔质量，符号为 $M_B$，摩尔质量也必须指明基本单元。

物质的量、摩尔质量与质量之间的关系：

$$n_B = \frac{m_B}{M_B} \tag{1-1}$$

式中，$n_B$ 为 B 物质的物质的量，mol；$m_B$ 为 B 物质的质量，g；$M_B$ 为 B 物质的摩尔质量，$g \cdot mol^{-1}$。

物质的量浓度：用单位体积溶液中所含溶质的物质的量来表示的浓度。物质 B 的物质的量浓度用符号 $c_B$ 表示。

$$c_B = \frac{n_B}{V}, c_B = \frac{m_B/M_B}{V}, m_B = c_B V M_B \qquad (1-2)$$

式中，$n_B$ 为 B 物质的物质的量，mol；$m_B$ 为 B 物质的质量，g；$M_B$ 为 B 物质的摩尔质量，$g \cdot mol^{-1}$；$V$ 为溶液的体积，L；$c_B$ 为 B 物质的物质的量浓度，$mol \cdot L^{-1}$。

**例 1-1**　将 6.00 g NaOH 溶于水，配成 500mL 的 NaOH 溶液，计算该 NaOH 溶液的物质的量浓度。

**解**　根据式（1-2）得

$$c_{NaOH} = \frac{m_{NaOH}}{M_{NaOH} V_{NaOH}} = \frac{6.00}{40 \times \frac{500}{1000}} = 0.3 \, (mol \cdot L^{-1})$$

答：该 NaOH 溶液的物质的量浓度为 $0.3mol \cdot L^{-1}$。

### 2. 质量摩尔浓度

质量摩尔浓度：用 1000g 溶剂中所含溶质的物质的量表示的浓度，符号为 $b_B$。

$$b_B = \frac{n_B}{m_A} = \frac{m_B}{M_B m_A} \qquad (1-3)$$

式中，$m_A$ 为溶剂的质量，kg；$b_B$ 为 B 物质的质量摩尔浓度，$mol \cdot kg^{-1}$。

**例 1-2**　1000g 水中溶有 34.2g 蔗糖（分子量为 342），计算该溶液的质量摩尔浓度。

**解**　根据式（1-3）得

$$b_B = \frac{m_{蔗糖}}{M_{蔗糖} m_{水}} = \frac{34.2}{342 \times \frac{1000}{1000}} = 0.1 \, (mol \cdot kg^{-1})$$

答：该溶液的质量摩尔浓度为 $0.1mol \cdot kg^{-1}$。

### 3. 质量分数

物质 B 的质量分数：物质 B 的质量与混合物的质量之比，符号为 $w_B$，用％表示。

$$w_B = \frac{m_B}{m} \times 100\% \qquad (1-4)$$

式中，$m$ 为混合的质量，g；$m_B$ 为 B 物质的质量，g；$w_B$ 为 B 物质的质量分数。

**例 1-3**　将 80.0g 蔗糖溶于水，配制成 500g 蔗糖溶液，计算该蔗糖溶液的质量分数。

**解**　根据式（1-4）得：

$$w_{蔗糖} = \frac{m_{蔗糖}}{m_{溶液}} \times 100\% = \frac{80.0}{500} \times 100\% = 16\%$$

答：该蔗糖溶液的质量分数为 16％。

### 4. 质量浓度

物质 B 的质量浓度：单位体积溶液所含溶质 B 的质量，质量浓度的国际单位为 $kg \cdot m^{-3}$，

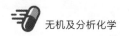 

化学和医学上常用单位为 $g \cdot L^{-1}$ 或 $mg \cdot L^{-1}$。表示溶质质量的单位可以改变，但是溶液的体积单位用"L"。

$$\rho_B = \frac{m_B}{V} \tag{1-5}$$

式中，$V$ 为溶液体积，L；$m_B$ 为 B 物质的质量，g；$\rho_B$ 为 B 的质量浓度，$g \cdot L^{-1}$。

在书写质量浓度的符号时，注意一定要标明溶质，用以区别密度符号 $\rho$。如氢氧化钠的质量浓度可表示为 $\rho_{NaOH}$ 或 $\rho(NaOH)$。

**例 1-4**　150mL 静脉滴注用的葡萄糖溶液中含 7.5g 葡萄糖，计算该葡萄糖溶液的质量浓度。

**解**　根据式（1-5）得

$$\rho_{葡萄糖} = \frac{m_{葡萄糖}}{V_{葡萄糖溶液}} = \frac{7.5}{150/1000} = 50 \ (g \cdot L^{-1})$$

答：该葡萄糖溶液的质量浓度为 $50g \cdot L^{-1}$。

### 5. 物质的摩尔分数

物质的摩尔分数：溶液中 B 物质的物质的量（$n_B$）占全部溶液的物质的量（$n$）的分数，用"$x_B$"表示，其量纲为 1。

$$x_B = \frac{n_B}{n} \tag{1-6}$$

若溶液由 A 和 B 两种组分组成，溶质物质的量为 $n_B$，溶剂物质的量为 $n_A$，则

$$x_A = \frac{n_A}{n_A + n_B} 或 x_B = \frac{n_B}{n_A + n_B}$$

显然，溶液各组分物质的摩尔分数之和等于 1，即

$$x_A + x_B = 1 \tag{1-7}$$

**例 1-5**　苯和甲苯混合液中，苯的质量分数为 0.21，试计算其摩尔分数。

**解**　根据式（1-1）得

$$n_{苯} = \frac{m_{苯}}{M_{苯}} = \frac{21}{78} = 0.27 \ (mol)$$

$$n_{甲苯} = \frac{m_{甲苯}}{M_{甲苯}} = \frac{79}{92} = 0.86 \ (mol)$$

根据式（1-6）得

$$x_{苯} = \frac{n_{苯}}{n_{苯} + n_{甲苯}} = \frac{0.27}{0.27 + 0.86} = 0.24$$

答：苯的摩尔分数为 0.24。

### 6. 滴定度

滴定度有两种表示方法：

① $T_s$：每毫升标准溶液中所含滴定剂（溶质）的质量，单位为 $g \cdot mL^{-1}$ 或 $mg \cdot mL^{-1}$。

例如：$T_{HCl} = 0.001012g \cdot mL^{-1}$ 的 HCl 溶液，表示每毫升此溶液含有 0.001012g 纯 HCl。

② $T_{s/x}$：每毫升标准溶液相当于被测物的质量。

s 为滴定剂（标准溶液）。

x 为被测物。

例如：高锰酸钾标准溶液对铁的滴定度用 $T_{KMnO_4/Fe}$ 来表示，当 $T_{KMnO_4/Fe} = 0.005682$ $g \cdot mL^{-1}$ 时，表示每毫升 $KMnO_4$ 标准溶液可以把 0.005682g 的 $Fe^{2+}$ 滴定为 $Fe^{3+}$。

**例 1-6**　用 $T_{EDTA/CaO} = 0.5mg \cdot mL^{-1}$ 的 EDTA 标准溶液滴定含钙离子的待测溶液，消耗了 5mL EDTA 标准溶液。计算此溶液中含多少 CaO？

**解**　$T_{EDTA/CaO}V = 0.5 \times 5 = 2.5$（mg）

答：此溶液中共有 2.5mgCaO。

## 三、溶液浓度之间的换算

在实际工作中，通常要将溶液的一种形式的浓度换算为另一种形式的浓度，即进行相应的浓度换算。

### 1. 物质的量浓度与质量分数的换算

$$c_B = \frac{n_B}{V} = \frac{m_B}{M_B V} = \frac{m w_B}{M_B V} = \frac{1000\rho \times w_B}{M_B} \tag{1-8}$$

式中，$c_B$ 为 B 物质的物质的量浓度，$mol \cdot L^{-1}$；$\rho$ 为溶液的密度，$g \cdot mL^{-1}$；$m$ 为溶液的质量，g；$M_B$ 为 B 物质的摩尔质量，$g \cdot mol^{-1}$；$w_B$ 为 B 物质的质量分数；$V$ 为体积，L。

### 2. 稀释定律

稀释前后溶液中所含溶质的量不变，即

$$c_1 V_1 = c_2 V_2 \tag{1-9}$$

式中，$c_1$、$c_2$ 为稀释前、后溶液的浓度，$mol \cdot L^{-1}$；$V_1$、$V_2$ 为稀释前、后溶液的体积，L。

**例 1-7**　已知浓盐酸的密度为 $1.19g \cdot mL^{-1}$，其中 HCl 含量为 36.5%。试计算：

（1）浓盐酸物质的量浓度；

（2）配制 $0.1mol \cdot L^{-1}$ 的稀盐酸 1.0L，需要浓盐酸多少毫升？

**解**　（1）已知 $M_{HCl} = 36.5g \cdot mol^{-1}$

$$c_{HCl} = \frac{1000 \times \rho \times w_{HCl}}{M_{HCl}} = \frac{1000 \times 1.19 \times 36.5\%}{36.5} = 11.9 \ (mol \cdot L^{-1})$$

（2）根据稀释定律

$$V_{浓HCl} = \frac{c_{稀HCl}V_{稀HCl}}{c_{浓HCl}} = \frac{0.1 \times 1000}{11.9} = 8.4 \ (mL)$$

答：（1）浓盐酸物质的量浓度为 $11.9mol \cdot L^{-1}$。

（2）配制 $0.1mol \cdot L^{-1}$ 的稀盐酸 1.0 L，需要浓盐酸 8.4mL。

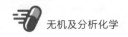

# 第二节　稀溶液的依数性

人们都知道，纯水在 1 个大气压，即 101.325kPa 下，100℃时沸腾，0℃时结冰，而海水却高于 100℃沸腾，低于 0℃时才结冰；生活在海水里的鱼类不能在淡水中生活；另外，在淡水中游泳时，眼睛会红胀，并有疼痛感，而在海水中游泳就不会感到这种不适。出现这些现象的原因是什么呢？这就是下面要讲的内容。

溶液的性质有两类，一类是由溶质的本性决定的，如密度、颜色、导电性、酸碱性等；另一类是由溶质粒子数目的多少决定的，这些性质与溶质粒子数目的多少有关，而与溶质的本性无关，称为依数性。

## 一、溶液的蒸气压下降

### 1. 液体的蒸发

物质的分子始终处于不断的热运动中，在液体中分子运动的速度及分子具有的能量各不相同，大多数分子具有中间的平均能量状态。液体表面某些运动速度较大的分子所具有的能量足以克服分子间的吸引力而逸出液面，成为气态分子，这一过程叫作蒸发。在一定温度下，蒸发将以恒定速度进行。在敞口容器中液体会汽化变成气体而进入外部空间，直到全部液体都蒸发；而在密闭容器中液体的蒸发却是有限度的。在一定温度下，密闭容器中的液体分子一方面进行蒸发变成气态分子；另一方面，一些气态分子撞击液体表面会重新返回液体，这个与液体汽化现象相反的过程叫作凝聚。初始时，由于没有气态分子，凝聚速度为零，随着气态分子逐渐增多，凝聚速度逐渐增大，直到凝聚速度等于蒸发速度，即在单位时间内，脱离液面变成气体的分子数等于返回液面变成液体的分子数，达到蒸发与凝聚的动态平衡（见图 1-1）。

此时，在液体上部的蒸气量不再改变，蒸气便具有恒定的压力。在恒定温度下，与液体平衡的蒸气称为饱和蒸气，饱和蒸气的压力就是该温度下该液体的饱和蒸气压，简称蒸气压。

液体的蒸气压总是随温度的升高而增大。蒸气压与温度的关系可以用作图的方法表示出来。以压力为纵坐标，温度为横坐标作图，得液体的蒸气压曲线，曲线上的每一点代表相应液体与蒸气呈平衡状态时的温度和压力（见图 1-2）。

视频-饱和蒸气压

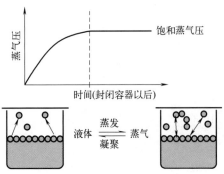

图 1-1　蒸发与凝聚动态平衡示意图

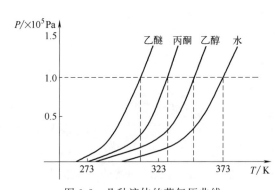

图 1-2　几种液体的蒸气压曲线

### 2. 蒸气压下降

在同一温度下，难挥发的非电解质稀溶液的蒸气压总是低于纯溶剂的蒸气压。难挥发非电解质溶液的蒸气压下降与溶质的摩尔分数成正比，而与溶质的本性无关。这一定律称为拉乌尔定律或稀溶液定律，其数学表达式为

$$\Delta P = P^* - P \tag{1-10}$$

式中，$\Delta P$ 为溶液的蒸气压下降值，kPa；$P^*$ 为纯溶剂的蒸气压，kPa；$P$ 为溶液的蒸气压，kPa。$P$ 实际上是溶液中溶剂的蒸气压，因为溶质是难挥发的。

稀溶液蒸气压的下降可以从以下两个方面来解释。如图 1-3 所示，一方面，溶质分子占据着一部分溶剂分子的表面，在单位时间内逸出液面的溶剂分子数目相对减少；另一方面，在溶剂中加入了难挥发的非电解质后，每个溶质分子与若干个溶剂分子相结合，形成了溶剂化分子，溶剂化分子束缚了一些能量较高的溶剂分子。因此，达到平衡时，溶液的蒸气压必定低于纯溶液的蒸气压，且浓度越大，蒸气压下降越多。

$$\Delta P = \frac{n_B}{n_A + n_B} P^*$$

当溶液很稀时：$n_A + n_B \approx n_A$

$$\Delta P = P^* \frac{n_B}{n_A}, \quad n_A = \frac{m_A}{M_A}$$

$$\Delta P = P^* \frac{n_B}{m_A} M_A$$

当温度一定时，$P^*$ 和 $M_A$ 为常数，用 $k$ 表示（即比例常数）

$$\Delta P = k b_B \tag{1-11}$$

式中，$k$ 为蒸气压下降常数，$K \cdot kg \cdot mol^{-1}$；$b_B$ 为质量摩尔浓度，$mol \cdot kg^{-1}$。

当溶质是挥发性的物质时（如乙醇加入水中），上式仍然适用，只是 $\Delta P$ 代表的是溶剂的蒸气压下降，不能表示溶液的蒸气压的变化（因乙醇也易于蒸发，所以整个溶液的蒸气压等于 $P_水 + P_{乙醇}$）。当溶质是电解质时，溶液的蒸气压也下降，但不遵循上式。

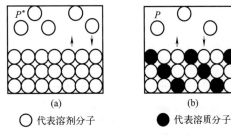

○ 代表溶剂分子　● 代表溶质分子

图 1-3　稀溶液蒸气压下降示意图

## 二、溶液的沸点升高

当液体的蒸气压等于外压时，液体的汽化将在其表面和内部同时发生，这种汽化过程称为液体的沸腾。此时给体系加热，只能使更多的液体汽化，而体系温度不会上升。沸点 $T_b$ 则是当液体（纯液体或溶液）的蒸气压与外界大气压相等时，溶液沸腾的温度。如果未指明外界压力，默认外界大气压为 101.325kPa。在 373.15K 时，水的蒸气压等于外界大气压（101.325kPa），所以水的沸点是 373.15K（100℃）。值得注意的是，沸点与外压有关，外压越大，沸点越高。

纯水和水溶液的沸点与蒸气压的关系如图 1-4 所示。图中，$ab$ 为纯水的蒸气压随温度变化的曲线，$a'b'$ 为水溶液的蒸气压随温度变化的曲线。在水的蒸气压等于外压时，纯水的沸点为 $T_b^*$ 小于水溶液的沸点 $T_b$。这种溶液沸点高于溶剂沸点的现象为溶液的沸点升高。

现象解释：如果在纯水中加入少量难挥发的非电解质，由于蒸气压下降，溶液的蒸气压

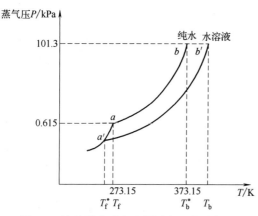

图 1-4 溶液沸点升高和凝固点下降示意图

低于外界大气压，故 373.15K（100℃）时，溶液不能沸腾。要使溶液沸腾，必须升高温度，使得蒸气压达到外界压力，就得使其温度超过纯溶剂的沸点，所以溶液的沸点总是比纯溶剂的沸点高，这种现象称为溶液的沸点升高。溶液浓度越大，蒸气压下降得越多，于是沸点升高越多。

溶液的沸点升高的数值：

$$\Delta T_b = T_b - T_b^* \tag{1-12}$$

式中，$\Delta T_b$ 为溶液沸点升高值，K；$T_b$ 为溶液沸点，K；$T_b^*$ 为纯溶剂沸点，K。

溶液沸点升高的根本原因是溶液的蒸气压下降，而蒸气压下降的程度仅与溶液的浓度有关，因此，溶液沸点升高的程度也只与溶液的浓度有关，而与难挥发溶质的本性无关。难挥发非电解质稀溶液的沸点上升也近似地与溶质 B 的质量摩尔浓度成正比。

$$\Delta T_b = K_b b_B \tag{1-13}$$

式中，$K_b$ 为摩尔沸点升高常数，$K \cdot kg \cdot mol^{-1}$，这个数值只取决于溶剂，而与溶质无关；$b_B$ 为质量摩尔浓度，$mol \cdot kg^{-1}$。

常见溶剂的 $K_b$ 值见表 1-1。

表 1-1 常见溶剂的 $K_b$ 值

| 溶剂 | 沸点 $T_b$ /K | 沸点升高常数 $K_b$ /(K·kg·mol$^{-1}$) | 溶剂 | 沸点 $T_b$ /K | 沸点升高常数 $K_b$ /(K·kg·mol$^{-1}$) |
|---|---|---|---|---|---|
| 水 | 373.15 | 0.512 | 萘 | 491.15 | 5.80 |
| 苯 | 353.25 | 2.58 | 酚 | 454.35 | 3.60 |
| 乙醇 | 351.65 | 1.22 | 乙醚 | 307.85 | 2.02 |
| 乙酸 | 391.05 | 3.07 | 环己烷 | 354.15 | 2.79 |
| 丙酮 | 329.15 | 1.71 | 樟脑 | 481.15 | 5.05 |
| 四氯化碳 | 340.70 | 5.03 | | | |

## 三、溶液的凝固点下降

凝固点：物质在一定的外压下，其液相蒸气压和固相蒸气压相等，此时液体的凝固和固体的熔化处于平衡状态，从溶液中开始析出溶剂晶体时的温度。溶液的凝固点实际上就是溶液蒸气压与纯固体溶剂蒸气压相等时的温度。这时体系由溶液（液相）、溶剂（固相）和溶剂（气相）所组成。

从图 1-4 可知，$a$ 点是纯水的凝固点，其对应的温度是 $T_f^*$（273.15K），此时纯水的蒸气压与冰的蒸气压相等，等于 615Pa，液、固两相的蒸气压必然相等，否则两相不能共存。273.15K 时，冰的蒸气压仍为 615Pa，而溶液的蒸气压小于 615Pa，若两者接触则冰融化。只有在 273.15K 以下的某个温度时，溶液和冰才能共存。可见，溶液的凝固点总是比纯溶剂的低，这种现象称为凝固点下降。

$$\Delta T_f = T_f^* - T_f \tag{1-14}$$

式中，$\Delta T_f$ 为溶液凝固点下降值；$T_f$ 为溶液凝固点；$T_f^*$ 为纯溶剂凝固点。

溶液浓度越大，蒸气压下降越多，凝固点下降也越多。在同一溶液中，随着溶剂不断结晶析出，溶液浓度将不断增大，凝固点也将不断下降。

现象解释：由于溶液蒸气压下降，溶液蒸气压必然低于冰的蒸气压，溶液的蒸发速度小于冰的蒸发速度与气体的凝聚速度。要使溶液凝固，就必须进一步降低溶液的温度，使得溶液和冰的蒸气压同时下降，由于冰的蒸气压的下降率比溶液的蒸气压大，在蒸气压曲线交点处溶液和冰的蒸气压相等，溶液的蒸发速度与冰的蒸发速度与气体的凝聚速度相等时，对应温度即溶液的凝固点。

溶液沸点升高和凝固点下降都是由蒸气压下降引起的。对于难挥发非电解质的稀溶液，既然蒸气压下降和溶液的质量摩尔浓度 $b_B$ 成正比，这类溶液的凝固点下降也应和质量摩尔浓度有联系。

拉乌尔根据依数性指出：对于难挥发非电解质的稀溶液，凝固点下降 $\Delta T_f$ 和溶液质量摩尔浓度成正比，即

$$\Delta T_f = K_f b_B \tag{1-15}$$

式中，$K_f$ 为凝固点下降常数，$K \cdot kg \cdot mol^{-1}$，这个数值只取决于溶剂，而与溶质无关；$b_B$ 为质量摩尔浓度，$mol \cdot kg^{-1}$。

常见溶剂的 $K_f$ 值见表 1-2。

**表 1-2　常见溶剂的 $K_f$ 值**

| 溶剂 | 凝固点 $T_b/K$ | 凝固点下降常数 $K_f/(K \cdot kg \cdot mol^{-1})$ | 溶剂 | 凝固点 $T_b/K$ | 凝固点下降常数 $K_f/(K \cdot kg \cdot mol^{-1})$ |
|---|---|---|---|---|---|
| 水 | 273.15 | 1.86 | 四氯化碳 | 250.20 | 29.8 |
| 苯 | 278.50 | 5.12 | 萘 | 353.45 | 6.9 |
| 硝基苯 | 278.85 | 6.90 | 酚 | 313.15 | 7.27 |
| 乙酸 | 289.75 | 3.90 | 环己烷 | 279.65 | 20.20 |
| 环己醇 | 279.69 | 39.30 | 樟脑 | 431.15 | 40.00 |

$K_f$ 和 $K_b$ 的数值均不是在 $b_B = 1 mol \cdot kg^{-1}$ 时测定的，因为许多物质当其质量摩尔浓度远未达到 $1 mol \cdot kg^{-1}$ 时，拉乌尔定律已不适用。此外，还有许多物质的溶解度很小，根本不能形成 $1 mol \cdot kg^{-1}$ 的溶液，实际 $K_b$ 和 $K_f$ 值是从稀溶液的一些实验结果推算而得出的。

**例 1-8**　溶解 2.76g 甘油于 200g 水中，测得凝固点为 $-0.279℃$，已知水的 $K_f = 1.86 K \cdot kg \cdot mol^{-1}$，求甘油的分子量。

**解**　设甘油的摩尔质量为 $M_B$。

在 1000g 水中溶解甘油的质量：$2.76 \times 1000 \div 200 = 13.8$（g）

甘油的质量摩尔浓度

$$b_B = \frac{m_B}{M_B m_A} = \frac{13.8}{M_B m_A} \quad (m_A \text{ 单位为 kg})$$

$$\Delta T_f = K_f b_B = K_f \frac{13.8}{M_B m_A}$$

$$M_B = \frac{1.86 \times 13.8}{0.279} = 92.0$$

答：甘油的分子量为 92.0。

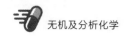 

溶液的凝固点降低具有广泛的应用。例如在严寒的冬天，向汽车散热水箱中加入甘油或乙二醇等物质，可防止水结冰。食盐和水的混合物可以作冷冻剂，这是因为食盐溶解在冰表面的水中成为溶液，溶液的蒸气压下降，使冰融化，冰在融化过程中吸收大量的热能，因此温度降低。

## 四、溶液的渗透压

视频-渗透压

我们先来看个实验：在如图 1-5 所示的容器中，左边盛纯水（溶剂），右边盛糖水（溶液），连通容器中间安装一种小分子（溶剂）可通过，大分子（溶质）却不能通过的具有选择性的半透膜（羊皮纸、火棉胶膜、玻璃纸、动植物细胞膜、毛细血管壁等物质都具有半透膜的性质）。开始时，容器两侧液面等高［见图 1-5（a）］。经过一段时间以后，可以观察到容器左边纯水液面下降，右边糖水液面升高［见图 1-5（b）］。这说明纯水中有一部分水分子通过半透膜进入了溶液，这种溶剂分子透过半透膜进入溶液或者从稀溶液进入浓溶液的自发过程称为渗透。在一定温度下，如果在溶液液面上施加压力［见图 1-5（c）］，使两边液面重新等高，这时水分子从两边穿过的数目完全相等，在此达到渗透平衡。

现象解释：有的半透膜可以让水分子通过，但蔗糖分子不能通过。虽然水可以向两个方向透过半透膜，但因半透膜两侧水的浓度不同，糖水中水分子个数相对比同体积的纯水少，因此，单位时间内，纯水穿过半透膜进入糖水的水分子数目多，从表面上看，只是水透过半透膜而进入糖水，于是右侧水柱逐渐升高。水柱产生的静水压使单位时间内进、出的水分子数目逐渐接近，当水柱达到某一高度时，水分子向两个方向渗透的速度趋于相等，渗透作用达到平衡，这时管内的液面停止上升。此时管内液面高度所产生的压力，称为该溶液的渗透压。

如果半透膜两侧溶液的浓度相等，则渗透压相等，这种溶液称为等渗溶液。如果半透膜两侧溶液的浓度不相等，其渗透压不等，则渗透压高的称为高渗溶液，渗透压低的称为低渗溶液。

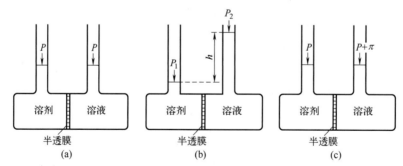

图 1-5 渗透现象和渗透压示意图

产生渗透作用有两个必要条件：一是有半透膜存在；二是半透膜两侧存在浓度差。

1866 年，荷兰物理学家范特霍夫总结大量实验指出：在一定温度下，难挥发的非电解质的稀溶液的渗透压与溶液的浓度成正比；而当浓度不变时，稀溶液的渗透压 $\pi$ 与热力学温度成正比。定量表达式为：

$$\pi = c_B RT = \frac{n_B}{V}RT \tag{1-16}$$

$$\pi V = n_B R T$$

式中，$\pi$ 为渗透压，Pa 或 kPa；$c_B$ 为溶液的物质的量浓度，$mol \cdot L^{-1}$；$R$ 为摩尔气体常数（$R = 8.314 J \cdot K^{-1} \cdot mol^{-1} = 8.314 Pa \cdot m^3 \cdot K^{-1} \cdot mol^{-1}$）；$T$ 为热力学温度，$K$（$T = 273.15 + t℃$）。

当水溶液很稀时，则 $\pi = b_B R T$，此处 $\pi$ 的单位为 Pa。

稀溶液的渗透压和其他依数性就可以在数值上联系起来。

$$\frac{\pi}{RT} = \frac{\Delta T_f}{K_f} = \frac{\Delta T_b}{K_b} = \frac{\Delta P}{K} = b_B$$

此处 $\pi$ 的单位为 kPa。

> **例 1-9**　1 L 溶液中含 5.0g 血红素，在 298K 时测得该溶液的渗透压为 182Pa，求血红素的平均摩尔质量。
>
> **解**
> $$\pi = \frac{n_B}{V} RT = \frac{m_B}{M_B^V} RT$$
>
> $$M_{血红素} = \frac{m_{血红素} RT}{\pi V} = \frac{5 \times 8.314 \times 298}{182 \times 10^{-3} \times 1} = 6.8 \times 10^4 (g \cdot mol^{-1})$$
>
> **答**：血红素的平均摩尔质量为 $6.8 \times 10^4 g \cdot mol^{-1}$。

对人体注射或静脉输液时，必须使用与人体体液渗透压相等的等渗溶液，如临床常用的 0.9% 生理盐水和 5% 葡萄糖溶液。否则由于渗透作用，可引起血细胞膨胀或萎缩而产生严重后果。

注意：依数性定律不适用于浓溶液和电解质溶液。因为在浓溶液中，溶质浓度很大，使溶质粒子间的相互影响大为增强，因此浓溶液中的情况比较复杂，使简单的依数性的定量关系不适用了。另外在电解质溶液中，由于溶质发生电离，此时稀溶液的依数性取决于溶质分子、离子总浓度，依数性定律指出的定量关系不复存在，必须加以校正。

# 第三节　胶体溶液

胶体分散系通常称为溶胶，按照分散剂状态不同分为气溶胶、液溶胶及固溶胶。气溶胶是以气体作为分散剂的分散体系，其分散质可以是液态或固态，如烟、雾等；液溶胶是以液体作为分散剂的分散体系，其分散质可以是气态、液态或固态，如 $Fe(OH)_3$ 胶体、硅酸胶体等；固溶胶是以固体作为分散剂的分散体系，其分散质可以是气态、液态或固态，如有色玻璃、烟水晶等。

## 一、胶体的吸附作用

由于胶粒直径小、具有很大的比表面，这种很大的表面积会产生表面能，这种表面能只有通过吸附其他物质才能降低以达到平衡，因而胶体表现出很强的吸附性。如活性炭、硅胶等之所以有显著的吸附能力，就是因为其疏松多孔，具有很大的表面积。吸附情况比较复杂，根据吸附对象不同可分为分子吸附和离子吸附。分子吸附是指吸附剂（胶粒）对非电解质或弱电解质分子的吸附。其吸附规律是：极性吸附剂易于吸附极性溶质或溶剂；非极性吸附剂易于吸附非极性溶质或溶剂。如硅胶是极性吸附剂，主要吸附极性分子，如酒精；活性

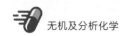 

炭是非极性吸附剂，主要吸附非极性分子，如苯。离子吸附是吸附剂（胶粒）对强电解质的吸附，胶粒表面吸附的是离子。离子吸附规律是：吸附剂优先吸附与其组成、性质相关的离子。如 AgBr 胶体中若存在 $K^+$ 和 $Br^-$，则 $Br^-$ 被优先吸附，若溶液中存在 $AgNO_3$，则 $Ag^+$ 被优先吸附。

## 二、胶体的结构

在溶胶的形成过程中，首先由许多个中性分子聚集成直径为 1nm～100nm 大小的粒子，它是溶胶的核心，称为胶核，胶核不带电。根据吸附规律，胶核会从溶液中选择性地吸附某种组成与之相似的离子而使胶核表面带电荷。这种决定胶核电性的离子称为电位离子。溶液中与电位离子所带电荷相反的离子称为反离子。反离子分布在胶核周围，一方面受胶核表面电位离子的静电吸引，有靠近胶核表面的趋势，另一方面由于本身热运动有远离胶核表面的趋势，结果一部分反离子受电位离子的吸引被吸附在胶核表面，与电位离子一起形成吸附层，即双电层结构，胶核与吸附层构成胶粒。在吸附层外面，还有部分反离子疏散地分布在胶粒周围形成扩散层，胶粒和扩散层构成胶团，胶团是电中性的。

将 $AgNO_3$ 溶液和 KI 溶液混合即可得到 AgI 溶胶，由 $m$（约 $10^3$）个 AgI 分子聚集成固体粒子，当 $AgNO_3$ 过量时，胶核表面优先吸附 $n$（$n$ 比 $m$ 要小得多）个 $Ag^+$ 而带正电荷，带相反电荷的（$n-x$）个 $NO_3^-$（反离子）则分布在周围的介质中。胶核和吸附层组成胶粒，胶粒带 $x$ 个正电荷，见图 1-6（a）。在吸附层外面，还有 $x$ 个 $NO_3^-$ 疏散地分布在胶粒周围，形成扩散层。扩散层与胶粒所带电荷符号相反，电量相等，组成 AgI 正溶胶，胶团呈电中性。当 KI 过量时，胶核表面优先吸附 $n$ 个 $I^-$ 而带负电荷，带相反电荷的（$n-x$）个 $K^+$（反离子）则分布在周围的介质中。胶核和吸附层组成胶粒，胶粒带 $x$ 个负电荷，见图 1-6（b）。在吸附层外面，还有 $x$ 个 $K^+$ 疏散地分布在胶粒周围，形成扩散层。扩散层与胶粒所带电荷符号相反，电量相等，组成 AgI 负溶胶。

视频-溶胶的制备

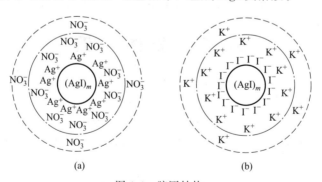

(a)　　　　(b)

图 1-6　胶团结构

$AgNO_3$ 过量时形成 AgI 的胶团结构用简式表示为：

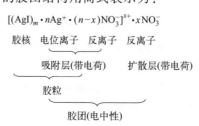

例如，$FeCl_3$ 在沸水中水解可得到 $Fe(OH)_3$ 溶胶，反应如下：

$$FeCl_3 + 3H_2O \Longrightarrow Fe(OH)_3 + 3HCl$$

溶液中部分 $Fe(OH)_3$ 与 HCl 反应，生成 FeOCl，FeOCl 电离生成 $FeO^+$ 和 $Cl^-$。

$$2Fe(OH)_3 + 2HCl \Longrightarrow FeOCl + FeO^+ + Cl^- + 4H_2O$$

根据吸附规律，$FeO^+$ 是电位离子，$Cl^-$ 是反离子。

又如，土壤中的硅酸胶体，溶胶颗粒是由二氧化硅分子聚集而成的，粒子表面上的二氧化硅与水作用生成硅酸，硅酸（弱电解质）会发生电离：

$$SiO_2 + H_2O \Longrightarrow H_2SiO_3 \Longrightarrow H^+ + HSiO_3^-$$

根据吸附规律，$HSiO_3^-$ 是电位离子，$H^+$ 是反离子。

$$[(H_2SiO_3)_m \cdot nHSiO_3^- \cdot (n-x)H^+]^{x-} \cdot xH^+$$

胶核　电位离子　反离子　反离子

吸附层(带电荷)　扩散层(带电荷)

胶粒

胶团(电中性)

故溶胶带负电。

## 三、胶体的性质

### 1. 光学性质——丁铎尔现象

1869 年，英国物理学家丁铎尔发现，在暗处，当一束光照射到溶胶上，在光束垂直的方向上可看到一条光亮的通路，这种现象称为丁铎尔现象（图 1-7）。这是由于胶粒的直径接近或略小于光束的波长，光线通过时会发生散射。在真溶液和悬浊液中看不到这种现象，因此，丁铎尔现象可用于鉴别胶体和溶液。

视频-溶胶的光学性质

### 2. 动力学性质——布朗运动

1872 年，英国植物学家布朗用显微镜观察花粉悬浊液时，发现花粉粒子在水中不停地做无规则运动，这种现象称为布朗运动（图 1-8）。在溶胶中，胶粒除了自身的热运动外，还会受到分散剂分子的不断撞击，而不断改变运动方向和速率，因而胶粒处于无规则、不停顿的运动状态。胶粒的布朗运动与胶粒的大小、温度的高低有关，胶粒越小，温度越高，运动速率越快。这也是胶体溶液不易凝聚而保持均匀分散的原因之一，称为溶胶的动力学稳定性。

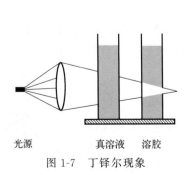

光源　　真溶液　溶胶

图 1-7　丁铎尔现象

图 1-8　布朗运动示意图

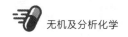 

### 3. 电学性质——电泳现象

在外加电场的作用下，胶粒在分散剂中做定向移动的现象叫电泳现象。如在 U 型管电泳仪内装入红褐色的 $Fe(OH)_3$ 溶胶，通直流电后，发现阴极附近颜色会逐渐变深，阳极附近颜色会逐渐变浅。这种现象说明胶粒是带电的，也表明 $Fe(OH)_3$ 胶体中胶粒带正电。胶粒带正电的溶胶称为正溶胶，带负电的称为负溶胶，金属氢氧化物、碱性染料、钛酸、铅、铋、铁等金属胶粒带正电荷；金属硫化物、硅酸、酸性染料，以及铂、金、银等金属胶粒带负电荷。

在工业上常用电泳技术分离带不同电荷的溶胶，如在陶瓷工业中利用电泳可除去黏土中的氧化铁杂质。

## 四、胶体的稳定性和聚沉

视频-溶胶
的聚沉

### 1. 胶体的稳定性

溶胶是多相、高分散体系，具有很大的表面能，有自发聚集成较大颗粒以降低表面能的趋势，是热力学不稳定体系。但事实上，经过净化后的溶胶，在一定条件下，却能在相当长的时间内稳定存在。溶胶之所以有相对的稳定性，主要原因如下：

（1）布朗运动。溶胶的布朗运动剧烈，能克服重力引起的沉降作用。

（2）胶粒带电荷。胶粒带有相同电荷，相互排斥。胶粒带电荷是多数溶胶能稳定存在的原因。

（3）溶剂化作用。在胶粒的外面有一层水化膜，它阻止了胶粒的相互碰撞而聚沉。

### 2. 胶体的聚沉

胶体的聚沉是指胶体颗粒聚集形成较大颗粒并最终沉降的过程。聚沉通常发生在胶体稳定性被破坏的情况下。使胶体聚沉的方法主要有以下几种。

（1）加入电解质。溶胶中加入少量电解质后，增加了离子的总浓度，与胶粒相反的离子中和了胶粒所带的电荷，破坏了双电层保护层结构，胶粒之间的排斥力被削弱，胶粒相互结合成较大的颗粒而凝聚。电解质离子价态越高，凝聚能力越强。例如，$MgSO_4$ 对 $Fe(OH)_3$ 正溶胶的凝聚能力要比 KCl 强。

（2）加入相反电荷的胶体。将两种带相反电荷的胶体按一定比例混合，由于电性中和而使胶粒凝聚沉降，例如明矾净水，就是利用 $Al^{3+}$ 水解后形成 $Al(OH)_3$ 溶胶，$Al(OH)_3$ 溶胶带正电荷，天然水中的悬浮物（胶粒）一般带负电荷，两种胶粒相互吸引而聚沉，从而使水得到净化。

（3）加热。加热增加了胶粒的能量，胶粒的热运动加剧，增加胶粒之间的碰撞机会，同时也会增加离子的能量，降低了胶核对离子的吸附作用，使胶粒所带的电荷减少，胶粒在碰撞时可以聚结成较大的颗粒而聚沉。

### 3. 胶体的保护

某些工业生产上，常常需要增加胶体的稳定性。加入适量的动物胶（高分子化合物）可以提高胶体的稳定性，这种作用称为胶体的保护。高分子化合物的保护能力是和它的特殊结构分不开的。由于一般高分子化合物都是链

视频-溶胶的
保护作用

状且能卷曲的线型分子,因此很易吸附在胶粒表面,包住胶粒,而使溶胶很稳定。

胶体的保护作用在生理过程中具有重要意义。例如在健康人的血液中所含的难溶盐,如碳酸镁、磷酸钙等都是以溶胶状态存在,并且被血清蛋白等保护着。当发生某些疾病时,保护物质在血液中的含量减少,这样就使溶胶发生聚沉而堆积在身体的各部分,使新陈代谢作用发生故障,形成某些器官的结石。

## 五、高分子溶液

蛋白质、纤维素、淀粉、橡胶、动物的胶及许多人工合成的物质,例如,尼龙、聚氯乙烯塑料等都是高分子化合物。它们是由一种或多种小的结构单元连接而成的。例如,橡胶是由几千个—$C_5H_8$—结构单元连接而构成的,蛋白质分子中的小单元是各种氨基酸:

$$橡胶[—CH_2—C(CH_3)=CH—CH_2—]_n$$
$$蛋白质(—NH—CH_2—CO—)_n$$

大多数高分子化合物是线状的,长达几百万纳米,但截面只相当于普通分子的大小,有的主链上还有支链,结构比较复杂。无论是天然的或人工合成的高分子化合物,其分子大小并不完全一样,平常所说的高分子化合物的分子量是平均分子量。普通分子的分子量很少有接近一千的,但某些高分子化合物的分子量可高达数十万或数百万。

高分子化合物溶于适当的溶剂中,就成为高分子溶液,它具有双重的性质。一方面,由于分散相颗粒大小与溶胶粒子相近,表现出溶胶的某些特性,例如不能透过半透膜、扩散速度慢等,因此高分子溶液可以纳入胶体研究的范畴,有人称它为亲液溶胶。另一方面,高分子溶液是分子分散体系,又具有某些真溶液的特点,与胶体溶液有许多不同之处,例如:

① 高分子溶液和真溶液一样,是单相体系,分散相和分散介质之间没有界面,而胶体则是多相体系。

②高分子溶液分散相极易溶剂化,这是因为高分子化合物的组成中常含有大量的亲水基团,如—OH、—COOH、—$NH_2$等,因此在溶液中,高分子化合物表面有一层很厚的溶剂化膜,使它们能稳定分散于溶液中而不易凝结。胶体粒子的溶剂化能力比高分子化合物弱得多。前面提到在溶胶中,加入高分子物质可以起到保护胶体的作用,就是基于高分子化合物的链状而易卷曲的结构和高度溶剂化。

③ 高分子溶液一般不带电荷,溶胶粒子则是带电的。高分子溶液的稳定性是它的高度溶剂化起了决定性作用,粒子不带电也能均匀地分散在溶液中。

④ 高分子化合物能自动溶解于适当的溶剂中形成高分子溶液,它的溶解过程就是溶剂化过程。当用蒸发等方法除去溶剂后再加入溶剂仍能自动溶解,它的溶解过程是可逆过程。胶体溶液则不能由自动分散来获得,在制备胶体溶液的过程中往往要加入第三种物质作为稳定剂,而且胶粒一旦凝聚出来一般很难或者不能用简单加入溶剂的方法使之复原。

⑤ 高分子溶液还有一项与真溶液和溶胶都不同的特性,就是具有很大的黏度。

## ❓ 习题

### 一、填空题

1. 稀溶液的依数性包括＿＿＿＿＿＿、＿＿＿＿＿＿、＿＿＿＿＿＿、＿＿＿＿＿＿。

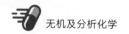
2. 引起溶胶聚沉的诸多因素中，最重要的是_____。

3. 在15℃和97kPa压力下，15g氮气所占有的体积为_____L。

4. 在20℃和97kPa压力下，0.842g某气体的体积是0.400 L，该气体的摩尔质量是_____g·mol$^{-1}$。

## 二、是非题

1. $0.1mol·kg^{-1}$甘油的水溶液和$0.1mol·kg^{-1}$甘油的乙醇溶液，应有相同的沸点升高。　　　　　　　　　　　　　　　　　　　　　　　　　　　　　　（　　）

2. 水的液-汽两相平衡线是水的蒸气压曲线。　　　　　　　　　　（　　）

3. 纯溶剂通过半透膜向溶液渗透的压力叫作渗透压。　　　　　　　（　　）

4. 通常指的沸点是蒸气压等于外界压力时液体的温度。　　　　　　（　　）

5. $0.1mol·kg^{-1}$甘油的水溶液和$0.1mol·kg^{-1}$蔗糖的水溶液，有相同的渗透压。　　　　　　　　　　　　　　　　　　　　　　　　　　　　　　　（　　）

6. 在$t$℃时，液体A较液体B有较高的蒸气压，由此可以合理推断A比B有较低的正常沸点。　　　　　　　　　　　　　　　　　　　　　　　　　　　　（　　）

7. 溶液的蒸气压与溶液的体积有关，体积愈大，蒸气压愈大。　　（　　）

8. 一个溶液所有组分的摩尔分数总和为1。　　　　　　　　　　　（　　）

9. 质量分数0.01的蔗糖水溶液和质量分数0.01的果糖水溶液有相同的渗透压。　　　　　　　　　　　　　　　　　　　　　　　　　　　　　　　　（　　）

10. $K_b$的物理意义可以认为就是$1mol·kg^{-1}$溶液的沸点升高值。　　　　（　　）

## 三、选择题

1. 原子的摩尔质量，正确的描述是（　　）。

A. 任何1mol原子的质量

B. 标准状况下，1mol原子的质量

C. 含有阿伏伽德罗数目个原子的质量

D. 数值上等于原子量，单位为g·mol$^{-1}$的质量

2. 下列叙述正确的是（　　）。

A. "物质的量"就是某物质的摩尔质量

B. "物质的量"的单位是摩尔

C. 标准状况下，1mol物质的质量才是摩尔质量

D. "物质的量"与物质的质量的关系是通过摩尔质量联系起来的

3. 质量分数为36.5%、密度为1.19g·mL$^{-1}$的浓盐酸，其物质的量浓度为（　　）mol·L$^{-1}$。

A. $\dfrac{1000\times1.19\times36.5\%}{36.5}$　　　　　　B. $\dfrac{1000\times1.19\times36.5}{36.5\%}$

C. $\dfrac{1\times1.19\times36.5\%}{36.5}$　　　　　　D. $\dfrac{36.5\%\times1.19\times36.5}{1000}$

4. 在容易聚沉的溶胶中加入适量的高分子物质溶液，以使溶胶的稳定性大大增加，这叫作（　　）。

A. 敏化作用　　　　B. 保护作用　　　　C. 加聚作用　　　　D. 聚沉作用

5. 等体积$0.1mol·L^{-1}$ KI和$0.1mol·L^{-1}$ AgNO$_3$溶液混合制成AgI溶胶，下列电解

质中，对 $AgI$ 溶胶聚沉能力最强的是（　　　）。

    A. $Na_2SO_4$         B. $MgSO_4$         C. $FeCl_3$         D. $K_3[Fe(CN)_6]$

    6. 当 $AgNO_3$ 的稀溶液与 KI 的稀溶液作用时，当 $AgNO_3$ 过量时，此溶胶（　　　）。

    A. 不带电         B. 带正电         C. 带负电         D. 无法确定

    7. 加入下列哪一种溶液，能使 $As_2S_3$ 胶体溶液凝聚最快（　　　）。

    A. $Al_2(SO_4)_3$         B. $CaCl_2$         C. $Na_3PO_4$         D. $MgCl_2$

    8. 处于恒温条件下的一封闭容器中有两个杯子，A 杯为纯水，B 杯为蔗糖溶液。放置足够长时间后则发现（　　　）。

    A. A 杯水减少，B 杯水满后不再变化     B. B 杯水减少，A 杯水满后不再变化

    C. A 杯变成空杯，B 杯水满后溢出     D. B 杯水干并有蔗糖晶体，A 杯水满后溢出

    9. 不挥发的溶质溶于水形成溶液之后，将使其（　　　）。

    A. 熔点高于 0℃                 B. 熔点低于 0℃

    C. 熔点仍为 0℃                 D. 熔点升降与加入物质分子量有关

## 四、问答题

1. 举例说明渗透压在生物科学和医学上的应用。

2. 根据渗透压原理说明下列事实：

（1）折断的鲜花插入水里能暂时保持新鲜状态。

（2）施肥过多会引起作物枯萎。

（3）淡水鱼不能生活在海水里，海水鱼也不能生活在淡水里。

（4）腌制的食物不易腐败。

3. 胶体溶液稳定的原因有哪些？通常用哪些方法可使胶体凝聚？

4. 碘化银（AgI）溶胶是向少量 KI 溶液加入较多量 $AgNO_3$ 溶液而制得，试写出碘化银胶团的结构式。

5. 什么叫滴定度？滴定度与物质的量浓度如何换算？试举例说明。

## 五、计算题

1. 酒精可作为消毒剂。反复研究发现，75% 的酒精消毒效果最佳。现欲将 1 L 无水酒精稀释成 75% 的酒精，需加水多少毫升（已知：无水酒精的密度为 0.8g·$mL^{-1}$，水的密度为 1.0g·$mL^{-1}$。计算结果保留一位小数）？

2. 医学上常用双氧水来清洗创口和局部抗菌。某同学为了测定一瓶医用双氧水溶液的溶质质量分数，取该双氧水 68g 放入烧杯中，然后加入 2g 二氧化锰完全反应后，称得烧杯内剩余物质的总质量为 69.04g。请回答下列问题：（1）二氧化锰在反应中的作用是什么？生成的氧气为多少克？（2）该双氧水溶液的溶质质量分数是多少？

3. 如何配制 500g、10% 的 NaCl 溶液？

4. 如何用浓硫酸配 500mL、$\rho=1.22$g·$mL^{-1}$，质量浓度为 30% 的 $H_2SO_4$ 溶液（已知 96% 浓 $H_2SO_4$，$\rho=1.84$g·$mL^{-1}$）？

5. 将 10.4g 难挥发非电解质溶于 250g 水中，该溶液的沸点为 100.78℃，已知水的 $K_b=0.512$ K·kg·$mol^{-1}$，则该溶质的分子量是多少？

6. 37℃血液的渗透压为 775kPa，那么供静脉注射的葡萄糖（$C_6H_{12}O_6$）溶液的浓度应是多少（医学上常用 g·$L^{-1}$ 表示浓度）？

# 第二章　化学实验基础知识

## 学习目标

**素质目标：**

（1）培养安全意识和环境保护意识；

（2）通过对科学家们严谨的治学精神、严密的科学方法、崇高的科学品质以及对真理的不懈追求的认识，培养科学精神与科学态度。

**知识目标：**

（1）学习基础化学实验室规则和安全守则；

（2）熟悉试剂的取用规则；

（3）了解物质的溶解、固液分离、溶液的浓缩与结晶的常用方法。

**能力目标：**

（1）学会玻璃仪器的洗涤和干燥方法；

（2）能正确地进行过滤操作。

## 第一节　玻璃仪器的洗涤和干燥

### 一、玻璃仪器的洗涤

化学实验使用的玻璃仪器，常沾有可溶性化学物质、不溶性化学物质、灰尘及油污等污物。为了得到准确的实验结果，实验前必须将实验仪器洗涤干净。玻璃仪器的洗涤方法很多，常用的有冲洗、刷洗、药剂洗涤等方法。下面简要介绍一般的洗涤方法。

视频-玻璃器
皿的洗涤

#### 1. 冲洗

在玻璃仪器内注入约占总量 1/3 的自来水，用力振荡片刻，倒掉，照此连洗数次，可洗去黏附易溶物和部分灰尘。

#### 2. 刷洗

玻璃仪器用水不能冲洗干净时，可用毛刷由外到里刷洗干净。刷洗时需选用合适的毛刷。毛刷可按所洗涤仪器的类型、规格（口径）大小来选择。洗涤试管和烧瓶时，端头无直立竖毛的秃头毛刷不可使用。刷洗后，再用水连续振荡数次。每次用水量不要太多。刷洗数次后，检查是否干净。若不干净，须用毛刷蘸少量去污粉（肥皂粉或洗衣粉）等再进行刷洗，然后用水冲去去污粉，直到洗净为止。冲洗或刷洗后，一般还应用蒸馏水淋洗 2～3 次。

### 3. 药剂洗涤

对准确度较高的量器或更难洗去的污物或因仪器口径较小、管细长等不便刷洗的仪器，可用铬酸洗液或王水洗涤，也可针对污物的化学性质选用其他适当的试剂洗涤，即利用酸碱中和反应、氧化还原反应、配位反应等，将不溶物转化为易溶物再进行清洗。如银镜反应黏附的银及沉积的硫化银可加入硝酸生成易溶的硝酸银；未反应完的二氧化锰，反应生成的难溶氢氧化物、碳酸盐等可用盐酸处理生成可溶氯化物；沉积在器壁上的银盐，一般用硫代硫酸钠溶液洗涤，生成易溶配合物；沉积在器壁上的碘可用硫代硫酸钠溶液清洗，也可用碘化钾或氢氧化钠溶液清洗；碱、碱性氧化物、碳酸盐等可用 $6mol \cdot L^{-1}$ HCl 溶解。用铬酸洗液或王水洗涤时，先往仪器内注入少量洗液，使仪器倾斜并缓慢转动，让仪器内壁全部被洗液湿润。再转动仪器，使洗液在内壁流动，经转动几圈后，把洗液倒回原瓶（不可倒入水池或废液桶，铬酸洗液变暗绿色失效后可另外回收再生使用）。对沾污严重的仪器可用洗液浸泡一段时间，或者用热洗液洗涤。

洗涤时，通常不建议将毛刷直接放入洗液中，以免污染洗液。正确的洗涤步骤是：先用洗液浸泡或刷洗器皿，倾出洗液后，用自来水充分冲洗，最后用蒸馏水淋洗以确保器皿洁净。

仪器是否洗净可通过器壁是否挂水珠来检查。将洗净后的仪器倒置，如果器壁透明，不挂水珠则说明已洗净；如器壁有不透明处或附着水珠或有油斑，则未洗净应予重洗。洗净后的仪器，不可用布或纸擦拭，而应用晾干或烘烤的方法使之干燥。

视频-酒精
灯的使用

## 二、玻璃仪器的干燥

实验所用的仪器，除必须清洗外，有时还要求干燥。干燥的方法有以下几种（见图 2-1）。

晾干　　　　　　　　　烤干　　　　　　　　　吹干

烘干　　　　　气流烘干　　　有机溶剂润湿后晾干或吹干

图 2-1　玻璃仪器的干燥方法

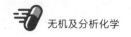

### 1. 晾干

晾干是让残留在仪器内壁的水分自然挥发而使仪器干燥。一般是将洗净的仪器倒置在干净的仪器柜内或滴水架上，任其滴水晾干。用这种干燥方法的仪器主要是需要干燥的容量仪器、加热烘干时容易炸裂的仪器，以及不需要将其所沾水完全排出以至恒量的仪器。

### 2. 吹干

洗净的仪器若急需干燥，可用电吹风直接吹干，或倒插在气流烘干器上。若在吹风前先用易挥发的有机溶剂（如乙醇、丙酮、石油醚等）淋洗一下，则干得更快。

### 3. 烘干

如需干燥较多的仪器，可使用电热鼓风干燥箱烘干。将洗净的仪器倒置稍沥去水滴后，放入干燥箱的隔板上，关好门。控制箱内温度在105℃左右，恒温烘干半小时即可。对可加热或耐高温的仪器，如试管、烧杯、烧瓶等还可利用加热的方法使水分迅速蒸发而干燥。加热前先将仪器外壁擦干，然后用小火烤干，烤干时注意不时转动以使仪器受热均匀。

仪器干燥时需注意带有刻度的计量仪器不能用加热的方法进行干燥，以免影响仪器的精度。刚烘烤完的热仪器不能直接放在冷的，特别是潮湿的桌面上，以免因局部骤冷而破裂。

# 第二节　无机化学实验基本操作

## 一、化学试剂及其取用

### 1. 化学试剂的规格

化学试剂是符合一定质量标准的纯度较高的各种单质和化合物，是化学实验不可缺少的物质。化学试剂种类的选择和用量的多少将直接关系到实验的成败、实验结果的正确与否以及实验成本的高低。因此，必须了解试剂的分类标准，以便正确地使用试剂。化学试剂按杂质含量的多少，通常分为四个等级，见表2-1。

表 2-1　我国的化学试剂等级

| 等级 | 一级试剂<br>（优级纯） | 二级试剂<br>（分析纯） | 三级试剂<br>（化学纯） | 四级试剂<br>（实验试剂） |
| --- | --- | --- | --- | --- |
| 符号 | G. R. | A. R. | C. P. | L. R. |
| 标签的颜色 | 绿色 | 红色 | 蓝色 | 黄色或棕色 |
| 适用范围 | 精密分析 | 一般的分析 | 定性分析、制备 | 化学制备 |

此外，还有一些特殊用途的试剂，如基准试剂、光谱纯试剂、色谱纯试剂等。

基准试剂（P. T.）的纯度相当于（或高于）优级纯，是滴定分析中标定标准溶液的基准物质，可直接用于配制标准溶液。

光谱纯试剂（S. P.）中杂质的含量用光谱分析法已测不出或杂质含量低于光谱分析法的检出限，主要用作光谱分析中的标准物质。但由于有机物在光谱上显示不出来，所以有时主成分达不到99.9%以上，使用时必须注意，特别是作基准物时，必须进行标定。

色谱纯试剂是指其杂质含量用色谱分析法测不出或低于色谱分析法的检出限，主要用作色谱分析。

超纯试剂又称高纯试剂，用于痕量分析和一些科学研究工作，这种试剂的生产、储存和使用都有一些特殊的要求。

在分析工作中所选试剂的级别并非越高越好，而是要和所用的方法、实验用水、操作器皿的等级相适应。因此，必须对化学试剂的标准有一明确的认识，做到合理使用化学试剂，既不超规格引起浪费，又不随意降低规格影响分析结果的准确度。在通常情况下，分析实验中所用的一般溶液可选用 A. R. 级试剂，并用蒸馏水或去离子水配制。在某些要求较高的工作（如痕量分析）中，若试剂选用 G. R. 级，则不宜使用普通蒸馏水或去离子水，而应选用二次重蒸水，所用器皿在使用过程中也不应有物质溶出。在特殊情况下，当市售试剂纯度不能满足要求时，可考虑自己动手精制。

### 2. 化学试剂的取用规则

（1）固体试剂的取用。固体试剂一般用药勺取用，其材质有牛角、塑料和不锈钢等。药勺两端有大小两个勺，取用大量固体时用大勺，取用少量固体时用小勺。药勺要保持干燥、洁净，最好专勺专用。取用固体试剂时，先将试剂瓶盖取下，倒放在实验台上，试剂取用后，要立即盖上瓶盖，并将试剂瓶放回原处，标签向外。

视频-固体试剂的取用

取用一定量固体时，可将固体放在纸上（不能放在滤纸上）或表面皿上，根据要求在托盘天平或天平上称量。具有腐蚀性或易潮解的固体不能放在纸上，应放在玻璃容器内进行称量。称量后多余的试剂不能放回原瓶，以防把原试剂污染。

往试管（特别是湿试管）中加入固体试剂时，可先将盛有药品的药匙伸进试管适当深处，见图 2-2 （a），然后再将试管及药匙慢慢竖起。或将取出的药品放在对折的纸片上，再按上述方法将药品放入试管，见图 2-2 （b）。加入块状固体时，应将试管倾斜，使其沿管壁慢慢滑下，见图 2-2 （c），以免碰破试管底部。固体颗粒较大时应在干燥的研钵中研磨成小颗粒或粉末状，研钵中所盛固体量不得超过研钵容量的 1/3。

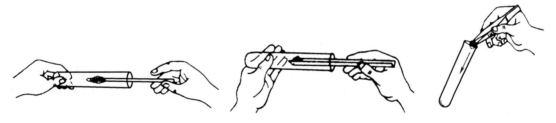

(a) 用药匙将固体试剂加入试管　　　(b) 用对折纸将固体试剂加入试管　　(c) 块状固体沿试管壁慢慢滑下

图 2-2　固体试剂的取用

（2）液体试剂的取用。

① 从滴瓶中取液体试剂时，要用滴瓶中的滴管，滴管绝不能伸入所用的容器中，以免接触器壁而沾污药品。从试剂瓶中取少量液体试剂时，则需要专用滴管。装有药品的滴管不得横置或滴管口向上斜放，以免液体滴入滴管的胶皮帽中。向试管中滴加液体的正误方法见图 2-3。

② 从细口瓶中取出液体试剂时，用倾注法。

视频-液体试剂的取用

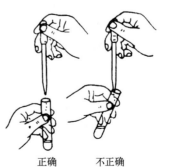

正确　　　不正确

图 2-3　向试管中滴加液体

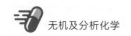 

先将瓶塞取下，倒放在桌面上，手握住试剂瓶上贴标签的一面，逐渐倾斜瓶子，让试剂沿着洁净的器壁流入接收器或沿着洁净的玻璃棒注入烧杯中［见图2-4（a）］。取出所需量后，将试剂瓶口在容器上靠一下，再逐渐竖起瓶子，以免遗留在瓶口的液体流到瓶的外壁。试剂瓶的正确使用方法如图2-4（b）所示。

③ 在试管里进行某些不需要准确体积的实验时，可以估计取出液体的量。例如，用滴管取用液体时，1mL相当于多少滴，5mL液体占一个试管容器的几分之几等。倒入试管里的溶液的量，一般不超过其容积的1/3。

④ 定量取用液体时，用量筒或移液管。量筒用于量度一定体积的液体，可根据需要选用不同量度的量筒。

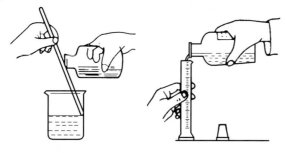

(a) 往烧杯中倒入液体　　(b) 试剂瓶的正确使用方法

图 2-4　液体的倾倒

注意在取用试剂前，要核对标签，确认无误后才能取用。各种试剂瓶的瓶盖取下不能随意乱放，一般应仰放在实验台上。取用试剂后要及时盖好瓶塞，切勿"张冠李戴"，并将试剂瓶放回原处。

取用试剂要注意节约，多余的试剂不应倒回原试剂瓶内，有回收价值的，可放回回收瓶中。

取用具有挥发性的试剂，如浓盐酸、浓硝酸、溴等，应在通风橱中操作，防止污染室内空气。取用剧毒及强腐蚀性药品要注意安全，不要碰到手，以免发生伤害事件。

## 二、物质的溶解、固液分离、溶液的浓缩与结晶

### 1. 固体的溶解

选定某一溶剂溶解固体样品时，还应考虑对大颗粒固体进行粉碎、加热和搅拌等以加速溶解。

（1）固体的粉碎。若固体颗粒较大时，在进行溶解前通常用研钵将固体粉碎。在研磨前，应先将研钵洗净擦干，加入不超过研钵总体积1/3的固体，缓慢沿一个方向进行研磨，最好不要在研钵中敲击固体样品。研磨过程中，可将已经研细的部分取出，过筛，较大的颗粒则继续研磨。

（2）溶剂的加入。为避免烧杯内溶液由于溅出而损失，加入溶剂时应通过玻璃棒使溶剂慢慢地流入。如溶解时会产生气体，应先加入少量水使固体样品润湿为糊状，用表面皿将烧杯盖好，再用滴管将溶剂自烧杯嘴加入，以避免产生的气体将试样带出。

（3）加热。物质的溶解度受温度的影响，加热的目的主要是加速溶解，应根据被加热的物质的稳定性的差异选用合适的加热方法。加热时要防止溶液的剧烈沸腾和迸溅，因此容器上方应该用表面皿盖住。溶解完停止加热以后，要用溶剂冲洗表面皿和容器内壁。另外，并不是加热对一切物质的溶解都有利，应该具体情况具体分析。

（4）搅拌。搅拌是加速溶解的一种有效方法，搅拌时手持玻璃棒并转动手腕，使玻璃棒在液体中均匀地转圈，注意转速不要太快，不要使玻璃棒碰到容器器壁发出响声。

### 2. 固液分离

在化学反应中，如果生成的物质不溶于水或在水中的溶解度很小，我们就会看到有沉淀

生成。沉淀的类型一般有两种：晶形沉淀和无定形沉淀。晶形沉淀的颗粒比较大，易沉淀于容器的底部，便于观察和分离；无定形沉淀的颗粒比较小，不容易沉降到容器的底部，当沉淀的量比较少时，不便于观察，此时溶液呈浑浊现象，分离时也比较困难。沉淀颗粒的大小取决于生成物的本性和沉淀的条件，固液分离在化学实验中具有重要的地位。沉淀的分离方法一般有倾泻法、过滤法等。

（1）倾泻法。当沉淀的颗粒较大或相对密度较大时，静止后容易沉降至容器底部，可用倾泻法进行分离或洗涤。

倾泻法是将沉淀上部的清液缓慢地倾入另一容器中，即可使沉淀物和溶液分离，其操作方法如图 2-5 所示。如需要洗涤时，可在转移完清液后，加入少量洗涤剂充分搅拌，待沉淀沉降后再用倾泻法倾去清液，重复此操作 2～3 次，即能将沉淀洗净。

图 2-5　倾泻法

（2）过滤法。过滤法是固液分离最常用的方法。过滤时，沉淀在过滤器内，而溶液则通过过滤器进入容器中，所得到的溶液称为滤液。过滤方法有常压过滤、减压过滤和热过滤三种。

① 常压过滤。在常压下用普通漏斗过滤的方法称为常压过滤法。其所用的仪器主要是漏斗、滤纸和漏斗架（也可用带有铁圈的铁架台代替）。当沉淀物为胶体或微细的晶体时，用此法过滤较好。过滤前，由漏斗的大小选用滤纸的大小。

视频-常压
过滤技术

a. 滤纸的折叠。圆形滤纸（见图 2-6）两次对折（正方形滤纸对折两次，并剪成扇形），拨开一层即折成圆锥形（一边 3 层，另一边 1 层），放于漏斗内。为保证滤纸与漏斗密合，第二次对折时不要折死，先把圆锥形滤纸拨开，放入洁净且干燥的 60°角的漏斗中，如果上边缘不十分密合，可以稍稍改变滤纸的折叠角度，直到与漏斗密合为止，此时才把第二次的折边折死，为保证滤纸与漏斗之间在贴紧后无空隙，可在 3 层滤纸的那一边将外层撕去一小角，用食指把滤纸紧贴在漏斗内壁上，用少量水润湿滤纸，再用食指或玻璃棒轻压滤纸四周，挤出滤纸与漏斗间的气泡，使滤纸紧贴在漏斗壁上。若漏斗与滤纸之间有气泡，则在过滤时不能形成水柱而影响过滤速度。

b. 过滤和转移。过滤（图 2-7）时，将贴有滤纸的漏斗放在漏斗架上，并调节漏斗架高度，使漏斗颈末端紧贴接收器内壁，将料液沿玻璃棒靠近 3 层滤纸一边缓慢转移到漏斗中。若沉淀为胶体，应加热溶液破坏胶体，趁热过滤。

注意，应先倾倒溶液，后转移沉淀，转移时应使用玻璃棒。倾倒溶液时，应使玻璃棒贴于三层滤纸处，漏斗中的液面高度应略低于滤纸边缘。

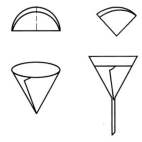

图 2-6　滤纸的折叠方法

图 2-7　常压过滤

　　如沉淀需洗涤，应先转移溶液，后用少量洗涤剂洗涤沉淀。充分搅拌并静置一段时间，沉淀下沉后，将上方清液倒入漏斗，如此重复洗涤 2～3 遍，最后将沉淀转移到滤纸上。沉淀转移的方法是先用少量洗涤液冲洗杯壁和玻璃棒上的沉淀，再把沉淀搅起，将悬浮液小心转移到滤纸上，每次加入的悬浮液不得超过滤纸高度的 2/3。如此反复几次，尽可能地将沉淀转移到滤纸上。烧杯中残留的少量沉淀，则可按图 2-8 所示，用左手将烧杯倾斜放在漏斗上方，杯嘴朝向漏斗。用左手食指按住架在烧杯嘴上的玻璃棒上方，其余手指拿住烧杯，杯底略朝上，玻璃棒下端对准三层滤纸处，右手拿洗瓶冲洗杯壁上所黏附的沉淀，使沉淀和洗液一起顺着玻璃棒流入漏斗中（注意勿使溶液溅出）。烧杯和滤纸上的沉淀，还必须用蒸馏水洗涤至干净。粘在烧杯壁和玻璃棒上的沉淀，可用淀帚自上而下刷至杯底，再转移到滤纸上。最后在滤纸上将沉淀洗至无杂质。洗涤时应先使洗瓶出口管充满液体后，用细小缓慢的洗涤液流从滤纸上部沿漏斗壁螺旋向下冲洗，见图 2-9，绝不可骤然浇在沉淀上。待上一次洗涤液流完后，再进行下一次洗涤。在滤纸上洗涤沉淀主要是洗去杂质，并将黏附在滤纸上部的沉淀冲洗至下部。

图 2-8　沉淀的转移

图 2-9　沉淀的洗涤

　　沉淀是否洗涤干净，可通过检查最后流下的滤液进行判断。

　　c. 操作要点。常压过滤是最为简便和常用的过滤方法，适用于胶体和细小晶体的过滤，其缺点是过滤速度较慢。一般使用普通漏斗结合滤纸进行过滤，其操作步骤可总结为"一贴""二低""三靠"，详述如下：

　　"一贴"为折叠好的滤纸要和漏斗的角度相符，贴漏斗壁，然后再用水将其润湿。

　　"二低"是滤纸的边缘须低于漏斗口 1 mm 左右，漏斗内液面又要略低于滤纸边缘，以防固体混入滤液。

　　"三靠"是过滤时，盛有待过滤液的烧杯嘴要和玻璃棒相靠，液体沿玻璃棒流进过滤器；玻璃棒末端和滤纸三层部分相靠；漏斗下端的斜口与用来装盛滤液的烧杯内壁相靠，以使过滤后的清液呈细流沿漏斗颈和烧杯内壁流入烧杯中。

　　② 减压过滤（吸滤或抽滤）。为了加速大量溶液与沉淀的分离，常用抽气过滤的方法加速过滤。减压过滤的漏斗有布氏漏斗和砂芯漏斗两种，减压过滤的真空泵一般为玻璃抽气气管或水循环式真空泵。若用玻璃抽气气管抽真空，全套仪器装置如图 2-10 所示。它是由吸滤瓶、布氏漏斗（中间有许多小孔的瓷板）、安全瓶和玻璃抽气管等组成。玻璃抽气管一般装在实验室的自来水水龙头上，但这种装置容易损坏，且浪费大量水资源，因此，现已被水循环式真空泵所取代，安全瓶连接在吸滤瓶与真空泵中间，防止抽气管中的水倒流入吸滤瓶。这种抽气过滤的原理是利用真空泵抽气把吸滤瓶中的空气抽出，造成部分真空，而使过滤速度大大加快。若使用水循环真空泵，则应在其与吸滤瓶之间加以能控制压力的缓冲瓶

（在图 2-10 的安全瓶上再加以导管通大气，用自由夹控制其通道），以免将滤纸抽破。

过滤前，先将滤纸剪成直径略小于布氏漏斗内径的圆形，平铺在布氏漏斗的瓷板上，再从洗瓶挤出少许蒸馏水润湿滤纸，并慢慢打开自来水水龙头，稍微抽吸，使滤纸紧贴在漏斗的瓷板上，然后进行抽气过滤。

过滤完后，应先把连接抽滤瓶的乳胶管拔下，然后关闭水龙头，以防倒吸。取下漏斗后把它倒扣在滤纸上或容器中，轻轻敲打漏斗边缘，使滤纸和沉淀脱离漏斗，滤液则从抽滤瓶的上口倾出，不要从侧口尖嘴处倒出，以免弄脏滤液。

③ 热过滤。如果某些溶质在温度降低时很容易析出晶体，而又不希望它在过滤时析出，通常使用热过滤法过滤。热过滤时，可把玻璃漏斗放在铜质的热漏斗内，热漏斗内装有热水以维持溶液温度，见图 2-11。

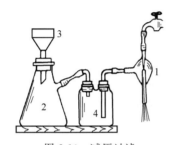

图 2-10　减压过滤

1—水泵；2—吸滤瓶；3—布氏漏斗；4—安全瓶

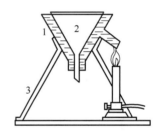

图 2-11　热过滤

1—铜漏斗套；2—短径漏斗；3—三角架

### 3. 溶液的蒸发与浓缩

用加热的方法从溶液中除去部分溶剂，从而提高溶液的浓度或使溶质析出的操作叫蒸发。蒸发与浓缩一般是在水浴上进行的（图 2-12），若溶液太稀且该物质对热稳定时，可先放在石棉网上直接加热蒸发（图 2-13），再用水浴蒸发。蒸发速度不仅与温度、溶剂的蒸气压有关，还与被蒸发液体的表面积有关。无机实验中常用的蒸发容器是蒸发皿，它能使被蒸发液体具有较大的表面积，有利于蒸发。使用蒸发皿蒸发液体时，蒸发皿内所盛放的液体不得超过总容量的 2/3，若待蒸发液体较多时，可随着液体的被蒸发而不断添补。随着蒸发过程的进行，溶液浓度增加，蒸发到一定程度后冷却，就可析出晶体。当物质的溶解度较大且随温度的降低变小时，只要蒸发到溶液出现晶膜即可停止；若物质溶解度随温度变化不大时，为了获得较多的晶体，需要在结晶膜出现后继续蒸发。但是由于晶膜妨碍继续蒸发，因此应不时地用玻璃棒将晶膜打碎。如果希望得到好的结晶（大晶体）时，则不宜过度浓缩（不管哪种情况，都不宜过度浓缩）。

图 2-12　水浴加热

图 2-13　直接加热

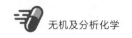 

蒸发操作注意事项：

① 蒸发皿一般应放在石棉网上隔火加热。

② 用蒸发皿进行蒸发的液体必须是水溶液，不能蒸发有机溶剂。

③ 注入蒸发皿中的溶液不得超过蒸发皿总容积的2/3，否则加热时溶液容易溅出。

④ 当溶液中溶质的溶解度大时，应加热至溶液表面有晶膜出现再停止加热；当溶质的溶解度较小或高温溶解度较大而室温溶解度较小时，则不需要蒸至液面出现晶膜即可冷却。

⑤ 蒸发结束后，蒸发皿应自然冷却，不能骤冷，以防炸裂。

### 4. 结晶与重结晶

（1）结晶。当溶液蒸发到一定程度冷却后就有晶体析出，这个过程叫结晶。析出晶体颗粒的大小与外界环境条件有关，若溶液浓度较高，溶质的溶解度较小，快速冷却并加以搅拌（或用玻璃棒摩擦容器器壁），都有利于析出细小晶体。反之，若让溶液慢慢冷却或静置有利于生成大晶体，特别是加入一小颗晶体（晶种）时更是如此。从纯度来看，快速生成小晶体时由于不易裹入母液及别的杂质而纯度较高，缓慢生长的大晶体纯度较低，但是晶体太小且大小不均匀时，会形成稠厚的糊状物，携带母液过多导致难以洗涤而影响纯度。因此在物质制备中，晶体颗粒的大小要适中、均匀才有利于得到高纯度的晶体。

（2）重结晶。重结晶是提纯物质（晶体）的一种方法。一般，第一次结晶所得到晶体的纯度往往不符合要求，需要进行纯制。重结晶就是用少量溶剂使含有杂质的晶体溶解，然后进行蒸发和结晶的过程。

重结晶利用被提纯物质与杂质在溶剂中溶解度不同的原理，当一种物质（被提纯物质或杂质）还在溶液中时，另一种物质已从溶液中析出，从而达到两者分离的目的。由此可见，进行重结晶时选择合适的溶剂至关重要，是纯化质量和回收率的关键。选择溶剂时应注意以下几个问题：

① 溶剂应不与被纯化物质起化学反应，例如醇类化合物不宜用作酯类化合物重结晶的溶剂，也不宜用作氨基酸盐酸盐重结晶的溶剂；

② 溶剂对被纯化物质溶解度的温度敏感性高，选择的溶剂对被纯化物质在较高温度时具有较大的溶解能力，而在室温或更低的温度时对被纯化物质的溶解能力大大减小；

③ 选择的溶剂对杂质的溶解能力非常大或非常小（前一种情况使杂质留在母液中，不随被纯化晶体一同析出，后一种情况使杂质在热过滤时被滤去）；

④ 选择的溶剂沸点不宜太高，应易蒸发，易与晶体分离除去，常用的溶剂有水、甲醇、乙醇、异丙醇、丙酮、乙酸乙酯、氯仿、冰醋酸、二氧六环、四氯化碳、苯、石油醚等，此外也经常用到甲苯、硝基甲烷、乙醚、二甲基甲酰胺、二甲亚砜等；

⑤ 无毒或毒性很小；

⑥ 廉价、易得。

### 5. 结晶的干燥与保存

结晶的干燥是指从晶体表面除去水分，具体的方法包括烘干法、吸干法和干燥器干燥法等方法。

（1）烘干法。对于比较稳定的晶体可采用此法干燥，即将晶体放置于培养皿（或表面皿）内，在恒温箱中烘干，也可将其放在蒸发皿中，在水浴或石棉网上直接加热，将结晶烤干或置于红外灯下烤干。

（2）吸干法。对于含有结晶水的晶体，不宜采用烘干法干燥，可采用滤纸吸干，即将晶体放在两层滤纸之间用手轻轻挤压，让晶体表面的水分被滤纸吸收，更换滤纸重复操作直到晶体干燥为止。

（3）干燥器干燥法。干燥器又称保干器。它的结构如图 2-14（a）所示，为一具有磨口盖子的厚质玻璃器皿，磨口上涂有一薄层凡士林，以便盖严后防止外界水汽进入。底部放适当的干燥剂，最常用的干燥剂是变色硅胶和无水氯化钙，其上搁置洁净的带孔瓷板，称量瓶、坩埚等即可放在瓷板孔内。干燥器用以防止被干燥的物质在空气中吸潮，化学分析中常用于保存基准物质。

视频-干燥器
的使用

(a) 干燥器示意图　　　(b) 干燥器的开启与关闭　　　(c) 干燥器的搬移方法

图 2-14　干燥器的使用

① 干燥器的使用方法。对于受热易分解或干燥后易吸水但是需要保存较长时间的晶体，可将晶体放入装有干燥剂的干燥器中干燥和存放。打开干燥器时，应该一手夹住干燥器，另一手握住盖子上的手柄，沿水平方向移动盖子 ［图 2-14（b）］。盖上盖子的操作与此相同，但方向相反。温度高的物体应稍微冷却后再放入干燥器，放入后在短时间内再把盖子打开 1～2 次，以免以后盖子打不开。

使用干燥器时应注意下列事项：

a. 干燥剂不可放得太多，以免沾污坩埚底部。

b. 打开干燥器时，不能往上掀盖，应用左手按住干燥器，右手小心地把盖子稍微推开，等冷空气徐徐进入后，才能完全推开，打开干燥器后，盖子必须仰放在桌面上。

c. 搬移干燥器时，要用双手拿着，用大拇指压紧盖边，以防盖子滑落打碎 ［图 2-14（c）］。

d. 不可将太热的物体放入干燥器中。

e. 有时较热的物体放入干燥器中后，空气受热膨胀会把盖子顶起来，为了防止盖子被打翻，应当用手按住，不时把盖子稍微推开（不到 1s），以放出热空气，直至不再有热空气排出后再盖严盖子（若盖上盖子较早，停一段时间则无法打开干燥器）。

f. 灼烧或烘干后的坩埚和沉淀，在干燥器内不宜放置过久，否则会因吸收一些水分而使质量略有增加。

g. 变色硅胶干燥时为蓝色（无水 $Co^{2+}$ 色），受潮后变粉红色（水合 $Co^{2+}$ 色），可以在 120℃烘受潮的硅胶待其变蓝后反复使用，直至破碎不能用为止。

需要指出：干燥器中干燥剂吸收水分的能力都是有一定限度的。干燥器中的空气并不是绝对干燥的，只是湿度较低而已。

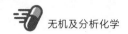
② 真空干燥器的使用方法。真空干燥器是一种盖子上带有磨口旋塞的干燥器（图 2-15）。它装有侧臂以便与真空连接。

真空干燥器使用前要先在干燥器的宽边及真空活塞处涂一层真空活塞油脂，经涂抹均匀后，再经过抽真空试验。如仪器完好，即可打开盖子将待干燥物质放在瓷板上或挂在真空活塞挂钩上，盖好盖子，然后打开活塞进行抽真空，当真空度达到需要时即停止机械泵关闭活塞，即可起到干燥的作用。要打开真空干燥器，首先要打开真空活塞放入空气，然后按普通干燥方法打开。

图 2-15 真空干燥器

# ? 习题

## 一、填空题

1. 仪器是否洗净可通过器壁是否＿＿＿＿来检验。

2. 玻璃仪器干燥的方式有＿＿＿＿、＿＿＿＿和＿＿＿＿3 种。

3. 用滴管取用液体时，滴管绝不能＿＿＿＿所用容器中，以免接触器壁而沾污药品。

4. 取用试剂要注意节约，多余的试剂＿＿＿＿原试剂瓶内。

5. 沉淀的分离方法一般有三种，即＿＿＿＿、＿＿＿＿和＿＿＿＿。

6. 过滤完后，应先把连接吸滤瓶的＿＿＿＿，然后关闭＿＿＿＿，以防倒吸。

## 二、是非题

1. 重结晶实验中，可直接向沸腾的溶液中投入活性炭进行脱色。　　　　（　　）

2. 重结晶实验中，加活性炭煮沸后，应充分冷却后再过滤。　　　　（　　）

3. 重结晶提纯乙酰苯胺实验中，刚开始时应多加水促进乙酰苯胺溶解。　（　　）

4. 实验时不小心衣服着火了，应脱下衣服，或用石棉布覆盖，或就地打滚。（　　）

5. 化学试剂定位放置、用后复位、节约使用，用完多余的化学试剂可以倒回原瓶。
　　　　（　　）

## 三、选择题

1. 配制医学上用的生理盐水是采用固体（　　）。

A. NaCl　　　　B. KCl　　　　C. $CaCl_2$　　　　D. $MgCl_2$

2. 给试管内的液体加热，液体体积一般不超过试管容积的（　　）。

A. 1/2　　　　B. 1/4　　　　C. 1/3　　　　D. 2/3

3. 关于试剂的取用，下列说法正确的是（　　）。

A. 取出的多余试剂可倒回原试剂瓶

B. 每次取用试剂后都应立即盖好试剂瓶盖，并把瓶子放回原处，使瓶上标签朝外

C. 可用手拿取固体试剂

D. 取用试剂时，转移的次数越多越好

4. 关于结晶的说法，不正确的是（　　）。

A. 结晶的方法有降温结晶和蒸发溶剂结晶

B. 降温结晶时，温度下降越快，形成晶体的颗粒越大

C. 静置比搅动溶液时析出的晶体颗粒大

D. 蒸发溶剂时，自然蒸发比加热蒸发得到的晶体颗粒大

5. 下面关于过滤操作说法错误的是（　　）。

A. 滤纸应紧贴漏斗内壁　　　　　　B. 漏斗的边缘应低于滤纸边缘

C. 漏斗内液面应低于滤纸边缘　　　D. 引流时，玻璃棒末端与三层滤纸处接触

6. 下列有关酒精灯的使用，不正确的是（　　）。

A. 根据实验需要可以调整灯芯，露头多则火焰大

B. 酒精量一般在灯身容积的 $1/4 \sim 2/3$，向灯里添加酒精可使用漏斗

C. 找不到打火机时，可用燃着的酒精灯点燃另一个酒精灯

D. 酒精灯加热时，应充分使用外焰

7. 下面不属于玻璃仪器洗涤干净的标志是（　　）。

A. 内壁上没有水　　　　　　　　　B. 内壁上没有聚成水滴

C. 内壁上没有水成股流下　　　　　D. 晾干后不留水痕

8. 取用固体样品时，下列操作或说法不正确的是（　　）。

A. 没有说明用量时，应取少量

B. 取块状固体样品时，可以用镊子夹取直接投入直立的试管中

C. 往试管或烧瓶中装入粉末状试剂时，用小纸槽送入试管中

D. 药匙用毕要立即清洗或用洁净的纸擦拭干净

9. 用量筒量取 8mL 液体倒入烧杯中，下列操作或说法不正确的是（　　）。

A. 一般选用 10mL 量筒

B. 倒入液体时量筒可以倾斜，接近 8mL 刻度线时必须放平读数

C. 将量好的液体倒入烧杯后，必须用水冲洗量筒 $2 \sim 3$ 次，冲洗液也倒入烧杯

D. 观察和读取刻度时，视线要跟量筒内液体凹液面的最低处保持水平

10. 重结晶分离混合物的原理主要是（　　）。

A. 利用被纯化物质与杂质在同一溶剂中溶解性能随温度变化的差异

B. 利用混合物中各组分在两种互不相溶的溶剂中溶解度的不同

C. 利用混合物中各组分沸点的差异

D. 利用混合物中各组分熔点的差异

11. 不能用酒精灯直接加热的玻璃仪器是（　　）。

A. 蒸发皿　　　　B. 量筒　　　　C. 烧瓶　　　　D. 试管

## 四、问答题

1. 常压过滤的操作步骤可总结为"一贴""二低"和"三靠"，请叙述一下。

2. 重结晶选用的溶剂应具备什么条件？

3. 进行化学实验时实验中和实验结束应注意哪些问题？

# 第三章　化学反应速率和化学平衡

 **学习目标**

**素质目标：**

（1）从唯物辩证法的角度看待化学反应的实质，学会解决实际问题的方法和原理；

（2）通过学习影响反应速率和化学平衡的主要因素和次要因素，更好地树立辩证唯物主义思维；

（3）可逆反应中的正反应和逆反应等化学概念或过程都是对立统一又紧密联系的，要学会从对立和统一两个角度理解问题。

**知识目标：**

（1）掌握反应速率、碰撞理论、活化能、质量作用定律等概念；

（2）理解影响化学反应速率的因素；

（3）掌握多重平衡规则及化学平衡移动原理；

（4）掌握速率方程和反应级数的概念。

**能力目标：**

（1）能判断可逆反应进行的方向；

（2）会用勒夏特列原理判断化学平衡移动的方向；

（3）能进行有关化学平衡常数的计算。

## 第一节　化学反应速率

### 一、定义

化学反应种类繁多，反应有快有慢，如氢、氧爆鸣气的爆炸反应，酸碱溶液的中和反应等瞬时就能完成，而石油的形成就要经过亿万年。

为了加快社会主义建设，我们要使物质的变化按人们的需要进行。凡是有利的化学反应，都要使原料尽快而有效地制成产品，例如冶炼钢铁、煅烧水泥、合成树脂等。凡是不利的反应，则采取措施加以阻止或减慢，例如防止钢铁生锈、橡胶老化、药物变质等。有的化学反应，则要设法控制反应速率。例如，水泥硬化过快不利于施工，过慢则浪费时间；炸药爆炸过快不利于施放，过慢则不能产生应有的威力。因此，不仅物质的生产过程，而且物质的保管和使用，也都与反应速率规律密切相关。怎样定量地较准确地表示化学反应速率呢？

化学反应速率是用单位时间（如每秒、每分或每时等）内反应物或生成物的量（mol）的变化来表示，通常用单位时间内反应物浓度的减小或生成物浓度的增大来表示。例如：

$$H_2O_2(aq) \Longrightarrow H_2O(l) + \frac{1}{2}O_2(g)$$

经实验测定 $H_2O_2$ 的浓度与时间的关系列于表 3-1。

**表 3-1　$H_2O_2$ 的浓度与时间的关系**

| $t/\text{min}$ | 0 | 20 | 40 | 60 | 80 |
|---|---|---|---|---|---|
| $c(H_2O_2)/(\text{mol} \cdot L^{-1})$ | 0.80 | 0.40 | 0.20 | 0.10 | 0.050 |
| $\overline{v}$ $(-\Delta c/\Delta t)/(\text{mol} \cdot L^{-1} \cdot \text{min}^{-1})$ | — | $\frac{0.40}{20}=0.020$ | $\frac{0.20}{20}=0.010$ | $\frac{0.10}{20}=0.0050$ | $\frac{0.050}{20}=0.0025$ |

从表 3-1 中可以看出，在不同时间段，反应的平均速率不一样。而且在任一时间段内，前半段的平均速率与后半段的平均速率也不同。反应速率 $v$ 应为 $\Delta t$ 趋近于零的瞬时速率：

$$v = \lim_{\Delta t \to 0} \frac{\Delta c}{\Delta t} = \frac{dc}{dt} \qquad (3\text{-}1)$$

式中，$dc/dt$ 是浓度 $c$ 对时间 $t$ 的微商，是浓度 $c$ 的变化率，即 $c\text{-}t$ 曲线切线的斜率，如图 3-1 所示。

反应体系中任何一种物质的浓度变化都可以表示反应速率。由于各种物质的化学计量系数不同，所表示的反应速率数值也不同。例如上述反应体系中，$v_{H_2O_2}$ 与 $v_{O_2}$ 数值不同，但有确定的关系 $\overline{v}_{H_2O_2} = 2\overline{v}_{O_2}$，$v_{H_2O_2} = 2v_{O_2}$。为了避免造成混乱和使用不便，现行的国际单位制建议用 B 物质的化学计量系数除以 $dc(B)/dt$，这样得到一个反应体系的速率 $v$ 都有一致的确定值。

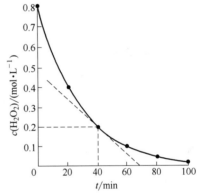

图 3-1　$H_2O_2$ 分解反应的
浓度-时间曲线

对于反应 $a\text{A} + d\text{D} \Longrightarrow g\text{G} + h\text{H}$

$$v = -\frac{1}{a} \times \frac{dc(A)}{dt} = -\frac{1}{d} \times \frac{dc(D)}{dt} = \frac{1}{g} \times \frac{dc(G)}{dt} = \frac{1}{h} \times \frac{dc(H)}{dt} \qquad (3\text{-}2)$$

## 二、反应机理

实验证明有些反应从反应物转化为生成物是一步完成的，这样的反应称为基元反应，而大多数反应是多步完成的，这些反应称为非基元反应，或复杂反应。

例如，$2N_2O_5 \Longrightarrow 4NO_2 + O_2$ 是由三个步骤组成的：

（1）$N_2O_5 \longrightarrow N_2O_3 + O_2$

（2）$N_2O_3 \longrightarrow NO_2 + NO$

（3）$N_2O_5 + NO \longrightarrow 3NO_2$

每一步为一个基元反应，总反应即为三步反应的加和，这三个反应的组成表示了总反应经历的途径。化学反应所经历的途径称为反应机理或反应历程。

## 三、反应速率方程

### 1. 速率方程

反应物浓度与反应速率之间定量关系的方程式称为速率方程。其通式为：

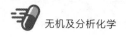

$$aA + dD \xrightarrow{\hspace{1cm}} gG + hH$$

该反应的速率方程式为：

$$v = kc^x(A)c^y(D) \tag{3-3}$$

即质量作用定律的数学表达式。速率方程式必须由实验测得，这样才能确定反应速率，不能根据反应方程式的计量系数来确定。

### 2. 反应级数

$x$、$y$ 分别是反应物 A 和 D 的级数，$x+y$ 是此反应的级数。反应级数是无量纲的纯数。对于基元反应，反应物的级数与反应方程式中该反应物的计量系数相同，对于复杂反应则必须由实验来确定。但要注意，反应级数与计量系数相等的也不一定是基元反应。

例如，$H_2 + I_2 \xrightarrow{\hspace{1cm}} 2HI$，其速率方程式经实验证明为 $v = kc(H_2)c(I_2)$，也符合质量作用定律，但进一步研究证明它的反应历程为：

$$(1)\ I_2 \xrightarrow{\hspace{1cm}} 2I$$
$$(2)\ H_2 + 2I \xrightarrow{\hspace{1cm}} 2HI$$

表明该反应不是基元反应。

### 3. 速率常数 $k$

速率常数 $k$ 是温度的函数，与浓度无关，其单位与反应级数有关见表 3-2。

表 3-2　速率常数的单位与反应级数的关系

| 反应级数 | 1 | 2 | 3 | 0 |
|---|---|---|---|---|
| $k$ 的单位 | $s^{-1}$ | $mol^{-1} \cdot L \cdot s^{-1}$ | $mol^{-2} \cdot L^2 \cdot s^{-1}$ | $mol \cdot L^{-1} \cdot s^{-1}$ |

**例 3-1**　通过实验得到反应 $A+B+C \xrightarrow{\hspace{1cm}}$ 产品的一些数据如表 3-3 所示。求：

（1）反应的速率方程式和反应级数；

（2）速率常数；

（3）当 A、B、C 的浓度均为 $0.50\,mol \cdot dm^{-3}$ 时的初始反应速率。

表 3-3　$A+B+C \xrightarrow{\hspace{1cm}}$ 产品的数据表

| 编号 | $A/mol \cdot dm^{-3}$ | $B/mol \cdot dm^{-3}$ | $C/mol \cdot dm^{-3}$ | 初始反应速率$/mol \cdot dm^{-3} \cdot s^{-1}$ |
|---|---|---|---|---|
| 1 | 0.01 | 0.01 | 0.01 | 0.05 |
| 2 | 0.01 | 0.02 | 0.01 | 0.05 |
| 3 | 0.01 | 0.05 | 0.01 | 0.05 |
| 4 | 0.01 | 0.05 | 0.02 | 0.20 |
| 5 | 0.01 | 0.05 | 0.03 | 0.45 |
| 6 | 0.02 | 0.01 | 0.01 | 0.10 |
| 7 | 0.03 | 0.01 | 0.01 | 0.15 |

**解**

（1）由编号 1、2、3 的数据可得：$v \propto c^0(B)$

由编号 3、4、5 的数据可得：$v \propto c^2(C)$

由编号 1、6、7 的数据可得：$v \propto c(A)$

所以　$v=kc(A)c^2(C)$

反应级数为：$1+2=3$

（2）将编号 1 的数据代入反应速率方程式（3-3），得

$0.05\text{mol} \cdot \text{dm}^{-3} \cdot \text{s}^{-1}=k\times0.001\text{mol} \cdot \text{dm}^{-3}\times(0.01\text{mol} \cdot \text{dm}^{-3})^2$

所以 $k=5\times10^4\text{dm}^6 \cdot \text{mol}^{-2} \cdot \text{s}^{-1}$

（3）将有关数据代入反应速率方程式（3-3），得

$v=5\times10^4\times0.50\times0.50=6.25\times10^3$ （$\text{mol} \cdot \text{dm}^{-3} \cdot \text{s}^{-1}$）

答：（1）反应的速率方程式是 $v=kc(A)c^2(C)$，反应级数为 3 级；（2）速率常数为 $5\times10^4\text{dm}^6 \cdot \text{mol}^{-2} \cdot \text{s}^{-1}$；（3）初始反应速率是 $6.25\times10^3$ $\text{mol} \cdot \text{dm}^{-3} \cdot \text{s}^{-1}$。

对于非基元反应，其速率方程式只能由实验数据确定，这里需用到"归纳法"，即由已知实验数据分析归纳出相应物质的反应级数，最终确定出反应的速率方程式。

## 四、化学反应速率理论

### 1. 有效碰撞理论

根据对一些简单气体反应的研究，并以气体分子运动论为基础，人们提出了化学反应的有效碰撞理论。

有效碰撞理论认为，化学反应发生的先决条件是反应物分子之间的相互碰撞，如果反应物分子互不接触，根本就谈不上反应。一般说来，在相同条件（温度和反应物浓度）下，任何气体分子在单位时间内的碰撞次数几乎是相同的，倘若一经碰撞就会发生反应，那么，一切气体的反应不但能在瞬间完成，而且反应速率也应该很接近。但事实告诉我们，气体反应有快有慢，而且速率相差很大。为了说明这个现象，有效碰撞理论指出：在气体反应中，反应物分子不断发生碰撞，在千万次碰撞中，大多数碰撞并不发生反应，只有少数分子的碰撞才能发生反应，这种能发生化学反应的碰撞称为有效碰撞。分子间要发生有效碰撞必须满足以下两个条件：

① 在碰撞时反应物分子必须有恰当的取向，使相应的原子能相互接触而形成生成物。

② 反应物分子必须具有足够的能量，这样在碰撞时原子的外电子层才能相互穿透，成键电子重新排列，使旧键破裂形成新键（即形成生成物）。

以气相反应 $NO_2+CO =\!\!=\!\!= NO+CO_2$ 为例，见图 3-2。

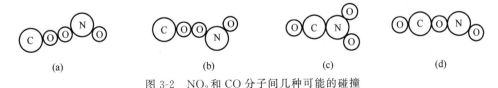

(a)　　　　　　　(b)　　　　　　　(c)　　　　　　　(d)

图 3-2　$NO_2$ 和 CO 分子间几种可能的碰撞

反应中必须有一个氧原子从 $NO_2$ 分子转移到 CO 分子上去。但是两种分子在碰撞时的多种取向都是无效的，不可能实现这种转移，如图 3-2（a）、（b）、（c）。只有在图 3-2（d）的情况下 $NO_2$ 中的一个氧原子碰到 CO 的碳原子上才有可能引起反应。还需指出，当 $NO_2$ 的氧原子向 CO 的碳原子靠拢时，二者的外电子层有相互排斥作用，致使它们在靠近到一定

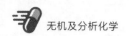
的距离之前就分开了，如图 3-3（a）。只有分子运动速度足够快，它们的动能超过了某一限定值，电子之间的排斥不足以使它们分开时，才可能有反应发生，如图 3-3（b）。这种具有足够能量、能够发生有效碰撞的分子称为活化分子。

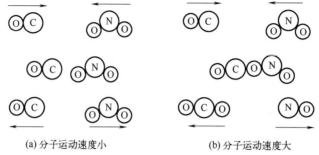

(a) 分子运动速度小　　　　　　(b) 分子运动速度大

图 3-3　不同运动速度的 CO 分子和 $NO_2$ 分子碰撞示意图

### 2. 活化能

由图 3-4（a）可以看出，一定温度下，分子可以有不同的能量，但是具有很低或很高动能的分子数很少。具有平均动能 $E_{平均}$ 的分子数则相当多。只有极少数能量比平均能量高得多的分子，它们的碰撞才是有效碰撞。通常把活化分子具有的最低能量与平均能量的差值叫作反应的活化能。图 3-4（a）中 $E_1$ 表示活化分子具有的最低能量（即能发生化学反应的临界能量）。活化能用 $E_a$ 表示，则

$$E_a = E_1 - E_{平均}$$

化学反应速率主要取决于单位时间内有效碰撞的次数，而有效碰撞次数又与反应的活化能密切相关。图 3-4（a）中画斜线区域的面积代表活化分子在所有分子中所占的百分数。

在一定温度下，活化能越大，活化分子所占的比例越小［图 3-4（b）中活化分子所占面积越小］，于是单位时间内有效碰撞的次数越少，反应进行得越慢。反之，反应活化能越小，其活化分子百分数越大，反应进行得越快。反应活化能的大小取决于反应的本性，是不同化学反应速率相差悬殊的主要原因。活化能可由实验测定，一般化学反应的活化能在 $40\sim400 kJ \cdot mol^{-1}$ 之间，活化能小于 $40 kJ \cdot mol^{-1}$ 的反应可在瞬间完成；活化能大于 $400 kJ \cdot mol^{-1}$ 的反应其速率非常慢；大多数反应的活化能为 $60\sim250 kJ \cdot mol^{-1}$。表 3-4 列出了一些反应的活化能。

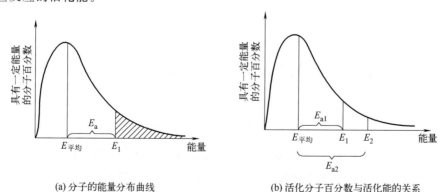

(a) 分子的能量分布曲线　　　　　　(b) 活化分子百分数与活化能的关系

图 3-4　分子的能量分布曲线

表 3-4　一些反应的活化能

| 化学反应方程式 | $E_a/(\text{kJ} \cdot \text{mol}^{-1})$ |
| --- | --- |
| $3H_2(g)+N_2(g)\longrightarrow 2NH_3(g)$ | 约 330 |
| $2SO_2(g)+O_2(g)\longrightarrow 2SO_3(g)$ | 251 |
| $2N_2O(g)\longrightarrow 2N_2(g)+O_2(g)$ | 245 |
| $2HI(g)\longrightarrow H_2(g)+I_2(g)$ | 183 |
| $H_2(g)+Cl_2(g)\longrightarrow 2HCl(g)$（光化学反应） | 285 |
| $HCl(aq)+NaOH(aq)\longrightarrow NaCl(aq)+H_2O(l)$ | $13\sim 25$ |

### 3. 过渡态理论（又称活化配合物理论）

有效碰撞理论直观明了地说明了反应速率与活化能的关系，但没有从分子内部原子重新组合的角度来揭示活化能的物理意义。过渡态理论（又称活化配合物理论）认为，化学反应并不是通过反应物分子的简单碰撞而完成的，在反应物分子生成产物的过程中，必须要经过一个中间过渡状态。

$$A+BC \rightleftharpoons [A\cdots B\cdots C] \longrightarrow AB+C$$
$$\text{反应物}\qquad\quad \text{过渡态}\qquad\quad \text{产物}$$
$$\text{（活化配合物）}$$

该理论用量子力学的方法计算反应物分子在相互作用过程中势能的变化。这里的势能是指分子间的相互作用以及分子内原子的相互作用等，这些作用与粒子间的相对位置有关。现以反应 $A+BC\longrightarrow AB+C$ 为例予以说明（见图 3-5）。最初，反应物 $A+BC$ 处于状态（Ⅰ），所具有的势能为 $E$（Ⅰ）。反应开始后，一些动能足够大的分子相互靠拢并发生碰撞，分子所具有的动能转变为分子间相互作用的势能。同时由于分子间的相互作用，BC 之间的键减弱，而 A 与 BC 之间开始形成一种新的、不太牢固的联系，即旧键削弱而新键开始形成。此时生成了一种活化配合物（又称过渡状态）$A\cdots B\cdots C$，其势能为 $E_{ac}$。该活化配合物并不稳定，很快就分解为生成物分子 $AB+C$（即旧键断裂新键完全形成，当然也有可能仍分解为原来的反应物），同时，生成物分子释放能量其势能降为 $E$（Ⅱ）。

由此可见，活化配合物的势能高于始态也高于终态，形成一个能峰。只有那些具有足够能量的分子才能克服这一能峰，由反应物转化为生成物。过渡状态理论中把活化配合物具有的最低能量与反应物平均能量之差称为活化能。显然，反应的活化能越大，能峰越高，超过这一能峰的分子百分数就越小，反应速率也越小。

在催化反应中，由于改变了反应历程，降低了反应的活化能，使更多的分子可越过能峰并形成活化配合物，因此大大增加了反应速率（见图 3-6）。

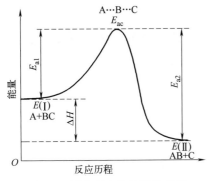

图 3-5　活化配合物势能示意图

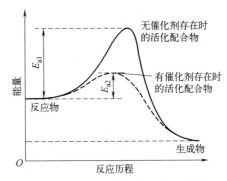

图 3-6　催化剂改变反应途径示意图

### 4. 反应热

反应热与正逆反应的活化能有关，设正反应的活化能为 $E_{a1}$，逆反应的活化能为 $E_{a2}$。若 $E_{a2}-E_{a1}>0$，则反应为放热反应，如图 3-7 所示；若 $E_{a2}-E_{a1}<0$，则反应为吸热反应，如图 3-8 所示。

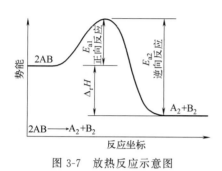

图 3-7 放热反应示意图          图 3-8 吸热反应示意图

# 第二节 影响反应速率的因素

化学反应速率的大小首先取决于反应物的本性（活化能），其次与浓度、压力、温度、催化剂等有关。

## 一、浓度对反应速率的影响

反应速率和反应物浓度之间存在什么关系呢？经过长期实践，人们总结出反应速率和反应物浓度间的定量关系：在一定温度下，对简单化学反应（或复杂反应中的任一基元反应）来说，化学反应的速率同反应物浓度的方次的乘积成正比（反应物浓度的方次，等于反应式中分子式前的系数）。这个结论叫质量作用定律。

$x\mathrm{A}+y\mathrm{B}\Longrightarrow\mathrm{C}$

$v=kc^{x}(\mathrm{A})c^{y}(\mathrm{B})$

$\mathrm{NO_2}+\mathrm{CO}\Longrightarrow\mathrm{NO}+\mathrm{CO_2}$

$v=kc(\mathrm{NO_2})c(\mathrm{CO})$

物质在纯氧中比在空气中燃烧快得多。这说明浓度大，单位体积内反应物的分子（或离子）多，即活化分子数多，发生有效碰撞的机会多，增大了反应速率。

## 二、压力对反应速率的影响

在温度一定时，对有气体参加的反应，增大压力，气体反应物的浓度增大，反应速率增大；反之降低压力，则反应速率减小。

注意：如果反应物全是固体或液体，则压力增大，对它们的浓度影响小，这时，可以认为化学反应速率与压力无关。

## 三、温度对反应速率的影响

温度是影响化学反应速率的重要因素之一。Van't Hoff 规则：温度每升高 10℃，反应速率提高 2～4 倍。

$$\frac{k_{t+10}}{k_t}=\gamma \quad \text{或} \quad \frac{k_{t+10n}}{k_t}=\gamma^n$$

$\gamma$ 为常数，值在 2~4 之间。利用上式可粗略地估计温度对速率的影响。

## 四、催化剂对反应速率的影响

催化剂能显著地增大反应速率而本身的组成、质量和化学性质在反应前后保持不变。在现代化工生产中，催化剂担负着一个重要角色，据统计化工生产中 80% 以上的反应都采用了催化剂。例如，接触法生产硫酸的关键步骤是将 $SO_2$ 转化为 $SO_3$。自从采用了 $V_2O_5$ 作催化剂后，反应速率竟增加一亿六千万倍。甲苯为重要的化工原料，可从大量存在于石油中的甲基环己烷脱氢而制得。但因该反应极慢，以致长时间不能用于工业生产，直到发现能显著加速反应的 Cu、Ni 催化剂后，它才有了工业价值。

催化剂具有选择性。一种催化剂往往只对某些特定的反应有催化作用，如 $V_2O_5$ 宜用于 $SO_2$ 的氧化，铁宜用于合成氨等。此外，相同的反应物如采用不同的催化剂，会得到不同的产物。例如，以乙醇为原料，在不同条件下采用不同催化剂可以得到不同的产物：

$$2C_2H_5OH \xrightarrow{Ag,550℃} 2CH_3CHO+2H_2$$

$$C_2H_5OH \xrightarrow{Al_2O_3,3500℃} CH_2{=}CH_2+2H_2O$$

$$2C_2H_5OH \xrightarrow{ZnO\cdot Cr_2O_3,450℃} CH_2{=}CHCH{=}CH_2+2H_2O+H_2$$

$$2C_2H_5OH \xrightarrow{H_2SO_4,140℃} C_2H_5OC_2H_5+2H_2O$$

根据催化剂的这一特性，可由一种原料制取多种产品。

值得一提的是，在生物体内的催化剂——酶起着重要的作用。据研究，人体内的部分能量是由蔗糖氧化产生的。蔗糖在纯的水中几年也不与氧发生反应，但在特殊酶的催化下，只需几小时就能完成反应。人体内有许多种酶，它们不但选择性高，而且能在常温、常压和近于中性的条件下加速某些反应的进行。而工业生产中不少催化剂往往需要高温、高压等比较苛刻的条件。因此，为了适应新技术发展的需要，模拟酶的催化作用已成为当今重要的研究课题。我国科学工作者在化学模拟生物固氮酶的研究方面已处于世界前列。

在采用催化剂的反应中，少量杂质往往会使催化剂的催化活性大为降低，这种现象称为催化剂的中毒。因此，对于使用催化剂的反应，必须保持原料的纯净。

# 第三节　化 学 平 衡

## 一、可逆反应与化学平衡

### 1. 可逆反应

在众多化学反应中，只有极少数反应能向一个方向进行到底，即反应物全部转化为产物，例如：

$$2KClO_3 \xrightarrow{\triangle} 2KCl+3O_2\uparrow$$

$$CH_4+2O_2 {=\!=\!=} CO_2+2H_2O$$

$$HCl+NaOH {=\!=\!=} NaCl+H_2O$$

这种只能向一个方向进行到底的反应，叫不可逆反应。

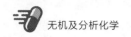 

大多数反应在一定条件下，既能按化学方程式从左向右（正反应）进行，又能从右向左（逆反应）进行。例如：

$$N_2 + 3H_2 \rightleftharpoons 2NH_3$$
$$2HI \rightleftharpoons H_2 + I_2$$

这种在同一条件下，既能向一个方向又能向相反方向进行的反应，称为可逆反应。一般用可逆符号"$\rightleftharpoons$"表示反应的可逆性。

### 2. 化学平衡

某一可逆反应，在一定条件下，正、逆反应速率相等时，反应物和生成物的浓度或分压不再随时间改变的状态叫化学平衡。化学平衡过程的速率与时间的关系如图 3-9 所示。

化学平衡的特征：

① 化学平衡是动态平衡。达到平衡时反应并没有停止，只是正反应速率等于逆反应速率。

② 在一定条件下，可逆反应达到化学平衡时，各反应混合物的百分组成一定。

③ 当浓度、温度、压力发生改变时，原有的平衡即被破坏，在新的条件下达到新的平衡状态。这就是化学平衡的移动。

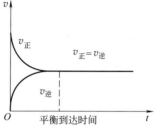

图 3-9 可逆反应的正逆反应速率变化曲线

### 3. 混合气体分压定律

（1）气体状态方程。理想气体是一种假想的气体，其要求气体分子之间完全没有作用力，气体分子本身不占空间，即气体分子本身也只是一个几何点，只具有位置而不占有体积。对于一定量（$n$）的理想气体，其温度（$T$）、压力（$P$）和体积（$V$）之间的关系为：

$$PV = nRT \tag{3-4}$$

视频-理想气体状态方程

上式称为理想气体状态方程。通常可以把高温低压下的真实气体近似看作理想气体。在不同特定条件下，理想气体状态方程式有着不同的表达形式，各种形式有不同的应用：

① $n$ 一定时，$P$、$V$、$T$ 改变，则有：$\dfrac{P_1 V_1}{T_1} = \dfrac{P_2 V_2}{T_2}$

② $n$、$T$ 一定时，即为波义耳定律：$P_1 V_1 = P_2 V_2$

③ $n$、$P$ 一定时，即为查理定律：$\dfrac{V_1}{T_1} = \dfrac{V_2}{T_2}$

④ $T$、$P$ 一定时，即为阿伏伽德罗定律：$\dfrac{n_1}{n_2} = \dfrac{V_1}{V_2}$

将 $n = \dfrac{m}{M}$ 或 $\rho = \dfrac{m}{V}$ 代入理想气体状态方程，则有：

$$M = \frac{mRT}{PV} = \frac{\rho RT}{P} \tag{3-5}$$

由此关系式可推算气体的密度（$\rho$）、气体的摩尔质量（$M$）、分子量，并由此推断其分子式。

（2）分体积。在恒温时，500kPa 压力下，将 30mL 氮气和 20mL 氧气混合，所得混合气体的体积为 50mL，即混合气体总体积（$V_总$）等于各组分气体分体积（$V_i$）之和。

$$V_总 = V_1 + V_2 + \cdots + V_i \tag{3-6}$$

所谓分体积是指相同温度下，组分气体具有和混合气体相同压力时所占的体积。每一组分气体的体积分数就是该组分气体的分体积与总体积之比。体积分数常用 $x_i$ 表示。

$$x_i = \frac{V_i}{V_总} \tag{3-7}$$

上述混合气体中，氮和氧两种气体的体积分数分别为：

$$x_{N_2} = \frac{V_{N_2}}{V_总} = \frac{30}{50} = 0.6$$

$$x_{O_2} = \frac{V_{O_2}}{V_总} = \frac{20}{50} = 0.4$$

（3）分压定律。气体的特性是能够均匀地布满它占有的全部空间，因此在任何容器的气体混合物中，只要不发生化学反应，就像单独存在的气体一样，每一种气体都是均匀地分布在整个容器中，占据与混合气体相同的总体积。恒温时，各组分气体占据与混合气体相同体积时对容器所产生的压力，叫作该组分气体的分压。

视频-混合气体分压定律

上述气体混合物中，氧气和氮气的分压有多大？分压与总压之间有什么关系呢？根据波义耳定律，恒温时气体的体积和压力成反比。

$$P(N_2) = P_总 \times x_{N_2} = 500 \times \frac{30}{50} = 300 \text{（kPa）}$$

$$P(O_2) = P_总 \times x_{O_2} = 500 \times \frac{20}{50} = 200 \text{（kPa）}$$

组分气体分压力之和（300kPa＋200kPa）恰好等于混合气体的总压力（500kPa）。

1807 年，道尔顿总结了上述规律，提出了混合气体分压定律：混合气体的总压力等于组分气体分压之和。某组分气体分压的大小和它在气体混合物中的体积分数（或摩尔分数）成正比。即

$$P_i = \frac{n_i RT}{V}, P_总 = \sum P_i \tag{3-8}$$

其中

$$P_i = \frac{n_i}{n_总} P_总 = x_i P_总 \tag{3-9}$$

$x_i$ 为 $i$ 组分的摩尔分数。

$$P_总 = P(A) + P(B) + P(C) + \cdots \tag{3-10}$$

**例 3-2**　在实验室用排水取气法制取氢气，在 23℃、100kPa 下，收集了 370 cm³ 的气体。试求：

（1）23℃时该气体中氢气的分压。

（2）氢气的物质的量。

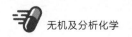 

（3）若在收集氢气之前，集气瓶中已有氮气 20 cm³，收集完了时气体的总体积为 390 cm³，问此时收集的氢气的分压是多少？氢气的物质的量又是多少？已知：23℃时水的饱和蒸气压为 2.8kPa。

**解** （1）氢气的分压：

$$P(H_2) = P_{总} - P(水) = 100 - 2.8 = 97.2 \ (kPa)$$

（2）氢气物质的量：

$$n_{H_2} = \frac{P(H_2)V}{RT} = \frac{97.2 \times 10^3 \times 370 \times 10^{-6}}{8.314 \times (23 + 273.15)} = 0.014 \ (mol)$$

（3）依题意，氮气在整个收集过程保持恒温，因此存在 $P_1V_1 = P_2V_2$

$$P(N_2) = \frac{20}{390} \times 100 = 5.1 \ (kPa)$$

水蒸气的分压为：$P_水 = 2.8kPa$

氢气的分压：

$$P(H_2) = P_{总} - P(N_2) - P(水) = 100 - 5.1 - 2.8 = 92.1(kPa)$$

氢气物质的量为：

$$n_{H_2} = \frac{P(H_2)V}{RT} = \frac{92.1 \times 10^3 \times 390 \times 10^{-6}}{8.314 \times (23 + 273.15)} = 0.014 \ (mol)$$

**答：** （1）23℃时该气体中氢气的分压为 97.2kPa；（2）氢气的物质的量为 0.014mol；（3）此时收集的氢气的分压是 92.1kPa，氢气的物质的量是 0.014mol。

## 二、平衡常数

### 1. 实验平衡常数

通常溶液中的可逆反应平衡常数用 $K_c$ 表示，这时各物质的平衡浓度单位为 $mol \cdot L^{-1}$，气相可逆反应平衡常数用 $K_p$ 表示。

液体物质参与的反应平衡：

$$a\,A(aq) + d\,D(aq) \Longleftrightarrow g\,G(aq) + h\,H(aq)$$

其平衡常数表示为：

$$K_c = \frac{[G]^g[H]^h}{[A]^a[D]^d} \tag{3-11}$$

对于气体反应，例如：

$$a\,A(g) + d\,D(g) \Longleftrightarrow g\,G(g) + h\,H(g)$$

其平衡常数表示为：

$$K_p = \frac{[P(G)]^g[P(H)]^h}{[P(A)]^a[P(D)]^d} \tag{3-12}$$

$K_c$、$K_p$ 被统称为实验平衡常数，显然 $K_c$、$K_p$ 是有量纲的量，当反应不同量纲也不同。只有当反应物和生成物的计量数之和相等时，$K_c$、$K_p$ 才是无量纲的量，这样就给平衡计算带来很多不便。

## 2. 标准平衡常数

标准平衡常数是以热力学函数来定义的，也叫热力学平衡常数，以 $K^{\ominus}$ 表示。$K^{\ominus}$ 只是温度的函数，其中"$\ominus$"表示标准态。

若某反应在水溶液中进行：

$$a\,A(aq)+d\,D(aq)\Longleftrightarrow g\,G(aq)+h\,H(aq)$$

其标准平衡常数表示为：

$$K^{\ominus}=\frac{\left[\dfrac{c(G)}{c^{\ominus}}\right]^{g}\left[\dfrac{c(H)}{c^{\ominus}}\right]^{h}}{\left[\dfrac{c(A)}{c^{\ominus}}\right]^{a}\left[\dfrac{c(D)}{c^{\ominus}}\right]^{d}} \tag{3-13}$$

式中，$c^{\ominus}$ 为标准浓度，$c^{\ominus}=1\,mol\cdot L^{-1}$。

某一气相可逆反应：

$$a\,A(g)+d\,D(g)\Longleftrightarrow g\,G(g)+h\,H(g)$$

在一定温度下达到平衡时，其标准平衡常数表示为：

$$K^{\ominus}=\frac{\left[\dfrac{P(G)}{P^{\ominus}}\right]^{g}\left[\dfrac{P(H)}{P^{\ominus}}\right]^{h}}{\left[\dfrac{P(A)}{P^{\ominus}}\right]^{a}\left[\dfrac{P(D)}{P^{\ominus}}\right]^{d}} \tag{3-14}$$

式中，$P^{\ominus}$ 为标准压力，$P^{\ominus}=10^{5}\,Pa$。

注意：

① 同一温度下的不同反应，或在不同温度下的同一反应，$K^{\ominus}$ 值的大小不同。$K^{\ominus}$ 值越大，反应进行得越完全，反应物的转化率越大。根据平衡常数，可以计算达平衡时反应的最大产率，这为人们在理论上控制生产过程提供了参考。

② 同一平衡体系的平衡常数值的大小，与浓度、压力（指压力不太高时，若在高压下，气体分子间的相互作用力很大，平衡常数值就受压力变化的影响）无关，与催化剂也无关，但与温度有关。

## 3. 书写标准平衡常数表示式应注意的事项

① 标准平衡常数表示式中各组分浓度或分压为平衡时的浓度或分压。

② 反应中有固体或纯液体物质时，则它们的浓度或分压视为常数，在标准平衡常数表示式中不予写出。

如：

$$CaCO_3(s)\Longleftrightarrow CaO(s)+CO_2(g)$$

$$K^{\ominus}=P(CO_2)/P^{\ominus}$$

$$Cr_2O_7^{2-}(aq)+H_2O(l)\Longleftrightarrow 2CrO_4^{2-}(aq)+2H^{+}(aq)$$

$$K^{\ominus}=\frac{[c(CrO_4^{2-})/c^{\ominus}]^{2}[c(H^{+})/c^{\ominus}]^{2}}{[c(Cr_2O_7^{2-})/c^{\ominus}]}$$

对于非水溶液中的反应，若有水参加，水的浓度不能视为常数，如：

$$C_2H_5OH(l)+CH_3COOH(l)\Longleftrightarrow CH_3COOC_2H_5(l)+H_2O(l)$$

$$K^{\ominus}=\frac{[c(CH_3COOC_2H_5)/c^{\ominus}][c(H_2O)/c^{\ominus}]}{[c(C_2H_5OH)/c^{\ominus}][c(CH_3COOH)/c^{\ominus}]}$$

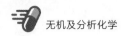 

③ 标准平衡常数的值与反应式的书写形式有关。

$$N_2(g) + 3H_2(g) \rightleftharpoons 2NH_3(g)$$

$$K_1^\ominus = \frac{[P(NH_3)/P^\ominus]^2}{[P(H_2)/P^\ominus]^3[P(N_2)/P^\ominus]}$$

若写成：

$$\frac{1}{2}N_2(g) + \frac{3}{2}H_2(g) \rightleftharpoons NH_3(g)$$

$$K_2^\ominus = \frac{[P(NH_3)/P^\ominus]}{[P(N_2)/P^\ominus]^{\frac{1}{2}}[P(H_2)/P^\ominus]^{\frac{3}{2}}}$$

显然：$K_1^\ominus = K_2^{\ominus 2}$。

### 4. 多重平衡的平衡常数

多重平衡的规则：在相同条件下，如有两个反应方程式相加（或相减）得到第三个反应方程式，则第三个反应方程式的平衡常数为前两个反应方程式平衡常数之积（或之商）。例如：

① $2NO(g) + O_2(g) \rightleftharpoons 2NO_2(g)$          $K_1 = a$

② $2NO_2(g) \rightleftharpoons N_2O_4(g)$          $K_2 = b$

若两式相加得：

③ $2NO(g) + O_2(g) \rightleftharpoons N_2O_4(g)$

由方程及计算结果可得：①＋②＝③，则

$$K = K_1 K_2 = ab \tag{3-15}$$

多重平衡规则在实际生产和平衡理论的研究中都很重要。许多化学反应的平衡常数较难测定或不能从参考书中查到，但可以利用已知的相关的化学反应的平衡常数，经过计算得出来。

### 5. 化学平衡的计算

平衡常数是反应进行程度的标志，有了平衡常数，可以算出体系平衡时反应物和产物的组成，从平衡组成就可以计算平衡转化率。

$$转化率\ \alpha = \frac{已转化的量}{初始的量} \times 100\% \tag{3-16}$$

---

**例 3-3** 一氧化碳变换反应 $CO + H_2O \rightleftharpoons H_2 + CO_2$，在 500℃时平衡常数是 $K = 9$，如反应开始时一氧化碳和水的浓度都是 $0.02\ mol \cdot L^{-1}$，计算在这一条件下一氧化碳的转化率最大是多少？

**解** 设平衡时有 $x\ mol \cdot L^{-1}$ $CO_2$ 和 $H_2$ 生成。

$$CO\ +\ H_2O \rightleftharpoons H_2 + CO_2$$

初始浓度/mol·L⁻¹        0.02       0.02       0       0

平衡浓度/mol·L⁻¹     0.02－$x$    0.02－$x$    $x$     $x$

$$K = \frac{[H_2][CO_2]}{[CO][H_2O]}$$

$$9 = \frac{x^2}{(0.02-x)^2}$$

$$x = 0.015$$

代入式（3-16）得

$$转化率\ \alpha = \frac{0.015}{0.02} \times 100\% = 75\%$$

答：一氧化碳的转化率最大是 $75\%$。

注意：

① 根据化学平衡的计算，只能告诉我们反应能否自发进行及进行到什么程度，并不能预示反应速率的快慢。

② 对于化学平衡常数极小的反应，说明在该条件下反应不能进行，这时我们就不要在该条件下进行实验以免浪费人力物力。

## 第四节　化学平衡的移动

化学平衡状态是在一定条件下的暂时稳定状态。外界条件的改变会使平衡状态被破坏，引起反应系统中各物质的量随之改变。这种改变外界条件，使可逆反应从一种平衡状态转变到另一种平衡状态的过程，被称为化学平衡的移动。在新的平衡状态下，各物质的浓度或分压与原平衡状态下的不相等。

### 一、浓度对化学平衡的影响

在平衡常数的表达式中，反应物浓度项在分母上，而生成物浓度项在分子上。在一定温度下，平衡常数不随浓度变化。因此，当增加已达平衡体系的反应物浓度时，生成物浓度也必然增大，则平衡向正向移动。若反应物及生成物浓度都有改变时，可通过比较反应商与平衡常数的大小，来判断平衡移动的方向。

可见，只要知道一定温度下某一反应的平衡常数，并且知道反应物及产物的浓度，就能判断该反应是处于平衡状态，还是向某一方向进行，为了简化起见，我们将某一化学反应产物浓度方次的乘积与反应物浓度方次的乘积之比称为浓度商，用符号 $Q$ 表示。

$$a\,\mathrm{A(aq)} + d\,\mathrm{D(aq)} \rightleftharpoons g\,\mathrm{G(aq)} + h\,\mathrm{H(aq)}$$

$$Q = \frac{[c(\mathrm{G})]^g [c(\mathrm{H})]^h}{[c(\mathrm{A})]^a [c(\mathrm{D})]^d}$$

这里必须着重指出，$Q$ 和 $K$ 的表达式形式虽然相同，但两者的概念是不同的。$Q$ 表达式中各物质的浓度是任意状态下的浓度，其商值是不一定的；而 $K$ 表达式中各物质的浓度是平衡时的浓度，其商值在一定温度下为一常数。

有了浓度商和平衡常数的概念，我们可以归纳出判断一个可逆反应进行的方向和限度根据：

当 $Q < K$ 时，平衡向正反应方向移动；

当 $Q = K$ 时，反应达平衡（即反应进行到最大限度）；

当 $Q > K$ 时，平衡向逆反应方向移动。

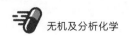 

**例 3-4** 例 3-3 中，如开始时水的浓度增大为原来的四倍，即增大为 0.08mol·$L^{-1}$，其他条件不变，CO 的转化率是多少？

**解** 设反应达平衡时二氧化碳的浓度为 $y$，根据题意可以得到以下数据：

$$CO \ + \ H_2O \Longrightarrow CO_2 + H_2$$

初始浓度/mol·$L^{-1}$     0.02      0.08      0     0

平衡浓度/mol·$L^{-1}$   0.02−$y$   0.08−$y$    $y$    $y$

$$K = \frac{[H_2][CO_2]}{[CO][H_2O]}$$

因为温度未变，所以 $K$ 仍为 9。

$$\frac{y^2}{(0.02-y)(0.08-y)} = 9$$

$$y = 0.0194 \text{mol.L}^{-1}$$

$$CO \text{ 转化率 } \alpha = \frac{0.0194}{0.02} \times 100\% \approx 97\%$$

答：CO 的转化率是 97%。

从以上计算可见，当水蒸气浓度增加为原来的四倍后，CO 的平衡转化率由 75% 提高到 97%，这说明了在一定温度下，平衡常数虽然没有变化，但增加水的浓度后，可以改变平衡点，在平衡常数许可的范围里增大了 CO 的转化率。

结论：

① 在可逆反应中，为了尽可能利用某一反应物，经常用过量的另一物质和它作用。

② 不断将生成物从反应体系中分离出来，则平衡将不断地向生成物方向移动。

## 二、压力对化学平衡的影响

对于有气态物质生成或参加的可逆反应，在一定温条件下，改变体系的总压力，则可能引起化学平衡的移动。

以合成氨为例，说明压力对反应平衡的影响：

$$N_2(g) + 3H_2(g) \Longrightarrow 2NH_3(g)$$

从反应式可以知道，反应物的总分子数为 4，生成物的总分子数为 2。反应前后分子总数是有变化的。

在一定温度下，当上述反应达到平衡时，各组分的平衡分压为 $P(N_2)$、$P(H_2)$、$P(NH_3)$。那么，

$$\frac{[P(NH_3)/P^{\ominus}]^2}{[P(H_2)/P^{\ominus}]^3[P(N_2)/P^{\ominus}]} = \frac{P^2(NH_3)}{P^3(H_2)P(N_2)}(P^{\ominus})^2 = K^{\ominus}$$

如果平衡体系的总压力增加到原来的两倍，则：

$$Q = \frac{[P'(NH_3)/P^{\ominus}]^2}{[P'(H_2)/P^{\ominus}]^3[P'(N_2)/P^{\ominus}]} = \frac{[2P(NH_3)]^2}{[2P(H_2)]^3[2P(N_2)]}(P^{\ominus})^2 = \frac{1}{4}K^{\ominus}$$

所以     $Q < K^{\ominus}$

反应朝着生成氨（即气体分子数减少）的正反应方向进行。

如果体系的压力降低到原来的一半,则:

$$Q = \frac{[P'(NH_3)/P^\ominus]^2}{[P'(H_2)/P^\ominus]^3[P'(N_2)/P^\ominus]} = \frac{\left[\frac{1}{2}P(NH_3)\right]^2}{\left[\frac{1}{2}P(H_2)\right]^3\left[\frac{1}{2}P(N_2)\right]}(P^\ominus)^2 = 4K^\ominus$$

所以     $Q > K^\ominus$

反应向氨分解(即气体分子数增加)的逆反应方向进行。

由此可见,在恒温下,增大压力,平衡向气体分子数减少的方向移动;减压,则平衡向气体分子数增加的方向移动。

注意:

① 对反应前后 $\sum\limits_{B} \nu_B(g) = 0$ 的反应,压力不影响平衡。

② 与反应体系无关的气体(指不参加反应的气体)的引入,在定容条件下,分压不变,对平衡无影响;在恒压条件下,体积增大,分压减小,对平衡有影响。

## 三、温度对化学平衡的影响

改变浓度、压力只能改变 $Q$ 值,$K^\ominus$ 不变,改变温度,则使 $K^\ominus$ 值改变。

温度对化学平衡的影响,与浓度、压力对化学平衡的影响有本质的不同,由于平衡常数是温度的函数,因此温度是通过改变平衡常数来使平衡移动的。无论从实验测定还是从热力学计算,都能得到如下结论:对于吸热反应($\Delta H > 0$),升高温度,平衡常数增大,此时反应商小于平衡常数,平衡将向右移动;反之,对于放热反应($\Delta H < 0$),升高温度,平衡常数减小,此时反应商大于平衡常数,平衡将向左移动。当其他条件不变时,升高温度,化学平衡向吸热反应方向移动;降低温度,化学平衡向放热反应方向移动。

## 四、催化剂对化学平衡的影响

催化剂只能缩短反应达平衡的时间,而不能使平衡移动,不能改变平衡状态。这可以从热力学观点加以说明。不论催化剂是否存在,反应的始态和终态都是一样的,因为催化剂本身在反应前后化学组成和质量都未变。因此,$K$ 不变。

$$K = \frac{k_{正}}{k_{逆}}$$

正、负催化剂对正、逆反应有同样的加速作用或减速作用,它只能缩短或延长达到平衡所需的时间,并不影响化学平衡与平衡常数 $K$。在一定条件下,对正反应是优良的催化剂,必然也是逆反应的优良催化剂。例如,合成氨反应用铁催化剂,也是氨分解的催化剂;有机化学中常用的加氢催化剂(铂、钯等),也是脱氢反应的催化剂。

## 五、平衡移动原理

综合以上影响平衡的各种结论,1848 年,法国科学家勒夏特列概括出一条普遍原理:"如果改变平衡体系的条件之一(温度、压力、浓度),平衡就向着能够减弱这个改变的方向移动。"这个规律被称为勒夏特列原理,也称化学平衡移动原理。

研究平衡移动对国民经济有着重大意义,可提高贵重物质的转化率,降低生产成本,提高经济效益。

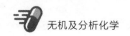 

对于一个化学反应，我们不仅关心它在一定条件下能否发生，如果这个反应能够发生，还必须知道它能进行到什么程度。一定条件下不同化学反应进行的程度是不相同的，有些反应进行之后反应物几乎完全变成了产物，但大多数反应进行到一定程度即达到平衡状态，此时还剩下不少反应物。研究化学平衡的规律，从理论上掌握一定条件下反应进行的限度，具有重要的现实意义。

## ? 习题

### 一、填空题

1. 反应 $C(s) + H_2O(l) \rightleftharpoons CO(g) + H_2(g)$ 的 $\Delta H^{\ominus} = 134kJ \cdot mol^{-1}$，当升高温度时，该反应的平衡常数 $K^{\ominus}$ 将_____；系统中，$CO(g)$ 的含量有可能_____。增大系统压力会使平衡_____移动；保持温度和体积不变，加入 $N_2(g)$，平衡_____移动。

2. 已知下列反应及其平衡常数：

$$4HCl(g) + O_2(g) \overset{T}{\rightleftharpoons} 2Cl_2(g) + 2H_2O(g) \qquad K_1^{\ominus}$$

$$2HCl(g) + \frac{1}{2}O_2(g) \overset{T}{\rightleftharpoons} Cl_2(g) + H_2O(g) \qquad K_2^{\ominus}$$

$$\frac{1}{2}Cl_2(g) + \frac{1}{2}H_2O(g) \overset{T}{\rightleftharpoons} HCl(g) + \frac{1}{4}O_2(g) \qquad K_3^{\ominus}$$

则 $K_1^{\ominus}$、$K_2^{\ominus}$、$K_3^{\ominus}$ 之间的关系是_____。

3. 对于_____反应，其反应级数一定等于反应物计量系数_____。速率常数的单位由_____决定。若某反应速率常数 $k$ 的单位是 $mol^{-2} \cdot L^2 \cdot s^{-1}$，则该反应的反应级数是_____。

4. 在化学反应中，可加入催化剂以加快反应速率，主要是因为_____反应活化能；_____增加；速率常数 $k$ _____。

### 二、是非题

1. 质量作用定律只适用于基元反应，故对简单反应不适用。 （　　）

2. 零级反应的速率为零。 （　　）

3. 活化能随温度的升高而减小。 （　　）

4. 反应级数愈高，则反应速率受反应物浓度的影响愈大。 （　　）

5. 速率常数取决于反应物的本性，也与温度和催化剂有关。 （　　）

6. 降低温度可降低反应的活化能。 （　　）

7. 化学反应的活化能越大，在一定的条件下其反应速率越快。 （　　）

8. 升高温度，使吸热反应速率升高，放热反应速率降低。 （　　）

### 三、选择题

1. 下列说法错误的是（　　）。

A. 一步完成的反应是基元反应

B. 由一个基元反应构成的化学反应称简单反应

C. 由两个或两个以上基元反应构成的化学反应称复杂反应

D. 基元反应都是零级反应

2. 若有一基元反应，$X+2Y \Longrightarrow Z$，其速率常数为 $k$，各物质在某瞬间的浓度：$c_X = 2mol \cdot L^{-1}$，$c_Y = 3mol \cdot L^{-1}$，$c_Z = 2mol \cdot L^{-1}$，则 $v$ 为（　　）。

A. $12k$　　　　　B. $18k$　　　　　C. $20k$　　　　　D. $6k$

3. 有基元反应 $A+B \Longrightarrow C$，下列叙述正确的是（　　）。

A. 此反应为一级反应

B. 两种反应物中，无论哪一种的浓度增加一倍，都将使反应速率增加一倍

C. 两种反应物的浓度同时减半，则反应速率也将减半

D. 两种反应物的浓度同时增大一倍，则反应速率增大两倍

4. 一反应物在某条件下的最大转化率为 35%，若在相同条件下，加入正催化剂，则它的转化率将（　　）。

A. 大于 35%　　　B. 等于 35%　　　C. 小于 35%　　　D. 无法判知

5. 下列关于催化剂具有的特性，叙述错误的是（　　）。

A. 能改变所有反应的反应速率

B. 能改变由热力学确定的可行反应的反应速率

C. 催化剂有选择性，一种催化剂仅对某些反应有催化作用

D. 某些物质也可以使催化剂中毒

6. 使用质量作用定律的条件是（　　）。

A. 基元反应　　　　　　　　　B. 非基元反应

C. 基元反应、非基元反应均可　　D. 恒温下发生的反应

7. 已知反应：$mA+nB \Longrightarrow pC+qD$，当体系总压力增大一倍时，该反应的反应速率增大到原来的四倍，则 $(m+n)$ 等于（　　）。

A. 1　　　　　　　B. 2　　　　　　　C. 4　　　　　　　D. 3

8. 对于非基元反应，（　　）。

A. 速率方程可由化学方程式导出　　B. 反应级数只能是正整数

C. 反应速率决定于最慢的基元反应　　D. 一般由三个基元反应构成

9. 对于反应速率常数 $k$，下列说法正确的是（　　）。

A. 速率常数值随反应物浓度增大而增大

B. 每个反应只有一个速率常数

C. 速率常数的大小与浓度有关

D. 速率常数随温度而变化

10. 某温度下，一个可逆反应的平衡常数为 $K_c$，同温度下，经测定，计算得 $Q_c < K_c$，则此反应（　　）。

A. 处于平衡状态　　　　　　　B. 正向进行

C. 逆向进行　　　　　　　　　D. 没有具体数据，无法判断

11. 对于反应 $C(s)+H_2O(g) \Longrightarrow CO(g)+H_2(g)$，$\Delta H > 0$，为了提高 $C(s)$ 的转化率，可采取的措施是（　　）。

A. 升高反应温度　　　　　　　B. 降低反应温度

C. 多加入 $C(s)$　　　　　　　D. 增大 $H_2O(g)$ 的分压

12. 下列叙述正确的是（　　）。

A. 在化学平衡体系中加入惰性气体，平衡不发生移动

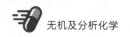

B. 在化学平衡体系中加入惰性气体，平衡发生移动

C. 恒压下，在反应之后气体分子数相同的体系中加入惰性气体，化学平衡不发生移动

D. 在封闭体系中加入惰性气体，平衡向气体分子数减小的方向移动

## 四、问答题

1. 下列说法是否正确，简要说明理由。

（1）化学反应的活化能越大，在一定的条件下其反应速率越快。

（2）升高温度，使吸热反应速率增大，放热反应速率减小。

2. 写出下列反应的标准平衡常数 $K^{\ominus}$ 表示式。

（1）$BaSO_4(s) \rightleftharpoons Ba^{2+}(aq) + SO_4^{2-}(aq)$

（2）$Zn(s) + CO_2(g) \rightleftharpoons ZnO(s) + CO(g)$

（3）$Ac^-(aq) + H_2O(l) \rightleftharpoons HAc(aq) + OH^-(aq)$

（4）$Mg(s) + 2H^+(aq) \rightleftharpoons Mg^{2+}(aq) + H_2(g)$

## 五、计算题

1. $2NO(g) + Br_2(g) = 2NOBr(g)$ 反应的机理如下：

（1）$NO(g) + Br_2(g) \rightarrow NOBr_2(g)$           （慢）

（2）$NOBr_2(g) + NO(g) \rightarrow 2NOBr(g)$     （快）

将容器体积缩小为原来的 1/2 时，反应速率增加多少倍？

2. HI 的分解反应为 $2HI(g) \rightleftharpoons H_2(g) + I_2(g)$，开始时 HI（g）的浓度为 $1.00\,mol \cdot L^{-1}$，当达到平衡时有 24.4% 的 HI 发生了分解，若将分解率降低到 10%，其他条件不变时，碘的浓度应增加多少？

3. 在 25℃时蔗糖水解生成葡萄糖和果糖：

$$C_{12}H_{22}O_{11} + H_2O \rightleftharpoons C_6H_{12}O_6（葡萄糖） + C_6H_{12}O_6（果糖）$$

体系中水的浓度视为常数。

（1）蔗糖的起始浓度为 $2a\,mol \cdot L^{-1}$，达平衡时蔗糖水解了 50%，$K_c$ 是多少？

（2）蔗糖的起始浓度为 $a\,mol \cdot L^{-1}$，则在同一温度下平衡时，水解产物的浓度是多少？

# 第四章 定量分析基础

 **学习目标**

**素质目标：**

（1）提升对大国工匠精神的认识和对科学的热爱，激发专业思想及不断探索的精神；

（2）实验结果的准确度与精密度来源于精准的操作和细心严谨的工作作风，任何一个环节的差错都将导致分析工作功亏一篑，要培养细心严谨、精益求精的科学精神。

**知识目标：**

（1）掌握定量分析过程和分析方法；

（2）理解滴定分析对化学反应的要求和滴定方式；

（3）掌握基准物质和标准溶液的概念；

（4）掌握测量误差的表征，误差的来源和分类；

（5）掌握分析结果的数据处理方法。

**能力目标：**

（1）能正确应用有效数字及其计算；

（2）能进行异常值的检验。

## 第一节 定量分析概述

### 一、分析化学的任务和作用

分析化学是"表征和测量的科学"，是研究物质化学组成的分析方法及其相关理论的科学。按分析化学的任务，可将其分为定性分析、定量分析和结构分析三部分。定性分析是确定物质是由哪些组分（元素、离子、基团或化合物）所组成，也就是确定组成物质的各组分"是什么"；定量分析是确定物质中有关组分的含量，也就是确定物质中被测组分"有多少"；结构分析是确定物质各组分的结合方式及其对物质化学性质的影响。

作为化学的一个分支学科，分析化学对化学各学科的发展起着重要的作用，没有分析化学就不可能有化学中其他学科的发展和进步。许多化学定律和理论都是用分析化学的方法确定的，对于其他各个科学研究领域，只要涉及化学现象，都无一例外地需要分析测定。不仅如此，分析化学对国民经济、国防建设和人民生活等方面都有很大的实际意义。

分析化学是一门以实验为基础的科学，在学习过程中一定要理论联系实际，加强实验训

练这个重要环节。通过学习此课程，掌握分析化学的基本原理和测定方法，树立准确的量的概念；培养严谨的科学态度；正确掌握有关的科学实验技能；提高分析问题和解决问题的能力。

## 二、定量分析过程

定量分析的任务是测定物质中有关组分的含量。要完成一项定量分析工作，通常包括以下几个步骤。

### 1. 取样

进行分析时首先要取到能代表被测物料的平均组成的样品。怎样能使少至不到 1 g 的样品的组分含量代表多至数千吨的物料的含量呢？这是个很重要的问题。若所取样品的组成没有代表性，分析再准也是无用的，甚至可能导致错误的结论，给生产或科研带来很大损失。

取有代表性的样品通常使用的方法是：从大批物料中的不同部位和深度，选取多个取样点取样，所得大量的样品经多次粉碎、过筛、混匀、缩分，以制得少量的分析试样。

### 2. 试样的干燥

经粉碎的试样具有较大的表面，容易自空气中吸收水分，此吸附水称为湿存水。为了使试样与原样品含水量一致，可根据样品的性质采用在不同温度烘干的方法除去湿存水，然后用此干燥的样品进行分析测定。有些样品烘干时易分解或干燥后在空气中更易吸水，则宜采用"风干"法干燥。有些物质遇热易爆炸，则只能在室温下，在保干器中除去水分。

### 3. 试样的分解

定量分析一般采用湿法分析，即将试样分解后转入溶液中，然后进行测定。根据试样性质的不同，采用不同的分解方法。最常用的是酸溶法，也可采用碱溶法或熔融法。

### 4. 消除干扰

复杂物质中常含有多种组分，在测定其中某一组分时，共存的其他组分常产生干扰，应当设法消除。采用掩蔽剂来消除干扰是一种比较简单、有效的方法。但在许多情况下，没有合适的掩蔽方法，这就需要将被测组分与干扰组分进行分离。常用的分离方法有沉淀分离、萃取分离、离子交换和色谱法分离等。

### 5. 测定

根据被测组分的性质、含量和对分析结果准确度的要求，选择合适的分析方法进行测定。各种分析方法在准确度、灵敏度、选择性和适用范围等方面有较大的差别，所以应该熟悉各种方法的特点，做到能根据情况选择正确的分析方法，这是本课程的主要内容。

### 6. 计算分析结果

根据试样质量、测量所得数据和分析过程中有关反应的计量关系，计算试样中有关组分的含量。

## 三、定量分析方法

### 1. 化学分析法

化学分析法是以物质的化学反应为基础的分析方法，主要有重量分析法和滴定分析法等。

（1）重量分析法。根据反应产物（一般是沉淀）的质量来确定被测组分在试样中的含量。例如试样中钡的测定：称取一定量试样溶于水或稀酸中，加入过量的稀 $H_2SO_4$，使之生成 $BaSO_4$ 沉淀，经过滤、洗涤、灼烧后称量，以测得试样中 Ba 的质量分数 $w(Ba)$。重量分析法适用于含量在 1% 以上的常量组分的测定，可获得很精确的分析结果，一般可达 0.1%～0.2% 的准确度，但操作较麻烦，耗费时间较长。

（2）滴定分析法。将一种已知准确浓度的试剂溶液（标准溶液），用滴定管滴加到被测物质的溶液中，直到化学反应完成为止。通过测量所消耗已知浓度的试剂溶液的体积，依据试剂与被测物间的化学计量关系，求得被测组分的含量，故也称为容量分析法。例如，$Fe^{2+}$ 的测定，可在酸性试液中，用已知浓度的 $KMnO_4$ 溶液滴定，按反应的化学计量关系加入 $KMnO_4$ 后，稍过量点的 $KMnO_4$ 就使溶液变为粉红色，滴定便到此终止。根据 $KMnO_4$ 溶液的浓度与滴定消耗的体积计算 $Fe^{2+}$ 的含量。

滴定分析法适用于常量组分的测定，比重量分析法简便、快速，准确度也较高，因此应用比较广泛。根据反应类型的不同，滴定分析法可分为酸碱滴定法、配位滴定法、氧化还原滴定法和沉淀滴定法。这是本课程的主要学习内容，将分别在各章中详细讲述。

### 2. 仪器分析法

以物质的物理性质和物理化学性质为基础的分析方法，称为物理化学分析法。由于此类分析方法都要使用特殊的仪器设备，故一般称为仪器分析法。

仪器分析具有快速、灵敏的特点。由于微处理机的应用，加强了仪器的功能，减轻了操作的难度，并且能获得和处理人工操作所无法比拟的大量信息。

按被测组分的含量和所取试样的量来分，分析方法可分为常量组分（含量＞1%）分析和微量组分（含量＜1%）分析；常量试样（固体样质量＞0.1g，液体样体积＞10mL）分析、半微量试样（固体样质量 0.01～0.1g，液体样体积＜1mL）分析。常量分析一般采用化学分析法测定，微量分析一般采用仪器分析法。

若按物质的形态来分，可将分析方法分为气体分析、固体分析、液体分析；按物质的属性来分，可将分析方法分成无机物分析、有机物分析、药物分析、生化分析等。这些分析方法都有其原理、仪器、对象及特点。

现代分析化学正从以下几个方面得到发展和完善：从常量分析到微量分析；从总体分析到微区、表面深层分析；从宏观到微观结构分析；从组成到形态分析；从静态到快速反应追踪分析；从破坏试样分析到无损分析；从离线到在线分析；从直接分析试样到遥控分析；从简单体系分析到复杂体系分析等。随着现代科学技术的飞速发展，将对分析化学提出更高、更新的要求，分析化学也将吸收其他学科的新成就、新技术以求得更大的发展。

各种分析方法都有其特点，也各有一定的局限性，要根据被测物质的性质、含量、试样的组成和对分析结果准确度的要求，选用最适当的方法进行测定。

## 第二节　定量分析的误差

测量是人类认识和改造客观世界的一种必不可少的重要手段。定量分析是对化学体系的某个性质（如质量、体积、酸碱度、电学性质、光学性质等）进行测量的方法学。定量分析的目的是通过实验准确测定试样中被测组分的量。

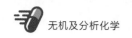 

由于受分析方法、测量仪器、所用试剂和分析工作者主观条件等方面的限制，测定结果不可能与真实含量完全一致；同时，一个定量分析往往需要经过一系列的步骤，其中每个步骤的误差都对最终结果会有影响。因此，即使非常娴熟的分析工作者，采用最可靠的分析方法和最精密的分析仪器，在相同条件下对同一样品进行多次测定，所得结果也不尽相同。所以，分析结果中的误差是客观存在的。了解误差的概念，估算分析结果的误差并进行合理的评价，找出产生误差的原因，采取减小误差的有效措施，从而不断改善分析结果，使其尽量接近真值，这是从事分析化学工作的人员必须具备的能力。

## 一、有关测定数值的介绍

### 1. 真值（$x_T$）

由于误差是客观存在的，因此在实际分析工作中不可能得到绝对的真值，只能获得一定条件下的"真值"，常用的有三种：理论真值、约定真值和相对真值。举例说明如下。

（1）理论真值。来源于理论数据，或依据公认的量值可以计算得出，如 NaCl 中 Cl 的含量。

（2）约定真值。由最高计量标准复现而赋予该特定量的值，或采用权威组织推荐的该量的值。例如，由国际科技数据委员会推荐的真空光速、阿伏伽德罗常数等特定量的最新值。

（3）相对真值。常将标准试样证书上所给出的含量作为相对真值。标准试样是经公认的权威机构鉴定并给予证书的物质。这种具有法定意义的标准试样是分析工作的标准参考物质，如标准品或对照品等。

若以上三种真值都不知道，则建议采用可靠的分析方法，在不同实验室，由不同分析人员对同一试样进行反复多次测定，然后将大量测定数据进行统计处理而得到的最终测定结果作为真值的替代值。

### 2. 平均值（$\overline{x}$）

设一组测量值为 $x_1$，$x_2$，$x_3$，$\cdots$，$x_n$，其算术平均值（$\overline{x}$）为：

$$\overline{x} = \frac{x_1 + x_2 + \cdots + x_n}{n} = \frac{1}{n}\sum_{i=1}^{n} x_i \tag{4-1}$$

当测量次数无限多时，所得的平均值为总体平均值，是表示总体分布集中趋势的特征值，用 $\mu$ 表示：

$$\lim_{n \to \infty} \frac{1}{n}\sum \overline{x} = \mu \tag{4-2}$$

平均值虽然不是真值，但此测量结果更接近真值。因而在日常工作中，总是重复测定多次，然后求得平均值。经数理统计证明，在没有系统误差时，一组测量数据的算术平均值为最佳值。

### 3. 中位数（$x_M$）

将一组测量数据按大小排列，中间一个数据即为中位数。当测量的次数为偶数时，中位数为中间相邻的两个测量值的平均值。它的优点是能简便、直观地说明一组测量数据的结果，且不受两端有过大误差的数据的影响，缺点是不能充分利用数据。

## 二、误差的表征

### 1. 误差

分析结果与真值之差称为误差。常用绝对误差和相对误差表示。

（1）绝对误差（$E_a$）。测量值 $x_i$ 与真值 $x_T$ 之差称为绝对误差，用 $E_a$ 表示。

$$E_a = x_i - x_T \tag{4-3}$$

绝对误差可正可负，绝对值越小，表明测量值越接近真值，测量的准确度越高。

（2）相对误差（$E_r$）。绝对误差 $E_a$ 在真值 $x_T$ 中所占的比例称为相对误差，用 $E_r$ 表示。

$$E_r = \frac{E_a}{x_T} \times 100\% = \frac{x_i - x_T}{x_T} \times 100\% \tag{4-4}$$

绝对误差和相对误差都有正值和负值。当误差为正值时，表示测定结果偏高；误差为负值时，表示测定结果偏低。相对误差能反映误差在真实结果中所占的比例，这对于比较在各种情况下测定结果的准确度更为方便，因此最常用。但应注意，有时为了说明一些仪器测量的准确度，用绝对误差更清楚。例如，分析天平的称量误差是 $\pm 0.0001g$，常量滴定管的读数误差是 $\pm 0.01mL$ 等，这些都是用绝对误差来说明的。

---

**例 4-1** 甲和乙两学生分别称取某试样 1.8364g 和 0.1836g，已知这两份试样的真实值分别为 1.863g 和 0.1835g，试分别求其绝对误差和相对误差，并比较准确度的高低。

**解** 甲的绝对误差和相对误差分别是

绝对误差：$E_a = x - x_T = 1.8364 - 1.8363 = 0.0001$（g）

相对误差：$E_r = \dfrac{E_a}{x_T} = \dfrac{0.0001g}{1.8363g} \times 100\% = 0.005\%$

乙的绝对误差相对误差分别为

绝对误差：$E_a = x - x_T = 0.1836 - 0.1835 = 0.0001$（g）

相对误差：$E_r = \dfrac{E_a}{x_T} = \dfrac{0.0001}{0.1836} \times 100\% = 0.05\%$

答：甲的绝对误差和相对误差分别是 0.00001g，0.005%。乙的绝对误差和相对误差分别为 0.0001g，0.05%。

两者的绝对误差相同，但由于两者称量的质量不同，则相对误差不同，称量的量越大，相对误差越小，准确度就越高。

---

### 2. 偏差

在实际工作中，真实值并不知道，人们总是在相同条件下对同一试样进行多次平行测定，得出多个测定数据，取其算术平均值，以此作为最后的分析结果。所谓精密度就是多次平行测定结果相互接近的程度，精密度的高低用偏差来衡量。偏差是指个别测定值与平均值之间的差值，几个平行测定结果的偏差如果都很小，则说明分析结果的精密度较高。与误差相似，偏差也有绝对偏差和相对偏差之分。

（1）绝对偏差。绝对偏差（$d_i$）是指个别测定值 $x_i$ 与算术平均值 $\bar{x}$ 的差值，即

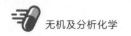 

$$d_i = x_i - \overline{x} \tag{4-5}$$

（2）相对偏差（$d_r$）。相对偏差是指绝对偏差在算术平均值中所占的百分比。

$$d_r = \frac{d_i}{\overline{x}} \times 100\% \tag{4-6}$$

一组测量数据的偏差，必然有正有负，还有一些偏差可能为零。如果将单次测量值的偏差相加，其和为 $\sum\limits_{i=1}^{n} d_i = 0$。

（3）平均偏差（$\overline{d}$）。单次测量偏差的绝对值的平均值，称为单次测定的平均偏差（$\overline{d}$），又称算术平均偏差，即

$$\overline{d} = \frac{1}{n} \sum_{i=1}^{n} |d_i| = \sum_{i=1}^{n} |x_i - \overline{x}| \tag{4-7}$$

（4）相对平均偏差（$\overline{d}_r$）。平均偏差 $\overline{d}$ 在平均值 $\overline{x}$ 中所占的百分率

$$\overline{d}_r = \frac{\overline{d}}{\overline{x}} \times 100\% \tag{4-8}$$

**例 4-2**　测定某铁盐试样中的含氮量时，5 次分析测定的结果分别如下：26.45%、26.63%、26.57%、26.70%、26.38%。计算平均偏差和相对平均偏差。

**解**　5 次测定结果的算术平均值为 26.55%，根据式（4-5）计算其偏差分别为 $-0.10\%$、$0.08\%$、$0.02\%$、$0.15\%$、$-0.17\%$。

平均偏差：$\overline{d} = \dfrac{1}{5} \times (|-0.10| + |0.08| + |0.02| + |0.15| + |-0.17|)\% = 0.10\%$

相对平均偏差：$\overline{d}_r = \dfrac{\overline{d}}{\overline{x}} \times 100\% = \dfrac{0.10\%}{26.55\%} \times 100\% = 0.38\%$

答：平均偏差是 0.10%，相对平均偏差是 0.38%。

（5）标准偏差。标准偏差又称均方根偏差，当测定次数趋于无限多时，称为总体标准偏差，用 $\sigma$ 表示。$\mu$ 为测定次数无限多时，所得的总体平均值，$\lim\limits_{n \to \infty} \overline{x} = \mu$。

$$\sigma = \sqrt{\frac{\sum\limits_{i=1}^{n}(x_i - \mu)^2}{n}} \tag{4-9}$$

在一般的分析工作中，测定次数是有限的，这时的标准偏差称为样本标准偏差，以 $s$ 表示，用标准偏差来衡量数据的分散程度。

$$s = \sqrt{\frac{\sum\limits_{i=1}^{n}(x_i - \overline{x})^2}{n-1}} = \sqrt{\frac{\sum\limits_{i=1}^{n} d_i^2}{n-1}} \quad （测量次数 \leqslant 20） \tag{4-10}$$

式中，$n-1$ 表示 $n$ 个测量数据中具有独立组分的数目，又称自由度。

（6）变异系数（coefficient of variation，CV）。$s$ 与平均值之比又称相对标准偏差，以 $s_r$ 表示，也可以写为 RSD，即

$$RSD = \frac{s}{\bar{x}} \times 100\% \quad \text{或} \quad CV = \frac{s}{\bar{x}} \times 100\% \tag{4-11}$$

**例 4-3**　甲和乙两人同时做相同的试验，甲的偏差如下：+0.3、-0.2、-0.4、+0.2、+0.1、+0.4、+0.0、-0.3、+0.2、-0.3。乙的偏差如下：+0.0、+0.1、-0.7、+0.2、-0.1、0.2、+0.5、-0.2、+0.3、+0.1。试比较两组数据精密度的高低。

**解**　甲的平均偏差 $\bar{d} = \frac{1}{n} \sum\limits_{i=1}^{n} |d_i| = 0.24$

乙的平均偏差 $\bar{d} = \frac{1}{n} \sum\limits_{i=1}^{n} |d_i| = 0.24$

**答**：甲的精密度高于乙。

甲和乙两组数据的平均偏差 $\bar{d} = 0.24$，但明显看出乙的数据较为分散，其中有两个较大的偏差 -0.7 和 +0.5，分散程度明显大于甲的数据，所以平均偏差反映不出两组数据精密度的高低。若用标准偏差来表示，则可将它们的分散程度区分开来。

$$s_{甲} = \sqrt{\frac{\sum\limits_{i=1}^{n} d_i^2}{n-1}} = \sqrt{\frac{(+0.3)^2 + (-0.2)^2 + \cdots + (-0.3)^2}{10-1}} = 0.28$$

$$s_{乙} = \sqrt{\frac{\sum\limits_{i=1}^{n} d_i^2}{n-1}} = \sqrt{\frac{(0.0)^2 + (+0.1)^2 + \cdots + (+0.1)^2}{10-1}} = 0.33$$

因为 $s_{乙} > s_{甲}$，显然乙的数据比较分散，不好。因为计算标准偏差时，对单次测量偏差加以平方，这样做不仅能避免单次测量偏差相加时正负抵消，更重要的是大的偏差能更显著地反映出来，因而可以更好地说明数据的分散程度。

（7）平均值的标准差（$s_{\bar{x}}$）。

$$s_{\bar{x}} = \frac{s}{\sqrt{n}} \tag{4-12}$$

由此可见，平均值的标准偏差与测定次数的平方根成反比，次数越少差别越大，次数越多差别越小。平均值的标准偏差与测量次数的关系见图 4-1。当 $n > 10$ 时变化就很小了，所以在分析化学工作中一般要求测定 3~4 次，对较高要求的分析可测 5~9 次。

分析结果只要计算出 $x$、$s$、$n$，即可表示出数据的集中趋势与分散程度，就可以进一步对总体平均值可能存在的空间做出估计。

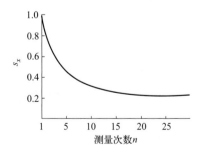

图 4-1　平均值的标准偏差与测量次数的关系

### 3. 极差（R）

一组测量数据中，最大值（$x_{max}$）与最小值（$x_{min}$）之差称为极差，又称全距或范围误差，用 $R$ 表示。

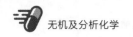 

$$R = x_{\max} - x_{\min}$$

用该法表示误差十分简单，适用于少数几次测定中估计误差的范围，是测定标志变动的最简单的指标。它的不足之处是没有利用全部测量数据。

测量结果的相对极差为：

$$相对极差 = \frac{R}{\bar{x}} \times 100\% \tag{4-13}$$

### 4. 准确度与精密度的关系

在分析工作中评价一项分析结果的优劣，应该从分析结果的准确度和精密度两个方面入手。精密度高，不一定准确度好；而准确度高必须以精密度高为前提。精密度低，所得结果不可靠，也就谈不上准确度高；但是精密度高，准确度不一定高，因为可能存在系统误差。

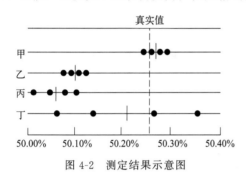

图 4-2　测定结果示意图

图 4-2 表示甲、乙、丙、丁四人测定同一试样中铁的质量分数所得出的结果。由图可见，甲所得的结果准确度和精密度均较高，结果可靠；乙的分析结果的精密度虽然很高，但准确度较低；丙的精密度和准确度都很低，丁的精密度很低，平均值虽然和真实值接近，但这是由于正负误差相互抵消凑巧的结果，结果可靠性差。

精密度是保证准确度的先决条件，精密度低，说明分析结果不可靠，就失去了衡量准确度的前提。高的精密度不一定保证高的准确度，准确度高精密度必然也高。

## 三、误差的分类

在定量分析中，对于各种原因导致的误差，根据其性质的不同，可分为系统误差和随机误差两大类（在杜绝过失误差的前提下）。

### 1. 系统误差

它是由于分析过程中某些经常性的固定因素引起的误差。在同一条件下进行多次重复测定时会重复出现，即具有再现性；其影响也比较固定，大小也有一定的规律性，它总是使测定的结果偏高或偏低，这就是它的单向性。可测其大小从分析结果中加以扣除校正，也可以采取适当的措施来减小系统误差提高分析的准确度。系统误差产生的主要原因有以下几种。

（1）方法误差。由于分析方法本身不够完善所造成的误差。例如，在滴定分析中由于反应的不完全、副反应的发生、干扰离子的影响、指示剂的影响等；质量分析中的沉淀溶解、沉淀灼烧时的分解或挥发等都将会影响分析测定的结果。

（2）仪器误差。由于仪器本身不够准确所引起的误差。如天平的灵敏度偏低、砝码锈蚀、容量仪器刻度不准确、分光光度计的光源不稳定等。

（3）试剂误差。由于试剂不纯引起的误差。如蒸馏水不纯、所用试剂含有微量杂质等。

（4）操作误差。在正常操作情况下，由于分析工作者习惯上或主观因素所造成的误差，如读取滴定管读数时的仰视或俯视、对溶液颜色的变化不够敏感、滴加试剂时总是偏多或偏少等都会引起误差。

操作过程中由于操作人员的粗心大意，不遵守操作规程造成的差错，应属于错误，不属于操作误差范围，这些错误的结果应予以删除。

（5）主观误差。主观误差又称个人误差。这种误差是由分析人员的一些主观因素造成的。例如，分析人员在辨别滴定终点颜色时，有人偏深，有人偏浅；在读刻度值时有时偏高，有时偏低等。在实际工作中有的人还有一种"先入为主"的习惯，即在得到第一次测量值后，再读取第二个测量值时，主观上尽量使其与第一个测量值相符，这样也容易引起主观误差。

### 2. 随机误差

随机误差也称偶然误差或不可测误差，是由于某些难以控制、无法避免的偶然因素（随机误差是由于测量过程中许多因素随机作用形成的具有抵偿性的误差），如环境温度、压力、湿度、仪器的微小变化、分析人员对各份试样处理时的微小差别等不确定的因素引起的误差。随机误差是不可避免的，即使是一个优秀的分析人员，很仔细地对同一试样进行多次测定，也不可能得到完全一致的分析结果。随机误差的产生不易找出确定的原因，似乎没有规律性，但如果进行多次测定，就会发现测定数据的分布符合一般的统计规律。

随机误差的大小决定分析结果的精密度。在消除了系统误差的前提下，如果严格操作，增加测定次数，分析结果的算术平均值就趋近于真实值。也就是说，采用多次测定，"取平均值"的方法可以减小随机误差。

随机误差要用数理统计的方法来处理。当测量次数无限多时，则得到随机误差的正态分布曲线，如图 4-3 所示。

图 4-3 中，$\mu$ 为无限多次测定的平均值，在校正了系统误差的情况下，即为真值。图的纵坐标 $y$ 代表误差发生的概率，横坐标以标准偏差 $\sigma$ 为单位。由图 4-3 可知，分析结果落在 $\mu \pm \sigma$ 的概率为 68.3%；落在 $\mu \pm 2\sigma$ 的概率为 95.5%；落在 $\mu \pm 3\sigma$ 的概率为 99.7%。误差超过 $\pm 3\sigma$ 的分析结果出现的概率为 0.3%。因此，通过多次测

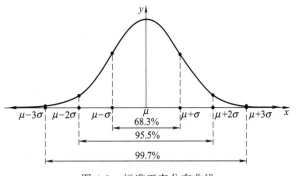

图 4-3　标准正态分布曲线

定，取平均值的方法可以减少随机误差对测量结果的影响。

由正态分布曲线可以概括出随机误差分布的规律与特点。

① 对称性。大小相近的正误差和负误差出现的概率相等，误差分布曲线是对称的。

② 单峰性。小误差出现的概率大，大误差出现的概率小，很大误差出现的概率非常小。误差分布曲线只有一个峰值。

③ 有界性。误差有明显的集中趋势，即实际测量结果总是被限制在一定范围内波动。

④ 抵偿性。误差的算术平均值的极限为零。

$$\lim \sum_{i=1}^{n} \frac{d_i}{n} = 0 \qquad (4\text{-}14)$$

## 四、提高分析结果准确度的方法

为了提高分析结果的准确性，必须减免分析过程中的误差，可通过下面的方法来进行。

### 1. 减少系统误差

（1）对照试验。在相同条件下，对标准试样（已知结果的准确值）与被测试样同时进行测定，通过将标准试样的分析结果与其标准值的比较，可以判断测定是否存在系统误差。也可以对同一试样用其他可靠的分析方法进行测定，或由不同的个人进行实验，对照其结果，以达到检验是否存在系统误差的目的。

（2）空白试验。由试剂或蒸馏水和器皿带进杂质所造成的系统误差，通常可用空白试验来消除。空白试验就是不加试样，按照与试样分析相同的操作步骤和条件进行试验，测定结果称为空白值。若空白值较低，则从测定结果中减去空白值，就可得到较可靠的测定结果。若空白值较高，则应更换或提纯所用试剂。

（3）仪器校正。对所用的仪器，例如滴定管、移液管、容量瓶、砝码等进行校正，可减免仪器不准确引起的系统误差。校准仪器可以减小或消除仪器误差。由于计量与测量仪器的状态会随时间、环境条件等的变化而改变，因此应定期对仪器进行校正，并且在同一实验中使用同一仪器。

（4）方法校正。分析方法所造成的系统误差，如重量分析中沉淀的部分溶解等，可用其他方法直接校正，即选用公认的标准方法与所采用的方法进行比较，从而找出校正数据，消除方法误差。

（5）回收试验。在没有标准试样，又不宜用纯物质进行对照试验，或对试样的组成不完全清楚时，可采用回收试验评价试验方法的准确度。

当用所建方法测定出试样中被测组分含量后，在几份相同的试样（$n \geqslant 5$）中加入一定量的被测组分的纯品，在相同的条件下用相同的方法测定，按下式计算回收率：

$$回收率(\%) = \frac{加入纯品后的测定值 - 加入纯品前的测定值}{加入纯品的量} \times 100\% \qquad (4\text{-}15)$$

回收率越接近 $100\%$，说明方法的系统误差越小，准确度越高。

### 2. 减少随机误差

在消除系统误差的前提下，增加平行测定的次数，平均值就更接近真实值。但是测定次数增加到一定程度（10 次），再继续增加测定次数，则效果不显著。在实际工作中，测定 4～6 次已经足够了。在一般的化学分析中，对同一试样，通常要求平行测定 3～4 次，以获得较为准确的分析结果。另外，在实验中选用稳定性更好的仪器，保持实验环境稳定，提高实验技术人员操作熟练程度等都有助于减少偶然误差。

### 3. 减少相对误差

任何方法都离不开测量，只有减少了测量误差，才能保证分析结果的准确度。在滴定分析中，需要称量和滴定，这时就应该设法减小称量和滴定两步骤的误差。用一般的分析天平，以差减法进行称量可能引起的最大绝对误差为 $\pm 0.0002$ g，为了使测量的相对误差小于 $0.1\%$，试样的质量就不能太小。

$$试样质量 = \frac{绝对误差}{相对误差} = \frac{0.0002}{0.1\%} = 0.2g$$

可见，试样质量必须等于或大于 0.2g，才能保证称量误差在 $0.1\%$ 以内。

在滴定分析中，滴定管读数有 $\pm 0.01$mL 的绝对误差。在一次滴定中，需读数 2 次，可造成最大的绝对误差为 $\pm 0.02$，为了使测量体积的相对误差小于 $0.1\%$，则消耗滴定剂的体积应在 20mL 以上。在实际工作中，一般控制消耗滴定剂的体积为 20～30mL，这样既减小了相对误差，又节省了时间和试剂。

### 4. 选择合适的分析方法

试样中被测组分的含量情况各不相同，而各种分析方法又具有不同特点，因此必须根据被测组分相对含量的多少来选择合适的分析方法，以保证测量的准确度。一般说来，化学分析法准确度高，灵敏度低，适用于常量组分分析；仪器分析法灵敏度高，准确度低，适用于微量组分分析。

## 五、分析数据的处理

### 1. 置信区间与置信概率

在分析工作中，为了说明分析结果的可靠程度，引出了置信区间和置信概率问题。置信区间是指真实值所在的范围，一般由测定值来估计，这是因为真实值往往是不知道的；而置信概率是指分析结果落在置信区间内的概率大小。

在消除了系统误差之后的随机误差是呈正态分布规律的，只有在无限次的测定中才能求得总体平均值 $\mu$ 和总体标准偏差 $\sigma$，此时 $\mu$ 趋近于真实值 $T$，常用 $\mu$ 代替 $T$。在实际分析中，通常用有限次（$n<20$）测定的算术平均值 $\bar{x}$ 代替 $T$，用标准偏差 $s$ 代替 $\sigma$，按下式推断平均值的置信区间。

$$\mu = \bar{x} \pm \frac{ts}{\sqrt{n}} \tag{4-16}$$

式中，$t$ 为在选定的某一置信度下的概率系数。该式的意义就是真实值出现的范围。那么在置信区间内，人们认为真实值出现的概率有多大呢？用置信概率 $P$ 表示，也称为置信度，一般 $P$ 的取值为 95%。由上式看出，如果测量的次数越多，则 $s$ 越小，置信区间就越小，此时平均值 $\bar{x}$ 越接近于真实值 $T$，平均值的可靠性越大。但是测量次数过多也是没必要的，因为当 $n>20$ 时的 $t$ 值与 $n=\infty$ 时的 $t$ 值非常接近了，再增加测量次数也不会提高分析结果的准确度。然而较少次的测量使置信区间过宽从而影响分析结果的可靠程度。$t$ 值与置信概率 $P$ 和测定次数 $n$ 的关系如表 4-1。

表 4-1　$t_{\alpha,f}$ 值表

| 测定次数 $n$ 自由度 $f(f=n-1)$ | 置信度与显著水平 | | | | |
|---|---|---|---|---|---|
| | $P=50\%$ $\alpha=0.5$ | $P=90\%$ $\alpha=0.1$ | $P=95\%$ $\alpha=0.05$ | $P=99\%$ $\alpha=0.01$ | $P=99\,5\%$ $\alpha=0.005$ |
| 2 | 1.000 | 6.314 | 12.706 | 63.657 | 127.32 |
| 3 | 0.816 | 2.920 | 4.303 | 9.925 | 14.089 |
| 4 | 0.765 | 2.353 | 3.182 | 5.841 | 7.453 |
| 5 | 0.741 | 2.132 | 2.776 | 4.604 | 5.598 |
| 6 | 0.727 | 2.015 | 2.571 | 4.032 | 4.773 |
| 7 | 0.718 | 1.943 | 2.447 | 3.707 | 4.317 |
| 8 | 0.771 | 1.895 | 2.365 | 3.500 | 4.029 |
| 9 | 0.706 | 0.860 | 2.306 | 3.355 | 3.832 |
| 10 | 0.703 | 1.833 | 2.262 | 3.250 | 2.690 |
| 11 | 0.700 | 1.812 | 2.228 | 3.169 | 3.581 |
| 21 | 0.687 | 1.725 | 2.086 | 2.845 | 3.153 |
| $\infty$ | 0.674 | 1.645 | 1.960 | 2.576 | 2.807 |

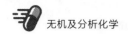 

### 2. 可疑值的取舍

在一系列的平行测定时，测得的数据总是有一定的离散性，这是由随机误差所引起的，是正常的。特别大或特别小的数据，称为可疑值（或离群值）。可疑值的取舍会影响测定结果的平均值，必须慎重。如果是实验操作或计算错误和疏忽造成的，保留此数值，会影响平均值的可靠性。相反，如果是随机误差造成的数据偏差较大，舍去此数值，则不能反映客观实际情况，再次测定，仍有可能出现。

对可疑值是弃去还是保留，实质上是区分随机误差和过失的问题，可用统计检验法来判断。

（1）$Q$ 检验法。$Q$ 检验法常用于检验一组测量值的一致性，删除可疑值，具体步骤如下。

① 测量数据按大小顺序排列：$x_1$、$x_2$、$x_3$……$x_{n-1}$、$x_n$。

② 计算测量值的极差。

③ 求出可疑值与其相邻数据之差。

④ 计算可疑值与其相邻值之差（应取绝对值）除以极差，所得商称为 $Q_计$ 值，即

$$Q_计 = \frac{|x_{可疑} - x_{邻近}|}{x_{max} - x_{min}} \tag{4-17}$$

⑤ 比较 $Q_计$ 和 $Q_表$（见表 4-2），若 $Q_计 > Q_表$，则该可疑值为异常值，应予舍去，反之保留。

表 4-2    不同置信度下的 $Q$ 值表

| 置信度 | 测定次数 | | | | | | | |
|---|---|---|---|---|---|---|---|---|
| | 3 | 4 | 5 | 6 | 7 | 8 | 9 | 10 |
| $Q_{0.90}$ | 0.94 | 0.76 | 0.64 | 0.56 | 0.51 | 0.47 | 0.44 | 0.41 |
| $Q_{0.95}$ | 0.97 | 0.84 | 0.73 | 0.64 | 0.59 | 0.54 | 0.51 | 0.48 |
| $Q_{0.99}$ | 0.99 | 0.93 | 0.82 | 0.74 | 0.68 | 0.63 | 0.60 | 0.57 |

**例 4-4**    测定某样品中的钙的质量分数如下：40.02％、40.16％、40.18％、40.12％、40.18％、40.20％。试用 $Q$ 检验法检验并说明 40.02％是否应该舍弃（置信度为 95％）。

**解**  ① 将各数据按由小到大进行排列：40.02％、40.12％、40.16％、40.18％、40.18％、40.20％。

② 求出极差：40.20％－40.02％＝0.18％。

③ 求出可疑值与其相邻数据之差：40.12％－40.02％＝0.10％。

④ 计算 $Q_计$ 值：$Q_计 = \frac{|x_{可疑} - \overline{x}|}{s} = \frac{40.12 - 40.02}{40.20 - 40.02} = 0.56$

⑤ 查表 4-2，置信度为 95％，$n=6$ 时，$Q_{0.95}=0.64$，$Q_{0.95} > Q_计$，故 40.02％这个数据应保留。

（2）格鲁布斯（Grubbs）检验法。$G$ 检验法是目前较常使用的检验可疑值的方法，具体步骤如下。

① 计算出包括可疑值在内的平均值及标准偏差。

② 计算可疑值与平均值之差。

③ 按式（4-18）计算 $G_{计}$ 值：

$$G_{计} = \frac{|x_{可疑} - \overline{x}|}{s} \tag{4-18}$$

④ 查 $G$ 值表（表4-3），如果 $G_{计} > G_{表}$，将可疑值舍去，反之，应当保留。

表 4-3　$G$ 检验临界值表

| $n$ | 3 | 4 | 5 | 6 | 7 | 8 | 9 | 10 |
|---|---|---|---|---|---|---|---|---|
| $G_{90\%}$ | 1.15 | 1.46 | 1.67 | 1.82 | 1.94 | 2.03 | 2.11 | 2.18 |
| $G_{95\%}$ | 1.15 | 1.48 | 1.71 | 1.89 | 2.02 | 2.13 | 2.21 | 2.29 |
| $G_{99\%}$ | 1.15 | 1.49 | 1.75 | 1.94 | 2.10 | 2.22 | 2.39 | 2.48 |

　　**例 4-5**　下列一组数据：0.1008、0.1010、0.1012、0.1018。在置信度为 90% 下，用 $G$ 检验法判断第 4 个数据是否保留？

　　**解**　$\overline{x} = \dfrac{0.1008 + 0.1010 + 0.1012 + 0.1018}{4} = 0.1012$

$$s = \sqrt{\frac{\sum (x_i - \overline{x})^2}{n-1}} = \sqrt{\frac{(0.0004)^2 + (0.0002)^2 + (0.0000)^2 (0.0006)^2}{4-1}} = 0.00043$$

$$G_{计} = \frac{|x_{可疑} - \overline{x}|}{s} = \frac{|0.1018 - 0.1012|}{0.00043} = 1.37$$

　　查表4-3，$n = 4$，置信度为 90% 时，$G_{表} = 1.46$，$G_{表} > G_{计}$，数据 0.1018 应当保留。

　　**答：** 数据 0.1018 应当保留。

　　（3）$4\overline{d}$ 检验法。在手头无 $G$ 值或 $Q$ 值表时，首先求出可疑值以外的其余数值的平均值 $\overline{x}$ 和平均偏差 $\overline{d}$，然后求出可疑值与平均值之间的绝对值 $|x_{可疑} - \overline{x}|$，如绝对值大于或等于 $4\overline{d}$，则可疑值舍去，否则保留。公式为

$$|x_{可疑} - \overline{x}| \geqslant 4\overline{d} \tag{4-19}$$

　　**例 4-6**　用 EDTA 标准溶液滴定溶液中的 $Zn^{2+}$，进行四次平行测定，消耗 EDTA 标准溶液的体积分别为：26.32mL、26.40mL、26.44mL、26.42mL。问 26.32 这个数据是否保留？

　　**解**　平均值 $\overline{x} = \dfrac{26.40 + 26.44 + 26.42}{3} = 26.42$（不包括可疑数据 26.32）

$$\overline{d} = \frac{\sum |d_i|}{n} = \frac{|26.40 - 26.42| + |26.44 - 26.42| + |26.42 - 26.42|}{3} = 0.01$$

$$|x_{可疑} - \overline{x}| = |26.32 - 26.42| = 0.10 > 4\overline{d}(0.04)$$

　　故 26.32 数据应舍去。

　　用 $4\overline{d}$ 法处理可疑数据的取舍是存在较大误差的，但是，由于这种方法比较简单，不必查表，故至今仍为人们所采用。显然，这种方法只能处理一些要求不高的实验数据。

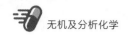
# 第三节　有效数字及其运算规则

在定量分析中，为了得到准确的分析结果，不仅要准确地进行各种测量，还要正确地记录和计算。分析结果所表达的不仅仅是试样中待测组分的含量，而且还反映了测量的准确程度。因此，在实验数据的记录和结果的计算中，不任意保留几位数字，而是要根据测量仪器、分析方法的准确度来决定，这就涉及有效数字的概念。

## 一、有效数字

视频-有效数字

有效数字是指在分析工作中，实际能够测量得到的数字。在保留的有效数字中，只有最后一位数字是可疑的（有 $\pm 1$ 的误差），其余数都是准确的。例如，在滴定管读数 25.31mL 中，25.3 是确定的，0.01 是可疑的，可能值为（25.31±0.01）mL。有效数字的位数由所使用的仪器决定，不能任意增加或减少有效数字的位数。例如，滴定管的读数不能写成 25.310mL，因为仪器无法达到这种精度，也不能写成 25.3mL，这降低了仪器的精度。

有效数字位数是从第一个非零数字开始的所有数字的位数（包括所有可靠数字和一位可疑数字）。例如：

20.4567 第一个非零数字 2，其后还有 5 位数字，有效数字为 6 位；

0.00378 第一个非零数字 3，其后还有 2 位数字，有效数字为 3 位；

0.23400 第一个非零数字 2，其后还有 4 位数字，有效数字为 5 位。

但对于 3600 有效数字的位数就不能确定了，就要根据实际情况写为：$3.6 \times 10^3$，两位有效数字；$3.60 \times 10^3$，三位有效数字；$3.600 \times 10^3$，四位有效数字。

有效数字位数的确定遵循以下原则：

① 在 0～9 中，只有 0 既是有效数字，又是定位数字。

例如，在 0.06050 中，第一个非零数字前面的两个"0"仅起定位作用，而后面的两个"0"均是实验测得的数字，0.06050 有 4 位有效数字。

② 单位变换不影响有效数字的位数。

例如，用分析天平称得试样质量 0.6700g，是 4 位有效数字。当用千克（kg）为单位时，结果应记为 0.0006700kg，此时数字前面的 4 个"0"起的是定位作用，仍为 4 位有效数字。当用毫克（mg）为单位时，结果应记为 67.00mg。若记为 67mg，则成了 2 位有效数字，测量精度上与原始记录不符。

③ pH，pM，lg$k$，lg$c$ 等对数值，有效数字的位数取决于小数部分（尾数）的位数，而整数部分只代表该数值的次方。

例如，以下 pH 和对应的氢离子平衡浓度 $[H^+]/(mol \cdot L^{-1})$：

pH=11.20　$[H^+]=6.3 \times 10^{-11}$　pH=11.02　$[H^+]=9.5 \times 10^{-12}$

pH=10.20　$[H^+]=6.3 \times 10^{-10}$　pH=10.02　$[H^+]=9.5 \times 10^{-11}$

pH=9.20　$[H^+]=6.3 \times 10^{-10}$　pH=9.02　　$[H^+]=9.5 \times 10^{-10}$

可见，pH 的小数部分"20"和"02"的具体大小决定了浓度值中"6.3"和"9.5"的具体大小，而 pH 的整数部分"11""10""9"只决定了浓度值的次方或小数点的定位。因而左边的一列 pH 均为两位有效数字，右边相应的 $[H^+]$ 也是两位有效数字。一个需要注意的细节是："02"中的"0"在此处并不只是起定位的作用，而是直接决定了浓度数据的具体大小，是有实际意义的有效数字。类似在分光光度法中，吸光度 $A = 0.002$ 应为三位有效数字而不是一位有效数字。处理相关问题时需注意。

对于 $10^x$，$e^x$ 等幂指数，有效数字的位数只与指数 $x$ 中小数点后的位数相同。例如，$10^{0.058}$ 有效数字是三位而不是两位；$10^{5.76}$ 有效数字是两位而不是三位。在数值计算时需格外注意。例如，$10^{0.058} = 1.14$，而 $10^{5.76} = 5.8 \times 10^5$。

在定量分析中有效数字位数确定通常是根据含量来确定的。对于测定高含量组分（＞10%），一般要求 4 位有效数字；中等含量组分（1%～10%），要求 3 位；微含量组分（＜1%），只要求 2 位。表示误差时，通常要求 1～2 位有效数字。

④ 分数、倍数或常数，如 π、e 等，可视为有效数字是无限制，即可根据需要确定其有效数字的位数。

⑤ 首位为 9 的数字的有效数字位数可多算一位，例如，9.00，9.83 可当作 4 位有效数字。

## 二、有效数字的修约

通常的分析测定过程，往往包括几个测量环节，然后根据测量所得数据进行计算，最后求得分析结果。但是各个测量环节的测量精度不一定完全一致，涉及的各测量值的有效数字位数可能不同，因此需要按下面所述的计算

视频-有效数字的修约规则

规则确定各测量值的有效数字位数，当各测量值的有效数字位数确定后，就要将它后面多余的数字舍去。目前国标（GB/T 8170—2008）采用"四舍六入五成双"规则。口诀是"四舍六入五成双；五后非零就进一，五后皆零视奇偶，五前为偶应舍去，五前为奇则进一"。

例如，把下列数据修约为 2 位有效数字。

1.43426→1.4 第三位≤4，舍去。

1.4631→1.5 第三位≥6，进 1。

1.4507→1.5 第三位是 5，但其后非零，应进 1。

1.4500→1.4 第三位是 5 且其后全为零，但其前为 4 是偶数，应舍去。

1.3500→1.4 第三位是 5 且其后为零，应进 1（进上去要成双）。

注意，若拟舍弃的数字为两位以上，应按规则一次修约，不能分次修约。例如，将 5.6549 修约为三位有效数字，不能先修约为 5.655，再修约为 5.66，而应一次修约到位，即 5.65。在用计算器（或计算机）处理数据时，对于运算结果，亦应按照有效数字的计算规则进行修约。

## 三、有效数字的运算规则

在分析结果的计算中，每个测量值的误差都要传递到结果里面。因此必须运用有效数字的运算规则，做到合理取舍，既不无原则地保留过多位数使计算复杂化，也不因舍弃任何尾数而使准确度受到损失。运算过程中应按有效数字的修约规则将各个数据进行修约，再计算结果。

视频-有效数字的运算规则

### 1. 加减运算

加减运算是各个数值绝对误差的传递，结果的绝对误差应与各数中绝对误差最大的那个数相适应，即以小数点后位数最少的数据为根据。

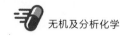 

**例4-7** 计算 $50.1+1.45+0.5812=?$

**解** $50.1+1.45+0.5812=50.1+1.4+0.6=52.1$

分析：

| 原数 | 绝对误差 | 修约为 |
|---|---|---|
| 50.1 | $\pm0.1$ | 50.1 |
| 1.45 | $\pm0.01$ | 1.4 |
| $+)0.5812$ | $\pm0.0001$ | 0.6 |
| 52.1312 | $\pm0.1$ | 52.1 |

可见，三个数中以第一数绝对误差最大，它决定了总和的不确定性为 $\pm0.1$。其他误差小的数不起作用，结果的绝对误差仍保持 $\pm0.1$，故为52.1。实际计算时可以小数点后位数最少的数50.1为准，将各数修约为带一位小数的数，再相加求和，结果相同而较简洁。

## 2. 乘除法

乘除法是各个数值相对误差的传递，结果的相对误差应与各数中相对误差最大的那个数相适应，通常是根据有效数字位数最少者来进行修约。

**例4-8** 计算 $0.0121\times25.64\times1.05782=?$

**解** $0.0121\times25.64\times1.05782=0.0121\times25.6\times1.06=0.328$

分析：上面三个数的相对误差是

| 原数 | 相对误差 |
|---|---|
| 0.0121 | $\pm\dfrac{1}{121}\times100\%=\pm0.8\%$ |
| 25.64 | $\pm\dfrac{1}{2564}\times100\%=\pm0.04\%$ |
| 1.05782 | $\pm\dfrac{1}{105782}\times100\%=\pm0.00009\%$ |

其中以第一数（三位有效数字）相对误差最大，应以它为标准，其他各数都修约为三位有效数字，然后相乘，即 $0.0121\times25.6\times1.06=0.328$。这样，最后结果仍为三位有效数字，相对误差为 $\pm0.3\%$，与准确度最差的第一数相适应。若直接相乘，得到积为 $0.3281823\cdots\cdots$ 就完全失去有效数字的意义，因而是不正确的。应按第一数修约为三位有效数字。

对乘方和开方，所得结果的有效数字的位数保留应与原数据相同。如

$6.72^2=45.1584\approx45.2$（三位有效数字）

$\sqrt{9.65}=3.10644\cdots\cdots\approx3.11$（三位有效数字）

在乘除法的运算过程中，经常会遇到9以上的大数，如9.83等。它们的相对误差约 $0.1\%$，与10.08和12.10这些4位有效数字的数值相对误差接近，所以通常将它们当作4位有效数字的数值处理。

# 第四节 滴定分析法

滴定分析是定量化学分析中重要的分析方法，它以简单、快速、准确的特点而被广泛应用于常量分析中。通过本内容的学习，应了解滴定分析方法的特点和分类，理解滴定分析的基本术语，掌握滴定分析对化学反应的要求和滴定的方式，掌握标准溶液的制备方法和配制标准溶液时对基准物的要求及有关规定，掌握分析化学中常用的法定计量单位，熟练掌握有关滴定分析的各种计算。在学习过程中，若先复习无机化学中化学反应方程式的配平、物质的量的概念及其有关计算，对掌握本章重点内容将会有很大的帮助。

## 一、滴定分析的基本术语

滴定分析是化学分析中最重要的分析方法之一。它是通过滴定操作，根据与被测组分反应所需滴定剂的体积和浓度，来确定试样中待测组分含量的一种分析方法。为了准确测量溶液的体积和便于滴定，在实际操作中，滴定分析需要使用滴定管、移液管和容量瓶等容器仪器。滴定分析的基本术语如下。

（1）标准溶液。已知准确浓度的溶液被称为标准溶液。

（2）滴定。通过滴定管定量滴加标准溶液的过程称为滴定；所用的标准溶液称为滴定剂。

（3）化学计量点。化学计量点是指在滴定反应中，加入的标准溶液与待测溶液正好完全反应，称反应到达了化学计量点，用 sp 来表示。

（4）指示剂。在滴定分析中，为判断试样的化学反应程度，加入的本身能改变颜色或其他性质的试剂，被称为指示剂。

（5）滴定终点。利用指示剂颜色发生明显变化，来确定滴定反应进行完全而停止滴定，那么停止滴定的这一点被称为滴定终点，用 ep 来表示。

（6）终点误差。因滴定终点和化学计量点不完全符合所引起的分析误差，被称为终点误差。

## 二、滴定分析法对化学反应的要求及滴定方式

### 1. 滴定分析法对化学反应的要求

滴定分析虽然能利用各种类型的反应，但不是所有反应都可以用于滴定分析。适用于滴定分析的化学反应必须具备下列条件。

① 反应要按一定的化学反应式进行，即反应应具有确定的化学计量关系，不发生副反应。

② 反应必须定量进行，通常要求反应完全程度≥99.9%。

③ 反应速率要快。对于速度较慢的反应，可以通过加热、增加反应物浓度、加入催化剂等措施来加快。

④ 有适当的方法确定滴定的终点。

凡能满足上述要求的反应都可采用直接滴定法。

### 2. 滴定方式

滴定的方式主要有以下几种。

（1）直接滴定法。凡能满足滴定分析要求的反应都可用标准溶液直接滴定被测物质。直

接滴定法是最常用和最基本的滴定方式，优点为简便、快速，引入的误差较少。如果反应不能完全符合上述要求时，则可选择下述方式进行滴定。

（2）返滴定法。返滴定法（又称回滴法）是在待测试液中准确加入适当过量的标准溶液，待反应完全后，再用另一种标准溶液返滴剩余的第一种标准溶液，从而测定待测组分的含量。这种滴定方式主要用于滴定反应速度较慢，反应物是固体，加入符合计量关系的标准溶液后，反应常常不能立即完成的情况。例如，$Al^{3+}$ 与 EDTA（一种配位剂）溶液反应速度慢，不能直接滴定，可采用返滴定法。即在一定的 pH 条件下，在待测的 $Al^{3+}$ 试液中，加入过量的 EDTA 溶液，加热促使反应完全。然后再用另外的标准锌溶液返滴剩余的 ED-TA 溶液，从而计算出试样中铝离子的含量。

有时返滴定法也可用于没有合适指示剂的情况。例如，用 $AgNO_3$ 标准溶液滴定 $Cl^-$，缺乏合适指示剂。此时，可加入一定量过量的 $AgNO_3$ 标准溶液使 $Cl^-$ 沉淀完全，再用 $NH_4SCN$ 标准滴定溶液返滴过量的 $Ag^+$。以 $Fe^{3+}$ 为指示剂，当出现淡红色 $Fe(SCN)^{2+}$ 时为滴定终点。

（3）置换滴定法。置换滴定法是先加入适当的试剂与待测组分定量反应，生成另一种可滴定的物质，再利用标准溶液滴定反应产物，然后由滴定剂的消耗量、反应生成的物质与待测组分等物质的计量关系计算出待测组分的含量。这种滴定方式主要用于因滴定反应没有定量关系或伴有副反应而无法直接滴定的测定。例如，用 $K_2Cr_2O_7$ 滴定 $Na_2S_2O_3$ 溶液的浓度时，就是以定量的 $K_2Cr_2O_7$ 在酸性溶液中与过量的 KI 作用，析出相当量的 $I_2$。然后以淀粉为指示剂，用 $Na_2S_2O_3$ 溶液滴定析出的 $I_2$，进而求得 $Na_2S_2O_3$ 溶液的浓度。

$$Cr_2O_7^{2-}+6I^-+14H^+ \Longrightarrow 2Cr^{3+}+3I_2+7H_2O$$

$$I_2+2S_2O_3^{2-} \Longrightarrow 2I^-+S_4O_6^{2-}$$

$Na_2S_2O_3$ 不能直接滴定 $K_2Cr_2O_7$（氧化性强）。

（4）间接滴定法。某些待测组分不能直接与滴定剂反应，但可通过其他的化学反应，间接测定其含量。例如，溶液中 $Ca^{2+}$ 几乎不发生氧化还原的反应，但先利用它与 $C_2O_4^{2-}$ 作用形成 $CaC_2O_4$ 沉淀。过滤洗净后，加入 $H_2SO_4$ 使 $CaC_2O_4$ 溶解，用 $KMnO_4$ 标准滴定溶液滴定 $C_2O_4^{2-}$，就可间接测定 $Ca^{2+}$ 的含量。

$$Ca^{2+}+C_2O_4^{2-} \Longrightarrow CaC_2O_4 \downarrow$$

$$CaC_2O_4+2H^+ \Longrightarrow Ca^{2+}+H_2C_2O_4$$

$$5H_2C_2O_4+2MnO_4^-+6H^+ \Longrightarrow 2Mn^{2+}+10CO_2 \uparrow +8H_2O$$

返滴定法、置换滴定法和间接滴定法的应用大大扩展了滴定分析的应用范围。滴定分析适用于常量组分的测定，且测定准确度较高。在一般情况下，测定误差不大于 0.1%。

## 三、标准溶液的配制

在滴定分析中，标准溶液的浓度和用量是计算待测组分含量的主要依据，因此正确配制标准溶液，准确地确定标准溶液的浓度以及对标准溶液进行妥善保存，对于提高滴定分析的准确度有重大意义。

### 1. 基准物质

可用于直接配制标准溶液或标定溶液浓度的物质被称为基准物质。作为基准物质必须具备以下条件。

① 组成恒定并与化学式相符。若含结晶水，例如 $H_2C_2O_4 \cdot 2H_2O$、$Na_2B_4O_7 \cdot 10H_2O$ 等，其结晶水的实际含量也应与化学式相符。

② 纯度足够高（达 99.9% 以上），杂质含量应低于分析方法所允许的误差。

③ 性质稳定，不易吸收空气中的水分和 $CO_2$，不挥发、不分解，不易被空气所氧化。

④ 具有较大的摩尔质量，以减少称量时的相对误差。

基准物质参加滴定反应时，应严格按反应式定量进行，没有副反应。

**2. 标准溶液的配制**

在定量分析中，标准溶液的浓度常为 $0.05 \sim 0.2 mol \cdot L^{-1}$，标准溶液的配制可分为直接法和间接法。

（1）直接法。准确称取一定量的基准物质，用蒸馏水溶解后定量转入一定体积的容量瓶，定容后摇匀，根据所称物质的质量和定容的体积计算出该标准溶液的准确浓度。凡是基准物质均可采用直接法配制标准溶液。在分析化学中常用的基准物质有邻苯二甲酸氢钾、草酸、硼砂、无水碳酸钠、重铬酸钾、三氧化二砷、碘酸钾、溴酸钾以及纯金属等。

（2）间接法。不符合基准物质的试剂，如 HCl、$H_2SO_4$、NaOH、KOH、$KMnO_4$、$Na_2S_2O_3$ 等，不能直接配制成标准溶液。一般先将它们配制成近似所需浓度的溶液，然后再用基准物质或已知准确浓度的另一标准溶液来确定该标准溶液的准确浓度。用基准物质或另一标准溶液来确定所配标准溶液准确浓度的过程称为标定。一般将标准溶液的用量控制在 $20 \sim 30 mL$ 范围内，先估算出用于标定的基准物质的用量，然后在分析天平上准确称取基准物质的质量，溶解后用待标定的溶液滴定，记下消耗的体积，最后算出该溶液的浓度。标定一般至少要做 $3 \sim 4$ 次平行测定，要求标定的相对偏差 $<0.1\%$。

# ？习题

## 一、填空题

1. 按照"四舍六入五成双"的数字修约规则，将数据 7.3867 和 0.29648 保留三位有效数字，分别是_____和_____。

2. 0.003008 是_____位有效数字，$4.80 \times 10^{-2}$ 是_____位有效数字。

3. 误差的标准正态分布曲线反映出_____误差的规律性。

4. 标准差亦叫_____，其表达式是_____。

5. 滴定管读数的可疑值是 $\pm 0.01mL$，若要滴定时所用溶液体积测量的相对误差不大于 1‰，则所消耗的溶液体积不应少于_____ mL。

6. 定量分析中，系统误差影响测定结果的_____，偶然误差影响测定结果的_____。

## 二、是非题

1. 准确度 $= \dfrac{测定值 - 真实值}{测定值}$                                    （     ）

2. pH = 3.05 的有效数字是三位。                                    （     ）

3. 在分析数据中，所有的"0"均为有效数字。 （　　）

4. 误差是指测定值与真实值之间的差，误差的大小说明分析结果准确度的高低。

（　　）

5. 偶然误差影响分析结果的精密度。 （　　）

6. 相对误差 $= \dfrac{测定值-平均值}{平均值}$。 （　　）

7. 精密度是指在相同条件下，多次测定值之间相互接近的程度。 （　　）

8. 偏差的大小可表示分析结果的准确度。 （　　）

### 三、选择题

1. 下列正确的说法是（　　）。

A. 测定结果的精密度好，准确度不一定好

B. 测定误差可以是常数

C. 偏差是标准差的平方

D. 测定结果的精密度好，准确度一定好

2. 对某一样品进行分析：A 测定结果的平均值为 6.96%，标准差为 0.03。B 测定结果的平均值为 7.10%，标准差为 0.05。其真值为 7.02%。与 B 比较，A 的测定结果（　　）。

A. 不太准确，但精密度较好　　　　　B. 准确度较好，但精密度较差

C. 准确度较好，精密度也好　　　　　D. 准确度不好，精密度较差

3. 甲乙两人同时分析一矿物的含硫量，每次采用试样 3.5g。分析结果的平均值分别报告为：甲，0.042%；乙，0.04201%。则（　　）。

A. 甲的报告正确　　　　　　　　　　B. 乙的报告正确

C. 甲乙两人的报告均不正确　　　　　D. 甲乙两人的报告均正确

4. 用有效数字规则对式 $\dfrac{51.38}{8.709 \times 0.09460}$ 进行计算，正确的结果应是（　　）。

A. 62.36　　　　　B. 62.364　　　　　C. 62.4　　　　　D. 62.3641

5. 当对某一试样进行平行测定时，若分析结果的精密度很好，但准确度不好，可能的原因是（　　）。

A. 操作过程中溶液严重溅失　　　　　B. 使用未校正过的容量仪器

C. 称样时某些记录有错误　　　　　　D. 试样不均匀

6. 下列有关随机误差的论述中不正确的是（　　）。

A. 随机误差具有随机性

B. 随机误差具有单向性

C. 随机误差在分析中是无法避免的

D. 随机误差是由一些不确定的偶然因素造成的

7. 为了消除 0.001000kg 中的非有效数字，应正确地表示为（　　）。

A. 1g　　　　　　　B. 1.0g　　　　　　C. 1.00g　　　　　D. 1.000g

8. 下列数据中有效数字是四位的是（　　）。

A. 0.24　　　　　　B. 0.0024　　　　　C. 2.0004　　　　　D. 20.40

9. 以下情况产生的误差属于系统误差的是（　　）。

A. 指示剂变色点与化学计量点不一致　　B. 滴定管读数最后一位估测不准

C. 称样时砝码数值记错      D. 称量过程中天平零点稍有变动

10. 分析测定中随机误差的特点是（    ）。

A. 数值有一定范围      B. 数值无规律可循

C. 大小误差出现的概率相同      D. 绝对值相等的正负误差出现的概率相同

## 四、问答题

1. 正确理解准确度和精密度，误差和偏差的概念。

2. 下列情况分别引起什么误差？如果是系统误差，应如何消除？

（1）砝码被腐蚀；

（2）天平两臂不等长；

（3）容量瓶和吸量管不配套；

（4）重量分析中杂质被共沉淀；

（5）天平称量时最后一位读数估计不准；

（6）以含量为 99% 的邻苯二甲酸氢钾作为基准物标定碱溶液。

3. 用标准偏差和算术平均偏差表示结果，哪一个更合理？

4. 如何减少偶然误差？如何减少系统误差？

5. 什么叫滴定分析？滴定方式主要有哪些？

## 五、计算题

1. 已知分析天平能称准至 $\pm 0.1mg$，要使试样的称量误差不大于 $0.1\%$，则至少要称取试样多少克？

2. 某试样经分析测得锰质量分数为：41.24%、41.27%、41.23%、41.26%。求分析结果的平均偏差、标准偏差和变异系数。

3. 测定试样中 $P_2O_5$ 质量分数，数据如下：8.44%、8.32%、8.45%、8.52%、8.69%、8.38%。用 $Q$ 检验法对可疑数据决定取舍，求平均值、平均偏差 $\bar{d}$、标准偏差 $s$。

4. 某铁矿石中含铁 39.16%，若甲分析结果为 39.12%、39.15% 和 39.18%，乙分析结果为 39.19%、39.24% 和 39.28%。试比较甲、乙两人分析结果的准确度和精密度。

# 第五章 酸碱平衡和酸碱滴定法

## 学习目标

**素质目标：**

（1）从酸碱理论的发展来认识科学发展观，培养创新精神；

（2）通过酸碱平衡理论的学习树立对立统一观点。

**知识目标：**

（1）掌握酸碱质子理论、酸碱及其共轭关系、酸碱强弱及其衡量、$K_a$ 与 $K_b$ 的关系、溶液的酸碱性和 pH 的概念；

（2）掌握解离平衡（含分级解离平衡）及其影响因素（稀释定律、同离子效应），了解盐效应以及温度对解离平衡的影响；

（3）掌握缓冲溶液作用的基本原理和酸碱指示剂的作用原理，理解变色范围及其影响因素；

（4）了解酸碱滴定曲线及滴定突跃，掌握化学计量点的计算、影响 pH 突跃的主要因素；

（5）掌握指示剂的选择原则，实现准确滴定的条件；

（6）了解多元酸（碱）滴定的特点，并理解分步滴定的条件与原理。

**能力目标：**

（1）学会计算溶液的 pH；

（2）能进行酸碱标准溶液的配制及标定。

## 第一节 酸 碱 理 论

酸碱物质很早就出现在了人类的生活及生产实践中。人们对酸碱的认识经历了一个由浅入深、由低级到高级的过程。人类在 17 世纪前就发现并使用盐酸、硫酸、硝酸等强酸。1774 年法国科学家拉瓦锡首先提出酸的组成中都含有氧元素，到了 19 世纪初又认为酸的组成中都含有氢元素。这些对酸碱物质的认识仍然是处于感性认识的阶段。直到 1884 年瑞典科学家阿仑尼乌斯提出电离理论，才对酸碱物质有了系统的认识，进而解释了水溶液的酸碱平衡。但电离理论仅局限于以水为溶剂的电解质溶液。对于非水溶液，电离理论有明显的局限性。1923 年布朗斯特和劳里分别提出酸碱质子理论，并扩展了电离理论，较为完整地解释了酸碱及酸碱平衡。

# 一、酸碱电离理论

酸碱电离理论认为：在水溶液中，凡是电离时所产生的阳离子全部是氢离子的物质就是酸，凡是电离时所产生的阴离子全部是氢氧根离子的物质就是碱；酸与碱反应得到的产物是盐和水；弱酸盐或弱碱盐在水中能发生水解，生成相应的弱酸或相应的弱碱。酸碱中和反应的实质就是 $H^+$ 和 $OH^-$ 结合为 $H_2O$ 的反应。例如：

$$HCl \Longrightarrow H^+ + Cl^-$$
$$酸$$
$$NaOH \Longrightarrow Na^+ + OH^-$$
$$碱$$
$$HCl + NaOH \Longrightarrow NaCl + H_2O$$
$$酸\quad\quad 碱\quad\quad 盐\quad\quad 水$$

酸碱的相对强弱可以根据它们在水溶液中解离出 $H^+$ 或 $OH^-$ 程度的大小来衡量。在水中能全部电离的酸或碱被称为强酸或强碱；只有部分电离的酸或碱被称为弱酸或弱碱。溶液的酸碱性以 pH 值的大小来判断：

$$pH = -\lg[H^+] \tag{5-1}$$

当 pH<7 时，溶液为酸性；当 pH>7 时，溶液为碱性；当 pH=7 时，溶液为中性。酸碱电离理论既把酸碱仅限于水溶液，又把碱限制为氢氧化物，因此难以对酸、碱及酸碱平衡给出完整的解释。

# 二、酸碱质子理论

酸碱质子理论为：凡是能给出质子（$H^+$）的物质就是酸（质子酸），凡是能接受质子的物质就是碱。当一种酸给出质子之后，它的剩余部分就是碱。

$$酸 \Longrightarrow H^+ + 碱$$

醋酸（简写为 HAc）能给出质子，按照酸碱质子理论，HAc 就是酸，而它的剩余部分 $Ac^-$ 由于对质子具有一定的亲和力，还能够接受质子而成为 HAc，故 $Ac^-$ 就是碱。两者的对应关系为：

$$HAc \Longrightarrow H^+ + Ac^-$$

酸和给出 $H^+$ 后产生的碱称为共轭酸碱对。例如，因为 $NH_3$ 在水溶液中能接受质子，按照酸碱质子理论它就是碱，又因为 $NH_4^+$ 可以失去质子而成为 $NH_3$，所以 $NH_4^+$ 就是 $NH_3$ 的共轭酸。

$$NH_4^+ \Longrightarrow H^+ + NH_3$$

这种共轭酸碱对的质子得失反应，称为酸碱半反应。从这些例子可以看出，质子理论的酸碱概念与电离理论的酸碱概念相比，具有更为广泛的含义，即酸或碱可以是中性分子，也可以是阳离子或阴离子。总之，酸比它的共轭碱多一个质子，或者说碱比它的共轭酸少一个质子。

需要特别注意的是：按照酸碱质子理论，酸碱是相对的，即有些物质在不同的场合下或溶剂中可以表现出不同的酸碱性。例如：

$$H^+ + HPO_4^{2-} \Longrightarrow H_2PO_4^-$$
$$H_2PO_4^- \Longrightarrow H^+ + HPO_4^{2-}$$

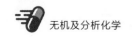 

对于同一种离子 $HPO_4^{2-}$，在 $HPO_4^{2-}$-$H_2PO_4^-$ 共轭酸碱对中为碱，而在 $HPO_4^{2-}$-$PO_4^{3-}$ 共轭酸碱对中为酸。这类物质为酸或为碱（通常被称为两性物质）的情况，主要取决于它们对质子的亲和力的相对大小和存在的条件。

其次，这种酸碱半反应是不能独立存在的，当一种酸给出质子后，必定有一种碱来接受质子。因此，酸碱半反应实际上是两个共轭酸碱对共同作用的结果，其实质就是质子的转移。酸碱半反应的过程及结果为：

$$HAc+H_2O \rightleftharpoons H_3O^+ + Ac^-$$

酸1　　碱2　　　　酸2　　碱1

$$NH_3+H_2O \rightleftharpoons NH_4^+ + OH^-$$

碱1　　酸2　　　　酸1　　碱2

$$HAc+NH_3 \rightleftharpoons NH_4^+ + Ac^-$$

酸1　　碱2　　　　酸2　　碱1

HAc 在水中的解离，便是 HAc 分子与水分子之间的质子转移作用，是由 HAc—$Ac^-$ 与 $H_3O^+$—$H_2O$ 两个共轭酸碱对共同作用的结果。

作为溶剂的水分子同时起着碱的作用，否则 HAc 就无法实现其在水中的解离。质子 $H^+$ 在水中不能单独存在，而是以水合质子状态存在，常写为 $H_3O^+$。为了书写方便，通常将 $H_3O^+$ 简写成 $H^+$ 离子。于是上述反应式可写成如下形式：

$$HAc \rightleftharpoons H^+ + Ac^-$$

上述反应式虽经过简化，但不可忘记溶剂水分子所起的作用。它所代表的仍是一个完整的酸碱反应。

考虑到本章所讨论的酸碱平衡仍为在水中的离子平衡，为简便起见，平衡关系式中均略去物态符号。若有气体或固体产生，则分别用"↑"或"↓"表示。

## 第二节　酸碱平衡与酸碱的相对强度

根据酸碱质子理论，酸或碱的强弱取决于其给出质子或接受质子的能力大小。若物质给出质子的能力愈强，则其酸性就愈强；反之酸性就愈弱。同样，若物质接受质子的能力愈强，则其碱性就愈强；反之碱性就愈弱。

学习酸碱平衡时应注意总浓度与平衡浓度的区分。平时所表示的溶液的浓度一般都是指总浓度（或被称为初始浓度、分析浓度）。例如，$0.20mol \cdot L^{-1}$ HAc 溶液的 $0.20mol \cdot L^{-1}$ 就是初始浓度，并表示为在 HAc 溶液中已解离的 $Ac^-$ 和未解离的 HAc 两种存在形式的总浓度，一般以 $c$(HAc) 表示。平衡浓度是指某物质在溶液中解离达到平衡时，某种存在形式（或某组分）的浓度。对于 HAc 溶液，一般以 [HAc] 表示在水中解离达到平衡时，溶液中未解离部分的 HAc 的平衡浓度；以 [$Ac^-$] 表示 HAc 在水中解离达到平衡时，溶液中 $Ac^-$ 的平衡浓度。在上述溶液中，$c$(HAc)=[HAc]+[$Ac^-$]=$0.20mol \cdot L^{-1}$。

其次要注意区分酸的分析浓度和酸度。酸度是指溶液中 $H^+$（$H_3O^+$）的平衡浓度，常用 pH 表示。在水中，酸给出质子或碱接受质子能力的大小可以分别用酸或碱的解离平衡常数 $K_a$ 或 $K_b$ 来衡量。

## 一、酸碱解离平衡与解离平衡常数

### 1. 一元弱酸（一元弱碱）的解离

例如，HAc 这种一元弱酸在水溶液中的解离反应为：

$$HAc + H_2O \Longrightarrow H_3O^+ + Ac^- \qquad 总浓度 c(HAc) = [HAc] + [Ac^-]$$

书写时可以简化为：$HAc \Longrightarrow H^+ + Ac^-$

那么，解离反应的解离平衡常数为：$K_a(HAc) = \dfrac{[H^+][Ac^-]}{[HAc]}$

$K_a$（HAc）被称为 HAc 的解离平衡常数（或浓度平衡常数）。一般 $K_a$ 愈大，则表明该弱酸的解离程度愈大，即给出质子的能力就愈强。

再如，一元弱碱氨在水溶液中的解离反应为：$NH_3 + H_2O \Longrightarrow NH_4^+ + OH^-$

那么，该解离反应的解离平衡常数为：$K_b(NH_3) = \dfrac{[NH_4^+][OH^-]}{[NH_3]}$

同样，$K_b$ 愈大，则表明该弱碱的解离平衡正向进行的程度愈大，即接受质子的能力就愈强。

根据 $K$ 值的大小可以比较酸（或碱）的相对强弱。例如，在 25℃ 时 HAc 在水中的 $K_a^\ominus = 1.76 \times 10^{-5}$，而 HCN 的 $K_a^\ominus = 6.17 \times 10^{-10}$（$K^\ominus$ 表示标准平衡常数）。显然 HCN 在水体系中给出质子的能力较 HAc 弱，故相对而言 HAc 的酸性较 HCN 的强。又如，在 25℃ 时，$NH_3$ 在水中的 $K_b^\ominus = 1.80 \times 10^{-5}$，而苯胺（$C_6H_5NH_2$）的 $K_b^\ominus = 3.98 \times 10^{-10}$。显然 $NH_3$ 在水体系中接受质子的能力较苯胺强。故相对而言，苯胺的碱性较 $NH_3$ 的弱。

对于一定的酸或碱，$K_a$ 或 $K_b$ 的大小与浓度无关，只与温度、溶剂等有关。酸或碱的 $K_a$ 或 $K_b$ 可以通过实验测得，也可以根据有关热力学数据求得。一些常见弱电解质的 $K_a$ 或 $K_b$ 值可见本书附录 2。

### 2. 多元酸（多元碱）的解离

多元酸（或多元碱）在水中的解离是逐级进行的。例如，$H_2CO_3$ 的解离反应及解离平衡常数表示如下。

一级解离反应为：$H_2CO_3 \Longrightarrow H^+ + HCO_3^-$

一级解离反应的解离平衡常数为：$K_{a1} = \dfrac{[H^+][HCO_3^-]}{[H_2CO_3]}$

二级解离反应为：$HCO_3^- \Longrightarrow H^+ + CO_3^{2-}$

二级解离反应的解离平衡常数为：$K_{a2} = \dfrac{[H^+][CO_3^{2-}]}{[HCO_3^-]}$

由于 $CO_3^{2-}$ 对 $H^+$ 的吸力强于 $HCO_3^-$ 对 $H^+$ 的吸力，再加上一级解离对二级解离的抑制作用，故对于多元酸（或多元碱），逐级解离平衡常数间的关系为：$K_{a1} > K_{a2} > K_{a3} > \cdots$。再如，$Na_2CO_3$ 在水中的解离反应及解离平衡常数表示如下：

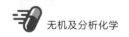 

一级解离反应为：$CO_3^{2-} + H_2O \rightleftharpoons HCO_3^- + OH^-$

一级解离反应的解离平衡常数为：$K_{b1} = \dfrac{[OH^-][HCO_3^-]}{[CO_3^{2-}]}$

二级解离反应为：$HCO_3^- + H_2O \rightleftharpoons OH^- + H_2CO_3$

二级解离反应的解离平衡常数为：$K_{b2} = \dfrac{[OH^-][H_2CO_3]}{[HCO_3^-]}$

总的解离反应为：$CO_3^{2-} + 2H_2O \rightleftharpoons 2OH^- + H_2CO_3$

根据多重平衡原理，多元酸（或多元碱）的总解离平衡的解离平衡常数为：

$$K = K_1 K_2 K_3 \cdots \tag{5-2}$$

### 3. 溶剂的质子自递反应与水的离子积

在以上例子中可以看到，对于水体系：在酸的解离过程中，水分子接受质子，起了碱的作用；在碱的解离过程中，溶剂水分子释放质子，起了酸的作用。因此，$H_2O$ 是两性溶剂。由于 $H_2O$ 的两性作用，一个水分子可以从另一个水分子中夺取质子而形成 $H_3O^+$ 和 $OH^-$，即

$$H_2O + H_2O \rightleftharpoons H_3O^+ + OH^-$$

这种溶剂分子之间发生的质子传递作用，就称为溶剂的质子自递反应。自递反应的解离平衡常数被称为溶剂的质子自递常数，一般以 $K_s$ 表示。对于溶剂水分子来说，水的质子自递常数又称为水的离子积，以 $K_w$ 表示：

$$K_w = [H_3O^+][OH^-]$$

式中，$[H_3O^+]$、$[OH^-]$ 分别表示当质子传递作用达到平衡时，$H_3O^+$、$OH^-$ 的平衡浓度。简写为：

$$K_w = [H^+][OH^-] \tag{5-3}$$

式（5-3）适用于任何酸碱溶液。在 25℃ 时，$K_w^{\ominus} = 1.0 \times 10^{-14}$。

### 4. 解离度

酸或碱这类电解质在水中的解离程度还可以用解离度的大小来表征，或者说，解离度的大小也可以用于比较弱酸（或弱碱）的相对强弱。

解离度一般用 $\alpha$ 表示，是指某种电解质在水中解离达到平衡时，已解离的溶质分子数与溶质分子总数之比。由于解离前后溶液体积不变，故解离度也可以表示为已解离的电解质浓度与电解质的原始浓度之比，即

$$解离度(\alpha) = \dfrac{已解离的电解质浓度}{电解质的原始浓度} \times 100\% \tag{5-4}$$

这一概念在酸碱电离理论中被称为电离度。在水中，在温度、浓度相同的条件下，若酸（或碱）的解离度越大，则 $K_i$ 就越大，即该酸（或碱）的酸性（或碱性）相对就越强。

**例 5-1** 已知在 25℃ 时，$0.200\,mol \cdot L^{-1}$ 氨水的解离度为 $0.95\%$，求溶液的 $[H^+]$ 以及氨的解离平衡常数。

**解** $$NH_3 + H_2O \rightleftharpoons NH_4^+ + OH^-$$

平衡浓度/(mol·L$^{-1}$)0.200×(1-0.95%)　0.200×0.95%　0.200×0.95%

所以：$[OH^-]=0.200×0.95\%=1.90×10^{-3}$（mol·L$^{-1}$）

因为：$[H^+][OH^-]=K_w^\ominus=1.00×10^{-14}$

所以：$[H^+]=\dfrac{K_w}{[OH^-]}=\dfrac{1.00×10^{-14}}{1.90×10^{-3}}=5.26×10^{-12}$（mol·L$^{-1}$）

$$K_b^\ominus=\frac{[NH_4^+][OH^-]}{[NH_3]}=\frac{(1.90×10^{-3})^2}{0.200×(1-0.95\%)}=1.82×10^{-5}$$

答：$[H^+]=5.26×10^{-12}$ mol·L$^{-1}$，$K_b^\ominus=1.82×10^{-5}$。

**例 5-2**　HAc 在 25℃时，$K_a^\ominus=1.76×10^{-5}$。求 0.20mol·L$^{-1}$ HAc 的解离度。

**解**　设 HAc 的解离度为 $\alpha$

$$HAc \Longrightarrow H^+ + Ac^-$$

平衡浓度/(mol·L$^{-1}$)0.20×(1-$\alpha$)0.20$\alpha$　0.20$\alpha$

因为：
$$K_a^\ominus=\frac{[H^+][Ac^-]}{[HAc]}$$

所以：
$$1.76×10^{-5}=\frac{(0.20\alpha)^2}{0.20×(1-\alpha)}$$

一般来说，在化学平衡计算中，由于解离平衡常数本身就有百分之几的测定误差，故允许有 5% 左右的计算误差，并可以进行相关的近似处理。对于此例，由于 $c/K_a^\ominus \geqslant 500$，即体系浓度较大，且弱酸或弱碱的解离平衡常数又较小，那么，弱酸或弱碱的解离就很少，计算时就可以忽略解离部分的贡献，即 $1-\alpha \approx 1$。解得：$\alpha=0.93\%$。

答：0.20mol·L$^{-1}$ HAc 的解离度为 0.93%。

### 5. 共轭酸碱对中 $K_a$ 与 $K_b$ 的关系

（1）一元弱酸及其共轭碱

例如对于 $Ac^-$，在水中有以下解离平衡存在：$Ac^- + H_2O \Longrightarrow HAc + OH^-$

相应的解离平衡常数为：$K_b^\ominus(Ac^-)=\dfrac{[HAc][OH^-]}{[Ac^-]}$

将 HAc 的解离平衡常数表达式与 $Ac^-$ 的解离平衡常数表达式相乘得：

$$K_a^\ominus K_b^\ominus(Ac^-)=\frac{[H^+][Ac^-]}{[HAc]}×\frac{[HAc][OH^-]}{[Ac^-]}=[H^+][OH^-]=K_w^\ominus$$

（2）一元弱碱及其共轭酸

再如，$NH_4^+$ 在水中的解离平衡为：$NH_4^+ \Longrightarrow NH_3 + H^+$

相应的解离平衡常数为：$K_a^\ominus(NH_4^+)=\dfrac{[H^+][NH_3]}{[NH_4^+]}$

同样将 $NH_3$ 的 $K_b^\ominus$ 与共轭酸 $NH_4^+$ 的 $K_a^\ominus$ 两个解离平衡常数表达式相乘，得：

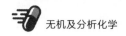 

$$K_b^{\ominus}(NH_3)K_a^{\ominus}(NH_4^+) = \frac{[NH_4^+][OH^-]}{[NH_3]} \times \frac{[H^+][NH_3]}{[NH_4^+]} = [H^+][OH^-] = K_w^{\ominus}$$

因此，在共轭酸碱的 $K_a^{\ominus}$ 与 $K_b^{\ominus}$ 之间存在以下关系：

$$K_b^{\ominus}K_a^{\ominus} = [H^+][OH^-] = K_w^{\ominus} = 1.0 \times 10^{-14}(25℃) \tag{5-5}$$

$$pK_a^{\ominus}pK_b^{\ominus} = pH + pOH = pK_w^{\ominus} \tag{5-6}$$

可见，对于某种弱酸，若 $K_a^{\ominus}$ 较大，它给出质子的能力较强，酸性较强，则其共轭碱的碱性就会较弱。这说明该弱酸的共轭碱接受质子的能力相对就较弱，即碱性相对也就弱。

## 二、影响酸碱解离平衡的主要因素

酸碱解离平衡的移动及其控制具有十分重要的实际意义。例如，$H_2S$ 常用于一些离子的沉淀分离，主要原理是：利用不同硫化物的溶解度不同，通过控制 $S^{2-}$ 浓度来实现硫化物的沉淀与不沉淀。而 $H_2S$ 是一种二元酸，在水溶液中有以下解离平衡存在：

$$H_2S \rightleftharpoons H^+ + HS^-$$

$$HS^- \rightleftharpoons H^+ + S^{2-}$$

那么，怎样才能控制 $S^{2-}$ 浓度呢？这就有必要首先搞清影响酸碱解离平衡的主要因素。

### 1. 稀释定律

$c\ mol \cdot L^{-1}$ 的 HA 弱酸溶液加水稀释时，HA 的解离平衡会发生相应的移动，使 HA 的解离程度发生改变。在 HA 弱酸水溶液中存在以下解离平衡：

$$HA \rightleftharpoons H^+ + A^-$$

平衡浓度/$(mol \cdot L^{-1})$  $\qquad c(1-\alpha) \quad c\alpha \quad c\alpha$

$$K_a^{\ominus}(HA) = \frac{[H^+][A^-]}{[HA]}$$

$$K_a^{\ominus}(HA) = \frac{c\alpha c\alpha}{c(1-\alpha)} = \frac{c\alpha^2}{1-\alpha}$$

若弱酸浓度不算太低，弱酸酸性不算太强，则按近似处理条件，$1-\alpha \approx 1$，得：

$$K_a^{\ominus}(HA) \approx c\alpha^2$$

可求得：

$$\alpha = \sqrt{\frac{K_a^{\ominus}(HA)}{c}} \tag{5-7}$$

上式表明：HA 弱酸的解离度是随着水溶液的稀释而增大的，这一规律就称为稀释定律。

---

**例 5-3** 求 $2.0 \times 10^{-2} mol \cdot L^{-1}$ HAc 的解离度，并与例 5-2 比较。

**解**
$$\alpha = \sqrt{\frac{K_a^{\ominus}(HA)}{c}}$$

$$\alpha = \sqrt{\frac{1.76 \times 10^{-5}}{2.0 \times 10^{-2}}}$$

解得：$\alpha = 2.9\%$

**答**：很明显，HAc 浓度由 $0.2 mol \cdot L^{-1}$ 稀释到 $0.02 mol \cdot L^{-1}$，解离度从 $0.93\%$ 增大到 $2.9\%$。

---

计算结果说明：对于一定的弱酸或弱碱，在一定的温度条件下，其解离度的大小与浓度有关，并且是随溶液的稀释而增大的。不过需要注意的是，解离度随溶液的稀释而增大，并不意味着溶液中离子的浓度也相应增大。

由例 5-3 可见，解离度与电解质的浓度有关。这点与解离平衡常数显然不同，因此，在用解离度来衡量不同电解质的相对强弱时必须指明它们的浓度。

视频-同离子效应

### 2. 同离子效应

例 5-4　在 $0.20 mol \cdot L^{-1}$ 的 HAc 水溶液中，加入 NaAc 固体，使 NaAc 的浓度为 $0.10 mol \cdot L^{-1}$。计算 HAc 的解离度，并与例 5-2 比较。

**解**

$$HAc \Longrightarrow H^+ + Ac^-$$

平衡浓度/$(mol \cdot L^{-1})$　$0.20 \times (1-\alpha)$　$0.20\alpha$　$0.10 + 0.20\alpha$

$$K_a^{\ominus}(HAc) = \frac{[H^+][Ac^-]}{[HAc]}$$

$$1.76 \times 10^{-5} = \frac{0.20\alpha(0.10 + 0.20\alpha)}{0.20 \times (1-\alpha)}$$

式中（$0.10 + 0.20\alpha$）中的 $0.20\alpha$ 及（$1-\alpha$）中的 $\alpha$ 同样可以忽略，解得 $\alpha = 0.018\%$。

答：此时 HAc 的解离度为 $0.018\%$，比例 5-2 中 $0.93\%$ 低。

计算结果表明，当在 $0.20 mol \cdot L^{-1}$ 的 HAc 水溶液中加入 NaAc 固体，使 NaAc 的浓度为 $0.10 mol \cdot L^{-1}$ 时，HAc 的解离度由不加 NaAc 时的 $0.93\%$ 降低到 $0.018\%$。

同样，弱碱水溶液中加入与弱碱具有共同离子的强电解质时，也会使弱碱的解离度降低。

含有共同离子的易溶强电解质的加入或存在使弱酸（或弱碱）解离度降低的现象，被称为同离子效应。

### 3. 盐效应

如果在弱电解质溶液中，加入一定量的与弱电离质没有相同离子的强电解质，还会产生另一种现象。例如，在 HAc 溶液中，若加入 NaCl 之类的强电解质，就会使 HAc 的解离度增大。原因就在于当其他离子浓度较大时，$H^+$ 及 $Ac^-$ 碰撞重新结合成 HAc 的机会减小，平衡向解离的方向移动，HAc 的解离度增大。这种使弱电解质的解离度增大的现象称为盐效应。在发生同离子效应的同时，必须伴随着盐效应，但同离子效应要大得多。对稀溶液一般不考虑盐效应的影响。

### 4. 温度的影响

$Ac^-$ 或 $NH_4^+$ 这类物质在水中的解离反应，其实就是酸碱中和反应的逆反应。由于中和反应的反应热往往较大，温度对这类平衡移动的影响就显得较为明显。例如，氨和盐酸的中和反应：

$$NH_3 + H_3O^+ \Longrightarrow NH_4^+ + H_2O$$

当温度升高时，平衡将朝着有利于形成 $NH_3$ 的方向移动，使弱电解质 $NH_4^+$ 的解离度增大。

# 第三节　溶液的酸碱性

酸度是化学反应的最基本和最重要的因素。如何根据已知的酸碱解离常数 $pK_a$、$pK_b$ 来计算溶液的 $H^+$ 浓度，是化学计算中的重要内容，这种计算有着重要的理论意义和实际意义。确定溶液中 $H^+$ 浓度方法有两种，即图解法和代数法。

本书要介绍代数法，其处理方法是：根据平衡体系精确的化学计量关系，得到精确的计算式。这种计算式大多数情况下是高次方程，需要用数值方法借助计算机求解。而本书是根据溶液的具体条件，分清主次，合理取舍，使精确计算式简化为便于计算的近似计算式或最简计算式。实际上 $H^+$ 浓度的计算要求不太高，且计算中所采用的平衡常数常有百分之几的误差，所以这种近似计算是合理的。本书对酸碱平衡的处理，一般忽略离子强度的影响，以浓度常数代替活度常数（或混合常数）进行计算。

## 一、水溶液中酸碱平衡处理的方法

水溶液中酸碱平衡处理的关键是水溶液的酸度问题。只要知道水溶液的 pH，就很容易算得各型体的平衡浓度；如果知道酸碱各型体平衡浓度，也很容易算得溶液的 pH。它们互为因果关系，处理起来有一定困难，但是将溶液中平衡型体之间的三大平衡关系物料平衡、电荷平衡和质子条件，三者结合起来考虑，问题就会迎刃而解。

在酸碱平衡处理中最简单而又最常用的方法是根据质子条件进行处理，本书重点介绍这种方法。

### 1. 物料平衡式（MBE）

在平衡状态下某组分的分析浓度等于该组分各种型体的平衡浓度之和。它的数学表达式叫作物料平衡式。浓度为 $c$ 的 HAc 溶液的物料平衡式是

$$c=[HAc]+[Ac^-]$$

浓度为 $c$ 的 $NaHCO_3$ 溶液的物料平衡式是

$$c=[H_2CO_3]+[HCO_3^-]+[CO_3^{2-}]=[Na^+]$$

物料平衡式将平衡浓度与分析浓度联系起来，在溶液平衡计算中经常用到这个关系。

### 2. 电荷平衡式（CBE）

处于平衡状态的水溶液是电中性的，也就是溶液中荷正电质点所带正电荷的总数一定等于荷负电质点所带负电荷的总数。其数学表达式叫作电荷平衡式。

浓度为 $c$ 的 NaAc 溶液，其电荷平衡式是

$$[Na^+]+[H^+]=[Ac^-]+[OH^-]$$

对多价阳（阴）离子，平衡浓度前还有相应的系数。例如，浓度为 $c$ 的 $Na_2CO_3$ 水溶液，其电荷平衡式是

$$[Na^+]+[H^+]=[HCO_3^-]+2[CO_3^{2-}]+[OH^-]$$

$H_2CO_3$ 是中性分子，不包括在电荷平衡式中。

### 3. 质子条件式（PCE）

酸碱反应的本质是质子的转移。当反应达到平衡时，酸失去质子数与碱得到质子数一定相等。这种数量关系的数学表达式叫质子条件式。

列出质子条件式时，先要选择适当物质作为参考，以它作为考虑质子转移的起点，常称为参考水准或零水准（作为零水准的物质通常是大量存在并参与质子转移的物质）；然后根据质子转移数相等的数量关系写出质子条件式。

以一元弱酸 HA 为例，溶液中大量存在并参与质子转移的物质是 HA 和 $H_2O$，它们之间的质子转移情况是

HA 与 $H_2O$ 之间质子转移：$HA + H_2O \Longrightarrow H_3O^+ + A^-$

$H_2O$ 分子之间质子转移：$H_2O + H_2O \Longrightarrow H_3O^+ + OH^-$

得失质子数应当相等，于是就得到弱酸溶液的质子条件式

$$[H_3O^+] = [A^-] + [OH^-]$$

式中，$[H_3O^+]$ 是水得质子后的产物的浓度；$[A^-]$、$[OH^-]$ 分别是 HA 和 $H_2O$ 失去质子后的产物的浓度。若两端乘以溶液体积，就表示得失质子的量（物质的量）相等。

由上可见，在选好零水准后，只要将所有得到质子后的产物写在等式的一端，所有失去质子后的产物写在另一端，就得到质子条件式。显然，质子条件式中不出现零水准物质。为简化计，$H_3O^+$ 以 $H^+$ 表示。在处理多元酸碱时要注意平衡浓度前的系数。例如 $Na_2HPO_4$ 水溶液的质子条件式是

$$2[H_3PO_4] + [H_2PO_4^-] + [H^+] = [PO_4^{3-}] + [OH^-]$$

这里零水准是 $HPO_4^{2-}$ 和 $H_2O$，它们均不出现在质子条件式中；另外，$Na^+$ 不参与质子得失，所以也不出现在质子条件式中。式中，$H_3PO_4$ 是由零水准 $HPO_4^{2-}$ 得到 2 个质子的产物，所以 $[H_3PO_4]$ 前应乘以 2。

下面分别讨论各类酸碱溶液 pH 值的计算。

## 二、强酸（强碱）溶液 pH 值的计算

强酸在溶液中全部解离，其质子条件式是（以 HCl 为例）

$$[H^+] = [OH^-] + c(HCl)$$

它表示溶液中的总 $[H^+]$ 来自 HCl 和 $H_2O$ 的解离，引用平衡关系

$$[H^+] = \frac{K_w}{[H^+]} + c(HCl) \tag{5-8}$$

此即计算强酸溶液 $[H^+]$ 的精确式。按此式计算需解一元二次方程。一般情况是 HCl 浓度不太低，若 $c(HCl) > 10^{-6} mol \cdot L^{-1}$，可忽略 $H_2O$ 的解离，采用近似式计算，即

$$[H^+] = c(HCl)$$

对强碱溶液，则有如下关系（以 NaOH 为例）

$$[OH^-] = [H^+] + c(NaOH)$$

即 
$$[H^+] = [OH^-] - c(NaOH)$$

NaOH 浓度不太低时，则有 
$$[OH^-] = c(NaOH)$$

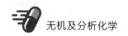 

## 三、一元弱酸（弱碱）溶液 pH 值的计算

### 1. 一元弱酸

弱酸 HA 浓度 $c(\text{mol} \cdot \text{L}^{-1})$，解离常数 $K_a$，参考水准为 HA 和 $H_2O$，质子条件 $[H^+]=[A^-]+[OH^-]$，HA 溶液中存在两个解离平衡：

$$\text{HA} \rightleftharpoons H^+ + A^- \Rightarrow \frac{[H^+][A^-]}{[\text{HA}]}=K_a \Rightarrow [A^-]=\frac{K_a[\text{HA}]}{[H^+]}$$

$$H_2O \rightleftharpoons H^+ + OH^- \Rightarrow [OH^-]=\frac{10^{-14}}{[H^+]}$$

将 $[A^-]$ 与 $[OH^-]$ 代入质子条件：

$$[H^+]=\frac{K_a[\text{HA}]}{[H^+]}+\frac{10^{-14}}{[H^+]} \Rightarrow [H^+]=\sqrt{K_a[\text{HA}]+K_w} \tag{5-9}$$

这是一元弱酸溶液 $[H^+]$ 的精确表达式。实际上，HA 的平衡浓度 $[\text{HA}]$ 是未知的，而分析浓度是已知的。

$$[\text{HA}]=c-[A^-]=c-[H^+]+[OH^-] \approx c-[H^+]$$

若酸不是太弱，可忽略水的酸性。当 $cK_a > 20K_w$（按不大于 5% 的误差算）时，式 (5-9) 为：

$$[H^+]=\sqrt{[\text{HA}]K_a}=\sqrt{(c-[H^+])K_a}$$

且 $c/K_a > 500$ 时，$[\text{HA}]=c-[H^+] \approx c$，上式近似为最简计算式：

$$[H^+]=\sqrt{cK_a} \tag{5-10}$$

例 5-5 计算 $0.10\text{mol} \cdot \text{L}^{-1}$ HAc 的 pH 值（HAc 的 $K_a^{\ominus}=1.76 \times 10^{-5}$）。

解 因为 $cK_a > 20K_w$，所以忽略水的酸性。

又因 $c/K_a > 500$，$[\text{HA}]=c-[H^+] \approx c$。

因此可用最简式计算：

$$[H^+]=\sqrt{cK_a}=\sqrt{0.10 \times 1.76 \times 10^{-5}}=1.33 \times 10^{-3}(\text{mol} \cdot \text{L}^{-1})$$

$$\text{pH}=2.88$$

答：$0.10\text{mol} \cdot \text{L}^{-1}$ HAc 的 pH 值为 2.88。

### 2. 一元弱碱

对于一元弱碱 $A^-$ 溶液，可做类似处理。由质子条件式

$$[H^+]+[\text{HA}]=[OH^-]$$

视频-盐类水解

利用平衡常数表达式 $[H^+]+\frac{[H^+][A^-]}{K_a}=\frac{K_w}{[H^+]}$

得 $[H^+]$ 的精确表达式：

$$[H^+]=\sqrt{\frac{K_w}{1+[A^-]/K_a}}$$

弱碱不太弱，则可忽略水的碱性；当 $c/K_a > 20$，略去上式分母中的 1。又

$$[A^-] = c - [HA] = c - [OH^-] + [H^+] \approx c - [OH^-]$$

得

$$[H^+] = \sqrt{\frac{K_w K_a}{[A^-]}} = \sqrt{\frac{K_w K_a}{c - [OH^-]}}$$

或写作

$$[OH^-] = \sqrt{[A^-]K_b} = \sqrt{(c - [OH^-])K_b}$$

当 $cK_b > 20K_w$，且 $c/K_b > 500$ 时

$$[OH^-] = \sqrt{cK_b} \tag{5-11}$$

**例 5-6** 计算 $0.05 \text{mol} \cdot \text{L}^{-1}$ NaAc 的 pH 值（HAc 的 $K_a^\ominus = 1.76 \times 10^{-5}$）。

**解** $K_b^\ominus = K_w^\ominus / K_a^\ominus = 1.00 \times 10^{-14} \div (1.76 \times 10^{-5}) = 5.68 \times 10^{-10}$

因为满足 $cK_b > 20K_w$ 和 $c/K_b > 500$，所以：

$$[OH^-] = \sqrt{K_b^\ominus c} = \sqrt{5.68 \times 10^{-10} \times 0.05} = 5.33 \times 10^{-6} (\text{mol} \cdot \text{L}^{-1})$$

pOH=5.27，pH=8.73

答：$0.05 \text{mol} \cdot \text{L}^{-1}$ NaAc 的 pH 值为 8.73。

显然，精确式的求解较为麻烦，而且在实际工作中也常常没有必要，因此完全可以按计算的允许误差做适当的近似处理。

## 四、多元弱酸（弱碱）溶液 pH 值的计算

以二元弱酸（$H_2A$）为例，其质子条件式是

$$[H^+] = [HA^-] + 2[A^{2-}] + [OH^-]$$

溶液为酸性，$[OH^-]$ 项可略去。再结合有关平衡常数式，得

$$[H^+] = \frac{K_{a1}[H_2A]}{[H^+]} + 2\frac{K_{a1}K_{a2}[H_2A]}{[H^+]^2}$$

当 $cK_{a1} > 20K_w$，且 $\dfrac{2K_{a2}}{[H^+]} \approx \dfrac{2K_{a2}}{\sqrt{cK_{a1}}} < 0.05$ 时，此二元弱酸可按一元弱酸处理，即

$$[H^+] = \sqrt{(c - [H^+])K_{a1}}$$

当 $cK_{a1} > 20K_w$，且 $\dfrac{2K_{a2}}{[H^+]} \approx \dfrac{2K_{a2}}{\sqrt{cK_{a1}}} < 0.05$，且 $\dfrac{c}{K_{a1}} > 500$ 时

$$[H^+] \approx \sqrt{cK_{a1}} \tag{5-12}$$

同理，多元弱碱的近似公式为

$$[OH^-] \approx \sqrt{cK_{b1}} \tag{5-13}$$

**例 5-7** 计算 25℃ $0.10 \text{mol} \cdot \text{L}^{-1}$ $H_2S$ 水溶液的 pH 及 $S^{2-}$ 的浓度。

**解** 已知 298K 时，$K_{a1}(H_2S) = 9.1 \times 10^{-8}$，$K_{a2}(H_2S) = 1.1 \times 10^{-12}$。

$K_{a1} \gg K_{a2}$，计算 $H^+$ 浓度时只考虑一级解离

$$H_2S \Longleftrightarrow H^+ + HS^-$$

又 $c/K_{a1} = 0.01 \div (9.1 \times 10^{-8}) \gg 500$，$cK_{a1} \geqslant 20K_w$，可按式（5-12）计算

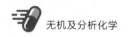

$$[H^+]=\sqrt{cK_{a1}}=\sqrt{0.10\times9.1\times10^{-8}}=9.5\times10^{-5}(\text{mol}\cdot\text{L}^{-1})$$

pH＝4.02

因 $S^{2-}$ 是二级解离产物，设 $c(S^{2-})=x$

$$HS^- \rightleftharpoons H^+ + S^{2-}$$

平衡时　　　　　　$9.5\times10^{-5}-x$ 　$9.5\times10^{-5}+x$ 　$x$

由于 $K_{a2}$ 极小，$9.5\times10^{-5}\pm x\approx9.5\times10^{-5}$，则有

$$K_{a2}=\frac{[H^+][S^{2-}]}{[HS^-]}=\frac{9.5\times10^{-5}[S^{2-}]}{9.5\times10^{-5}}=1.1\times10^{-12}$$

故 $[S^{2-}]=K_{a2}=1.1\times10^{-12}$（$\text{mol}\cdot\text{L}^{-1}$）。

答：$0.10\,\text{mol}\cdot\text{L}^{-1}\,H_2S$ 水溶液的 pH＝4.02，$S^{2-}$ 的浓度为 $1.1\times10^{-12}\,\text{mol}\cdot\text{L}^{-1}$。

对于二元弱酸，如果 $K_{a1}\gg K_{a2}$，则其酸根离子浓度近似等于 $K_{a2}$。

多元弱碱溶液 pH 值的计算与此类似。

## 五、弱酸混合溶液的 pH 值

如 $c_{HA}(\text{mol}\cdot\text{L}^{-1})+c_{HB}(\text{mol}\cdot\text{L}^{-1})$ 混合，质子条件为 $[H^+]=[A^-]+[B^-]+[OH^-]$（参考水准 HA，HB，$H_2O$），根据平衡关系有：

$$[H^+]=\frac{K_{HA}[HA]}{[H^+]}+\frac{K_{HB}[HB]}{[H^+]}+\frac{K_w}{[H^+]}$$

弱酸溶液忽略 $[OH^-]$，则 $[H^+]=\dfrac{K_{HA}[HA]}{[H^+]}+\dfrac{K_{HB}[HB]}{[H^+]}$，即 $[H^+]=\sqrt{K_{HA}[HA]+K_{HB}[HB]}$

当两弱酸较弱时，$[HA]\approx c_{HA}$，$[HB]\approx c_{HB}$

$$[H^+]=\sqrt{K_{HA}c_{HA}+K_{HB}c_{HB}} \tag{5-14}$$

如果有 $K_{HA}c_{HA}\gg K_{HB}c_{HB}$

$$[H^+]=\sqrt{K_{HA}c_{HA}} \tag{5-15}$$

## 六、两性物质溶液的 pH 值

既能给出质子又能接受质子的物质是两性物质，如水、氨基酸、蛋白质、酸式盐和弱酸弱碱盐。较重要的两性物质有多元酸的酸式盐（如 $HCO_3^-$、$HPO_4^{2-}$），弱酸弱碱盐 [如 $NH_4Ac$、$(NH_4)_2CO_3$] 等。

### 1. 酸式盐

两性物质如 NaHA 之类，$HA^-$ 既可从溶剂中获得质子转变为共轭酸 $H_2A$，也可失去质子转变为共轭碱 $A^{2-}$。

$$HA^-+H_2O\rightleftharpoons H_2A+OH^- \quad K_{a1}=\frac{[H^+][HA^-]}{[H_2A]}$$

$$HA^- \Longrightarrow H^+ + A^{2-} \qquad K_{a2} = \frac{[H^+][A^{2-}]}{[HA^-]}$$

质子条件式：$[H^+] + [H_2A] = [A^{2-}] + [OH^-]$（参考水准 $HA^-$，$H_2O$）

代入平衡关系 $\qquad [H^+] + \dfrac{[H^+][HA^-]}{K_{a1}} = \dfrac{K_{a2}[HA^-]}{[H^+]} + \dfrac{K_w}{[H^+]}$

得到精确表示式 $\qquad [H^+] = \sqrt{\dfrac{K_{a2}[HA^-] + K_w}{1 + [HA^-]/K_{a1}}}$

式中 $[HA^-]$ 未知，直接计算有困难，若 $K_{a1}$ 与 $K_{a2}$ 相差较大，则 $[HA^-] \approx c$；若 $cK_{a2} \geqslant 20K_w$，则可忽略 $K_w$，即与 $HA^-$ 的酸性相比，水的酸性太小，即得近似计算式

$$[H^+] = \sqrt{\dfrac{K_{a2}c}{1 + c/K_{a1}}}$$

再若 $c/K_{a1} \geqslant 20$ 时，忽略分母中的 1，即 $HA^-$ 的碱性也不太弱，忽略水的碱性，溶液中 $H^+$ 浓度可按下式做近似计算：

$$[H^+] = \sqrt{K_{a1}K_{a2}} \tag{5-16}$$

$$pH = \frac{1}{2}(pK_{a1} + pK_{a2}) \tag{5-17}$$

### 2. 弱酸弱碱盐

$NH_4Ac$ 亦是两性物质：

$$NH_4^+ + H_2O \Longrightarrow NH_3 + H_3O^+$$

$$Ac^- + H_2O \Longrightarrow HAc + OH^-$$

$K_a$ 表示正离子酸（$NH_4^+$）的解离常数，$K'_a$ 表示负离子碱（$Ac^-$）的共轭酸（$HAc$）的解离常数。

$$[H^+] = \sqrt{K_a K'_a} \tag{5-18}$$

$$pH = \frac{1}{2}(pK_a + pK'_a) \tag{5-19}$$

**例 5-8** 计算 $0.10mol \cdot L^{-1} \ HCOONH_4$ 溶液的 pH 值。

**解** 已知 $NH_4^+$：$K_a = 5.64 \times 10^{-10}$，$pK_a = 9.25$

$HCOOH$：$K'_a = 1.77 \times 10^{-4}$，$pK'_a = 3.75$

$$pH = \frac{1}{2}(pK_a + pK'_a) = \frac{1}{2} \times (9.25 + 3.75) = 6.50$$

答：$0.10mol \cdot L^{-1} \ HCOONH_4$ 溶液的 pH 值为 6.50。

酸碱组成比为 1:1 的弱酸弱碱盐，其计算公式完全同酸式盐。酸碱组成比不为 1:1 的弱酸弱碱盐，较复杂，可根据具体情况写出质子条件进行简化计算。

## 七、酸碱缓冲溶液

视频-缓冲溶液

缓冲溶液是类非常重要的溶液体系，对化学和生物化学有着特别重要的

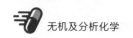 

作用。它能维持溶液的酸度，使其不因外加少量酸碱或溶液的稀释而发生显著变化。如人的血液的 pH 是 7.36～7.44，配位滴定要在一定的酸度下进行，这都是由酸碱缓冲溶液控制的。酸碱缓冲溶液可分为两大类：①弱酸及其共轭碱共存的溶液，它基于弱酸解离平衡以控制 $H^+$ 的浓度，如 $HAc$-$Ac^-$、$NH_4^+$-$NH_3$ 等；②强酸或强碱溶液，由于其酸度或碱度较高，外加少量酸、碱或稀释时 pH 的改变相对不大。在实际工作中，前者最常用，所以也更重要。

**1. 缓冲溶液的缓冲原理**

能抵抗外加少量酸、碱以及加水稀释，而本身 pH 不发生显著变化的作用称为缓冲作用。具有缓冲作用的溶液称为缓冲溶液。弱酸及其共轭碱可组成缓冲溶液。以 HAc-NaAc 缓冲溶液为例说明缓冲原理。

NaAc 为强电解质，在溶液中全部解离成 $Na^+$ 和 $Ac^-$。HAc 为弱电解质，在溶液中部分解离。

$$NaAc \Longrightarrow Na^+ + Ac^-$$
$$HAc \Longrightarrow H^+ + Ac^-$$

当加入少量强酸时，$H^+$ 浓度增加，溶液中存在的大量 $Ac^-$ 生成 HAc，使 HAc 的电离平衡向左移动。达到新的平衡时，溶液 $H^+$ 浓度没有明显增加，pH 无明显降低，$Ac^-$ 起到抗酸作用，称抗酸成分。

当加入少量强碱时，$OH^-$ 浓度增加，溶液中存在的 HAc 与 $OH^-$ 结合成 $H_2O$，使 HAc 的电离平衡向右移动，即 HAc 能把加入的 $OH^-$ 的相当大一部分消耗掉。达到新的平衡时，$H^+$ 浓度不会明显降低，pH 无明显增加。HAc 起到抗碱作用，称抗碱成分。

加少量 $H_2O$ 使 $H^+$ 浓度降低，溶液稀释解离度增加，不断解离出 $H^+$ 来补充，pH 几乎不变。

**2. 缓冲溶液的 pH 值**

（1）对于弱酸及其共轭碱组成的缓冲溶液。如 HAc-NaAc 组成的缓冲溶液，溶液中的质子转移反应为：

$$HAc \Longrightarrow H^+ + Ac^-$$
$$K_a = \frac{[H^+][Ac^-]}{[HAc]}$$

HAc 的解离度很小，体系中有 $Ac^-$ 时，由于同离子效应，解离度更小。因此达平衡时，体系中 HAc 可近似看作未发生解离，其浓度用 $c$（酸）表示，体系中 $Ac^-$ 由 NaAc 解离所得，其浓度以 $c$（碱）表示，则上式变为：

$$[H^+] = K_a \frac{c(酸)}{c(碱)}$$

$$pH = pK_a + \lg \frac{c(碱)}{c(酸)} \tag{5-20}$$

（2）对于弱碱及其共轭酸组成的缓冲溶液（如 $NH_3$-$NH_4Cl$）：

$$[OH^-] = K_b \frac{c(碱)}{c(酸)}$$

$$pOH = pK_b + \lg \frac{c(\text{酸})}{c(\text{碱})} \tag{5-21}$$

（3）两性物质缓冲溶液（如 NaHA 类型）有：

$$pH = 1/2pK_{a1} + 1/2pK_{a2} \tag{5-22}$$

### 3. 缓冲容量和缓冲范围

（1）缓冲容量。缓冲溶液的缓冲作用是有一定限度的，当缓冲溶液中抗酸成分或抗碱成分消耗殆尽时，缓冲溶液对外来酸碱的抵抗能力则消失，即失去缓冲作用。由此可见，每种缓冲溶液的缓冲能力都是有限的，且不同的缓冲溶液，其缓冲能力也是不同的。

为了能够衡量不同缓冲溶液的缓冲能力大小，引入了缓冲容量的概念，通常把 1L 溶液中引起 pH 改变 1 个单位所需加入的强酸或强碱的量称为缓冲容量。缓冲容量的大小与缓冲溶液的总浓度以及缓冲比有关。

① 总浓度对缓冲容量的影响　总浓度是指缓冲溶液中共轭酸和共轭碱的浓度之和。对于同一缓冲对组成的缓冲溶液，当缓冲比为一定值时，总浓度愈大，缓冲容量愈大。

② 缓冲比对缓冲容量的影响　对于同一缓冲对组成的缓冲溶液，当总浓度一定时，缓冲比愈接近 1，缓冲容量愈大；缓冲比等于 1 时（pH＝$pK_a$），缓冲容量最大。

缓冲溶液的缓冲能力取决于缓冲对的浓度及其比值，缓冲对的浓度较大且比值等于 1 时，缓冲能力最大，此时 pH＝$pK_a$，pOH＝$pK_b$。

（2）缓冲范围。对于同一缓冲对组成的缓冲溶液，总浓度不变的情况下，缓冲比 $c_a$：$c_b$＝10：1 时，pH＝$pK_a+1$；缓冲比 $c_a$：$c_b$＝1：10 时，pH＝$pK_a-1$。缓冲溶液的 pH 值在 $pK_a\pm1$ 范围内具有缓冲能力。当缓冲比超出上述范围时，缓冲溶液的缓冲能力就会减小或丧失。因此，把缓冲溶液能有效地发挥缓冲作用的 pH 值范围，即 pH＝$pK_a\pm1$ 之间的范围称为缓冲溶液的缓冲范围。由于不同缓冲对的 $pK_a$ 不同，由各缓冲对构成的缓冲溶液也都有其特定的缓冲范围。

### 4. 酸碱缓冲溶液的分类及选择

酸碱缓冲溶液在实际工作中应用很广，在生物学上也有重要意义。例如，人体血液的 pH 值能维持在 7.35～7.45 之间，就是靠血液中所含有的 $H_2CO_3$-$NaHCO_3$ 以及 $NaH_2PO_4$-$Na_2HPO_4$ 等缓冲体系，才能保证细胞的正常代谢以及整个机体的生存。

选择酸碱缓冲溶液时主要考虑以下 3 个原则：

① 对正常的化学反应或生产过程尽量不构成干扰，或易于排除。

② 应具有较强的缓冲能力。为了达到这一要求，所选择缓冲溶液中两组分的浓度比应尽量接近 1，且浓度适当大些为好。

③ 所需控制的 pH 值应在缓冲溶液的缓冲范围内。若酸碱缓冲溶液是由弱酸及其共轭碱组成，则所选弱酸的 $pK_a$ 应尽量与所需控制的 pH 值一致。

另外，在实际工作中，有时只需要对 $H^+$ 或对 $OH^-$ 有抵消作用即可。这时可以选择合适的弱碱或弱酸作为酸或碱的缓冲剂，加入体系后与 $H^+$ 或 $OH^-$ 作用，产生共轭酸或共轭碱与之组成缓冲体系。例如，在电镀等工业中，常将 $H_3BO_3$、柠檬酸、NaAc、NaF 等作为缓冲剂。

表 5-1 列举了一些常见的酸碱缓冲体系，可供选择时参考。

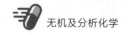 

### 5. 缓冲溶液的配制

对于标准缓冲溶液，它们的 pH 值一般都是严格通过实验测得。若需要进行理论计算，则需要校正溶液离子强度等的影响，这里不再详细讨论，而普通酸碱缓冲溶液的计算则较为简单，一般都可以采用最简式。

表 5-1　一些常见的酸碱缓冲体系

| 缓冲体系 | $pK_a^{\ominus}$ | 缓冲范围(pH 值) |
|---|---|---|
| HAc-NaAc | 4.76 | 3.76～5.76 |
| $NH_3$-$NH_4Cl$ | 9.26 | 8.26～10.26 |
| $NaHCO_3$-$Na_2CO_3$ | 10.33 | 9.33～11.33 |
| $KH_2PO_4$-$K_2HPO_4$ | 7.21 | 5.9～8.0 |
| $H_3BO_3$-$Na_2B_4O_7$ | 9.2 | 7.2～9.2 |

**例 5-9**　对于 HAc-NaAc 以及 HCOOH-HCOONa 两种缓冲溶液，若要配成 pH 值为 4.8 的酸碱缓冲溶液，则应选择何种缓冲溶液为好？现有 $c$(HAc)＝6.0mol·$L^{-1}$ HAc 溶液 12mL，要配成 250mL pH＝4.8 的酸碱缓冲溶液，应称取固体 NaAc·$3H_2O$ 多少克[已知 $pK_a^{\ominus}$(HAc)＝4.76，$pK_a^{\ominus}$(HCOOH)＝3.75]？

**解**　① 根据式（5-20）

$$pH＝pK_a^{\ominus}+\lg\frac{c_b}{c_a}$$

若选用 HAc-NaAc 体系，那么：

$$\lg\frac{c_b}{c_a}＝pH-pK_a^{\ominus}＝4.8-4.76＝0.04,\quad \frac{c_b}{c_a}＝1.10$$

若选用 HCOOH-HCOONa 体系，那么：

$$\lg\frac{c_b}{c_a}＝pH-pK_a^{\ominus}＝4.8-3.75＝1.05,\quad \frac{c_b}{c_a}＝11.2$$

在本例中，由于 HAc 的 $pK_a^{\ominus}$ 与所需控制的 pH 接近，且 HAc 和 $Ac^-$ 两组分的浓度比值接近 1，因此它的缓冲能力就比 HCOOH-HCOONa 体系强，因而应选择 HAc-NaAc 缓冲体系。

② 根据以上计算及选择，若要配制 250mL pH＝4.8 的酸碱缓冲溶液

因为：$c$(HAc)＝12×6.0÷250＝0.288（mol·$L^{-1}$）

$$\lg\frac{c_a}{c_b}＝pH-pK_a^{\ominus}＝4.8-4.76＝0.04,\quad \frac{c_b}{c_a}＝1.10$$

所以：$c_b＝c(Ac^-)＝1.10×c_a＝1.10×0.288＝0.317$（mol·$L^{-1}$）

所以称取 NaAc·$3H_2O$ 的质量为：

$$m(NaAc·3H_2O)＝c_b M(NaAc·3H_2O)V＝0.317×136×250÷1000＝10.8（g）$$

**答**：①选择 HAc-NaAc 作为缓冲溶液更好；②应称取 NaAc·$3H_2O$ 10.8g。

# 第四节 酸碱指示剂

由于一般酸碱反应本身无外观的变化，因此通常需要加入能在化学计量点附近发生颜色变化的物质来指示化学计量点。这些随溶液 pH 改变而发生颜色变化的物质，被称为酸碱指示剂。

## 一、酸碱指示剂的作用原理

酸碱指示剂自身是弱的有机酸或有机碱，其共轭酸碱对（即分子及其给出质子后的离子）具有不同的结构，且颜色不同。当溶液的 pH 改变时，酸碱指示剂的共轭酸碱对相互发生转变，从而引起溶液的颜色发生变化。

例如，酚酞指示剂是弱的有机酸，它在水溶液中发生解离作用和颜色变化。当溶液的碱性增加时，平衡向右移动，溶液由无色变成红色；反之，平衡向左移动，溶液由红色转变成无色。酚酞的醌式是不稳定的，在浓碱溶液中它会转变成羧酸盐式的无色三价离子。在使用时，酚酞一般配成乙醇溶液。酚酞在水溶液中存在如下反应：

| 无色(内酯式) | 红色(醌式) | 无色(羧酸盐式) |
|---|---|---|
| pH <8.0 | 8.0~10.0 | >10.0 |

又如甲基橙，在水溶液中存在以下平衡：

| 黄色(偶氮式) | 红色(醌式) |
|---|---|
| 碱式色 | 酸式色 |
| pH >4.4 | >3.1 |

由此可见，指示剂的变色原理是基于溶液 pH 的变化，导致指示剂的结构发生变化，从而引起颜色的变化。

## 二、指示剂的变色范围

以 HIn 表示指示剂的酸式，In$^-$ 表示指示剂的碱式，它们在水溶液中存在下列解离平衡：

$$HIn \rightleftharpoons H^+ + In^-$$

$$K_{HIn} = \frac{[H^+][In^-]}{[HIn]}$$

$$\frac{[In^-]}{[HIn]} = \frac{K_{HIn}}{[H^+]}$$

当 $[H^+] = K_{HIn}$，$[In^-]/[HIn] = 1$，即两者浓度相等，溶液表现出酸式色和碱式色的中间颜色，此时 pH＝$pK_{HIn}$，称为指示剂的理论变色点（即 pT）。一般说来，如果 $[In^-]/[HIn] \geqslant 10$ 时，观察到的是 $In^-$ 的颜色；$[In^-]/[HIn]＝10$ 时，可以在 $In^-$ 颜色中勉强看出 HIn 的颜色，此时 pH＝$pK_{HIn}+1$；当 $[In^-]/[HIn] \leqslant 10$ 时，观察到的是 HIn 的颜色；当 $[In^-]/[HIn]＝1/10$ 时，可在 HIn 颜色中勉强看出 $In^-$ 颜色，此时 pH＝$pK_{HIn}-1$；当 $1/10 \leqslant [In^-]/[HIn] \leqslant 10$ 时，指示剂呈混合色，在此范围溶液对应的 pH 为 $pK_{HIn}-1$ 至 $pK_{HIn}+1$。因此，$pK_{HIn}\pm 1$ 就是指示剂理论变色的 pH 范围。

实际上人眼对各种颜色的敏感度不同，人眼观察到的指示剂变色范围与理论变色范围 $pK_{HIn}\pm 1$ 有区别。如甲基橙 $pK_{HIn}＝3.4$，理论变色范围是 2.4～4.4，而实际测定到的却是 3.1～4.4。常用的酸碱指示剂及其变色范围列于表 5-2 中。

从表 5-2 可以清楚地看出，各种不同的酸碱指示剂，具有不同的变色范围，有的在酸性溶液中变色，如甲基橙、甲基红等；有的在中性附近变色，如中性红、苯酚红等；有的则在碱性溶液中变色，如酚酞、百里酚酞等。

表 5-2 常用的酸碱指示剂及其变色范围

| 指示剂 | 变色 pH 值范围 | 颜色变化 | $pK_{HIn}$ | 浓度与溶剂 | 10mL 试液用量/滴 |
|---|---|---|---|---|---|
| 百里酚蓝 | 1.2～2.8 | 红～黄 | 1.7 | 1g·$L^{-1}$（20％乙醇） | 1～2 |
| 甲基黄 | 2.9～4.0 | 红～黄 | 3.3 | 1g·$L^{-1}$（90％乙醇） | 1 |
| 甲基橙 | 3.1～4.4 | 红～黄 | 3.4 | 0.5g·$L^{-1}$（水） | 1 |
| 溴酚蓝 | 3.0～4.6 | 黄～紫 | 4.1 | 1g·$L^{-1}$（20％乙醇或其钠盐水） | 1 |
| 溴甲酚绿 | 4.0～5.6 | 黄～蓝 | 4.9 | 1g·$L^{-1}$（20％乙醇或其钠盐水） | 1～3 |
| 甲基红 | 4.4～6.2 | 红～黄橙 | 5.0 | 1g·$L^{-1}$（60％乙醇或其钠盐水） | 1 |
| 溴百里酚蓝 | 6.2～7.6 | 黄～红 | 7.3 | 1g·$L^{-1}$（20％乙醇或其钠盐水） | 1 |
| 中性红 | 6.8～8.0 | 红～黄橙 | 7.4 | 1g·$L^{-1}$（60％乙醇） | 1 |
| 苯酚红 | 6.8～8.4 | 黄～红 | 8.0 | 1g·$L^{-1}$（60％乙醇或其钠盐水） | 1 |
| 酚酞 | 8.0～10.0 | 无～红 | 9.1 | 1g·$L^{-1}$（90％乙醇） | 1～3 |
| 百里酚蓝 | 8.0～9.6 | 黄～蓝 | 8.9 | 1g·$L^{-1}$（20％乙醇） | 1～4 |
| 百里酚酞 | 9.4～10.6 | 无～蓝 | 10.0 | 1g·$L^{-1}$（90％乙醇） | 1～2 |

由于各种指示剂的平衡常数不同，各种指示剂变色范围不同。由于变色范围是由目视判断得到的，而每个人的眼睛对颜色的敏感度不同，所以不同资料报道的变色范围也略有差异。

各种指示剂的变色范围各不相同，但一般说来，不大于两个 pH 值单位，也不小于一个 pH 值单位。由于指示剂具有一定的变色范围，因此只有当溶液中 pH 值的改变超过一定数值，也就是说只有在酸碱滴定的化学计量点附近 pH 值发生突跃时，指示剂才从一种颜色变为另一种颜色。因此指示剂变色范围愈窄愈好，在化学计量点时，微小 pH 值的改变可使指示剂变色敏锐，所以要选择指示剂的 $pK_{HIn}$ 尽可能接近化学计量点时溶液的 pH 值。

为缩小指示剂变色范围，可采用混合指示剂。混合指示剂是利用颜色之间的互补作用，而在终点时颜色变化敏锐。混合指示剂有两种：一种是由两种或两种以上指示剂混合而成。例如溴甲酚绿（$pK_{HIn}^{\ominus}＝4.9$）与甲基红（$pK_{HIn}^{\ominus}＝5.0$），前者当 pH＜4.0 时呈黄色（酸式色），pH＞5.6 时呈蓝色（碱式色）；后者 pH＜4.4 时呈红色（酸式色），pH＞6.2 时呈浅黄色（碱式色）。它们按一定比例混合后，两种颜色叠加在一起，酸式色为酒红色（红稍带黄），碱式色为绿色。当 pH≈5.1 时，甲基红呈橙色而溴甲酚绿呈绿色，两者互为补色而呈现灰色，这时颜色发生突变，变色十分敏锐。另一种混合指示剂是在某种指示剂中加入一种惰性染料。例如中性红与染料亚甲基蓝混合制成的混合指示剂，在 pH＝7.0 时，变色范围只有 0.2 个 pH 值单位左右，比单独的中性红的变色范围要窄得多。

## 三、影响指示剂变色的因素

### 1. 指示剂用量

对双色指示剂，如甲基橙，pT（指示剂的变色点）仅决定于 $[In]/[HIn]$ 值，而与指示剂用量无关。但若指示剂用量过多时，色调变化不明显，而指示剂本身也要消耗滴定剂，也对分析不利。

对单色指示剂如酚酞，指示剂的用量对 pT 有较大的影响。设指示剂总浓度为 $c$，人眼观察到红色碱色型的最低浓度为 $a$（一个固定值），代入平衡式

$$\frac{K_{HIn}}{[H^+]}=\frac{[In^-]}{[HIn]}=\frac{a}{c-a}$$

式中，$K_{HIn}$ 和 $a$ 都是定值，如果 $c$ 增大了，要维持平衡只有增大 $[H^+]$。就是说，指示剂要在较低的 pH 时显粉红色。如在 50～100mL 溶液中加 2～3 滴 0.1％酚酞溶液，pH≈9 时显粉红色；而在同样条件下加 15～20 滴时，则酚酞在 pH≈8 时就显粉红色。

### 2. 温度

温度改变时，指示剂的解离常数和水的质子自递常数都有改变，因而指示剂的变色范围也随之发生改变。例如甲基橙在室温下的变色范围是 3.1～4.4，在 100℃为 2.5～3.7，对 $[H^+]$ 的灵敏度大幅降低。所以滴定都应在室温下进行，有必要加热煮沸时，最好将溶液冷却后再滴定。

### 3. 盐类

中性电解质的存在增加了溶液的离子强度，使指示剂的解离常数发生改变，影响到指示剂的变色。某些盐具有吸收不同波长光波的性质，也会改变指示剂颜色的深度和色调，所以在滴定过程中不宜有大量盐类存在。在制备对照参比溶液时，除需要加入相同量的指示剂外，还应该有相同浓度的电解质（包括反应生成的盐）在内。

### 4. 溶剂

指示剂多用乙醇配制，加至被测溶液后，溶解度变小，终点拖后，变色不灵敏，称僵化现象，加热、加乙醇可改进。

### 5. 酸度

指示剂是多元酸，不同的型体有不同的颜色，通过控制酸度呈现所需要的颜色。

### 6. 滴定程序

滴定程序与指示剂的选用有关系，如果指示剂使用不当，会影响变色的敏锐性。一般情况下，指示剂的颜色变化由浅到深或由无色变有色为宜，这样有利于对颜色变化的观察。例如，酚酞由酸式结构（无色）变为碱式结构（红色），颜色变化明显，易辨别；甲基橙由碱式结构（黄色）变为酸式结构（红色），颜色变化明显，易辨别。

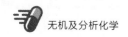

# 第五节　酸碱滴定法

酸碱滴定法是以酸碱反应为基础的滴定分析法。凡是能与酸碱直接或间接发生反应的物质，均可以采用此法进行测定。因此酸碱滴定法是滴定分析中的重要方法之一。

## 一、强碱（强酸）滴定强酸（强碱）

### 1. 酸碱滴定曲线

以 $0.1000mol \cdot L^{-1}$ NaOH 溶液滴定 20.00mL $0.1000mol \cdot L^{-1}$ HCl 为例，讨论强碱滴定强酸过程中溶液的 pH 值变化情况。

（1）滴定开始前。溶液的 pH 值取决于 HCl 的原始浓度，HCl 是强酸，溶液 $[H^+]$ 等于 HCl 的原始浓度，即

$$[H^+] = 0.1000mol \cdot L^{-1}, pH = 1.00$$

（2）滴定至化学计量点前。溶液的 pH 值由剩余 HCl 物质的量决定。例如加入 NaOH 溶液 19.98mL（即滴定进行到 99.90%）时，溶液中的 $[H^+]$ 为

$$[H^+] = \frac{[HCl]V(HCl, 剩余)}{V(总体积)}$$

$$= \frac{0.1000 \times 0.02}{20.00 + 19.98} = 5 \times 10^{-5} (mol \cdot L^{-1})$$

$$pH = 4.3$$

（3）化学计量点时。滴加 20.00mL NaOH 标准溶液时，滴入的 NaOH 与 HCl 恰好完全中和，溶液的 $H^+$ 来自水的解离。

溶液中的 $[H^+] = [OH^-] = 1.0 \times 10^{-7}$ $(mol \cdot L^{-1})$，即

$$pH = 7.00$$

（4）化学计量点后。此时，pH 值根据过量碱的量进行计算。如滴入 NaOH 20.02mL，即过量 0.1%。

$$[OH^-] = \frac{[NaOH]V(NaOH, 过量)}{V(总体积)}$$

$$= \frac{0.1000 \times 0.02}{20.00 + 20.02} = 5 \times 10^{-5} (mol \cdot L^{-1})$$

$$pOH = 4.30, pH = 9.70$$

用上述方法可逐一计算出滴定过程中溶液 pH 值，结果列于表 5-3。以 NaOH 的加入体积为横坐标，以 pH 值为纵坐标，绘制 pH-V 关系曲线，称为滴定曲线，如图 5-1 所示。

表 5-3　$0.1000mol \cdot L^{-1}$ NaOH 溶液滴定 20.00mL $0.1000mol \cdot L^{-1}$ HCl 溶液的 pH 值变化

| 加入 NaOH 溶液的体积/mL | HCl 溶液滴定百分数/% | $[H^+]/(mol \cdot L^{-1})$ | pH 值 |
| --- | --- | --- | --- |
| 0.00 | 0.00 | $1.00 \times 10^{-1}$ | 1.00 |
| 18.00 | 90.00 | $5.26 \times 10^{-3}$ | 2.28 |
| 19.80 | 99.00 | $5.02 \times 10^{-4}$ | 3.30 |
| 19.98 | 99.90 | $5.00 \times 10^{-5}$ | 4.30 |
| 20.00 | 100.00 | $1.00 \times 10^{-7}$ | 7.00 |
| 20.02 | 100.10 | $2.00 \times 10^{-10}$ | 9.70 |
| 20.20 | 101.0 | $2.01 \times 10^{-11}$ | 10.70 |
| 22.00 | 110.0 | $2.01 \times 10^{-12}$ | 11.68 |
| 40.00 | 200 | $3.00 \times 10^{-13}$ | 12.52 |

当加入 NaOH 19.98mL 时，pH=4.30，再继续滴入 1 滴（大约 0.04mL），即中和剩余的半滴 HCl 后，仅过量 0.02mL NaOH，而溶液的 pH 从 4.30 急剧升高到 9.70。因此，1 滴 NaOH 溶液就使溶液的 pH 值增加 5 个单位。

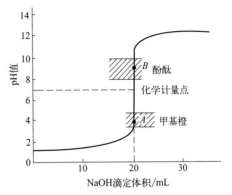

图 5-1　0.1000mol·L$^{-1}$ NaOH 溶液滴定 0.1000mol·L$^{-1}$ HCl 溶液的滴定曲线

### 2. 滴定突跃与指示剂选择

根据图 5-1，当反应比 $\alpha$=100.0% 时，对应的 pH 值即为化学计量点；反应比 $\alpha$=99.9%～100.1% 时，即被滴的 HCl 还剩余 0.1% 到滴定剂过量 0.1% 所对应的 pH 值区间就被称为该滴定曲线的突跃范围。在这一区间，滴定剂的用量仅仅为 0.04mL，而溶液的 pH 值却增加了 5.4 个单位，曲线呈现出几乎垂直的一段。因此，在化学计量点±0.1%范围内，pH 值的急剧变化就被称为滴定突跃，经过滴定突跃之后，溶液由酸性变为碱性，溶液的性质由量变引起了质变。

根据以上讨论，用 0.1000mol·L$^{-1}$ NaOH 溶液滴定 20.00mL 0.1000mol·L$^{-1}$ HCl 溶液化学计量点的 pH$_{sp}$=7.00，滴定突跃 pH=4.30～9.70。显然，只要变色范围处于滴定突跃范围内的指示剂，例如溴百里酚蓝、苯酚红等，应该都能正确指示滴定终点。然而实际上，一些能在滴定突跃范围内变色的指示剂，如甲基橙、酚酞等也能使用。例如酚酞，变色范围 pH=8.0～10.0，若滴定至溶液由无色刚变为粉红色时停止，溶液的 pH 值略大于 8.0，由表 5-3 可以看出，此时 NaOH 溶液过量还不到 0.02mL，终点误差不大于 0.1%。因此酸碱滴定中所选择的指示剂一般应使其变色范围处于或部分处于滴定突跃范围之内。另外，还应考虑所选择指示剂在滴定体系中的变色是否易于判断。例如，在这种滴定类型中，甲基橙的变色范围部分处于滴定突跃范围内，可是若用于滴定，颜色变化是由红到黄，由于人眼对红色中略带黄色不易察觉，因此甲基橙一般不用于碱滴定酸，而常用于酸滴定碱。

图 5-2 就是不同浓度 HCl 溶液的滴定曲线。由图可见，滴定体系的浓度愈小，滴定突跃就愈小，这样就使指示剂的选择受到限制。因此，浓度的大小是影响滴定突跃大小的因素之一。除此之外，滴定突跃的大小还与酸、碱本身的强弱有关。

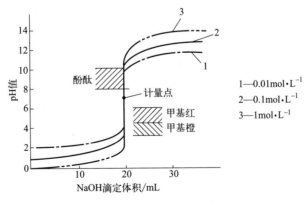

图 5-2　不同浓度 NaOH 溶液滴定 20mL 相应不同浓度 HCl 溶液的滴定曲线

对于强酸滴定强碱，可以参照以上处理办法，首先了解滴定曲线的情况，特别是其中化

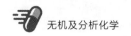 

学计量点、滴定突跃，然后根据滴定突跃选择一种合适的指示剂。

## 二、强碱（强酸）滴定一元弱酸（弱碱）

### 1. 滴定曲线

以 $0.1000\mathrm{mol \cdot L^{-1}}$ NaOH 溶液滴定 $20.00\mathrm{mL}$ $0.1000\mathrm{mol \cdot L^{-1}}$ HAc 为例，讨论强碱滴定一元弱酸的滴定曲线计算的基本方法及指示剂的选择。

（1）滴定开始前。溶液组成为 $0.1000\mathrm{mol \cdot L^{-1}}$ HAc 溶液，对一元弱酸：

$$[H^+]=\sqrt{cK_a}=\sqrt{0.1000\times1.8\times10^{-5}}=1.34\times10^{-3}(\mathrm{mol \cdot L^{-1}})$$

$$\mathrm{pH}=2.87$$

（2）滴定至化学计量点前。溶液中未反应的 HAc 和反应产生的共轭碱 $Ac^-$，组成 $HAc\text{-}Ac^-$ 缓冲体系，所以：

$$\mathrm{pH}=\mathrm{p}K_a+\lg\frac{[Ac^-]}{[HAc]}$$

当加入 NaOH 溶液 $19.98\mathrm{mL}$ 时，剩余 HAc $0.02\mathrm{mL}$，此时

$$[HAc]=\frac{0.1000\times0.02}{20.00+19.98}=5.0\times10^{-5}(\mathrm{mol \cdot L^{-1}})$$

$$[Ac^-]=\frac{19.98\times0.1000}{20.00+19.98}=5.0\times10^{-2}(\mathrm{mol \cdot L^{-1}})$$

$$\mathrm{pH}=\mathrm{p}K_a+\lg\frac{[Ac^-]}{[HAc]}=4.74+\lg\frac{5.0\times10^{-2}}{5.0\times10^{-5}}=7.74$$

（3）化学计量点时。溶液的酸度取决于一元弱酸的共轭碱在水溶液中的解离，所以：

$$Ac^-+H_2O \Longrightarrow HAc+OH^-$$

$$[OH^-]=\sqrt{cK_b}=\sqrt{c\frac{K_w}{K_a}}=\sqrt{\frac{0.1000}{2}\times\frac{10^{-14}}{1.8\times10^{-5}}}=5.3\times10^{-6}(\mathrm{mol \cdot L^{-1}})$$

$$\mathrm{pOH}=5.28,\mathrm{pH}=8.72$$

（4）化学计量点后。此时，根据过量的 NaOH 计算 pH 值，设加入 NaOH 量 $20.02\mathrm{mL}$，溶液中 $OH^-$ 浓度为：

$$[OH^-]=\frac{0.1000\times0.02}{20.00+20.02}=5.0\times10^{-5}(\mathrm{mol \cdot L^{-1}})$$

$$\mathrm{pOH}=4.3,\mathrm{pH}=9.7$$

表 5-4 就是此滴定过程的计算结果，图 5-3 就是相应的滴定曲线。

表 5-4　$0.1000\mathrm{mol \cdot L^{-1}}$ NaOH 溶液滴定 $20.00\mathrm{mL}$ $0.1000\mathrm{mol \cdot L^{-1}}$ HAc 溶液的 pH 值变化

| 加入 NaOH 溶液的体积/mL | NaOH 溶液滴定百分数/% | 剩余 HAc 或过量 NaOH 体积/mL | pH 值 |
|---|---|---|---|
| 0.00 | 0.000 | 20.00 | 2.88 |
| 10.00 | 0.500 | 10.00 | 4.75 |
| 18.00 | 0.900 | 2.00 | 5.70 |
| 19.80 | 0.990 | 0.20 | 6.75 |
| 19.98 | 0.999 | 0.02 | 7.75 |
| 20.00 | 1.000 | 0.00 | 8.72 |
| 20.02 | 1.001 | 0.02 | 9.70 |
| 20.20 | 1.010 | 0.20 | 10.70 |
| 22.00 | 1.100 | 2.00 | 11.70 |
| 40.00 | 2.000 | 20.00 | 12.52 |

### 2. 指示剂的选择

将图5-3和表5-4相比可以看出，由于HAc是弱酸，滴定开始前溶液中的$[H^+]$就较低pH值较高。滴定开始后pH值较快地升高，这是由于和生成的NaAc产生了同离子效应，HAc更难解离，$[H^+]$较快地降低。但在继续滴入NaOH溶液后，由于NaAc不断生成，在溶液中形成了弱酸及其共轭碱的缓冲体系，pH值增加较慢，这段曲线较为平坦。当滴定接近化学计量点时，由于溶液中剩余的HAc已很少，溶液的缓冲能力已逐渐减弱，于是随着NaOH溶液的不断加入，溶液的pH值升高逐渐变快，达到化学计量点时，在其附近出现一

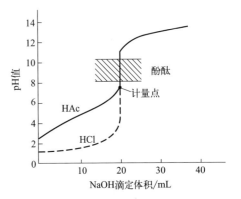

图5-3　$0.1000\ mol \cdot L^{-1}$ NaOH溶液滴定$0.1000\ mol \cdot L^{-1}$ HAc溶液的滴定曲线

个滴定突跃。这个突跃的pH值为7.74～9.70，处于碱性范围内，而且突跃范围较为短小，仅1.96个pH值单位。这是由于化学计量点时溶液中存在着大量的$Ac^-$，它是弱酸强碱盐，在水中水解使溶液呈碱性。

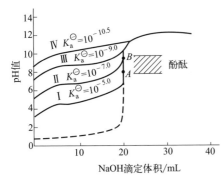

图5-4　NaOH溶液滴定不同弱酸溶液的滴定曲线

根据化学计量点附近的突跃范围，酚酞、百里酚酞、百里酚蓝是合适的指示剂。在酸性溶液中变色的指示剂如甲基橙和甲基红则完全不适用。

必须注意，强碱滴定弱酸其突跃范围的大小与被滴定的酸的强弱有关，如图5-4所示，突跃开始时的pH值决定于$pK_a$。酸越弱（即$K_a$越小），$pK_a$越大，突跃开始时的pH越高，因此突跃范围也就越小。

对强酸滴定一元弱碱同样可以参照以上方法处理，滴定曲线的特点与强碱滴定一元弱酸相似，但化学计量点、滴定突跃均是出现在弱酸性区域，故应选择在弱酸性范围内变色的指示剂，如甲基橙、甲基红等。

### 3. 弱酸（或弱碱）被准确滴定的判据

由于化学计量点附近滴定突跃的大小，不仅和被测酸（碱）的$K_a$（$K_b$）有关，也和浓度有关，用较浓的标准溶液滴定较浓的试液，可使滴定突跃适当增大，滴定终点较易判断。但这也存在着一定的限度，对于$K_a(K_b) \approx 10^{-9}$的酸（碱），即使用$1\ mol \cdot L^{-1}$的标准溶液也不能直接滴定。一般来讲，当弱酸（弱碱）溶液的浓度和弱酸（弱碱）解离常数的乘积$cK_a(K_b) \geqslant 10^{-8}$时，滴定突跃可大于0.3pH单位，此时人眼能够辨别出指示剂颜色的改变，滴定就可直接进行，这时终点误差也在允许的$\pm 0.1\%$以内。因此，$cK_a(cK_b) \geqslant 10^{-8}$是判断某一元弱酸（弱碱）能否被强碱（强酸）直接准确滴定的判据。如果$c$和$K_a$太小，滴定突跃范围太小，用指示剂变色来确定终点困难，则不能直接滴定。

## 三、多元酸（或多元碱）、混酸的滴定

多元酸碱的滴定比较复杂，多元酸碱在水溶液中分步解离，因此也分步被中和，能否准确分步滴定？化学计量点的pH值如何计算？怎样选择指示剂，确定终点？下面分别讨论。

### 1. 多元酸的滴定

现以 $0.1000 \text{mol} \cdot \text{L}^{-1} \text{NaOH}$ 滴定 $20.00 \text{mL}$ $0.1000 \text{mol} \cdot \text{L}^{-1} \text{H}_3\text{PO}_4$ 为例进行讨论。$\text{H}_3\text{PO}_4$ 是三元酸，分三步解离：

$$\text{H}_3\text{PO}_4 \Longrightarrow \text{H}^+ + \text{H}_2\text{PO}_4^-, K_{a1} = 7.5 \times 10^{-3}, \text{p}K_{a1} = 2.12$$
$$\text{H}_2\text{PO}_4^- \Longrightarrow \text{H}^+ + \text{HPO}_4^{2-}, K_{a2} = 6.3 \times 10^{-8}, \text{p}K_{a2} = 7.20$$
$$\text{HPO}_4^{2-} \Longrightarrow \text{H}^+ + \text{PO}_4^{3-}, K_{a3} = 4.4 \times 10^{-13}, \text{p}K_{a3} = 12.36$$

用 NaOH 滴定 $\text{H}_3\text{PO}_4$ 时，滴定反应能否按下式分步进行：

第一步 $\text{H}_3\text{PO}_4 + \text{NaOH} \Longrightarrow \text{NaH}_2\text{PO}_4 + \text{H}_2\text{O}$

第二步 $\text{NaH}_2\text{PO}_4 + \text{NaOH} \Longrightarrow \text{Na}_2\text{HPO}_4 + \text{H}_2\text{O}$

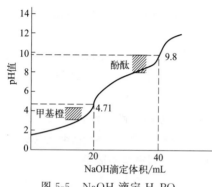

图 5-5　NaOH 滴定 $\text{H}_3\text{PO}_4$ 溶液的滴定曲线

能否在第一步中和反应定量完成后才开始第二步中和反应，这取决于 $K_{a1}$ 和 $K_{a2}$ 的比值。$K_{a1}/K_{a2} \geqslant 10^4$，且 $cK_{a1} \geqslant 10^{-8}$ 则可分步滴定至第一终点；若同时 $cK_{a2} \geqslant 10^{-8}$，则可继续滴定至第二终点；$K_{a2}/K_{a3} \geqslant 10^4$，但 $K_{a3} = 10^{-12.36}$，$cK_{a3} < 10^{-8}$，$\text{HPO}_4^{2-}$ 就不可能直接被滴定至 $\text{PO}_4^{3-}$，因此不会出现第三个滴定突跃，因此第三个氢离子不能直接滴定。滴定曲线见图 5-5。

通常分析工作者只计算化学计量点 pH 值，并据此选择合适的指示剂。

第一化学计量点时，溶液组成主要为 $\text{H}_2\text{PO}_4^-$，两性物质，按式（5-16）计算：

$$[\text{H}^+] = \sqrt{K_{a1}K_{a2}} = \sqrt{10^{-2.12} \times 10^{-7.21}} = 10^{-4.66} (\text{mol} \cdot \text{L}^{-1})$$
$$\text{pH} = 4.66$$

可用甲基橙、甲基红和溴甲酚绿-甲基橙混合指示剂。

第二化学计量点，溶液组成主要为 $\text{HPO}_4^{2-}$，两性物质，同理计算：

$$[\text{H}^+] = \sqrt{K_{a2}K_{a3}} = \sqrt{10^{-7.21} \times 10^{-12.66}} = 10^{-9.94} (\text{mol} \cdot \text{L}^{-1})$$
$$\text{pH} = 9.94$$

可选用酚酞和百里酚酞作指示剂。

若用 NaOH 滴定草酸，草酸能否被分步滴定？

因为 $\text{H}_2\text{C}_2\text{O}_4$：$K_{a1} = 10^{-1.23}$，$K_{a2} = 10^{-4.19}$，$K_{a1}/K_{a2} = 10^{2.96} < 10^4$

所以不能被分步准确滴定。

### 2. 多元碱的滴定

多元碱的滴定和多元酸的滴定相类似。有关多元酸分步滴定的结论也适用于强酸滴定多元弱碱，只是将 $K_a$ 换成 $K_b$。$K_{b1}/K_{b2} \geqslant 10^4$，且 $cK_{bi} \geqslant 10^{-8}$ 时，则多元碱能被滴定至 $i$ 级。

例如，用 HCl 标定 $\text{Na}_2\text{CO}_3$ 溶液，假设 $c(\text{Na}_2\text{CO}_3) = 0.1000 \text{mol} \cdot \text{L}^{-1}$。$\text{Na}_2\text{CO}_3$ 在水溶液中的解离反应为：

$$H_2CO_3 \rightleftharpoons HCO_3^- + H^+ \quad K_{a1} = 4.30 \times 10^{-7}$$

$$HCO_3^- \rightleftharpoons CO_3^{2-} + H^+ \quad K_{a2} = 5.61 \times 10^{-11}$$

滴定反应分两步进行：

$$CO_3^{2-} + H_2O \rightleftharpoons HCO_3^- + OH^-, \quad K_{b1} = K_w / K_{a2} = 1.8 \times 10^{-4}$$

$$HCO_3^- + H_2O \rightleftharpoons H_2CO_3 + OH^-, \quad K_{b2} = K_w / K_{a1} = 2.4 \times 10^{-8}$$

$K_{b1} / K_{b2} = 10^{3.88} \approx 10^4$，勉强可以分步滴定，形成两个 pH 值突跃，滴定曲线见图 5-6。

第一计量点时，溶液组成是 $NaHCO_3$ 两性物质，按下式计算：

$$[H^+] = \sqrt{K_{a1} K_{a2}} = \sqrt{4.30 \times 10^{-7} \times 5.61 \times 10^{-11}}$$
$$= 4.91 \times 10^{-9} (mol \cdot L^{-1})$$

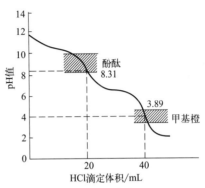

pH = 8.31

可选酚酞作指示剂。

第二计量点时，产物为 $H_2CO_3 (CO_2 + H_2O)$，其饱和溶液浓度约为 $0.04 mol \cdot L^{-1}$，按下式计算：

$$[H^+] = \sqrt{c K_{a1}} = \sqrt{0.04 \times 4.30 \times 10^{-7}}$$
$$= 1.3 \times 10^{-4} (mol \cdot L^{-1})$$

图 5-6 HCl 溶液滴定 $Na_2CO_3$
溶液的滴定曲线

pH = 3.88

可选甲基橙作指示剂。

由于在室温下易形成 $CO_2$ 过饱和溶液，滴定过程中生成的 $H_2CO_3$ 只能慢慢地转变为 $CO_2$，这样使溶液的酸度稍稍增大，终点稍稍出现过早。因此在滴定时，应注意在终点附近剧烈地摇动或加热使 $CO_2$ 逸出，冷却后再继续滴定。

### 3. 混合酸（碱）的滴定

强酸与弱酸的混合的情况较为复杂，对于两种弱酸（HA＋HB）混合的情况，同样先应分别判断它们能否被准确滴定，再根据 $[c(HA) K_a(HA)] / [c(HB) K_a(HB)] \geqslant 10^4$，判断能否分别滴定。

## 第六节 酸碱滴定法的应用

### 一、酸标准溶液的配制和标定

在酸碱滴定中，一般用强酸配制酸标准溶液，通常用的是 HCl 或 $H_2SO_4$，常用浓度为 $0.1 mol \cdot L^{-1}$。其中应用较多的是 HCl，HCl 价廉，无氧化还原性，不会破坏指示剂。稀 HCl 稳定性好，其浓度可经久不变，酸性比 $H_2SO_4$ 强一些。但浓 HCl 溶液含有杂质，且易挥发，所以一般用间接法配制，即先配成近似浓度的溶液，然后用基准物标定。标定基准物，常为无水碳酸钠和硼砂。

#### 1. 无水碳酸钠

无水碳酸钠其优点是易制得纯品，而且价格便宜。但由于碳酸钠易吸收空气中的水分，因此使用之前应在 $180 \sim 200 \text{℃}$ 下干燥 $2 \sim 3h$，然后密封于瓶内，保存在干燥器中备用。用时

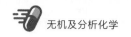 

称量要快，以免吸收水分而引起误差。用无水碳酸钠标定盐酸，其反应式如下：

$$Na_2CO_3 + 2HCl == 2NaCl + H_2CO_3$$
$$\downarrow CO_2\uparrow + H_2O$$

化学计量点时 pH＝3.88，可选甲基橙为指示剂，终点时溶液的颜色由黄色变为橙色。

### 2. 硼砂

硼砂（$Na_2B_4O_7 \cdot 10H_2O$）其优点是易制得纯品，不易吸水，摩尔质量较大（381.37g·$mol^{-1}$），故由称量造成的误差较小。但当空气中的相对湿度小于39％时，易风化失去部分结晶水，因此应保存在相对湿度为60％的恒湿器中（恒湿器里放食盐和蔗糖的饱和溶液）。

硼砂标定 HCl 溶液的反应如下：

$$B_4O_7^{2-} + 5H_2O + 2HCl == 4H_3BO_3 + 2Cl^-$$

若 $c(H_3BO_3)=5.0\times10^{-2}mol \cdot L^{-1}$，已知 $H_3BO_3$ 的 $K_a=5.76\times10^{-10}$，则

$$[H^+]=\sqrt{cK_a}=\sqrt{5.0\times10^{-2}\times5.76\times10^{-10}}=5.3\times10^{-6}(mol \cdot L^{-1})$$
$$pH=5.37$$

化学计量点时 pH＝5.37，可选甲基红为指示剂，终点时溶液的颜色由黄色变为红色。

## 二、碱标准溶液的配制和标定

碱标准溶液一般用强碱配制，常用的强碱有 NaOH、KOH，中强碱 $Ba(OH)_2$ 也可用。但 KOH 价格较贵，应用不普遍。实际应用以 NaOH 为主，最常用的浓度为 0.1mol·$L^{-1}$。NaOH 易吸潮，也易吸收空气中的 $CO_2$，故常含有 $Na_2CO_3$，而且 NaOH 还可能含有硫酸盐、硅酸盐、氯化物等杂质，因此应采用间接法配制其标准溶液，即先配成近似浓度的碱溶液，然后加以标定。

含有 $Na_2CO_3$ 的标准碱溶液在用甲基橙作指示剂滴定强酸时，不会因 $Na_2CO_3$ 的存在而引入误差；但如果用来滴定弱酸，用酚酞作指示剂，滴到酚酞出现浅红色时，$Na_2CO_3$ 仅交换 1 个质子，即生成 $NaHCO_3$，这样就会引起一定的误差。因此应配制和使用不含有 $Na_2CO_3$ 的标准碱溶液。

不含 $CO_3^{2-}$ 的标准溶液可用不同的方法来配制，最常用的方法是取一份纯净的 NaOH，加入一份水，搅拌使之溶解，配成50％的 NaOH 溶液。在这种浓溶液中 $Na_2CO_3$ 的溶解度很小，待 $Na_2CO_3$ 沉降后，吸取上层清液，稀释至所需的浓度。稀释用的水应预先除去其中的 $CO_2$，一般将蒸馏水煮沸数分钟，冷却后使用。

由于 NaOH 固体一般只在其表面形成一薄层 $Na_2CO_3$，因此也可称取较多的 NaOH 固体于烧杯中，以蒸馏水洗涤 2～3 次，每次用少量水，以洗去表面的少许 $Na_2CO_3$。倾去洗涤液，留下固体 NaOH，再配成所需浓度的碱溶液。

NaOH 溶液能侵蚀玻璃，最好储存于塑料瓶中。在通常情况下，可用玻璃瓶储存，但需用橡皮塞塞紧，不可用玻璃塞。

标定 NaOH 溶液的基准物质有草酸、邻苯二甲酸氢钾和苯甲酸等。但最常用的是邻苯二甲酸氢钾。这种基准物可用重结晶法制得纯品，不含结晶水，不吸潮，容易保存；摩尔质量较大，标定时由于称量而造成的相对误差也较小，因而是一种良好的基准物。

### 1. 草酸

草酸（$H_2CO_4 \cdot 2H_2O$）相当稳定，相对湿度在 $5\% \sim 95\%$ 时不会因风化而失水，也不吸水。它是二元弱酸，$K_{a1} = 5.9 \times 10^{-2}$，$K_{a2} = 6.4 \times 10^{-5}$，$K_{a1}/K_{a2} < 10^4$，因此只能一次滴定到 $C_2O_4^{2-}$，选酚酞作指示剂。

### 2. 邻苯二甲酸氢钾

邻苯二甲酸氢钾（$KHC_8H_4O_4$）是有机弱酸盐，易溶于水，水溶液呈酸性，可用 NaOH 滴定。标定反应如下：

设邻苯二甲酸氢钾开始浓度为 $0.10 \text{mol} \cdot L^{-1}$，到达化学计量点时，体积增加一倍，邻苯二甲酸氢钾的浓度 $c = 0.050 \text{mol} \cdot L^{-1}$。化学计量点时 pH 值应按下式计算：

$$[OH^-] = \sqrt{cK_{b1}} = \sqrt{c\frac{K_w}{K_{a2}}} = \sqrt{\frac{0.050 \times 10^{-14}}{3.09 \times 10^{-6}}} = 1.27 \times 10^{-5} (\text{mol} \cdot L^{-1})$$

$$pOH = 4.89$$
$$pH = 9.11$$

选酚酞作指示剂。

## 三、$CO_2$ 对酸碱滴定的影响

在酸碱滴定中，$CO_2$ 的来源很多。如水中溶解的 $CO_2$，标准碱液或配制碱液的试剂本身吸收了 $CO_2$，滴定过程中溶液不断吸收空气中的 $CO_2$ 等。它对滴定的影响也是多方面的，其中最重要的是 $CO_2$ 可能与碱的反应。由于 $CO_2$ 溶于水后达到平衡时，每种存在形式的分布系数随溶液 pH 值不同而不同，因而终点时溶液 pH 值不同，$CO_2$ 带来的误差大小也不一样。显然，终点时 pH 值越低，$CO_2$ 的影响越小。如果终点时溶液的 pH 值小于 5，则 $CO_2$ 的影响可以忽略不计。

强酸强碱之间的相互滴定，如 HCl 与 NaOH，在它们浓度不太低的情况下，选甲基橙作指示剂，终点时 pH=4，这时 $CO_2$ 基本上不与碱作用，而碱标准溶液中的 $CO_3^{2-}$ 也基本上被作用为 $CO_2$，即 $CO_2$ 的影响可以忽略。当强酸强碱浓度很低时，由于突跃减小，再选甲基橙作指示剂可能不太合适，应选用甲基红，但此时 $CO_2$ 的影响较大。在这种情况下，通常应煮沸溶液，除去水中溶解的 $CO_2$，并重新配制不含 $CO_3^{2-}$ 的标准碱溶液。

对于弱酸的滴定，终点落在碱性范围内，$CO_2$ 的影响较大。但采用同一指示剂在同一条件下进行标定和测定，则 $CO_2$ 的影响可以部分抵消。

对于其他各类酸碱滴定过程中 $CO_2$ 的影响，可根据 $CO_2$ 的性质进行判断。

## 四、酸碱滴定法的应用

酸碱滴定法能测定一般的酸、碱以及能与酸碱直接或间接发生定量反应的各种物质，因此它是滴定分析法中应用最广的方法。

### 1. 直接法

各种强酸、强碱，如盐酸、硫酸、烧碱等，都可以用标准碱溶液或标准酸溶液直接进行

滴定，以进行含量测定。由于这类反应在化学计量点附近有较大的 pH 突跃，因此，可供选择的指示剂较多。

无机弱酸或弱碱，能溶于水的有机弱酸或弱碱，只要 $cK_a \geqslant 10^{-8}$ 或 $cK_b \geqslant 10^{-8}$，都可以用酸、碱的标准溶液直接滴定。

滴定弱酸，在化学计量点时溶液呈碱性，pH 值突跃处于碱性范围内，应选择在碱性范围内变色的指示剂。例如，食用醋中总酸度的测定，食醋中含酸度 $30 \sim 50 \ \mathrm{g \cdot L^{-1}}$，另外还含有如乳酸等少量的有机酸。以 NaOH 为标准溶液可测定其总酸量，选酚酞作指示剂。在食品工业中，测定酸味剂总酸度、啤酒总酸度、蜂蜜或蜂王浆总酸度，以及饼干、面粉、淀粉、奶油、蛋类制品的总酸度等，均可以酚酞作指示剂，用 NaOH 标准溶液滴定。在药物分析中，有机羧酸类如阿司匹林（乙酰水杨酸）、苯甲酸、乳酸等也可以酚酞作指示剂，NaOH 为标准溶液测其含量。

滴定弱碱，在化学计量点时溶液呈酸性，pH 突跃处于酸性范围内，应选择在酸性范围内变色的指示剂。下面以混合碱的分析为例说明直接酸碱滴定法的应用。

（1）烧碱中 NaOH 和 $Na_2CO_3$ 含量的测定。在制碱工业中经常遇到 NaOH、$Na_2CO_3$ 或 $Na_2CO_3$、$NaHCO_3$ 混合碱的分析问题，现介绍常用的双指示剂法。双指示剂法是利用两种指示剂进行连续滴定，根据两个终点所消耗的酸标准溶液的体积，计算各组分的含量。

NaOH 俗称烧碱，在生产和储藏过程中，常因吸收空气中的 $CO_2$ 而产生部分 $Na_2CO_3$，两者含量的测定方法如下：

准确称取分析试样，溶解后以酚酞为指示剂，用 HCl 标准溶液滴定至近于无色，消耗的体积为 $V_1$（mL）（第一终点）。此时，NaOH 将全部被中和生成 NaCl，而 $Na_2CO_3$ 反应生成 $NaHCO_3$：

$$NaOH + HCl = NaCl + H_2O$$
$$Na_2CO_3 + HCl = NaHCO_3 + NaCl$$

然后向溶液中加入甲基橙指示剂，继续用 HCl 滴定至黄色变为橙色，又用去 HCl 的体积为 $V_2$（mL）（第二终点）。显然，$V_2$ 是 $NaHCO_3$ 所消耗 HCl 的体积。

$$NaHCO_3 + HCl = NaCl + CO_2 \uparrow + H_2O$$

将 $Na_2CO_3$ 中和生成 $NaHCO_3$ 和将 $NaHCO_3$ 中和生成 $CO_2$ 所消耗 HCl 的体积是相同的。因此，中和 NaOH 消耗 HCl 的体积是（$V_1 - V_2$），中和 $Na_2CO_3$ 消耗 HCl 的体积是 $2V_2$，所以其质量分数分别为：

$$w_{NaOH} = \frac{c_{HCl} \dfrac{V_1 - V_2}{1000} M_{NaOH}}{m} \times 100\%$$

$$w_{Na_2CO_3} = \frac{c_{HCl} \dfrac{V_2}{1000} M_{Na_2CO_3}}{m} \times 100\%$$

（2）纯碱中 $Na_2CO_3$ 和 $NaHCO_3$ 含量的测定。$Na_2CO_3$ 俗称纯碱或苏打，是由 $NaHCO_3$ 转化而得，所以 $Na_2CO_3$ 中常含有少量的 $NaHCO_3$。测定方法与测定烧碱方法相同。

以酚酞为指示剂时，$Na_2CO_3$ 被中和成 $NaHCO_3$，消耗 HCl 的体积为 $V_1$（mL）（第一终点）：

$$Na_2CO_3 + HCl = NaHCO_3 + NaCl$$

再加入甲基橙指示剂，继续用 HCl 滴定至橙色，此时，混合物中原有的 $NaHCO_3$ 和由 $Na_2CO_3$ 生成的 $NaHCO_3$ 都被中和至 $H_2CO_3$，消耗 HCl 的体积是 $V_2(mL)$（第二终点）：

$$NaHCO_3 + HCl = NaCl + CO_2\uparrow + H_2O$$

$Na_2CO_3$ 所消耗 HCl 的体积是 $2V_1(mL)$，$NaHCO_3$ 所消耗 HCl 的体积是 $(V_2-V_1)$ $(mL)$，故结果如下：

$$w_{Na_2CO_3} = \frac{c_{HCl}\dfrac{V_1}{1000}M_{Na_2CO_3}}{m}\times100\%$$

$$w_{NaHCO_3} = \frac{c_{HCl}\dfrac{V_2-V_1}{1000}M_{NaHCO_3}}{m}\times100\%$$

由以上可得出判断混合碱组分的规则：

当 $V_1>V_2>0$ 时，其组分是 NaOH 和 $Na_2CO_3$；

当 $V_2>V_1>0$ 时，其组分是 $Na_2CO_3$ 和 $NaHCO_3$；

当 $V_1=V_2>0$ 时，其组分是 $Na_2CO_3$；

当 $V_1=0$，$V_2>0$ 时，其组分是 $NaHCO_3$；

当 $V_2=0$，$V_1>0$ 时，其组分是 NaOH。

---

**例 5-10**　有一 $Na_3PO_4$ 试样，其中含有 $Na_2HPO_4$ 和非酸碱性杂质。称取该试样 0.9875g，溶于水后，以酚酞作指示剂，用 $0.2802mol\cdot L^{-1}$ HCl 滴定到终点，用去 HCl 17.86mL；再加甲基橙指示剂，继续以 $0.2802mol\cdot L^{-1}$ HCl 滴定至终点，又用去 HCl 20.12mL，求试样中 $Na_3PO_4$、$Na_2HPO_4$ 的百分含量。

**解**　滴定过程为

$$\left.\begin{array}{c}PO_4^{3-}\\HPO_4^{2-}\end{array}\right\}\xrightarrow{H^+,\ v_1}\left.\begin{array}{c}HPO_4^{2-}\\HPO_4^{2-}\end{array}\right\}\xrightarrow{H^+,\ v_2}H_2PO_4^-$$

酚酞终点　　　　甲基橙终点

显然，$V_1=17.86mL$，$V_2=20.12mL$。

$$w_{Na_3PO_4} = \frac{c_{HCl}\dfrac{V_1}{1000}M_{Na_3PO_4}}{m}\times100\% = \frac{0.2802\times0.01786\times163.9}{0.9875}\times100\% = 83.08\%$$

$$w_{Na_2HPO_4} = \frac{c_{HCl}\dfrac{V_2-V_1}{1000}M_{Na_2HPO_4}}{m}\times100\%$$

$$= \frac{0.2802\times(0.02012-0.01786)\times141.96}{0.9875}\times100\% = 9.10\%$$

**答**：试样中含 $Na_3PO_4$ 83.08%、$Na_2HPO_4$ 9.10%。

---

**2. 间接法**

许多不能满足直接滴定条件的酸、碱物质，例如 $NH_4^+$、ZnO、$Al_2(SO_4)_3$ 以及许多有

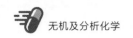

机物质，都可以考虑采用间接法滴定。

例如 $NH_4^+$，其 $pK_a^{\ominus}=9.25$，是一种很弱的酸，在水溶液体系中是不能直接滴定的，但可以采用间接法。测定 $NH_4^+$ 的方法主要有蒸馏法和甲醛法（弱酸的强化法），其中蒸馏法是根据以下反应进行的：

$$NH_4^+ + OH^- \xrightarrow{\triangle} NH_3\uparrow + H_2O$$

$$NH_3 + HCl \longrightarrow NH_4^+ + Cl^-$$

$$NaOH + HCl(剩余) \longrightarrow NaCl + H_2O$$

即首先在 $(NH_4)_2SO_4$ 或 $NH_4Cl$ 试样中加入过量 NaOH 标准溶液，加热煮沸，将蒸馏出的 $NH_3$ 用过量的 $H_2SO_4$ 或 HCl 标准溶液吸收。作用后剩余的酸再以甲基橙或甲基红为指示剂，用 NaOH 标准溶液滴定，这样就能间接求得 $(NH_4)_2SO_4$ 或 $NH_4Cl$ 的含量。

又如，一些含氮有机物质（如含蛋白质的食品、饲料以及生物碱等）不能采用酸碱滴定直接测定，但可以通过化学反应将有机氮转化为 $NH_4^+$，再按 $NH_4^+$ 的蒸馏法进行测定，这种间接方法被称为凯氏定氮法。

测定时将试样与浓 $H_2SO_4$ 共热，进行消化分解（简称消解），并加入 $K_2SO_4$ 以提高沸点，促进消解过程。所含的氮在 $CuSO_4$ 或汞盐催化下成为 $NH_4^+$：

$$C_mH_nN \xrightarrow{H_2SO_4, K_2SO_4, CuSO_4} CO_2\uparrow + H_2O + NH_4^+$$

溶液用过量 NaOH 碱化后，再以蒸馏法测定。

例 5-11 将 2000 g 的黄豆用浓 $H_2SO_4$ 进行消解处理，得到被测试液，然后加入过量的 NaOH 溶液，将释放出来的 $NH_3$ 用 50.00mL 0.6700mol·$L^{-1}$ HCl 吸收。多余的 HCl 采用甲基橙指示剂，用 NaOH 滴定，消耗 0.6520mol·$L^{-1}$ NaOH 37.80mL。计算黄豆中氮的质量分数。

**解**　$w(N) = \dfrac{(c_{HCl}V_{HCl} - c_{NaOH}V_{NaOH})M_N}{m}$

$= \dfrac{(0.6700 \times 50.00 - 0.6520 \times 37.80) \times 14.01 \times 10^{-3}}{2000} = 6.20\%$

答：黄豆中氮的质量分数为 6.20%。

以上介绍了在水溶液体系中的酸碱滴定，可是在实际工作中，许多有机物质难溶于水，或者有些物质在水溶液中不满足直接滴定的条件。因此，可以考虑在非水溶剂中进行滴定。这方面内容请参阅有关参考书。

## ❓ 习题

### 一、填空题

1. 写出下列各酸的共轭碱。

| 共轭酸 | HCN | $H_2CO_3$ | $NH_4^+$ | $C_2H_5OH$ | $H_2PO_4^-$ |
|--------|-----|-----------|----------|------------|-------------|
| 共轭碱 |     |           |          |            |             |

2. 写出下列各碱的共轭酸。

| 共轭碱 | $CO_3^{2-}$ | $HC_2O_4^-$ | $S^{2-}$ | $H_2PO_4^-$ | 吡啶 |
|--------|-------------|-------------|----------|-------------|------|
| 共轭酸 | | | | | |

3. 已知 298K 时浓度为 $0.010mol \cdot L^{-1}$ 的某一元弱酸的 pH 值为 4.00，则该酸的解离常数为_____，当把该酸溶液稀释后，其 pH 值将变_____，解离度将变_____，其 $K_a^{\ominus}$ _____。

4. $0.10mol \cdot L^{-1}$ HAc 溶液中，浓度最大的物种是_____，浓度最小的物种是_____。加入少量的 $NH_4Ac(s)$ 后，HAc 的解离度将_____，溶液的 pH 值将_____，$H^+$ 的浓度将_____。

5. 相同体积相同浓度的 HAc 和 HCl 溶液中，$[H^+]$_____；若用相同浓度的溶液分别完全中和这两种酸溶液时，所消耗的 NaOH 溶液的体积_____，恰好中和时两溶液的 pH 值_____，前者的 pH 值比后者的 pH 值_____。

6. 向 $0.10mol \cdot L^{-1}$ NaAc 溶液中加入 1 滴酚酞试液时，溶液呈_____色，当把溶液加热至沸腾时，溶液的颜色将_____，这是因为_____。

## 二、是非题

1. 弱酸的解离常数越大，则酸就越强，其水溶液的 $H^+$ 浓度也就越大。　　（　　）

2. 在纯水中加入酸后，水的离子积会大于 $10^{-14}$。　　（　　）

3. 浓度为 $1.0 \times 10^{-7} mol \cdot L^{-1}$ 的盐酸溶液的 pH=7.0。　　（　　）

4. $NaHCO_3$ 中含有氢，故其水溶液呈酸性。　　（　　）

5. 两种酸溶液 HX 和 HY，其 pH 值相同，则这两种酸溶液浓度也相同。　　（　　）

6. 缓冲溶液在任何 pH 值条件下都能起到缓冲作用。　　（　　）

7. 多元酸碱都可以被分步滴定，每一级解离出来的质子或氢氧根都可以准确滴定。

（　　）

8. 强碱滴定弱酸时，滴定突跃范围大小受酸碱浓度和弱酸的 $pK_a$ 控制。　　（　　）

9. 酸碱指示剂变色范围都在 pH=7 左右。　　（　　）

10. 能用 $0.1000mol \cdot L^{-1}$ HCl 标准溶液准确滴定 $0.1mol \cdot L^{-1}$ NaCN，HCN 的 $K_a = 4.9 \times 10^{-10}$。　　（　　）

## 三、选择题

1. 下列溶液中，pH 值最小的是（　　）。

A. $0.010mol \cdot L^{-1}$ HCl 溶液　　　　　　　B. $0.010mol \cdot L^{-1}$ $H_2SO_4$ 溶液

C. $0.010mol \cdot L^{-1}$ HAc 溶液　　　　　　　D. $0.010mol \cdot L^{-1}$ $H_2C_2O_4$ 溶液

2. pH=5.00 的强酸与 pH=13.00 的强酸溶液等体积混合，则混合溶液的 pH 值为（　　）。

A. 9.00　　　　　B. 8.00　　　　　C. 12.70　　　　　D. 5.00

3. 下列溶液的浓度均为 $0.100mol \cdot L^{-1}$，其中 $[OH^-]$ 最大的是（　　）。

A. NaAc　　　　B. $Na_2CO_3$　　　　C. $Na_2S$　　　　D. $Na_3PO_4$

4. 向 1.0 L $0.10mol \cdot L^{-1}$ HAc 溶液中加入 1.0mL $0.010mol \cdot L^{-1}$ HCl 溶液，下列叙述正确的是（　　）。

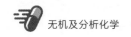 

A. HAc 解离度减小          B. 溶液的 pH 值为 3.02

C. $K_a^{\ominus}$ (HAc) 减小          D. 溶液的 pH 值为 2.30

5. 下列溶液中，pH 值约等于 7.0 的是（    ）。

A. HCOONa     B. NaAc       C. $NH_4Ac$        D. $(NH_4)_2SO_4$

6. 下列各种盐在水溶液中水解不生成沉淀的是（    ）。

A. $SnCl_2$        B. $SbCl_3$        C. $Bi(NO_3)_3$       D. $NaNO_2$

7. 配制 pH＝9.00 的缓冲溶液，最好应选用（    ）。

A. $NaHCO_3$-$Na_2CO_3$          B. $Na_2HPO_4$-$NaH_2PO_4$

C. HAc-NaAc            D. $NH_3 \cdot H_2O$-$NH_4Cl$

8. 酸碱滴定法选择指示剂时可以不考虑的因素为（    ）。

A. 滴定突跃的范围          B. 指示剂的变色范围

C. 指示剂的颜色变化        D. 指示剂分子量的大小

### 四、问答题

1. 下列溶液浓度均为 $0.10mol \cdot L^{-1}$，试按 pH 值递增次序排列。

$H_2CO_3$、HI、$NH_3$、NaOH、KCN、KBr、$NH_4Br$。

2. 写出下列各酸碱物质水溶液的质子条件式。

（1）$Na_2S$     （2）HCN     （3）HAc＋NaAc  （4）$NaNH_4HPO_4$  （5）$H_2SO_4$ （6）$NH_4Ac$

3. 酸碱缓冲溶液为何能控制溶液的酸度基本不变？试举例说明。

4. 影响酸碱滴定 pH 值突跃的主要因素有哪些？在滴定过程中不断加水稀释，对滴定可能产生什么影响？

5. 有人试图用酸碱滴定法来测定 NaAc 的含量，先加入一定量过量的标准盐酸溶液，然后用 NaOH 溶液返滴过量的 HCl，上述操作是否正确？试述其原理。

### 五、计算题

1. 计算 $0.10mol \cdot L^{-1}$ $HCOONH_4$ 溶液的 pH 值。

2. 欲配制 pH＝5.00 的缓冲溶液，现有 $0.1mol \cdot L^{-1}$ 的 HAc 溶液 100mL，应加 $0.1mol \cdot L^{-1}$ 的 NaOH 溶液多少毫升？

3. 取 50mL $0.10mol \cdot L^{-1}$ 某一元弱酸溶液，与 20mL $0.10mol \cdot L^{-1}$ NaOH 溶液混合，稀释到 100mL，测得此溶液的 pH＝5.25，求此一元弱酸的 $K_a^{\ominus}$。

4. 称取 $CaCO_3$ 0.5000 g 溶于 50.00mL HCl 中，多余的酸用 NaOH 回滴，耗碱 6.20mL，1mL NaOH 溶液相当于 1.010mL HCl 溶液，求 NaOH 和盐酸这两种溶液的浓度。

5. $0.1000mol \cdot L^{-1}$ 的二元酸 $H_2A$（$K_{a1}＝3.0×10^{-3}$，$K_{a2}＝2.0×10^{-7}$）能否分步滴定？如果能，计算各计量点时的 pH 值。

# 第六章　沉淀溶解平衡和沉淀滴定法

 **学习目标**

**素质目标：**

（1）养成严谨认真、求真务实的良好习惯；

（2）认识环境保护的重要性，树立绿色化学的学科理念。

**知识目标：**

（1）掌握溶度积原理，溶度积常数 $K_{sp}$ 的有关计算；

（2）理解溶度积规则，沉淀的生成、溶解与转化；

（3）了解沉淀的溶解度及其影响因素；

（4）掌握三种银量法——莫尔法、佛尔哈得法、法扬斯法的基本原理及滴定条件。

**能力目标：**

（1）能用溶度积规则判断沉淀的生成与溶解；

（2）能应用银量法测定某些元素的含量。

## 第一节　沉淀溶解平衡

### 一、沉淀溶解平衡的概念

沉淀溶解平衡是一种两相化学平衡体系。例如，$CaCl_2$ 溶液与 $Na_2CO_3$ 溶液相互作用，析出难溶性固态物质 $CaCO_3$ 的反应，称为沉淀反应。如果在含有 $CaCO_3$ 的溶液中加入过量的盐酸，则可使沉淀溶解，该反应称为溶解反应。沉淀反应、溶解反应的化学反应方程式举例如下：

视频-沉淀
溶解平衡

$$CaCl_2 + Na_2CO_3 \rightleftharpoons CaCO_3 \downarrow + 2NaCl$$

$$CaCO_3 + 2HCl \rightleftharpoons CaCl_2 + CO_2 \uparrow + H_2O$$

这两种反应的特征是：都有固体的生成或消失，并存在固态难溶电解质与由它解离产生的离子之间的平衡，这种平衡称为沉淀溶解平衡。在化工生产和化学实验中，常利用沉淀反应来进行物质的分离、提纯或鉴定。以沉淀溶解平衡反应为基础，便形成了沉淀滴定法。

### 二、溶度积常数

一般来说，物质的溶解度是指物质在溶剂中溶解的程度。在溶剂中绝对不溶的物质是没

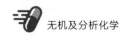

有的。根据在溶剂中溶解度的大小，物质分为以下几种：

极易溶解：系指溶质 1g（mL）能在不到 1mL 溶剂中溶解；

易溶：系指溶质 1g（mL）能在 1～10mL 溶剂中溶解；

溶解：系指溶质 1g（mL）能在 10～30mL 溶剂中溶解；

略溶：系指溶质 1g（mL）能在 30～100mL 溶剂中溶解；

微溶：系指溶质 1g（mL）能在 100～1000mL 溶剂中溶解；

极微溶解：系指溶质 1g（mL）能在 1000～10000mL 中不能完全溶解。

难溶电解质的溶解度也可以用物质的量浓度来表示，单位为 $mol \cdot L^{-1}$，其指的是饱和溶液溶质的物质的量浓度，溶解度甚至还可用质量/体积（单位为 $g \cdot L^{-1}$）等多种表示方法。

难溶电解质的溶解过程是一个可逆过程。例如，将难溶电解质 $BaSO_4$ 固体放入水中，在极性水分子的作用下，表面上的 $Ba^{2+}$ 和 $SO_4^{2-}$ 进入溶液，成为水合离子，这就是 $BaSO_4$ 固体溶解的过程，同时溶液中的 $Ba^{2+}$ 和 $SO_4^{2-}$ 在无序地运动中，可能同时碰到 $BaSO_4$ 固体的表面而析出，这个过程称为沉淀过程。在一定温度下，当溶解的速度与沉淀的速度相等时，溶解与沉淀就会建立起动态平衡，这种平衡称为难溶电解质的沉淀溶解平衡。其平衡式可表示为：

$$BaSO_4(s) \Longrightarrow Ba^{2+}(aq) + SO_4^{2-}(aq)$$

该溶解反应的平衡常数为：

$$K_{sp} = [Ba^{2+}][SO_4^{2-}]$$

对于一般的难溶电解质的沉淀溶解平衡可表示为：

$$A_mB_n(s) \Longrightarrow mA^{n+}(aq) + nB^{m-}(aq)$$

$$K_{sp} = [A^{n+}]^m[B^{m-}]^n \qquad (6-1)$$

式（6-1）表明：在一定温度时，在难溶电解质的饱和溶液中，各离子浓度幂次方的乘积为常数，该常数称为溶度积常数，简称溶度积，用符号 $K_{sp}$ 表示。$K_{sp}$ 是表征难溶物溶解能力的特征常数，其值与温度有关，与浓度无关，其数值可由实验测得或通过热力学数据计算得到。一些常见难溶强电解质的 $K_{sp}$ 值见本书附录 3。

## 三、溶度积与溶解度的关系

溶解度和溶度积的大小都能用来衡量难溶电解质的溶解能力，它们之间必然有着密切的联系。溶解度和溶度积可相互换算。对于相同类型的电解质，可通过溶度积的数值直接比较其溶解度的大小。对于不同类型的电解质，可通过溶度积数值换算为溶解度后再进行比较。换算时注意溶解度的单位是 $mol \cdot L^{-1}$，从一些手册上查出的溶解度常以 $g/(100g\ H_2O)$ 来表示。由于难溶电解质的溶解度很小，可以认为它们的饱和溶液的密度近似等于纯水的密度，由此使计算简化。

---

**例 6-1** 25℃时 $Mg(OH)_2$ 的溶度积为 $1.8 \times 10^{-11}$，求它在水中的溶解度。

**解** 设 $Mg(OH)_2$ 的溶解度为 $s\ mol \cdot L^{-1}$，则

$$Mg(OH)_2(s) \Longrightarrow Mg^{2+}(aq) + 2OH^-(aq)$$

平衡浓度/($mol \cdot L^{-1}$)　　　$s$　　　　　　$2s$

---

$$K_{sp}=\left[Mg^{2+}\right]\left[OH^-\right]^2=s(2s)^2=4s^3$$

$$s=\sqrt[3]{\frac{K_{sp}}{4}}=\sqrt[3]{\frac{1.8\times10^{-11}}{4}}\ mol\cdot L^{-1}=1.6\times10^{-4}\ (mol\cdot L^{-1})$$

答：$Mg(OH)_2$ 的溶解度为 $1.6\times10^{-4}\ mol\cdot L^{-1}$。

**例 6-2**　25℃时 $BaSO_4$ 在水中的溶解度为 $1.05\times10^{-5}\ mol\cdot L^{-1}$，求其 $K_{sp}$。

**解**　设 $BaSO_4$ 在水中的溶解度为 $s\ mol\cdot L^{-1}$。

$$BaSO_4(s)\Longleftrightarrow Ba^{2+}(aq)+SO_4^{2-}(aq)$$

平衡浓度/$(mol\cdot L^{-1})$　　　$s$　　　　　$s$

$$K_{sp}=\left[Ba^{2+}\right]\left[SO_4^{2-}\right]=s^2=(1.05\times10^{-5})^2=1.1\times10^{-10}$$

答：$BaSO_4$ 的 $K_{sp}$ 为 $1.1\times10^{-10}$。

从上两例可见，$K_{sp}(BaSO_4)>K_{sp}[Mg(OH)_2]$，但 $s(BaSO_4)<s[Mg(OH)_2]$。对不同类型的难溶电解质，不能根据 $K_{sp}$ 来比较溶解度的大小；而对于同一类型的难溶电解质，在同一温度下，其 $K_{sp}$ 大者，溶解度也大，反之亦然。

AB 型：$K_{sp}=s^2$

$AB_2$ 或 $A_2B$ 型：$K_{sp}=4s^3$

对于不水解的难溶电解质 $A_mB_n$，其溶解度 $s$ 若为物质的量浓度单位 $mol\cdot L^{-1}$，则二者可以进行相互换算，换算公式如下：

$$s=\left(\frac{K_{sp}}{n^nm^m}\right)^{\frac{1}{m+n}} \tag{6-2}$$

溶解度与溶度积之间直接的简单换算，在某些情况下往往会出现偏差，甚至完全不适用。如不适用于难溶的弱电解质和某些在溶液中易形成离子的难溶电解质（如 $CaSO_4$），也不适用于显著水解的难溶物（如 PbS）。

# 第二节　溶度积规则及其应用

## 一、溶度积规则

在实际工作中，应用沉淀溶解平衡可以判断某难溶电解质在一定条件下能否生成沉淀，已有的沉淀能否发生溶解。反应没有达到平衡时的离子浓度幂的乘积称为离子积（$Q$），它在任意情况下都是可变的，而 $K_{sp}$ 是某温度下的一个定值。例如将过量的 $CaCO_3$ 放入纯水中，当溶解达平衡时，成为 $CaCO_3$ 饱和溶液，此时 $[Ca^{2+}]=[CO_3^{2-}]$，而且 $[Ca^{2+}][CO_3^{2-}]=K_{sp}$。

视频-溶度
积规则

$$CaCO_3(s)\Longleftrightarrow Ca^{2+}(aq)+CO_3^{2-}(aq)$$

（1）加入 $Ca^{2+}$，$c(Ca^{2+})c(CO_3^{2-})>K_{sp}$，平衡被破坏，平衡向左移动，有 $CaCO_3$ 沉淀析出。$c(Ca^{2+})$、$c(CO_3^{2-})$ 下降，直至 $c(Ca^{2+})c(CO_3^{2-})=K_{sp}$ 为止，又达到新的平衡，

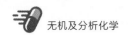 

此时溶液中 $[Ca^{2+}]$ 和 $[CO_3^{2-}]$ 不相等。

（2）加入 HCl，$2H^+ + CO_3^{2-} \longrightarrow H_2CO_3 \longrightarrow CO_2 \uparrow + H_2O$，$c(Ca^{2+})c(CO_3^{2-}) < K_{sp}$，沉淀溶解，平衡向右移动。$c(Ca^{2+})$、$c(CO_3^{2-})$ 升高，直至 $c(Ca^{2+})c(CO_3^{2-}) = K_{sp}$ 为止，又达到新的平衡，此时溶液中 $[Ca^{2+}]$ 和 $[CO_3^{2-}]$ 不相等。

判断某一难溶电解质在一定条件能否生成沉淀，或已有的沉淀是否会发生溶解用溶度积规则：

$Q = K_{sp}$ 时，饱和溶液，无沉淀析出，沉淀和溶解处于动态平衡；

$Q < K_{sp}$ 时，不饱和溶液，无沉淀析出，若原来有固体存在，则固体溶解，直至溶液呈饱和状态；

$Q > K_{sp}$ 时，过饱和溶液，有沉淀析出，直至溶液呈饱和状态。

## 二、沉淀的生成

### 1. 生成沉淀的条件

根据溶度积规则，在难溶电解质溶液中生成沉淀的条件是离子积大于溶度积。

---

**例 6-3** 根据溶度积规则，判断将 $0.020 \text{mol} \cdot L^{-1}$ 的 $CaCl_2$ 溶液与等体积同浓度的 $Na_2CO_3$ 溶液混合，是否有沉淀生成 [查表 $K_{sp}(CaCO_3) = 2.8 \times 10^{-9}$]？

**解** 两种溶液等体积混合后，体积增大一倍，浓度各自减小至原来的 1/2。

$$[Ca^{2+}] = [CO_3^{2-}] = 0.020 \div 2 = 0.010 \ (\text{mol} \cdot L^{-1})$$

$CaCO_3$ 的溶解沉淀平衡为 $CaCO_3(s) \Longrightarrow Ca^{2+}(aq) + CO_3^{2-}(aq)$

$$Q = [Ca^{2+}][CO_3^{2-}] = 0.010 \times 0.010 = 1.0 \times 10^{-4}$$

因为 $Q > K_{sp}$，故有 $CaCO_3$ 沉淀生成。

答：有 $CaCO_3$ 沉淀生成

---

### 2. 沉淀是否完全

在定性分析中，当溶液中被沉淀的离子的浓度小于 $1.0 \times 10^{-5} \text{mol} \cdot L^{-1}$，就可以认为该离子已被沉淀完全。

---

**例 6-4** 要分析溶液中 $Ba^{2+}$ 的含量，常加入 $SO_4^{2-}$ 沉淀剂，问在下列两种情况下能否将 $Ba^{2+}$ 完全沉淀？

（1）在 $0.10L$ $0.020 \text{mol} \cdot L^{-1}$ $BaCl_2$ 溶液中，加入 $0.10L$ $0.020 \text{mol} \cdot L^{-1}$ $Na_2SO_4$ 溶液；

（2）在 $0.10L$ $0.020 \text{mol} \cdot L^{-1}$ $BaCl_2$ 溶液中，加入 $0.10L$ $0.040 \text{mol} \cdot L^{-1}$ $Na_2SO_4$ 溶液。

**解** （1）由于两种离子的物质的量浓度相等，因此混合后生成等物质的量的 $BaSO_4$ 沉淀，且溶液中 $Ba^{2+}$ 浓度等于 $BaSO_4$ 处于沉淀溶解平衡时的浓度：

---

$$BaSO_4(s) \Longleftrightarrow Ba^{2+}(aq) + SO_4^{2-}(aq)$$

$$K_{sp}(BaSO_4) = [Ba^{2+}][SO_4^{2-}] = 1.1 \times 10^{-10}$$

$$[SO_4^{2-}] = \sqrt{K_{sp}(BaSO_4)} = 1.05 \times 10^{-5}(mol \cdot L^{-1})$$

所得离子的浓度大于 $1 \times 10^{-5} mol \cdot L^{-1}$，说明此时 $Ba^{2+}$ 未能沉淀完全。

（2）因为 $Na_2SO_4$ 过量，计算反应后剩余的 $SO_4^{2-}$ 浓度：

$$[SO_4^{2-}] = \frac{0.040 \times 0.10 - 0.020 \times 0.10}{0.10 + 0.10} = 0.010(mol \cdot L^{-1})$$

设沉淀后 $Ba^{2+}$ 的浓度为 $x\, mol \cdot L^{-1}$，则：

$$BaSO_4(s) \Longleftrightarrow Ba^{2+}(aq) + SO_4^{2-}(aq)$$

平衡浓度/$(mol \cdot L^{-1})$ $\qquad\qquad\qquad x \qquad\quad x+0.010$

由于 $x+0.010 \approx 0.010$，所以：

$$[Ba^{2+}] = \frac{K_{sp}(BaSO_4)}{[SO_4^{2-}]} = \frac{1.1 \times 10^{-10}}{0.010} = 1.1 \times 10^{-8}(mol \cdot L^{-1})$$

所以，此时已沉淀完全。

答：（1）此时 $Ba^{2+}$ 未能沉淀完全；（2）此时 $Ba^{2+}$ 已沉淀完全。

在实际工作中，为了使离子沉淀完全，需加入过量的沉淀剂。但是沉淀剂加入过多有时会导致发生其他的副反应，因此沉淀剂的量要适当，一般加入过量 20%～25% 的沉淀剂。

### 3. 分步沉淀和沉淀的转化

视频-分步沉淀

（1）分步沉淀。在实际工作中，体系中往往同时存在着几种离子，这些离子均能与加入的同一种沉淀剂发生沉淀反应，并生成难溶电解质。由于各种难溶电解质的溶度积不同，因此析出的先后次序也不同，这种现象被称为分步沉淀。随着沉淀剂的加入，离子积首先达到溶度积的难溶电解质将会先析出。

例如，在浓度均为 $0.010 mol \cdot L^{-1}$ 的 $I^-$ 和 $Cl^-$ 溶液中，逐滴加入 $AgNO_3$ 试剂，开始只生成黄色的 $AgI$ 沉淀，加入到一定量的 $AgNO_3$ 时，才出现白色的 $AgCl$ 沉淀。在上述溶液中，开始生成 $AgI$ 和 $AgCl$ 沉淀时，所需要的 $Ag^+$ 的浓度分别是：

$$AgI: [Ag^+] > \frac{K_{sp}(AgI)}{[I^-]} = \frac{8.3 \times 10^{-17}}{0.010} = 8.3 \times 10^{-15}(mol \cdot L^{-1})$$

$$AgCl: [Ag^+] > \frac{K_{sp}(AgCl)}{[Cl^-]} = \frac{1.8 \times 10^{-10}}{0.010} = 1.8 \times 10^{-8}(mol \cdot L^{-1})$$

计算结果表明，沉淀 $I^-$ 所需 $Ag^+$ 浓度比沉淀 $Cl^-$ 所需 $Ag^+$ 浓度小得多，所以 $AgI$ 先沉淀。不断滴入 $AgNO_3$ 溶液，当 $Ag^+$ 浓度刚超过 $1.8 \times 10^{-8} mol \cdot L^{-1}$ 时，$AgCl$ 开始沉淀，此时溶液中的 $I^-$ 浓度为：

$$[I^-] > \frac{K_{sp}(AgI)}{[Ag^+]} = \frac{8.3 \times 10^{-17}}{1.8 \times 10^{-8}} = 4.6 \times 10^{-9}(mol \cdot L^{-1})$$

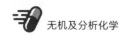

可以认为，当 AgCl 开始沉淀时，$I^-$ 已经沉淀完全。总之，利用分步沉淀可以进行离子分离。对于等浓度的同类型难溶电解质，总是溶度积小的先沉淀，而且溶度积差别越大，分离的效果也越好。对不同类型的难溶电解质，则不能根据溶度积的大小直接判断，需要通过计算来判断沉淀的先后次序和分离效果。

**例 6-5** 若溶液中含有 $0.010\,mol \cdot L^{-1}$ 的 $Fe^{3+}$ 和 $0.010\,mol \cdot L^{-1}$ 的 $Mg^{2+}$，计算使用形成氢氧化物的方法分离两种离子时，pH 应控制在什么范围？

**解** 查表得 $K_{sp}[Fe(OH)_3] = 4.0 \times 10^{-38}$，$K_{sp}[Mg(OH)_2] = 1.8 \times 10^{-11}$。

因为 $K_{sp}[Fe(OH)_3] = 4.0 \times 10^{-38} << K_{sp}[Mg(OH)_2] = 1.8 \times 10^{-11}$，所以 $Fe^{3+}$ 先生成沉淀。

① 当 $Fe^{3+}$ 沉淀完全时，$[Fe^{3+}] = 1.0 \times 10^{-5}\,mol \cdot L^{-1}$，则有：

$$[OH^-] = \sqrt[3]{\frac{K_{sp}}{[Fe^{3+}]}} = \sqrt[3]{\frac{4 \times 10^{-38}}{1.0 \times 10^{-5}}} = 1.6 \times 10^{-11}(mol \cdot L^{-1})$$

得：pH = 3.20。

② 欲使 $Mg^{2+}$ 不生成 $Mg(OH)_2$ 沉淀，则：

$$[OH^-]^2[Mg^{2+}] < K_{sp}[Mg(OH)_2]$$

得：$[OH^-] < \sqrt{\frac{K_{sp}(Mg(OH)_2)}{[Mg^{2+}]}} < \sqrt{\frac{1.8 \times 10^{-11}}{0.010}} < 4.2 \times 10^{-5}(mol \cdot L^{-1})$

得：pH < 9.62。

**答：** 只要将 pH 控制在 3.20～9.62 之间，就能使 $Fe^{3+}$ 沉淀完全，而 $Mg^{2+}$ 沉淀还没有产生。

（2）沉淀的转化。在科学实验中，有时需要将一种沉淀转化为另一种沉淀，这种过程叫沉淀的转化。沉淀的转化有许多实用的价值。例如，锅炉中的锅垢 $CaSO_4$ 不溶于酸，常用 $Na_2CO_3$ 处理，以使锅垢中的 $CaSO_4$ 转化为疏松的可溶于酸的 $CaCO_3$ 沉淀，这样就可以把锅垢清除掉了。该沉淀转化反应的平衡常数很大，反应能进行完全：

视频-沉淀
的转化

$$CaSO_4(s) + CO_3^{2-}(aq) \Longrightarrow CaCO_3(s) + SO_4^{2-}(aq)$$

$$K = \frac{[SO_4^{2-}]}{[CO_3^{2-}]} = \frac{[SO_4^{2-}][Ca^{2+}]}{[CO_3^{2-}][Ca^{2+}]} = \frac{K_{sp}(CaSO_4)}{K_{sp}(CaCO_3)} = \frac{2.4 \times 10^{-5}}{2.8 \times 10^{-9}} = 8.5 \times 10^3$$

沉淀能否转化及转化的程度取决于两种沉淀溶度积的相对大小。一般 $K_{sp}$ 大的沉淀容易转化成 $K_{sp}$ 小的沉淀，且差值越大，转化越完全。

### 4. 沉淀的溶解

根据溶度积原理，当 $Q < K_{sp}$ 时，若溶液中有难溶电解质固体存在，就会继续溶解，直到 $Q = K_{sp}$ 建立新的平衡状态。通常用来使沉淀溶解的方法有下列几种。

视频-沉淀
的溶解

（1）生成弱电解质。弱酸盐和氢氧化物沉淀都易溶于强酸，这是由于弱酸根和氢氧根都能与氢离子结合成难解离的弱酸和水，从而使 $Q < K_{sp}$，沉

淀溶解。例如草酸钙沉淀溶于盐酸的反应：

$$CaC_2O_4(s) + H^+(aq) \Longrightarrow Ca^{2+}(aq) + HC_2O_4^-(aq)$$

溶液中存在两个平衡：

$$CaC_2O_4(s) \Longrightarrow Ca^{2+}(aq) + C_2O_4^{2-}(aq) \qquad K_{sp} = [Ca^{2+}][C_2O_4^{2-}]$$

$$H^+(aq) + C_2O_4^{2-}(aq) \Longrightarrow HC_2O_4^-(aq) \qquad \frac{1}{K_{a2}} = \frac{[HC_2O_4^-]}{[H^+][C_2O_4^{2-}]}$$

竞争平衡常数 $K_j$ 为：

$$K_j = \frac{[Ca^{2+}][HC_2O_4^-]}{[H^+]} = \frac{[Ca^{2+}][HC_2O_4^-][C_2O_4^{2-}]}{[H^+][C_2O_4^{2-}]} = \frac{K_{sp}(CaC_2O_4)}{K_{a2}(HC_2O_4^-)}$$

竞争平衡常数 $K_j$ 越大，$CaC_2O_4$ 的溶解越完全，即 $K_{sp}$ 越大，$K_a$ 越小，反应越完全。难溶草酸盐、碳酸盐、乙酸盐等都能溶于盐酸等强酸，例如：

$$AgAc + H^+ \Longrightarrow Ag^+ + HAc$$

$$CaCO_3 + 2H^+ \Longrightarrow Ca^{2+} + CO_2\uparrow + H_2O$$

碳酸钙还能溶于比碳酸强的醋酸中：

$$CaCO_3 + 2HAc \Longrightarrow Ca^{2+} + 2Ac^- + CO_2\uparrow + H_2O$$

一些难溶氢氧化物如 $Mg(OH)_2$、$Mn(OH)_2$、$Fe(OH)_3$、$Al(OH)_3$ 等都能溶于强酸，例如：

$$Mg(OH)_2 + 2H^+ \Longrightarrow Mg^{2+} + 2H_2O$$

溶度积较大的 $Mg(OH)_2$、$Mn(OH)_2$ 等还能溶于足量的铵盐溶液中：

$$Mn(OH)_2 + 2NH_4^+ \Longrightarrow Mn^{2+} + 2NH_3 \cdot H_2O$$

硫化物的溶解度也可根据 $K_{sp}$ 来判断，但情况比较复杂。$K_{sp}$ 较大的 MnS、FeS、ZnS 等可溶于强酸，例如：

$$FeS + 2H^+ \Longrightarrow Fe^{2+} + H_2S$$

但 $K_{sp}$ 很小的 CuS、HgS 等不溶于强酸。

---

**例 6-6** （1）要使 0.1mol MnS 溶解，需要 HAc 的最低浓度是多少？

（2）CuS 能不能溶于盐酸？

**解** （1）设需要 HAc 的最低浓度为 $x$ mol·L$^{-1}$。

溶液中存在下列平衡：

$$MnS \Longrightarrow Mn^{2+} + S^{2-} \qquad K_{sp}$$

$$2\times \quad HAc \Longrightarrow H^+ + Ac^- \qquad K_a(HAc)$$

$$H^+ + S^{2-} \Longrightarrow HS^- \qquad 1/K_{a2}(H_2S)$$

$$+ \quad H^+ + HS^- \Longrightarrow H_2S \qquad 1/K_{a_1}(H_2S)$$

$$\overline{\qquad\qquad\qquad\qquad\qquad\qquad\qquad\qquad\qquad\qquad}$$

$$MnS + 2HAc \Longrightarrow Mn^{2+} + 2Ac^- + H_2S$$

平衡浓度/(mol·L$^{-1}$)      $x$     0.1    0.2    0.1

$$K_j = \frac{[Mn^{2+}][Ac^-]^2[H_2S]}{[HAc]^2} = \frac{K_{sp}(MnS)K_a^2(HAc)}{K_{a1}K_{a2}(H_2S)}$$

$$x = [HAc] = \sqrt{\frac{[Mn^{2+}][Ac^-]^2[H_2S]K_{a1}K_{a2}(H_2S)}{K_{sp}(MnS)K_a^2(HAc)}}$$

$$= \sqrt{\frac{0.1 \times 0.2^2 \times 0.1 \times 9.1 \times 10^{-8} \times 1.1 \times 10^{-12}}{2.5 \times 10^{-13} \times (1.76 \times 10^{-5})^2}}$$

$$= 2.27 (mol \cdot L^{-1})$$

答：溶解 0.1mol MnS 所需 HAc 的最低浓度为 $0.1 \times 2 + 2.27 = 0.454$（$mol \cdot L^{-1}$）。

（2）设溶解 CuS 需要盐酸的浓度为 $y \, mol \cdot L^{-1}$。

$$
\begin{array}{ll}
CuS \rightleftharpoons Cu^{2+} + S^{2-} & K_{sp} \\
H^+ + S^{2-} \rightleftharpoons HS^- & 1/K_{a2}(H_2S) \\
+ \quad H^+ + HS^- \rightleftharpoons H_2S & 1/K_{a1}(H_2S)
\end{array}
$$

$$\overline{CuS + 2H^+ \rightleftharpoons Cu^{2+} + H_2S}$$

平衡浓度/($mol \cdot L^{-1}$)　　　　$y$　　0.1　　0.1

$$K_j = \frac{[Cu^{2+}][H_2S]}{[H^+]^2} = \frac{K_{sp}(CuS)}{K_{a1}K_{a2}(H_2S)}$$

$$y = [H^+] = \sqrt{\frac{[Cu^{2+}][H_2S]K_{a1}K_{a2}(H_2S)}{K_{sp}(CuS)}}$$

$$= \sqrt{\frac{0.1 \times 0.1 \times 9.1 \times 10^{-8} \times 1.1 \times 10^{-12}}{6.3 \times 10^{-36}}}$$

$$= 1.26 \times 10^7 \, (mol \cdot L^{-1})$$

答：所需 $H^+$ 浓度如此之高，说明 CuS 不能溶于盐酸。

（2）氧化还原溶解。利用氧化还原反应，改变离子的氧化态，从而更有效地降低离子的浓度，满足 $Q < K_{sp}$ 而使其溶解。有些金属硫化物的 $K_{sp}$ 数值特别小，因而不能用盐酸溶解。例如 CuS（$K_{sp}^\ominus$ 为 $6.3 \times 10^{-36}$）不溶于盐酸，但溶于热硝酸，反应如下：

$$3CuS + 8HNO_3(稀) = 3Cu(NO_3)_2 + 3S\downarrow + 2NO\uparrow + 4H_2O$$

（3）配位溶解。利用配位反应使难溶盐组分的离子形成可溶性的配离子，从而达到沉淀溶解的目的。例如，AgCl 不溶于酸，但可溶于 $NH_3 \cdot H_2O$ 溶液。由于 $NH_3$ 和 $Ag^+$ 结合而生成稳定的配离子 $[Ag(NH_3)_2]^+$，降低了 $Ag^+$ 的浓度，并使 $Q < K_{sp}$，因此固体 AgCl 开始溶解。其反应如下：

$$AgCl + 2NH_3 \cdot H_2O = [Ag(NH_3)_2]^+ + Cl^- + 2H_2O$$

溶解度极小的 HgS 不溶于热浓硝酸，只溶于王水（浓盐酸和浓硝酸按体积比 3∶1 组成的混合物）：

$$3HgS + 2HNO_3 + 12HCl = 3H_2[HgCl_4] + 3S\downarrow + 2NO\uparrow + 4H_2O$$

这时溶液中既发生了氧化还原反应，又生成了配合物，因而大大降低了 $Hg^{2+}$、$S^{2-}$ 的浓度，使 $Q < K_{sp}$，沉淀溶解。

难溶卤化物还可以与过量的卤素离子形成配离子而溶解，例如：

$$AgI + 2I^- \Longrightarrow AgI_2^-$$

$$PbI_2 + 2I^- \Longrightarrow PbI_4^{2-}$$

$$CuI + I^- \Longrightarrow CuI_2^-$$

两性氢氧化物在强碱性溶液中也能生成羟合配离子而溶解，例如 $Al(OH)_3$ 与 $OH^-$ 反应，生成配离子 $[Al(OH)_4]^-$。

# 第三节　沉淀滴定法

以沉淀反应为基础的滴定分析方法称为沉淀滴定分析法。沉淀反应很多，但能用于滴定分析的并不多，这是由沉淀滴定分析的条件决定的，它必须满足以下几点要求：

① 沉淀反应速率要快，且有确定的化学计量关系；

② 生成的沉淀溶解度要小；

③ 有适当的方法指示化学计量点；

④ 沉淀的吸附现象不妨碍滴定终点的确定。

满足上述条件并且目前能得到广泛应用的是银量法。银量法是指利用生成难溶性银盐的反应来进行分析测定的方法，即

$$Ag^+ + X^- \Longrightarrow AgX \downarrow$$

银量法可以测定 $Cl^-$、$Br^-$、$I^-$、$SCN^-$、$Ag^+$ 等以及含卤素的一些有机化合物，如水中的有机氯化物、残留的有机氯农药等，它主要应用于化学和冶金工业。

根据指示终点所用指示剂不同，常用的银量法有莫尔法、佛尔哈德法、法扬斯法三种。下面分别来介绍。

## 一、莫尔法

### 1. 测定原理

莫尔法是在中性或弱碱性溶液中，以 $K_2CrO_4$ 为指示剂，用 $AgNO_3$ 标准溶液滴定 $Cl^-$ 的一种银量法。根据分步沉淀原理，$AgCl$ 的溶解度比 $K_2CrO_4$ 小，滴定过程中先析出 $AgCl$ 沉淀，随着 $AgNO_3$ 的不断加入，$AgCl$ 沉淀的生成，$Cl^-$ 浓度不断减小，当 $AgCl$ 沉淀完全后，过量的 $Ag^+$ 与 $CrO_4^{2-}$ 作用生成砖红色的 $Ag_2CrO_4$ 沉淀而指示终点的到达。滴定的反应为：

$$Ag^+ + Cl^- \Longrightarrow AgCl \downarrow (白色) \qquad K_{sp}^\ominus = 1.8 \times 10^{-10}$$

$$2Ag^+ + CrO_4^{2-} \Longrightarrow Ag_2CrO_4 \downarrow (砖红色) \quad K_{sp}^\ominus = 1.1 \times 10^{-12}$$

### 2. 滴定条件

（1）指示剂的用量。$K_2CrO_4$ 本身呈黄色，它的用量多少会直接影响对终点的判断以及滴定误差的大小。为了获得比较准确的分析结果，应严格控制 $K_2CrO_4$ 的浓度。

在化学计量点时：

$$[Ag^+] = [Cl^-] = \sqrt{K_{sp}^\ominus} = \sqrt{1.8 \times 10^{-10}} = 1.3 \times 10^{-5} (mol \cdot L^{-1})$$

若此时恰好生成 $Ag_2CrO_4$，理论上需要的 $CrO_4^{2-}$ 浓度为：

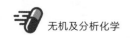 

$$[CrO_4^{2-}] = \frac{K_{sp}^{\ominus}(Ag_2CrO_4)}{[Ag^+]^2} = \frac{1.1 \times 10^{-12}}{(1.3 \times 10^{-5})^2} = 6.1 \times 10^{-3}(mol \cdot L^{-1})$$

在化学计量点时，这样大的 $CrO_4^{2-}$ 浓度是 $Ag_2CrO_4$ 饱和溶液的浓度，不足以观测到生成的 $Ag_2CrO_4$ 沉淀颜色的明显改变，影响对终点的判断。因此，在实际工作中 $CrO_4^{2-}$ 的浓度比理论上的需要小些。$CrO_4^{2-}$ 浓度过大，滴定至终点时，溶液中剩余的 $Cl^-$ 浓度就大，$CrO_4^{2-}$ 的黄色也会影响终点的观察；$CrO_4^{2-}$ 浓度过低，就会增加 $AgNO_3$ 标准溶液的用量，使分析结果产生较大的正误差。实验证明，$CrO_4^{2-}$ 的浓度为 $5.0 \times 10^{-3} mol \cdot L^{-1}$ 较为适宜。

（2）溶液的 pH 值。滴定应在中性或弱碱性（pH＝6.5～10.5）溶液中进行。若溶液呈酸性，$H^+$ 与 $CrO_4^{2-}$ 发生反应：

$$2CrO_4^{2-} + 2H^+ \rightleftharpoons 2HCrO_4^- \rightleftharpoons Cr_2O_7^{2-} + H_2O$$

从而使 $CrO_4^{2-}$ 的浓度降低，$Ag_2CrO_4$ 沉淀溶解，终点颜色变化不明显或不改变。若溶液碱性过大，则会有黑褐色 $Ag_2O$ 沉淀析出，增加了 $AgNO_3$ 的用量，影响分析结果的精确度。

$$2Ag^+ + 2OH^- \rightleftharpoons Ag(OH)_2 \downarrow$$
$$\downarrow$$
$$Ag_2O \downarrow + H_2O$$

若溶液的酸性或碱性较强时，用酚酞作指示剂，用硼砂、$NaHCO_3$ 或 $CaCO_3$ 和 $HNO_3$ 中和，然后滴定。

（3）干扰离子。滴定的溶液中不能含有氨，因为 $NH_3$ 与 $Ag^+$ 易形成 $[Ag(NH_3)_2]^+$，多消耗 $AgNO_3$ 溶液。有氨存在时，必须用酸中和，控制溶液的 pH 在 6.5～7.2。

对于能与 $Ag^+$ 生成沉淀的阴离子如 $PO_4^{3-}$、$S^{2-}$、$CO_3^{2-}$、$AsO_4^{2-}$ 等，与 $CrO_4^{2-}$ 生成沉淀的阳离子如 $Ba^{2+}$、$Pb^{2+}$、$Hg^{2+}$ 等，以及在中性或弱碱性溶液中易发生水解的离子如 $Fe^{3+}$、$Sn^{2+}$、$Sn^{4+}$、$Al^{3+}$ 等，都会干扰测定，滴定前应先除去或掩蔽。

### 3. 应用范围

莫尔法主要适用于氯化物和溴化物的测定及间接测定含氯、溴的一些有机化合物。只能用 $Ag^+$ 滴定 $Cl^-$，不能用 $Cl^-$ 滴定 $Ag^+$，因滴定前生成的 $Ag_2CrO_4$ 沉淀难以转化为 AgCl 而造成滴定误差。

由于 AgCl 对 $Cl^-$ 有强烈的吸附作用，降低 $Cl^-$ 的浓度，使终点提前，因此，滴定过程中应剧烈振动，以减弱 AgCl 的吸附作用。此外，莫尔法测定溴化物时，AgBr 也会对 $Br^-$ 产生吸附；而 AgI 和 AgSCN 沉淀对 $I^-$ 和 $SCN^-$ 吸附作用更强烈，对测定结果的影响较大，不适宜于 $I^-$、$SCN^-$ 的测定。

## 二、佛尔哈德法

### 1. 测定原理

佛尔哈德法是在酸性溶液中，以铁铵矾 $[NH_4Fe(SO_4)_2 \cdot 12H_2O]$ 为指示剂，用 KSCN 或 $NH_4SCN$ 标准溶液滴定 $Ag^+$ 溶液的一种测定方法。其滴定反应为：

$$Ag^+ + SCN^- \rightleftharpoons AgSCN \downarrow （白色）$$

当滴定至化学计量点时，稍过量的 $SCN^-$ 与 $Fe^{3+}$ 反应生成血红色的 $[Fe(SCN)]^{2+}$ 配合物，达到滴定终点。终点反应为：

$$Fe^{3+} + SCN^- \rightleftharpoons [Fe(SCN)]^{2+}（红色）$$

此法在滴定过程中，由于反应生成的 AgSCN 沉淀易吸附溶液中的 $Ag^+$ 而使终点提前，因此滴定时要剧烈振动，使吸附的 $Ag^+$ 释放出来。

### 2. 测定方法

（1）直接滴定法。对于含 $Ag^+$ 的酸性试液，以铁铵矾作指示剂，直接用 KSCN 或 $NH_4SCN$ 标准溶液进行测定的分析方法为直接滴定法。该法主要用于直接测定 $Ag^+$。

（2）间接滴定法。主要用于不含 $Ag^+$ 的卤离子、$SCN^-$ 的测定。它是向待测溶液中加入一定体积的过量 $AgNO_3$ 标准溶液，等待测离子与 $Ag^+$ 完全反应后，再以铁铵矾作指示剂，以 $NH_4SCN$ 标准溶液滴定剩余的 $Ag^+$，根据消耗的 $AgNO_3$ 和 $NH_4SCN$ 标准溶液的体积来计算被测物质含量的方法。滴定反应为：

$$Ag^+ + Cl^- \rightleftharpoons AgCl\downarrow（白色）$$
$$Ag^+ + SCN^- \rightleftharpoons AgSCN\downarrow（白色）$$
$$Fe^{3+} + SCN^- \rightleftharpoons [Fe(SCN)]^{2+}（红色）$$

此法在滴定到终点出现红色后，经摇动会很快消失，使终点难以确定，这是因为 AgSCN 的溶度积 $[K_{sp}^{\ominus}(AgSCN) = 1.0 \times 10^{-12}]$ 比 AgCl 的溶度积 $[K_{sp}^{\ominus}(AgCl) = 1.8 \times 10^{-10}]$ 小，终点时，AgCl 饱和溶液中的 $Ag^+$ 与过量的 $SCN^-$ 的离子积大于 AgSCN 的溶度积，便析出 AgSCN 沉淀，使 $Ag^+$ 的浓度降低，AgCl 的溶解平衡破坏，促使 AgCl 不断溶解，因而 AgCl 沉淀转化为 AgSCN 沉淀，其反应如下：

$$AgCl(s) + SCN^- \rightleftharpoons AgSCN\downarrow + Cl^-$$

同时，由于 $SCN^-$ 浓度的降低，引起 $[Fe(SCN)]^{2+}$ 的分解，红色消失。要得到稳定持久的红色，就需要继续滴加 $SCN^-$，会造成较大的滴定误差。

为避免上述现象的出现，一般采取的措施是：①在滴定前将生成的 AgCl 沉淀从溶液中除去，对滤液进行滴定；②在滴定前加入有机溶剂（如硝基苯）将 AgCl 沉淀颗粒包围起来，使之与外部溶液隔离，避免了沉淀的转化过程，也会得到较好的效果。

### 3. 滴定条件

（1）溶液的酸度。滴定必须在酸性溶液中进行，不能在中性或碱性条件下进行。在中性或碱性溶液中，$Fe^{3+}$ 发生水解生成红棕色 $Fe(OH)_3$ 沉淀，影响终点的确定。

（2）指示剂的用量。终点时要观察到 $[Fe(SCN)]^{2+}$ 微红色的理论最低浓度为 $6.0 \times 10^{-6} \ mol \cdot L^{-1}$，此时 $Fe^{3+}$ 浓度约为 $0.04 \ mol \cdot L^{-1}$，这样高的 $Fe^{3+}$ 浓度会使溶液呈较深的橙黄色而影响终点颜色的观察。因此 $Fe^{3+}$ 的浓度一般保持在 $0.015 \ mol \cdot L^{-1}$，就会得到较好的效果，滴定的误差不超过 $0.2\%$。

（3）干扰离子。能与 $SCN^-$ 发生反应的强氧化剂、氮的低价氧化物及铜盐、汞盐等干扰物质必须预先除去。

在测定 $Br^-$、$I^-$ 时，生成的 AgBr 和 AgI 沉淀的溶度积小于 AgSCN 的溶度积，不会发生沉淀的转化，终点颜色变化明显，不需要将沉淀滤去或加入有机掩蔽剂。但在测定 $I^-$ 时，应先加入过量的 $AgNO_3$ 后再加指示剂，否则 $Fe^{3+}$ 会将 $I^-$ 氧化而产生误差。

佛尔哈德法可以测定 $Ag^+$、$X^-$、$SCN^-$ 等，其应用比莫尔法广泛，因为它在酸性溶液

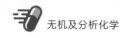

中滴定时，可以排除许多弱酸根离子（如 $PO_4^{3-}$、$CO_3^{2-}$ 等）的干扰，提高了选择性。

## 三、法扬斯法

### 1. 测定原理

用吸附指示剂确定滴定终点的银量法称为法扬斯法。吸附指示剂是指一些有机化合物被吸附在沉淀表面后，其分子结构发生了改变，从而引起颜色的改变，以此来指示滴定的终点。例如用 $AgNO_3$ 标准溶液滴定 $Cl^-$ 时，常用荧光黄作指示剂，荧光黄是一种有机弱酸，用 HFIn 表示，它在水溶液中的电离为：

$$HFIn \Longleftrightarrow H^+ + FIn^-（黄绿色）$$

在化学计量点前，溶液中的 $Cl^-$ 过量，AgCl 沉淀选择性吸附 $Cl^-$ 而形成带负电荷的 $AgCl \cdot Cl^-$，$FIn^-$ 不被吸附，溶液呈黄绿色。当达到化学计量点时，稍微过量的 $Ag^+$ 便会使 AgCl 沉淀胶粒选择吸附 $Ag^+$ 而形成带正电荷的 $AgCl \cdot Ag^+$，它强烈吸附 $FIn^-$ 使其结构发生改变，溶液由黄绿色变为粉红色。反应过程可用下式表示：

$$AgCl \cdot Ag^+ + FIn^- \Longleftrightarrow AgCl \cdot Ag^+ \cdot FIn^-$$
（黄绿色） （粉红色）

常见的吸附指示剂及其使用条件见表 6-1。

表 6-1　常用吸附指示剂

| 指示剂 | 被测离子 | 滴定剂 | 适用 pH 值范围 |
|---|---|---|---|
| 荧光黄 | $Cl^-$ | $Ag^+$ | 7～10（一般 7～8） |
| 二氯荧光黄 | $Cl^-$ | $Ag^+$ | 4～10（一般 5～8） |
| 曙红 | $Br^-$、$I^-$、$SCN^-$ | $Ag^+$ | 2～10（一般 3～8） |
| 溴甲酚绿 | $SCN^-$ | $Ag^+$ | 4～5 |
| 甲基紫 | $SO_4^{2-}$、$Ag^+$ | $Ba^{2+}$、$Ag^+$ | 酸性溶液 |

### 2. 测定条件

（1）沉淀要有较大的表面积。吸附指示剂是被吸附在沉淀表面上而发生颜色改变，为了使终点颜色变化明显，需要沉淀有较大的表面积，因此滴定时常加入糊精或淀粉溶液等胶体保护剂，阻止沉淀的聚沉现象。

（2）溶液的酸度要适当。吸附指示剂大多是有机弱酸，它被吸附的是其解离出的阴离子，并且不同的指示剂其 $pK_a$ 不同。为了减小指示剂的阴离子与 $H^+$ 结合成不被吸附的弱酸分子的趋势，就要根据需要控制溶液的 pH 值。例如荧光黄（$pK_a = 7$），只能在中性或弱碱性（pH＝7～10）溶液中使用。

（3）滴定中要避免强光照射。卤化银易感光变色，影响终点的观察，因此滴定中应避免强光照射。

（4）被测离子的浓度不能过低。被测离子的浓度不能过低，否则生成的沉淀量太少而使终点不易观察。例如以荧光黄作指示剂测定 $Cl^-$ 时，$Cl^-$ 的浓度要大于 $0.005 mol \cdot L^{-1}$。

（5）测定 $Cl^-$ 时不能以曙红作指示剂。测定 $Cl^-$ 时，不能以曙红作指示剂，因 AgCl 沉淀对曙红阴离子的吸附能力很强，在化学计量点之前，曙红阴离子就被吸附而发生颜色改变。

## 四、沉淀滴定法的应用实例

### 1. 硝酸银、硫氰酸铵标准溶液的标定

**例 6-7** 称取基准物质 NaCl 0.2000 g，溶于水后，加入 50.00mL AgNO$_3$ 标准溶液，以铁铵矾为指示剂，用 NH$_4$SCN 标准溶液滴定至微红色，用去 NH$_4$SCN 标准溶液 25.00mL，已知 1.00mL NH$_4$SCN 标准溶液相当于 1.20mL AgNO$_3$ 标准溶液，计算 AgNO$_3$ 和 NH$_4$SCN 溶液的浓度。

**解** $M_{NaCl} = 58.44 mol \cdot L^{-1}$

$$c_{AgNO_3} = \frac{m_{NaCl}}{M_{NaCl} V_{AgNO_3}} = \frac{0.2000}{58.44 \times (50.00 - 1.20 \times 25.00)} \times 10^3 = 0.1711 (mol \cdot L^{-1})$$

$$c_{NH_4SCN} = \frac{c_{AgNO_3} V_{AgNO_3}}{V_{NH_4SCN}} = \frac{0.1711 \times 1.20}{1.00} = 0.2053 (mol \cdot L^{-1})$$

**答：** AgNO$_3$ 和 NH$_4$SCN 溶液的浓度分别为 0.1711mol $\cdot$ L$^{-1}$ 和 0.2053mol $\cdot$ L$^{-1}$。

### 2. 可溶性溴化物中溴的测定

可溶性溴化物、海水、盐湖水等高含量溴的测定可用佛尔哈德法，控制溶液的 pH 值在 1~2。

**例 6-8** 称取 KBr 试样 1.2310g，加水溶解后，转入 100mL 容量瓶中定容，吸取此溶液 10.00mL 于锥形瓶中，加入 0.1045mol $\cdot$ L$^{-1}$AgNO$_3$ 标准溶液 20.00mL，即新煮沸并已冷却的 6mol $\cdot$ L$^{-1}$ HNO$_3$ 溶液 5mL 和蒸馏水 20.00mL，再加入铁铵矾指示剂 1mL，用 0.1212mol $\cdot$ L$^{-1}$ 的 NH$_4$SCN 标准溶液滴定至终点，用去 8.78mL，试计算 KBr 的质量分数。

**解** 10.00mL 样品液消耗 AgNO$_3$ 的物质的量为

$$(0.1045 \times 20.00 - 0.1212 \times 8.78) \times 10^{-3} = 1.026 \times 10^{-3} (mol)$$

KBr 的摩尔质量为 119.0g $\cdot$ mol$^{-1}$，则 10.00mL 样品液中 KBr 的质量为

$$1.026 \times 10^{-3} \times 119.0 = 0.1221 (g)$$

KBr 的质量分数为

$$w(KBr) = \frac{m_{KBr}}{m_{样品}} \times 100\% = \frac{0.1221}{1.2310 \times \frac{10}{100}} \times 100\% = 99.19\%$$

**答：** KBr 的质量分数为 99.19%。

### 3. 银合金中银的测定

先将银合金溶解在 HNO$_3$ 中制成溶液，溶解时需要加热煮沸，除去氮的低价氧化物，因为它们能与 SCN$^-$ 结合形成红色化合物而影响终点的观察。其反应如下：

$$Ag + NO_3^- + 2H^+ \Longrightarrow Ag^+ + NO_2 \uparrow + H_2O$$

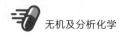 

$$HNO_2 + H^+ + SCN^- \Longrightarrow NOSCN + H_2O$$

试样溶解后以铁铵矾为指示剂，用标准 $NH_4SCN$ 溶液滴定。

**例 6-9** 称取银合金试样 0.3000g，用酸溶解后，加铁铵矾指示剂，用 $0.1000mol \cdot L^{-1}$ $NH_4SCN$ 标准溶液滴定，用去 23.80mL，计算样品中银的百分含量。

**解** 银的摩尔质量为 $107.9g \cdot mol^{-1}$。

$$银的含量 = \frac{0.1000 \times 23.80 \times 107.9}{0.3000 \times 10^3} \times 100\% = 85.60\%$$

答：样品中银的含量为 $85.60\%$。

# ❓ 习题

**一、填空题**

1. $CaF_2$ 的溶度积常数表达式为_____，$Bi_2S_3$ 的溶度积常数表达式为_____。

2. $Mn(OH)_2$ 的 $K_{sp} = 1.9 \times 10^{-13}$，在纯水中其溶解度为_____ $mol \cdot L^{-1}$；0.050mol $Mn(OH)_2(s)$ 刚好在浓度为_____ $mol \cdot L^{-1}$，体积为 0.5 L 的 $NH_4Cl$ 溶液中溶解。

3. $PbSO_4$ 的 $K_{sp} = 1.6 \times 10^{-8}$，在纯水中其溶解度为_____ $mol \cdot L^{-1}$；在浓度为 $1.0 \times 10^{-2} mol \cdot L^{-1}$ 的 $Na_2SO_4$ 溶液中达到饱和时其溶解度为_____ $mol \cdot L^{-1}$。

4. 在 $AgCl$、$CaCO_3$、$Fe(OH)_3$、$MgF_2$、$ZnS$ 这些物质中，溶解度不随 pH 值变化的是_____。

5. $Mg(OH)_2$ 与 $MnCO_3$ 的 $K_{sp}$ 分别为 $1.8 \times 10^{-12}$ 和 $1.8 \times 10^{-11}$，在它们的饱和溶液中 $[Mn^{2+}]$ 比 $[Mg^{2+}]$ _____。

6. 已知 $Sn(OH)_2$、$Al(OH)_3$、$Ce(OH)_4$ 的 $K_{sp}$ 分别为 $1.4 \times 10^{-28}$、$1.3 \times 10^{-33}$、$2.0 \times 10^{-28}$，则它们饱和溶液的 pH 值由小到大的顺序为_____。

7. 同离子效应使难溶电解质的溶解度_____；盐效应使难溶电解质的溶解度_____。

**二、是非题**

1. 同类型的难溶电解质，$K_{sp}$ 较大者可以转化为 $K_{sp}$ 较小者，如二者 $K_{sp}$ 差别越大，转化反应就越完全。 （　　）

2. 难溶物质的离子积达到（等于）其溶度积并有沉淀产生时，该溶液为其饱和溶液。 （　　）

3. 同离子效应可以使难溶强电解质的溶解度大大降低。 （　　）

4. 两种难溶盐电解质，其中溶度积常数小的溶解度一定小。 （　　）

5. 根据同离子效应，在进行沉淀时，加入沉淀剂过量得越多，则沉淀越完全，所以沉淀剂过量越多越好。 （　　）

**三、选择题**

1. 已知在 $Ca_3(PO_4)_2$ 的饱和溶液中，$[Ca^{2+}] = 2.0 \times 10^{-6} mol \cdot L^{-1}$，$[PO_4^{3-}] = 1.58 \times 10^{-6} mol \cdot L^{-1}$，则 $Ca_3(PO_4)_2$ 的 $K_{sp}$ 为（　　）。

A. $2.0 \times 10^{-29}$ 　　　 B. $3.2 \times 10^{-12}$ 　　　 C. $6.3 \times 10^{-18}$ 　　　 D. $5.1 \times 10^{-27}$

2. 已知 $K_{sp}(CaF_2) = 3.9 \times 10^{-11}$，在 0.250 L 0.10mol·$L^{-1}$ 的 Ca（$NO_3$）$_2$ 溶液中能溶解 $CaF_2$（　　）。

　　A. $1.0 \times 10^{-5}$ g　　　　B. $1.8 \times 10^{-4}$ g　　　　C. $2.0 \times 10^{-5}$ g　　　　D. $9.0 \times 10^{-4}$ g

3. 已知 $K_{sp}(Ag_2SO_4) = 1.2 \times 10^{-5}$，$K_{sp}(AgCl) = 1.8 \times 10^{-10}$，$K_{sp}(BaSO_4) = 1.1 \times 10^{-10}$，将等体积的 0.0020mol·$L^{-1}$ 的 $Ag_2SO_4$ 与 $2.0 \times 10^{-6}$mol·$L^{-1}$ 的 $BaCl_2$ 溶液混合，将会出现（　　）。

　　A. $BaSO_4$ 沉淀　　　　　　　　　　　B. AgCl 沉淀

　　C. $BaSO_4$ 与 AgCl 共沉淀　　　　　　D. 无沉淀

4. 下列有关分步沉淀的叙述正确的是（　　）。

A. 溶度积小者一定先沉淀出来

B. 沉淀时所需沉淀剂浓度小者先沉淀出来

C. 溶解度小的物质先沉淀

D. 被沉淀离子浓度大的先沉淀

5. 欲使 $CaCO_3$ 在水溶液中溶解度增大，可以采用的办法是（　　）。

　　A. 加入 1.0mol·$L^{-1}$ $Na_2CO_3$　　　　　　B. 加入 2.0mol·$L^{-1}$ NaOH

　　C. 加入 0.10mol·$L^{-1}$ $CaCl_2$　　　　　　D. 降低溶液的 pH 值

6. 向饱和 AgCl 溶液中加水，下列叙述正确的是（　　）。

　　A. AgCl 的溶解度增大　　　　　　　　B. AgCl 的溶解度、$K_{sp}$ 均不变

　　C. AgCl 的 $K_{sp}$ 增大　　　　　　　　　D. AgCl 的溶解度、$K_{sp}$ 增大

7. 在下列叙述中正确的是（　　）。

A. 由于 AgCl 水溶液的导电性很弱，所以它是弱电解质

B. 难溶电解质溶液中离子浓度的乘积就是该物质的溶度积

C. 溶度积大者，其溶解度大

D. 用水稀释含有 AgCl 固体的溶液时，AgCl 的溶度积不变，其溶解度也不变

8. 在莫尔法滴定中的酸度条件是（　　）。

　　A. pH=6.5～10.5　　B. pH=4～10　　　　C. pH=2～10　　　　D. pH=6.5～8

9. 佛尔哈德沉淀滴定法中，使用的指示剂是（　　）。

　　A. NaCl　　　　　　B. $K_2CrO_4$　　　　　C. 铁铵矾　　　　　　D. 荧光黄

10. 下列叙述中正确的是（　　）。

A. 在混合离子的溶液中，能形成溶度积小的沉淀的离子一定先沉淀

B. 某离子沉淀完全，是指其完全变成了沉淀

C. 凡是溶度积大的沉淀一定能转化成溶度积小的沉淀

D. 当溶液中有关物质的离子积小于其溶度积时，该物质就会溶解

**四、问答题**

1. 试述银量法指示剂的作用原理，并与酸碱滴定法比较。

2. 试讨论莫尔法的局限性。

3. 为什么用佛尔哈德法测定 $Cl^-$ 时，引入误差的概率比测定 $Br^-$ 或 $I^-$ 时大？

**五、计算题**

1. 根据 $AgIO_3$ 和 $Ag_2CrO_4$ 的溶度积，通过计算回答：

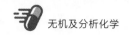 

（1）哪一种化合物的溶解度大？

（2）在 $0.01 \text{mol} \cdot \text{L}^{-1}$ $AgNO_3$ 溶液中，哪一种化合物的溶解度大？

2. 已知 25℃时 $PbI_2$ 在纯水中的溶解度为 $1.29 \times 10^{-3} \text{mol} \cdot \text{L}^{-1}$，求 $PbI_2$ 的溶度积。

3. 仅含有 NaBr 和 NaI 的混合物 0.2500 g，用 $0.1000 \text{mol} \cdot \text{L}^{-1}$ 的 $AgNO_3$ 滴定，消耗 22.01mL 可使沉淀完全。求试样中 NaBr 和 NaI 各自的质量分数。

4. 在含有相等浓度 $Cl^-$ 和 $I^-$ 的溶液中，滴加 $AgNO_3$ 溶液时，哪一种离子先沉淀？第二种离子开始沉淀时，$Cl^-$ 与 $I^-$ 的浓度比是多少？

5. 将 30.00mL $AgNO_3$ 溶液作用于 0.1357g NaCl，过量的银离子需用 2.50mL $NH_4SCN$ 滴定至终点。预先知道滴定 20.00mL $AgNO_3$ 溶液需要 19.85mL $NH_4SCN$ 溶液。试计算：（1）$AgNO_3$ 溶液的浓度；（2）$NH_4SCN$ 溶液的浓度。

# 第七章　原子结构和元素周期律

 **学习目标**

**素质目标：**

(1) 从原子结构认识中的否定之否定过程，树立正确的发展观；

(2) 通过核外电子的位置和速度的不可准确测定引申出辩证唯物主义的运动观；

(3) 通过介绍门捷列夫创造性地提出元素周期律，培养创新思维和实践能力。

**知识目标：**

(1) 了解原子核外电子的分布规律；

(2) 理解电子云、能层、能级及四个量子数的物理意义；

(3) 熟练掌握能级图及多电子原子的核外电子的排布；

(4) 掌握原子结构和元素周期表之间的关系，元素的某些性质与原子结构的关系。

**能力目标：**

(1) 能应用元素周期表来了解元素及物质的性质；

(2) 能用原子半径、电离能、电负性等数据讨论元素的某些性质与电子层结构的关系。

## 第一节　核外电子的运动状态

众所周知，世界是由物质组成的，物质又由相同或不同的元素组成。迄今经 IUPAC（国际纯粹与应用化学联合会）正式公布的元素已有 118 种，正是这些元素的原子经过各种化学反应，组成了千万种不同性质的物质。原子是由带正电荷的原子核和绕核运动的带负电荷的电子所组成。综观所有化学反应，只是发生了原子的化分和化合，而原子核并不发生变化，只是核外电子的数目或运动状态发生变化。因此，要研究化学运动的规律，掌握物质的性质、化学反应以及性质和物质结构之间的关系，就必须从研究原子运动入手，了解原子、原子结构以及原子之间的结合方式。了解原子核外电子的分布和运动规律是深入认识物质性质及其变化规律必不可少的理论知识。

本章在讨论原子核外电子排布和运动规律的基础上介绍元素周期表，并进一步阐明原子和元素性质变化的周期性规律。

电子在原子核外怎样运动是和化学密切相关的问题，是认识元素性质规律必不可少的基础知识。而认识电子运动规律的主要困难在于电子是微观粒子，它的质量很小，又在原子这样小的空间（直径约 $10^{-10}$ m）内做高速运动（例如，有的电子运动速度为 $100\mathrm{m \cdot s^{-1}}$）。

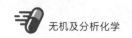 

微观粒子（原子、分子、原子核、电子等）与宏观物体（乒乓球和地球等）不同，它们不能用通常的宏观物体的运动规律来描述。微观粒子运动需要用量子力学来描述。

量子力学创始于 20 世纪 20 年代，它是现今用来描述电子或其他微观粒子运动的基本理论。介绍量子力学的内容不是本课程的任务，但是微观粒子运动的基本特性却是讨论核外电子运动规律必不可少的基础知识。微观粒子运动不同于宏观物体运动的主要特点是量子化特性和波粒二象性。

## 一、核外电子运动的量子化特征

20 世纪初，在卢瑟福 α 散射实验的基础上，建立了原子的带核模型。然而按照经典物理学的认识，这个模型与原子光谱和原子可以稳定存在的事实，发生了尖锐的矛盾。因为根据经典电磁理论，电子在原子核外运动必然会发射电磁波。由于不断发射电磁波，电子的能量将逐渐减小，最终电子会落入原子核中；同时，电子能量逐渐变化，发射出电磁波的频率应该是连续的。也就是说，观察发射出的光，本应只看到各种波长皆有的连续光谱。

然而，原子可以发射出频率不连续的线状光谱却是早已知道的事实，并且线状光谱还曾用来做过许多分析鉴定。例如，1868 年根据太阳光谱中有一条地球已知元素中所没有的鲜黄色的明线，发现了元素氦。

线状光谱是当气体或蒸气灼热，原子受到适当程度激发时发射出的光，经分光镜后得到的原子光谱。装有氢气的放电管，通过高压电流，氢原子被激发后所发出的光通过分光镜，则得到氢原子光谱。

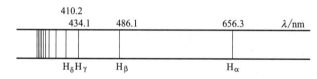

图 7-1　氢原子光谱可见光区的主要谱线的波长 λ

氢原子光谱，从红外区域到紫外区域，呈现多条具有特征频率的谱线。其可见光区的线状光谱如图 7-1，$H_\alpha$、$H_\beta$、$H_\gamma$、$H_\delta$ 等为主要谱线，从 $H_\alpha \sim H_\delta$，谱线间的距离越来越小，表现出一种明显的规律性。

光谱线这样明显的规律性，以后的几十年都没有满意的解释。直到 1913 年，丹麦青年物理学家玻尔（N. Bohr）在氢原子光谱和普朗克（M. Planck）量子理论的基础上提出了如下假设：

① 核外电子运动取一定的稳定轨道。在此轨道上运动的电子既不吸收能量，也不发射能量。

② 在一定轨道中运动的电子具有一定的能量。电子从一个定态轨道跳到另一个定态轨道，在这过程中放出或吸收能量，其频率与两个定态轨道之间的能量差有关。这能量只能取某些量子化条件决定的分立数值。根据量子化条件，可推求出氢原子核外轨道的能量公式：

$$E_n = -2.179 \times 10^{-18} \times \frac{1}{n^2} \tag{7-1}$$

式中，负号表示核对电子的吸引；$n$ 为任意正整数 $n = 1, 2, 3, \cdots$。

有了第一条假设则回答了原子可以稳定存在的问题。

原子在正常或稳定状态时，电子尽可能地处于能量最低的轨道，这种状态称为基态。氢原子处于基态时，电子在 $n = 1$ 的轨道上运动，能量最低。

$n$ 越大，表示电子离核越远，能量就越高。当 $n = \infty$ 时，即电子不再受原子核产生的吸引，离核而去，这一过程叫作电离。$n$ 的大小表示氢原子的能级高低。

第二条假设，是玻尔把量子条件引入原子结构中，得到了核外电子运动的能量是量子化的结论。表征微观粒子运动状态的某些物理量只能不连续地变化，称为量子化。核外电子运动能量的量子化，是指电子运动的能量只能取一些不连续的能量状态，又称为电子的能级。这一概念是和经典物理不相容的，因为在经典力学中，一个体系的能量（或其他物理量），可以取连续变化的数值。

根据第二条假设，当电子从高能量的能级（$E_2$）跳回到较低能量的能级（$E_1$）时，就会放出能量。释放出光子的频率和能量的关系为：

$$\Delta E = E_2 - E_1 = h\nu \tag{7-2}$$

玻尔理论冲破了经典物理中能量连续变化的束缚，用量子化解释了经典物理无法解释的原子结构和氢光谱的关系。指出原子结构量子化的特性，正是玻尔理论正确的、合理的内容，因而在原子结构理论的发展过程中做出了很大的贡献。但是该理论不能解释多电子原子光谱、氢原子光谱的精细结构（在精密的分光镜下，发现氢光谱的每一条谱线是由几条波长相差甚微的谱线所组成）等新的实验事实。其原因是该理论没有完全摆脱经典力学的束缚，勉强地加进了一些假定。由于没有考虑电子的另外一个重要特性——波粒二象性，电子在原子核外的运动采取了宏观物体的固定轨道。因此随着科学的发展，玻尔的原子结构理论便被原子的量子力学理论所代替。

## 二、核外电子运动的波粒二象性

### 1. 波粒二象性

20 世纪 20 年代电子衍射实验证明了科学的预言，凡是微观粒子，无论是光子，还是电子，皆会呈现出波粒二象性。波粒二象性是微观粒子的基本属性之一。微观粒子有时显示出波动性（这时粒子性不显著），有时显示出粒子性（这时波动性不显著），这种在不同条件下分别表现为波动和粒子的性质，称为波粒二象性。

### 2. 德布罗伊的预言

20 世纪初期，已经确认光不仅是电磁波而且具有粒子性。1924 年法国物理学家德布罗伊则预言：假如光具有二象性，那么微观粒子在某些情况下也能呈现波动性。他指出：具有质量 $m$、运动速度 $v$ 的粒子，相应的波长 $\lambda$ 可以由下式求出：

$$\lambda = \frac{h}{mv} \tag{7-3}$$

$$动量 \quad P = mv$$

$$\lambda = \frac{h}{P}$$

式（7-3）左边是电子的波长 $\lambda$，表明它的波动性的特征；右边是电子的动量，代表它的粒子性。通过普朗克常数把电子的粒子性和波动性定量地联系了起来，这就是电子的波粒二象性。

根据式（7-3）可以计算出电子的波长。一个电子的质量为 $9.11 \times 10^{-31}$kg，其速度为 $10^6$m·s$^{-1}$，其波长为：

$$\lambda = \frac{h}{mv} = \frac{6.63 \times 10^{-34}}{9.11 \times 10^{-31} \times 10^6}$$
$$= 0.728 \times 10^{-9} (\text{m})$$
$$= 728 (\text{pm})$$

电子的波长数值为 728pm，正好在 X 射线的波长范围内。因此，可以设想能用测定 X 射线衍射的实验来得到电子的衍射图样，以证明电子的波动性。

### 3. 电子衍射实验

1927 年，德布罗伊的假设经电子衍射实验得到了完全证实。美国物理学家戴维逊和革

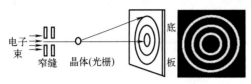

图 7-2　电子衍射实验示意图

末进行了电子衍射实验（见图 7-2），当一束高速电子流通过镍晶体（作为光栅）而射到荧光屏上时，结果得到了和光衍射现象相似的一系列明暗交替的衍射环纹，这种现象称为电子衍射。衍射是波动性的共同特征，高速运动的电子流表现出衍射现象，这为电子的波粒二象性提供了关键实验证据。除光子、电子外，其他微观粒子如质子、中子等也具有波粒二象性。

实验结果证明，电子不仅是一种具有一定质量高速运动的带电粒子，而且能呈现波动的特性。电子显微镜就是利用高速运动的电子束代替光波的一种显微镜。

### 4. 不确定性原理

电子既然是具有波粒二象性的微观粒子，那么能否像经典力学中确定宏观物体的运动状态一样，用位置和速度的物理量来准确地描述电子的运动状态？海森堡做出了否定的回答，他认为微观粒子的位置与动量之间应有以下的关系：

$$\Delta x \Delta P \approx h \tag{7-4}$$

式中，$x$ 为微观粒子在空间某一方向的位置坐标；$\Delta x$ 为确定粒子位置时的不准量；$\Delta P$ 为确定粒子动量的不准量；$h$ 为普朗克常数。关系式指出，欲用经典力学中的物理量位置和动量来描述微观粒子的运动时，只能达到一定的近似程度。微观粒子运动在某一方向上位置的不准量和动量的不准量的乘积应等于普朗克常数，即粒子位置的测定准确度愈大（$\Delta x$ 愈小），其动量的准确度就会愈差（$\Delta P$ 愈大）；反之亦然。

这种具有波粒二象性的微观粒子，其运动状态和宏观物体的运动状态不同。例如，导弹、人造卫星等的运动，它在任何瞬间，人们都能根据经典力学理论，准确地同时测定它的位置和动量；也能精确地预测出它的运行轨迹。但是像电子这类微观粒子的运动，由于兼具波动性，人们在任何瞬间都不能准确地同时测定电子的位置和动量；它也没有确定的运动轨道。所以在研究原子核外电子的运动状态时，必须完全摒弃经典力学理论，而代之以描述微观粒子运动的量子力学理论。

因此，也就无法描绘出电子的运动轨迹。必须指出，不确定性原理并不意味着微观粒子的运动是不可认识的。实际上，不确定性原理正是反映了微观粒子的波粒二象性，是对微观粒子运动规律认识的进一步深化。

综上所述，微观粒子具有波粒二象性、量子化和不确定性原理三大特征。

---

**例 7-1**　已知子弹的 $m = 2.5 \times 10^{-2}\text{kg}$，$v = 300\text{m} \cdot \text{s}^{-1}$；电子的 $m = 9.1 \times 10^{-31}\text{kg}$，$v = 5.9 \times 10^{-5}\text{m} \cdot \text{s}^{-1}$。求子弹的波长（$\lambda_\text{d}$）和电子的波长（$\lambda_\text{e}$）。

**解**　$\lambda_\text{d} = \dfrac{h}{mv} = \dfrac{6.6 \times 10^{-34}}{2.5 \times 10^{-2} \times 300} = 8.8 \times 10^{-35}$（m）

$\lambda_\text{e} = \dfrac{h}{mv} = \dfrac{6.6 \times 10^{-34}}{9.1 \times 10^{-31} \times 5.9 \times 10^{-5}} = 1.2 \times 10^{-10}$（m）

答：子弹的波长为 $8.8 \times 10^{-35}$ m，电子的波长为 $1.2 \times 10^{-10}$ m。

---

## 三、核外电子运动状态的描述

### 1. 波函数与原子轨道

1926 年奥地利物理学家薛定谔把电子运动和光的波动理论联系起来，提出了描述核外电子运动状态的数学方程，称为薛定谔方程。薛定谔方程把作为粒子特征的电子质量（$m$）、位能（$V$）和系统的总能量（$E$）与其运动状态的波函数（$\psi$）列在一个数学方程式中，即体现了波动性和粒子性的结合。

$$\frac{\partial^2 \psi}{\partial x^2}+\frac{\partial^2 \psi}{\partial y^2}+\frac{\partial^2 \psi}{\partial z^2}=\frac{8\pi^2 m}{h^2}(E-V)（对于单电子体系） \tag{7-5}$$

式中，波函数 $\psi$ 反映了电子的波性；$m$，$E$，$V$ 等反映了电子的粒性。

解薛定谔方程的目的就是求出波函数 $\psi$ 以及与其对应的能量 $E$，这样就可了解电子运动的状态和能量的高低。求得 $\psi(x、y、z)$ 的具体函数形式，即为方程的解。它是一个包含三个常数项 $n$、$l$、$m$ 和三个变量 $x$、$y$、$z$ 的函数式。

从理论上讲，通过解薛定谔方程可得出波函数 $\psi$，但薛定谔方程的许多解在数学上是合理的，且运算极为复杂，只有满足特定条件的解才有物理意义，用来描述核外电子运动状态。为了得到描述电子运动状态的合理解，必须对三个参数 $n$、$l$、$m$ 按一定的规律取值。这三个函数，分别称主量子数、角量子数和磁量子数。

求解方程得出的 $\psi$ 不是一个具体数值，而是用空间坐标（$x$、$y$、$z$）来描述波函数的数学函数式，一个波函数就表示原子核外电子的一种运动状态并对应一定的能量值，所以波函数也称原子轨道。但这里所说的原子轨道和宏观物体固定轨道的含义不同，它只是反映了核外电子运动状态表现出的波动性和统计性规律。

为了方便，解方程时一般先将空间坐标（$x$、$y$、$z$）转换成球坐标（$r$、$\theta$、$\varphi$），而后把 $\psi(r、\theta、\varphi)$ 分解为用 $r$ 表示的径向分布函数 $R(r)$ 和仅包含角度变量 $\theta$ 和 $\varphi$ 的角度分布函数 $Y(\theta、\varphi)$。$r$ 为电子与原子核间的距离，$\theta$ 和 $\varphi$ 代表角度。$\psi$ 的角度分布与主量子数 $n$ 无关，且 $n$ 相同时，其角度分布图总是一样的。在下一章讨论成键问题时，角度分布图有直接应用，故比较重要。图 7-3 为某些原子轨道的角度分布图，图中的"＋""－"号表示波函数的正负值。

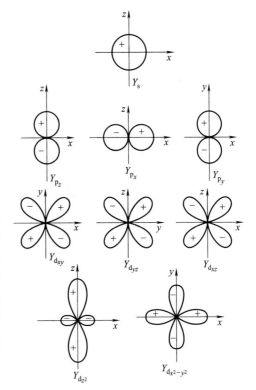

图 7-3　s、p、d 原子轨道角度分布图（平面图）

### 2. 概率密度与电子云

波函数 $\psi$ 的物理意义曾引起科学家的长期争议，实际上与一般物理量不同，它没有明确的、直观的物理意义。现在认为 $|\psi|^2$ 有明确的物理意义，这可通过与光的对比进行了解。光的强度与光子的数目成正比，而在某处光子的数目同该处发现一个光子的概率成正

比。光的强度是同光波的电场或磁场强度 $\psi$ 的平方成正比的，所以核外空间某处出现电子的概率和波函数 $\psi$ 的平方成正比，即 $|\psi|^2$ 表示电子在原子核外空间某点附近微体积内出现的概率。

对于原子核外高速运动的电子，并不能肯定某瞬间它在空间所处位置，只能用统计方法

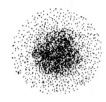 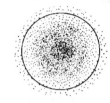

图 7-4　氢原子的电子云示意图

推算出在空间各处出现的概率，或者是电子在空间单位体积内出现的概率，即概率密度。为了形象地表示电子在原子中的概率密度分布情况，常用密度不同的小黑点来表示，这种图像称为电子云。黑点较密的地方，表示电子出现的概率密度较大；黑点较稀疏处，表示电子出现的概率密度较小。电子云是 $|\psi|^2$（概率密度）的形象化描

述，图 7-4 为氢原子的电子云示意图。

将电子出现概率相等的各点连接成一个曲面，即某个曲面内电子出现的总概率达到 95% 以上，则这个曲面称为电子云的界面图，通常用电子云的界面图表示电子云的形状。

类似于作原子轨道角度分布图，也可以作电子云的角度分布图（见图 7-5）。两种图形基本相似，但有两点区别：①原子轨道的角度分布图带有正负号，而电子云的角度分布图均为正值，通常不标出；②电子云角度分布的图形比较"瘦"些。

### 3. 四个量子数

解薛定谔方程时引入的三个常数项分别称为主量子数 $n$、角量子数 $l$ 和磁量子数 $m$，它们的取值是相互制约的。用这些量子数可以表示原子轨道或电子云离核的远近、形状及其在空间伸展的方向。此外，还有用来描述电子自旋运动的自旋量子数 $m_s$。下面分别予以说明。

（1）主量子数（$n$）。主量子数 $n$ 的取值为从 1 开始的正整数（1，2，3，4，…）。主量子数表示电子离核的平均距离，$n$ 越大，电子离核平均距离越远，$n$ 相同的电子离核平均距离比较接近，即所谓电子处于同电子层。电子离核越近，其能量越低，因此电子的能量随 $n$ 的增大而升高。$n$ 是决定电子能量的主要量子数。

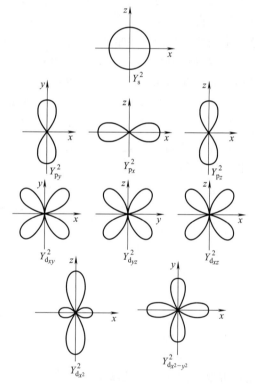

图 7-5　s、p、d 电子云角度分布图（平面图）

$n$ 值又代表电子层数，不同的电子层用不同的符号表示，见表 7-1。

表 7-1　主量子数的符号表示

| $n$ | 1 | 2 | 3 | 4 | 5 | 6 | 7 |
|---|---|---|---|---|---|---|---|
| 电子层数 | 第一层 | 第二层 | 第三层 | 第四层 | 第五层 | 第六层 | 第七层 |
| 电子层符号 | K | L | M | N | O | P | Q |

电子层能量高低顺序：

$$K<L<M<N<O<P<Q$$

（2）角量子数（$l$）。在同一电子层内，电子的能量也有所差别，运动状态也有所不同，即一个电子层还可分为若干个能量稍有差别、原子轨道形状不同的亚层。角量子数 $l$ 就是用来描述原子轨道或电子云的形态的。$l$ 的数值不同，原子轨道或电子云的形状就不同，$l$ 的取值受 $n$ 的限制，可以取从 $0\sim n-1$ 的正整数：

$$l=0,1,2,3,4,\cdots,n-1$$

每个值代表一个亚层。第一电子层只有一个亚层，第二电子层有两个亚层，以此类推。亚层用光谱符号 s、p、d、f、g 等表示。角量子数、亚层符号及原子轨道形状的对应关系见表 7-2。

**表 7-2  角量子数、亚层符号及原子轨道形状的对应关系**

| $l$ | 0 | 1 | 2 | 3 |
|---|---|---|---|---|
| 亚层符号 | s | p | d | f |
| 原子轨道或电子云形状 | 圆球形 | 哑铃形 | 花瓣形 | 花瓣形 |

同一电子层中，随着 $l$ 的增大，原子轨道能量也依次升高，即 $E_{ns}<E_{np}<E_{nd}<E_{nf}$，即在多电子原子中，角量子数与主量子数一起决定电子的能级。每一个 $l$ 值表示一种形状的电子云。与主量子数决定的电子层间的能量差别相比，角量子数决定的亚层间的能量差要小得多。

（3）磁量子数（$m$）。原子轨道不仅有一定的形状，还具有不同的空间伸展方向。磁量子数 $m$ 就是用来描述原子轨道在空间的伸展方向的。磁量子数的取值受角量子数的制约，它可取从 $+l\sim -l$，包括 0 在内的整数值，$l$ 确定后，$m$ 可有 $2l+1$ 个值。当 $l=0$ 时，$m=0$，即 $s$ 轨道只有 1 种空间取向；当 $l=1$ 时，$m=+1$，0，$-1$，即 p 轨道有 3 种空间取向；当 $l=2$ 时，$m=+2$，$+1$，0，$-1$，$-2$，即 d 轨道有 5 种空间取向，分别为 $d_{xy}$、$d_{xz}$、$d_{yz}$、$d_{x^2-y^2}$、$d_{z^2}$。

通常把 $n$、$l$、$m$ 都确定的电子运动状态称原子轨道，因此 s 亚层只有 1 个原子轨道，p 亚层有 3 个原子轨道，d 亚层有 5 个原子轨道，f 亚层有 7 个原子轨道。磁量子数不影响原子轨道的能量，$n$、$l$ 都相同的几个原子轨道能量是相同的，这样的轨道称为等价轨道或简并轨道。例如 $l$ 相同的 3 个 p 轨道、5 个 d 轨道、7 个 f 轨道都是简并轨道。

（4）自旋量子数（$m_s$）。电子除了绕核运动外，还存在自旋运动，描述电子自旋运动的量子数称为自旋量子数 $m_s$，由于电子有两个相反的自旋运动，因此自旋量子数取值为 $+1/2$ 和 $-1/2$，符号用"↑"和"↓"表示。

以上讨论了四个量子数的意义和它们之间相互联系又相互制约的关系。这样将四个量子数综合起来就可以比较全面地描述一个核外电子的运动状态，如原子轨道的分布范围、轨道形状和伸展方向以及电子的自旋状态等。

在四个量子数中，$n$、$l$、$m$ 三个量子数可确定电子的原子轨道的大小、形状和伸展方向；$n$、$l$ 两个量子数可确定电子的能级；$n$ 这一个量子数只能确定电子的电子层。$n$、$l$ 和 $m$ 的关系见表 7-3。

表 7-3  $n$、$l$ 和 $m$ 的关系

| 主量子数($n$) | 1 | 2 | | 3 | | | 4 | | | |
|---|---|---|---|---|---|---|---|---|---|---|
| 电子层符号 | K | L | | M | | | N | | | |
| 角量子数($l$) | 0 | 0 | 1 | 0 | 1 | 2 | 0 | 1 | 2 | 3 |
| 电子亚层符号 | 1s | 2s | 2p | 3s | 3p | 3d | 4s | 4p | 4d | 4f |
| 磁量子数($m$) | 0 | 0 | 0 ±1 | 0 | 0 ±1 | 0 ±1 ±2 | 0 | 0 ±1 | 0 ±1 ±2 | 0 ±1 ±2 ±3 |
| 亚层轨道数($2l+1$) | 1 | 1 | 3 | 1 | 3 | 5 | 1 | 3 | 5 | 7 |
| 电子层轨道数($n^2$) | 1 | 4 | | 9 | | | 16 | | | |

# 第二节  原子核外电子排布与元素周期律

对于氢原子来说，在通常情况下，其核外的一个电子通常是位于基态的 1s 轨道上。但对于多电子原子来说，其核外电子是按能级顺序分层排布的。

## 一、多电子原子轨道的能级

在多电子原子中，由于电子间的相互排斥作用，原子轨道能级关系较为复杂。1939 年鲍林（L. Pauling）根据光谱实验结果总结出多电子原子中各原子轨道能级的相对高低的情况，并用图近似地表示出来，称为鲍林近似能级图（图 7-6）。图中圆圈表示原子轨道，其位置的高低表示各轨道能级的相对高低，图中每一个虚线方框中的几个轨道的能量是相近的，称为一个能级组。相邻能级组之间能量相差比较大。每个能级组（除第一能级组外）都是从 s 能级开始，于 p 能级终止。能级组数等于核外电子层数。能级组的划分与周期表中周期的划分是一致的。从图 7-6 可以看出：

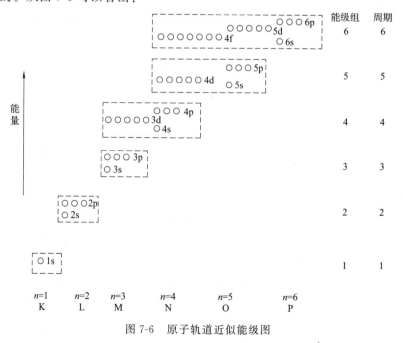

图 7-6  原子轨道近似能级图

① 同一原子中的同一电子层内，各亚层之间的能量次序为 $ns<np<nd<nf$。

② 同一原子中的不同电子层内，相同类型亚层之间的能量次序为

$$1s<2s<3s\cdots\cdots;2p<3p<4p\cdots\cdots$$

③ 同一原子中第三层以上的电子层中，不同类型的亚层之间，在能级组中常出现能级交错现象，如：

$$4s<3d<4p;5s<4d<5p;6s<4f<5d<6p$$

必须指出，鲍林近似能级图反映了多电子原子中原子轨道能量的近似高低，不能认为所有元素原子中的能级高低都是一成不变的，更不能用它来比较不同元素原子轨道能级的相对高低。

## 二、基态原子中电子的排布原理

为了说明基态原子的电子排布，根据光谱实验结果，并结合对元素周期律的分析，归纳、总结出核外电子排布的三个基本原理。

### 1. 能量最低原理

自然界任何体系总是能量越低，所处状态越稳定，这个规律称为能量最低原理。原子核外电子的排布也遵循这个原理。所以，随着原子序数的递增，电子总是优先进入能量最低的能级，可依鲍林近似能级图逐级填入。需要指出，无论是实验结果或理论推导都证明：原子在失去电子时的顺序与填充时的并不对应。基态原子外层电子填充顺序为 $ns\rightarrow(n-2)f\rightarrow(n-1)d\rightarrow np$；而基态原子失去外层电子的顺序为 $np\rightarrow ns\rightarrow(n-1)d\rightarrow(n-2)f$。

例如，Fe 的最高能级组电子填充的顺序为先填 4s 轨道上的 2 个电子，再填 3d 轨道上的 6 个电子。而在失去电子时，却是先失去 2 个 4s 电子（成为 $Fe^{2+}$），再失去 1 个 3d 电子（成为 $Fe^{3+}$）。

### 2. 泡利不相容原理

泡利提出：在同一原子中不可能有四个量子数完全相同的两个电子。换句话说，在同一轨道上最多只能容纳两个自旋方向相反的电子。应用泡利不相容原理，可以推算出每一电子层上电子的最大容量。

例 7-2　（1）写出 Li 和 Na 的电子排布式；（2）用四个量子数表示 Li 的各能级上的电子运动状态。

**解**　（1）根据以上两个原理，它们的电子分布是

$_3$Li：$1s^2 2s^1$

$_{11}$Na：$1s^2 2s^2 2p^6 3s^1$

（2）$_3$Li 有 3 个电子分布在 1s 和 2s 两个能级上，它们的运动状态用四个量子数来描述是

$1s^2$：$n=1$，$l=0$，$m=0$，$m_s=+1/2$

$\qquad n=1$，$l=0$，$m=0$，$m_s=-1/2$

$2s^1$：$n=2$，$l=0$，$m=0$，$m_s=+1/2$

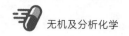 

### 3. 洪德规则

洪德提出：在同一亚层的等价轨道上，电子将尽可能占据不同的轨道，且自旋方向相同（这样排布时总能量最低）。例如，$_7N$ 的电子排布为 $1s^2 2s^2 2p^3$，其轨道上的电子排布为

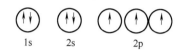

而不是 ⊕ ⊕ ⊕○○ 或 ⊕ ⊕ ⊕○。

此外，根据光谱实验结果，又归纳出一个规律：等价轨道在全充满、半充满或全空的状态较稳定。即

$$p^6 \text{ 或 } d^{10} \text{ 或 } f^{14} \quad \text{全充满}$$

$$p^3 \text{ 或 } d^5 \text{ 或 } f^7 \quad \text{半充满}$$

$$p^0 \text{ 或 } d^0 \text{ 或 } f^0 \quad \text{全 空}$$

例如，铬和铜原子核外电子的排布式：

$_{24}Cr$ 不是 $1s^2 2s^2 2p^6 3s^2 3p^6 3d^4 4s^2$，而是 $1s^2 2s^2 2p^6 3s^2 3p^6 3d^5 4s^1$，$3d^5$ 为半充满。

$_{29}Cu$ 不是 $1s^2 2s^2 2p^6 3s^2 3p^6 3d^9 4s^2$，而是 $1s^2 2s^2 2p^6 3s^2 3p^6 3d^{10} 4s^1$，$3d^{10}$ 为全充满。

为了书写方便，以上两例的电子排布式也可简写成：

$$_{24}Cr:[Ar] 3d^5 4s^1 \qquad _{29}Cu:[Ar] 3d^{10} 4s^1$$

方括号中所列稀有气体表示该原子内层的电子结构与此稀有气体原子的电子结构一样，$[Ar]$、$[Kr]$、$[Xe]$ 等称为原子实。

考察周期表可发现，有较多副族元素的电子组态不符合构造原理，如 $[Xe] 4f^{14} 5d^4 6s^2$ 等，不能用上述规则予以完美解释，这种情况在第 6、第 7 周期的元素中较多，并且多数具有 $5s^1$ 的特殊的最外层构型，尤其钯（$4d^{10} 5s^0$）是最特殊的例子。这表明第 5 周期元素的电子组态比较复杂，难以用简单规则来概括。应该说，这些原子的核外电子排布仍然是服从能量最低原理的，说明电子排布规则还有待发展完善，目的是使它更加符合实际。

## 三、原子的电子结构和元素周期律

元素单质及其化合物的性质随着原子序数（核电荷数）递增而呈周期性的变化规律，被称为元素的周期律。元素的周期律总结和揭示了元素性质从量变到质变的特征、内在规律及联系。元素周期律的图表形式被称为元素周期表。

### 1. 周期与能级组

周期表中有 7 个横行，每个横行表示 1 个周期，共有 7 个周期。第 1 周期只有 2 种元素，为特短周期；第 2、3 周期各有 8 种元素，为短周期；第 4、5 周期各有 18 种元素，为长周期；第 6、7 周期各有 32 种元素，为特长周期。第 7 周期中，从铑以后的元素都是人工合成元素（104～118 号）。根据原子稳定性，电子层结构稳定性和元素性质递变的规律，我国科学家预言，元素周期表可能存在的上限在第 8 周期，大约在 138 号终止。

将元素周期表与原子的电子结构、原子轨道近似能级图进行对照分析，可以看出：

① 各周期的元素数目与其相对应的能级组中的电子数目相一致，而与各层的电子数目

并不相同（第 1 周期和第 2 周期除外）。

② 每一周期开始都出现一个新的电子层，元素原子的电子层数就等于该元素在周期表所处的周期数，也就是说，原子的最外层的主量子数与该元素所在的周期数相等。

③ 每一周期中的元素随着原子序数的递增，总是从活泼的碱金属开始（第 1 周期除外），逐渐过渡到稀有气体为止。对应于其电子结构的能级组则从 $ns^1$ 开始至 $np^6$ 结束，如此周期性地重复出现。在长周期或特长周期中，其电子层结构中还夹着 $(n-1)d$ 或 $(n-2)f(n-1)d$ 亚层。

由此充分证明，元素性质的周期性变化，是元素的原子核外电子排布周期性变化的结果。

### 2. 族与价电子构型

价电子是指原子参加化学反应时，能用于成键的电子。价电子所在的亚层统称为价电子层，简称价层。原子的价电子构型是指价层电子的排布式，它能反映出该元素原子在电子层结构上的特征。周期表中的纵行，称为族，一共有 18 个纵行，分为 8 个主（A）族和 8 个副（B）族。同族元素虽然电子层数不同，但价电子构型基本相同（少数除外），所以原子价电子构型相同是元素分族的实质。

① 主族。元素周期表中共有 8 个主族，表示为 ⅠA～ⅧA。凡原子核外最后一个电子填入 $ns$ 或 $np$ 亚层上的元素，都是主族元素。其价电子构型为 $ns^{1\sim2}$ 或 $n^2np^{1\sim6}$，价电子总数等于其族数。由于同一族中各元素原子核外电子层数从上到下递增，因此同族元素的化学性质具有递变性。

ⅧA 族为稀有气体。这些元素原子的最外层（$ns^2np^6$）上电子都已填满，价电子构型为 $ns^2$ 或 $ns^2np^6$，因此它们的化学性质很不活泼，过去曾称为零族或惰性气体。

② 副族。元素周期表中共有 8 个副族，即 ⅢB～ⅧB～ⅡB。凡原子核外最后一个电子填入 $(n-1)d$ 或 $(n-2)f$ 亚层上的元素，都是副族元素，也称过渡元素。其价电子构型为 $(n-1)d^{1\sim10}ns^{0\sim2}$。ⅢB～ⅦB 族元素原子的价电子总数等于其族数。ⅧB 族有三个纵行，它们的价电子数为 8～10，与其族不完全相同。ⅠB、ⅡB 族元素由于其 $(n-1)d$ 亚层已经填满，所以最外层（即 $ns$）上的电子数等于其族数。

同一副族元素的化学性质也具有一定的相似性，但其化学性质递变性不如主族元素明显。镧系和锕系元素的最外层和次外层的电子排布近乎相同，只是倒数第三层的电子排布不同，使得镧系元素、锕系元素的化学性质最为相似，在周期表中占据同一位置，因此将镧系、锕系元素单独列出来，置于周期表下方各列一行来表示。

可见，价电子构型是周期表中元素分类的基础。周期表中"族"的实质是根据价电子构型的不同对元素进行分类。

这种划分主副族的方法，将主族割裂为前后两部分，且副族的排列也不是由低到高，ⅧB 族又包含 8、9、10 三列，其依据不多。IUPAC 于 1988 年建议将 18 列定为 18 个族，不分主、副族，并仍以元素的价层电子构型作为族的特征列出。这样虽然避免了上述问题，但 18 族不分类，显得多而乱，不易为初学者把握，故本书仍使用过去的主、副族分类法。

### 3. 元素的分区

周期表中的元素除按周期和族划分外，还可以根据元素原子的核外电子排布的特征，分为五个区，如图 7-7 所示。

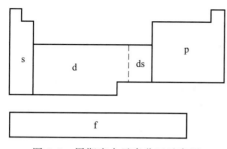

图 7-7　周期表中元素分区示意图

s 区：为 ⅠA、ⅡA 族元素，价电子构型为 $ns^1$、$ns^2$，但不包括氦（He）。

p 区：为 ⅢA～ⅧA 族元素，价电子构型为 $ns^2np^{1\sim6}$。

d 区：为 ⅢB～ⅧB 族元素，价电子构型为 $(n-1)d^{1\sim8}ns^{1\sim2}$。

ds 区：为 ⅠB、ⅡB 族元素，价电子构型 $(n-1)d^{10}ns^{1\sim2}$，因其 $(n-1)d$ 已填满，且 $ns$ 上的电子数与 s 区相同，所以称为 ds 区元素。

f 区：为镧系、锕系元素（称内过渡元素），价电子构型为 $(n-2)f^{0\sim14}(n-1)d^{0\sim2}ns^2$。

综上所述，原子的电子层结构与元素周期表之间有着密切的关系。对于多数元素来说，如果知道了元素的原子序数，便可以写出该元素原子的电子层结构，从而判断它所在的周期和族。反之，如果已知某元素所在的周期和族，便可写出该元素原子的电子层结构，也能推知它的原子序数。

例 7-3　已知某元素在周期表中位于第 5 周期ⅣA族，试写出该元素的电子排布式、名称和符号。

解　根据该元素位于第 5 周期可以断定，它的核外电子一定是填充在第五能级组，即 5s4d5p。又根据它位于ⅣA族得知，这个主族元素的族数应等于它的最外层电子数，即 $5s^25p^2$。再根据 4d 的能量小于 5p 的事实，则 4d 中一定充满了 10 个电子。所以，该元素原子的电子排布式为 $[Kr]4d^{10}5s^25p^2$，该元素为锡（Sn）。

## 四、元素性质的周期性

元素性质决定于其原子的内部结构。下面结合原子核外电子层结构周期性的变化，阐述元素的一些主要性质的周期性变化规律。

### 1. 有效核电荷（$Z^*$）

在多电子原子中，任一电子不仅受到原子核的吸引，同时还受到其他电子的排斥。斯莱特提出：内层电子和同层电子对某一电子的排斥作用，势必削弱原子核对该电子的吸引，这种作用称为屏蔽效应。屏蔽效应的结果，使该电子实际上受到的核电荷（有效核电荷 $Z^*$）的引力比原子序数（$Z$）所表示的核电荷的引力要小。屏蔽作用的大小可以用屏蔽常数（$\sigma$）来表示：

$$Z^* \approx Z - \sigma$$

可见，屏蔽常数可以理解为被抵消的那部分核电荷。

在周期表中元素的原子序数依次递增，原子核外电子层结构呈周期性变化。由于屏蔽常数 $\sigma$ 与电子层结构有关，所以有效核电荷也呈现周期性的变化。

根据理论计算，有效核电荷与原子序数的关系如图 7-8 所示。

由该图可以看出：①有效核电荷随原子序数增加而增加，并呈周期性变化。②同一周期的主族元素，从左到右随原子序数的增加，$Z^*$ 有明显的增加；而副族元素 $Z^*$ 增加的幅度要小许多。造成这种差别的原因是前者为同层电子之间的屏蔽，屏蔽作用较小；而后者是内层电子对外层电子的屏蔽，屏蔽作用较大。③同族元素由上到下，虽然核电荷增加得较多，但上、下相邻两元素的原子依次增加一个电子层，屏蔽常数较大，故有效核电荷增加得并不多。

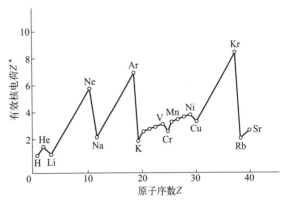

图 7-8　有效核电荷的周期性变化

在多电子原子中每个电子既被电子屏蔽，也对其他电子起屏蔽作用，在核附近出现概率较多的电子可更多地避免其他电子对其起屏蔽作用，而受核的较强吸引，导致能量较低，这种作用叫钻穿效应。

## 2. 原子半径（r）

依量子力学的观点，核外电子在核外空间是按概率分布的，这种分布没有明确的界面，所以原子的大小无法直接测定。通常所说的原子半径，是根据原子不同的存在形式来定义的，常用的有以下三种。

（1）金属半径。把金属晶体看成是由金属原子紧密堆积而成。因此，测得两相邻金属原子核间距离的一半，称为该金属原子的金属半径。

（2）共价半径。同种元素的两个原子以共价键结合时，测得它们核间距离的一半，称为该原子的共价半径。

（3）范德瓦耳斯半径。在分子晶体中，分子间以范德瓦耳斯力相结合，这时相邻分子间两个非键结合的同种原子，其核间距离的一半，称为该原子的范德瓦耳斯半径。同一元素原子的范德瓦耳斯半径大于共价半径。例如，氯原子的共价半径为 99pm，其范德瓦耳斯半径则为 180pm。两者区别见图 7-9。

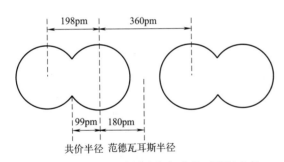

图 7-9　氯原子的共价半径与范德瓦耳斯半径

原子半径的大小主要决定于核外电子层数和有效核电荷。同一周期的主族元素其电子层数相同，而有效核电荷 $Z^*$ 从左到右依次明显递增，原子半径则随之递减；过渡元素的 $Z^*$ 增加缓慢，原子半径减小也较缓慢；镧系元素从镧到镥因增加的电子填入靠近内层的 f 亚层，而使有效核电荷 $Z^*$ 增加得更为缓慢，故镧系元素的原子半径自左而右递减也更趋缓慢。镧系元素原子半径的这种缓慢递减的现象称为镧系收缩。尽管每个镧系元素的原子半径减小得都不多，但镧系元素半径减小的累计值还是可观的，且恰好使其后的几个第 6 周期副族元素与对应的第 5 周期同族元素的原子半径十分接近，以致 Y 和 Lu、Zr 和 Hf、Nb 和 Ta、Mo 和 W 等的半径和性质十分相近，此即镧系收缩效应。同族元素从上到下由于电子层数增加，原子半径逐渐增大。详见图 7-10。

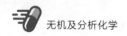 

| H 32 | | | | | | | | | | | | | | | | | He 93 |
|---|---|---|---|---|---|---|---|---|---|---|---|---|---|---|---|---|---|
| Li 123 | Be 89 | | | | | | | | | | | B 82 | C 77 | N 70 | O 66 | F 64 | Nc 112 |
| Na 154 | Mg 136 | | | | | | | | | | | Al 118 | Si 117 | P 110 | S 104 | Cl 99 | Ar 154 |
| K 203 | Ca 174 | Sc 144 | Ti 132 | V 122 | Cr 118 | Mn 117 | Fe 117 | Co 116 | Ni 115 | Cu 117 | Zn 125 | Ga 126 | Ge 122 | As 121 | Se 117 | Br 114 | Kr 169 |
| Rb 216 | Sr 191 | Y 162 | Zr 145 | Nb 134 | Mo 130 | Tc 127 | Ru 125 | Rh 125 | Pd 128 | Ag 134 | Cd 148 | In 144 | Sn 140 | Sb 141 | Te 137 | I 133 | Xe 190 |
| Cs 235 | Ba 198 | △ Lu 158 | Hf 144 | Ta 134 | W 130 | Re 128 | Os 126 | Ir 127 | Pt 130 | Au 134 | Hg 144 | Tl 148 | Pb 147 | Bi 146 | Po 146 | At 145 | Rn 220 |
| Fr | Ra | Lr | | | | | | | | | | | | | | | |

| △ | La 169 | Ce 165 | Pr 164 | Nd 164 | Pm 163 | Sm 162 | Eu 185 | Gd 162 | Tb 161 | Dy 160 | Ho 158 | Er 158 | Tm 158 | Yb 170 |
|---|---|---|---|---|---|---|---|---|---|---|---|---|---|---|

图 7-10　元素的原子半径 $r$（单位：pm）

### 3. 电离能（$I$）

从基态原子移去电子，需要消耗能量以克服核电荷的吸引力。单位物质的量的基态气态原子失去第一个电子成为气态 +1 价阳离子所需要的能量称为该元素的第一电离能，以 $I_1$ 表示，其单位为 $kJ \cdot mol^{-1}$。各元素的第一电离能见图 7-11。从气态 +1 价阳离子再失去一个电子成为气态 +2 价阳离子所需要的能量，称为第二电离能，以 $I_2$ 表示，余类推。通常 $I_1 < I_2 < I_3 < \cdots$，电离能具有加和性。

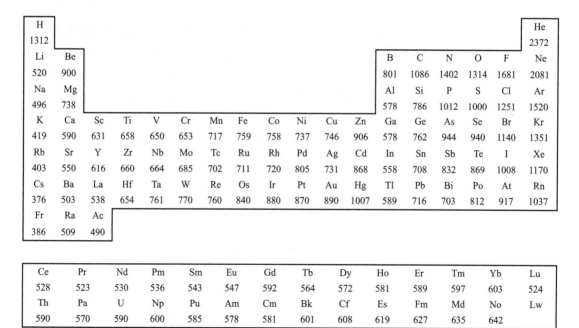

图 7-11　元素第一电离能 $I_1$（单位：$kJ \cdot mol^{-1}$）

电离能的大小反映了原子失去电子的难易程度。电离能越大，原子失电子越难；反之，电离能小，原子失电子越容易。通常用电离能 $I$ 来衡量原子失电子的能力。电离能的大小主要取决于原子的有效核电荷、原子半径和原子的电子层结构。电离能呈周期性变化，见图 7-12。

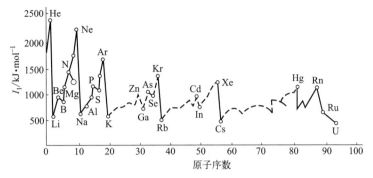

图 7-12　元素的第一电离能的周期性变化

电离能的变化规律如下：

对同一周期的主族元素，从左到右，元素的有效核电荷逐渐增大，原子半径逐渐减小，核对外层电子的吸引力逐渐增强，电离能呈增大趋势。有些元素，如 N、P 等的第一电离能在曲线上突出冒尖，这是由于电子要从 $n\mathrm{p}^3$ 半充满的稳定状态中电离出去，需要消耗更多的能量。另外，稀有气体由于具有全充满的稳定结构，在每一周期中具有最高的第一电离能。过渡元素电离能升高比较缓慢，这种现象和它们有效核电荷增加缓慢、半径减小缓慢是一致的。

同一主族元素从上到下原子的电子层数相应增多，原子半径增大显著，因此，核对外层电子的引力逐渐减弱，故电离能逐渐减小。

### 4. 电子亲和能（Y）

与电离能相反，元素原子结合电子的难易，可以用电子亲和能来衡量。电子亲和能的定义是：处于基态的气态原子得到一个电子成为气态 $-1$ 价阴离子时所放出的能量，称为第一电子亲和能（$Y_1$），而气态 $-1$ 价阴离子再得到一个电子变成气态 $-2$ 价阴离子时，所吸收的能量称为第二电子亲和能（$Y_2$），依次类推。电子亲和能的单位为 $\mathrm{kJ \cdot mol^{-1}}$。

如没有特别说明，通常所说的电子亲和能就是指第一电子亲和能。各元素的 $Y_1$ 一般为负值，这是由于原子获得第一个电子时系统能量降低，要放出能量。已带负电荷的阴离子要再结合一个电子，则需克服阴离子电荷的排斥作用，必须吸收能量。

电子亲和能的大小反映原子获得电子的难易。电子亲和能越负，原子获得电子的能力越强。电子亲和能的大小与有效核电荷、原子半径、电子层结构有关，故也呈周期性变化。以主族元素为例，同一周期从左往右，各元素的原子结合电子时放出的能量总的趋势是增加的或更负的（稀有气体除外），表明原子越来越容易结合电子形成阴离子。但是也表现出与电离能相似的波浪形变化，见表 7-4。

表 7-4　第三周期原子电子亲和能数值

| 原子 | Na | Mg | Al | Si | P | S | Cl | Ar |
|---|---|---|---|---|---|---|---|---|
| $Y_1/(\mathrm{kJ \cdot mol^{-1}})$ | 52.9 | （$-230$） | 44 | 120 | 74 | 200.4 | 348.7 | （$-35$） |

注：括号中的数据非实验值。

同一族从上往下结合电子时放出的能量总的趋势是逐渐减少，表明结合电子的能力逐渐

133

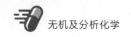

减弱。但是，可能由于 F 原子半径太小，其电子亲和能反而比 Cl 原子的小，氯是周期表中电子亲和能最大的元素，见表 7-5。

表 7-5　第七主族原子电子亲和能数值

| 原子 | F | Cl | Br | I | At |
|---|---|---|---|---|---|
| $Y_1/(kJ \cdot mol^{-1})$ | 322 | 348.7 | 324.5 | 295 | (270) |

注：括号中的数据非实验值。

### 5. 电负性（x）

电离能和电子亲和能都是从一个侧面反映元素原子失去或得到电子能力的大小，为了综合表征原子得失电子的能力，几十年来人们对电负性的概念总是争论不休，提出了很多种的计算方法。但电负性至今还没有一个公认的严格的物理意义和可靠的实测方法。尽管如此，由于电负性概念本身简单明了，可以说明很多化学现象，所以有必要对它进行介绍。

为了说明化学键的极性，鲍林提出了电负性的概念，认为元素电负性是指分子中原子吸引成键电子的能力。他指定最活泼的非金属元素氟的电负性为 4.0，然后通过计算得出其他元素电负性的相对值。元素电负性越大，表示该元素原子在分子中吸引成键电子的能力越强；反之，则越弱。图 7-13 列出了鲍林的元素电负性数值。

| H 2.2 | | | | | | | | | | | | | | | | | |
|---|---|---|---|---|---|---|---|---|---|---|---|---|---|---|---|---|---|
| Li 1.0 | Be 1.6 | | | | | | | | | | | B 2.0 | C 2.6 | N 3.0 | O 3.4 | F 4.0 |
| Na 0.9 | Mg 1.3 | | | | | | | | | | | Al 1.6 | Si 1.9 | P 2.2 | S 2.6 | Cl 3.2 |
| K 0.8 | Ca 1.0 | Sc 1.4 | Ti 1.5 | V 1.6 | Cr 1.7 | Mn 1.6 | Fe 1.8 | Co 1.9 | Ni 1.9 | Cu 1.9 | Zn 1.7 | Ga 1.8 | Ge 2.0 | As 2.2 | Se 2.6 | Br 3.0 |
| Rb 0.8 | Sr 1.0 | Y 1.2 | Zr 1.3 | Nb 1.6 | Mo 2.2 | Tc 1.9 | Ru 2.2 | Rh 2.3 | Pd 2.2 | Ag 1.9 | Gd 1.7 | In 1.8 | Sn 2.0 | Sb 2.1 | Te 2.1 | I 2.7 |
| Cs 0.8 | Ba 0.9 | La 1.3 | Hf 1.3 | Ta 1.5 | W 2.4 | Re 1.9 | Os 2.2 | Ir 2.2 | Pt 2.3 | Au 2.5 | Hg 2.0 | Tl 2.0 | Pb 2.3 | Bi 2.0 | Po 2.0 | At 2.2 |

图 7-13　电负性数值

由图 7-13 可见，同一周期主族元素的电负性从左到右依次递增。也是原子的有效核电荷逐渐增大，原子半径依次减小的缘故，原子在分子中吸引成键电子的能力逐渐增加。在同一主族中，从上到下电负性趋于减小，说明原子在分子中吸引成键电子的能力趋于减弱。过渡元素电负性的变化没有明显的规律。

### 6. 元素的金属性与非金属性

元素的金属性是指原子失去电子成为阳离子的能力，通常可用电离能来衡量。元素的非金属性是指原子得到电子成为阴离子的能力，通常可用电子亲和能来衡量。元素的电负性综合反映了原子得失电子的能力，故可作为元素金属性与非金属性统一衡量的依据。一般来说，金属的电负性小于 2，非金属的电负性则大于 2。同一周期主族元素从左到右，元素的金属性逐渐减弱，非金属性逐渐增强。同一主族从上到下，元素的非金属性逐渐减弱，金属性逐渐增强。

### 7. 元素的氧化值

为了说明化合物中某一元素的原子与其他元素原子化合的能力，常用氧化值作为定量的表征。我们把氧化值定义为：当分子中原子之间的共用电子对被指定属于电负性较大的原子后，各原子所带的形式电荷数就是氧化值。元素的氧化值与其价电子构型有关。由于元素价电子构型是周期性重复，所以元素的最高氧化值也是周期性重复。元素参加化学反应时，可达到的最高氧化值等于价电子总数，也等于所属族数，见表 7-6。

表 7-6　元素的最高氧化值和价电子构型

| 主族 | ⅠA | ⅡA | ⅢA | ⅣA | ⅤA | ⅥA | ⅦA | ⅧA |
|---|---|---|---|---|---|---|---|---|
| 价电子构型 | $n s^1$ | $n s^2$ | $n s^2 n p^1$ | $n s^2 n p^2$ | $n s^2 n p^3$ | $n s^2 n p^4$ | $n s^2 n p^5$ | $n s^2 n p^6$ |
| 最高氧化值 | +1 | +2 | +3 | +4 | +5 | +6 | +7 | +8 |
| 副族 | ⅠB | ⅡB | ⅢB | ⅣB | ⅤB | ⅥB | ⅦB | ⅧB |
| 价电子构型 | $(n-1)$ $d^{10} n s^1$ | $(n-1)$ $d^{10} n s^2$ | $(n-1)$ $d^1 n s^2$ | $(n-1)$ $d^2 n s^2$ | $(n-1)$ $d^3 n s^2$ | $(n-1)$ $d^{4 \sim 5} n s^{1 \sim 2}$ | $(n-1) d^5$ $n s^2$ | $(n-1)$ $d^{6 \sim 10} n s^{1 \sim 2}$ |
| 最高氧化值 | +3 （部分元素） | +2 | +3 | +4 | +5 | +6 | +7 | +8 （部分元素） |

但需指出，ⅧA、ⅧB 族元素中，至今只有少数元素（如 Xe、Ru、Os 等）有氧化值为 +8 的化合物。ⅠB 族元素最高氧化值不等于族数，如 Cu 为 +2，Au 为 +3。

## ？ 习题

### 一、填空题

1. 符号 $3p_x$ 中，3 表示_____，p 表示_____，$x$ 表示_____，$3p_x$ 轨道中最多可容纳_____个电子。

2. 当 $n=4$，$l$ 可能的值是_____。

3. 主量子数为 5 的电子层上轨道总数为_____。

4. $n=4$，$l=2$ 的电子的原子轨道是_____轨道，该轨道最多可容纳_____电子。

5. $n=2$，$l=1$，$m=1$，$m_s=-\dfrac{1}{2}$ 的电子，其能量与 $n=2$，$l=1$，$m=0$，$m_s=+\dfrac{1}{2}$ 的电子的能量比较起来，前者_____于后者。

6. 第三电子层有 10 个电子的某元素，其原子序数是_____，该元素属第_____周期、_____族。

7. 最外电子层有 3 个 p 电子的元素，属于_____族。

8. 具有 $(n-1) d^{10} n s^2$ 电子构型的元素位于周期表中_____区和_____族。

9. 电负性相差最大的两元素是_____和_____。

### 二、是非题

1. 将钨丝灯发出的光通过分光仪，得到连续光谱，而食盐燃烧发出的光通过分光仪，将得到不连续光谱。　　　　　　　　　　　（　　）

2. 凡是微小的物体都具有波粒二象性。　　　　　　　　　　　　　　（　　）

3. 微观粒子的波动性和汽车在高低不平的丘陵地带行驶相似。　　　　（　　）

4. 原子中某电子的各种波函数，代表了该电子可能存在的各种运动状态，每一种状态可视为一个轨道。 （　　）

5. 从 L 层给出一个电子比从 K 层给出一个电子所需的能量小。 （　　）

6. 电子在原子核外运动的能级越高，它与原子核的距离就越远。任何时候，1s 电子总比 2s 电子靠近原子核，因为 $E_{2s} > E_{1s}$。 （　　）

7. p 轨道是"8"字形的，所以电子沿着"8"字形轨道运动。 （　　）

8. 下列原子核外电子运动状态是不存在的：$n=2$，$l=3$，$m=2$，$m_s=1$。 （　　）

9. 在元素周期表中每一周期元素的个数正好等于相应的最外层电子轨道可以容纳的电子数目。 （　　）

10. 在多电子原子中，$(n-1)$d 能级的能量总是大于 $n$s 能级。 （　　）

### 三、选择题

1. 原子光谱中存在着不连续的线谱，证明了（　　）。

A. 在原子中仅有某些电子能够被激发

B. 一个原子中的电子只可以有某些特定的能量状态

C. 原子发射的光，在性质上不同于普通的白光

D. 白光是由许许多多单色光组成的

2. 波函数和原子轨道是同义词，因此可以将波函数理解为（　　）。

A. 电子运动的轨迹　　　　　　　　B. 电子运动的概率密度

C. 电子运动的状态　　　　　　　　D. 电子运动的概率

3. 在溴原子中，有 3s、3p、3d、4s、4p 轨道，其能量高低的顺序是（　　）。

A. 3s＜3p＜4s＜3d＜4p　　　　　　B. 3s＜3p＜4s＜4p＜3d

C. 3s＜3p＜3d＜4s＜4p　　　　　　D. 3s＜3p＜4p＜3d＜4s

4. 已知某元素＋3 价离子的核外电子排布式为 $1s^2 2s^2 2p^6 3s^2 3p^6 3d^5$，该元素在周期表中属（　　）。

A. ⅤB 族　　　　B. ⅢB 族　　　　C. Ⅷ族　　　　D. ⅤA 族

5. 下列几种元素中氧化值只有＋2 的是（　　）。

A. Co　　　　B. Ca　　　　C. Cu　　　　D. Mn

6. "镧系收缩"表示（　　）。

A. f 区元素的原子半径递变的幅度比其他周期大

B. 除 f 区外，其他区的元素原子半径没有"收缩"现象

C. A 和 B 两种说法不矛盾，都是正确的

D. A 和 B 两种说法都不正确

7. 下列哪一系列的排列顺序正好是电离能（解离出一个电子）增加的顺序？（　　）

A. K、Na、Li　　　　　　　　　　B. O、F、Ne

C. $B^{3+}$、$B^{4+}$、$C^{5+}$　　　　　　D. A～C 都是

8. 下列哪一系列的排列顺序正好是电负性减小的顺序？（　　）

A. K、Na、Li　　　　　　　　　　B. O、Cl、H

C. As、P、H　　　　　　　　　　D. A～C 都是

9. 电负性最大的元素（　　）。

A. 电离能也比较大　　　　　　　　B. 电子亲和能也比较大

C. A、B 两种说法都对　　　　　　　D. A、B 说法都是片面的

## 四、问答题

1. 为什么任何原子的最外层上最多只能有 8 个电子，次外层上最多只能有 18 个电子（提示：从能级交错上考虑）？

2. 已知四种元素原子的价电子构型分别为①$4s^2$；②$3s^23p^5$；③$3d^34s^2$；④$5d^{10}6s^2$。试回答：

(1) 它们在周期表中各处于哪一区？哪一周期？哪一族？

(2) 它们的电负性的相对大小。

3. 某些元素原子最外层有 2 个电子，次外层有 13 个电子，问这些元素在周期表中应属于哪一族？最高氧化值是多少？是金属还是非金属？

4. 已知某副族元素 A 的原子，电子最后排入 3d 轨道，最高氧化值为 +4；元素 B 的原子，电子最后排入 4p 轨道，最高氧化值为 +5。回答下列问题：

(1) 写出 A、B 元素原子的核外电子排布式。

(2) 根据核外电子排布式，指出它们在周期表中的位置（周期、族）。

5. 电子构型满足下列条件之一的是哪一类或哪一种元素？

(1) 具有 2 个 p 电子。

(2) 有 2 个量子数 $n=4$、$l=0$ 的电子，6 个量子数 $n=3$、$l=2$ 的电子。

(3) 3d 轨道为全满，4s 轨道只有一个电子。

6. 现有 A、B、C、D 四元素，A 是 ⅠA 族第五周期元素，B 是第三周期元素，B、C、D 的价电子数分别为 2、2 和 7，四元素原子序数从小到大是 B、C、D、A，且已知 C 和 D 的次外层电子均为 18 个。

(1) 判断 A、B、C、D 是什么元素。

(2) 写出 A、B、C、D 简单离子的形式。

# 第八章　化学键与物质结构

 **学习目标**

**素质目标：**

（1）培养坚持不懈、求真务实的科学精神；

（2）培养辩证思维能力；

（3）懂得只有不断学习前人的成果，才能更好地继承、发展、创新。

**知识目标：**

（1）掌握化学键的概念及离子键、共价键和金属键的特点；

（2）了解共价键的性质与键参数；

（3）掌握杂化轨道理论的要点；

（4）掌握极性键、非极性键、极性分子和非极性分子的概念；

（5）理解分子间力与氢键的概念及其对物质性质的影响。

**能力目标：**

（1）能根据杂化轨道类型判断分子的空间结构；

（2）能根据化学键的极性和分子的几何构型判断分子的极性。

## 第一节　离　子　键

自然界的物质除稀有气体分子外，其他元素的原子都是通过一定的化学键结合成分子或晶体而存在。化学上把分子或晶体中相邻原子（或离子）之间强烈的相互吸引作用称为化学键。根据原子（或离子）间相互作用方式的不同，大致上把化学键分成三种基本类型：离子键、共价键、金属键。

### 一、离子键的形成和特征

#### 1. 离子键的形成

1916 年德国化学家柯塞尔提出了离子键理论，认为当电负性小的金属原子和电负性较大的非金属原子相遇时，很容易发生电子的转移，电子从电负性小的原子转移到电负性大的原子，从而形成了阳离子和阴离子，都具有了类似稀有气体原子的稳定结构。这种由原子间发生电子的转移，形成阴、阳离子，并通过静电引力而形成的化学键叫离子键。由离子键形成的化合物叫作离子型化合物。阴离子、阳离子分别是键的两极，故离子键呈强极性。

必须指出的是，在离子键形成的过程中，并不是所有的离子都必须形成稀有气体原子的电子构型，如过渡元素以及锡、铅等金属。它们的离子能稳定存在，并形成稳定的离子晶体。

### 2. 离子键的特征

① 离子键的本质是阴离子、阳离子间的静电引力。

② 离子键没有方向性和饱和性。离子的电场分布是球形对称的，可以从任何方向吸引带相反电荷的离子，故离子键无方向性。此外，只要离子键周围空间允许，它将尽可能多地吸引带相反电荷的离子，即离子键无饱和性。

③ 离子键的部分共价性。近代实验证明，即使电负性相差最大的元素所形成的化合物，如氟化铯（CsF），其键都不是纯粹的离子键，键的离子性只占 92%，由于部分轨道重叠，键的共价性占 8%。一般认为，当单键的离子性成分超过 50% 时，此种键即为离子键，此时成键元素的电负性相差 1.7。

从上面的讨论可知，在离子键和共价键之间应存在着一系列的逐渐变化，即在典型的离子键和典型的共价键之间尚有一大部分化学键，其特征以离子键为主，但表现部分共价键特征；或以共价键为主，但表现部分离子键特征。

## 二、离子的特性

### 1. 离子的电荷

离子的电荷是指原子在形成离子化合物的过程中失去或获得的电子数。对于离子化合物 $A_mB_n$，阳离子 $A^{n+}$ 其 $n \leqslant 4$，阴离子 $B^{m-}$ 其 $m \leqslant 4$，最为典型的是 -1、-2 价阴离子。

### 2. 离子的电子构型

所有简单阴离子的电子构型（$F^-$、$Cl^-$、$O^{2-}$ 等）都是 8 电子型，一般与同周期稀有气体原子电子层构型相同。而阳离子情况比较复杂，价电子构型可归纳成下列几种：

2 电子型（$1s^2$），如 $Li^+$、$Be^{2+}$ 等；

8 电子型（$ns^2np^6$），如 $Na^+$、$Mg^{2+}$、$Al^{3+}$ 等；

9~17 电子型（$ns^2np^6nd^{1\sim9}$），如 $Ti^{3+}$、$Cu^{2+}$、$Fe^{3+}$、$Cr^{3+}$、$Mn^{2+}$、$Fe^{2+}$ 等；

18 电子型（$ns^2np^6nd^{10}$），如 $Cu^+$、$Ag^+$、$Zn^{2+}$、$Hg^{2+}$、$Cd^{2+}$ 等；

18+2 电子型 $[ns^2np^6nd^{10}(n+1)s^2]$，如 $Sn^{2+}$、$Pb^{2+}$、$Bi^{3+}$、$Sb^{3+}$ 等。

2 电子和 8 电子构型的离子自然可以稳定存在。但其他几种非稀有气体构型的离子也有一定程度的稳定性，有些是很稳定的。

### 3. 离子半径

离子和原子一样，它们的电子云弥漫在核的周围，无确定的边界，因此离子的真实半径实际上是难以确定的。通常所说的离子半径是指离子晶体中阴、阳离子的接触半径。离子半径列于表 8-1。根据实验数据，归纳出离子半径的规律如下：

① 阳离子的半径小于其原子半径，简单阴离子的半径大于其原子半径，如 $r(F^-) > r(F)$。

② 同一周期阳离子的半径随离子电荷的增加而减小，如 $r(Na^+) > r(Mg^{2+}) > r(Al^{3+})$。

③ 同族元素离子电荷数相同时，离子半径从上而下递增，如 $r(I^-)>r(Br^-)>r(Cl^-)>r(F^-)$，$r(K^+)>r(Na^+)>r(Li^+)$。

④ 同一元素形成不同电荷的阳离子时电荷数高的半径小，如 $r(Sn^{2+})>r(Sn^{4+})$，$r(Fe^{2+})>r(Fe^{3+})$。

⑤ 具有相同电子数的原子或离子的半径随核电荷数的增加而减小，如 $r(F^-)>r(Ne)>r(Na^+)>r(Mg^{2+})>r(Al^{3+})>r(Si^{4+})$。

离子半径的大小是影响离子化合物性质的重要因素之一。离子半径越小，正、负离子间的引力越大，离子键的强度越强，其熔、沸点越高，硬度越大。

表 8-1　离子半径　　　　　　　　　　　　　　　　　单位：pm

| | | | | | | | | | | | | | | | | | |
|---|---|---|---|---|---|---|---|---|---|---|---|---|---|---|---|---|---|
| | | | $H^-$ 208 | $Li^+$ 60 | $Be^{2+}$ 31 | | | | | | | | $B^{3+}$ 20 | $C^{4+}$ 15 | $N^{3+}$ 11 | | |
| $C^{4-}$ 260 | $N^{3-}$ 171 | $O^{2-}$ 140 | $F^-$ 136 | $Na^+$ 95 | $Mg^{2+}$ 65 | | | | | | | | $Al^{3+}$ 50 | $Si^{4+}$ 41 | $P^{5+}$ 34 | $S^{6+}$ 29 | $Cl^{7+}$ 26 |
| $Si^{4-}$ 271 | $P^{3-}$ 212 | $S^{2-}$ 184 | $Cl^-$ 181 | $K^+$ 133 | $Ca^{2+}$ 99 | $Sc^{3+}$ 81 | $Ti^{4+}$ 68 | $V^{5+}$ 59 | $Cr^{6+}$ 52 | $Mn^{7+}$ 46 | $Cu^+$ 96 | $Zn^{2+}$ 74 | $Ga^{3+}$ 62 | $Ge^{4+}$ 53 | $As^{5+}$ 47 | $Se^{6+}$ 42 | $Br^{7+}$ 39 |
| $Ge^{4-}$ 272 | $As^{3-}$ 222 | $Se^{2-}$ 198 | $Br^-$ 195 | $Rb^+$ 148 | $Sr^{2+}$ 113 | $Y^{3+}$ 93 | $Zr^{4+}$ 80 | $Nb^{5+}$ 70 | $Mo^{6+}$ 62 | $Tc^{7+}$ [97.9] | $Ag^+$ 126 | $Cd^{2+}$ 97 | $In^{3+}$ 81 | $Sn^{4+}$ 71 | $Sb^{5+}$ 62 | $Te^{6+}$ 56 | $I^{7+}$ 50 |
| $Sn^{4-}$ 294 | $Sb^{3-}$ 245 | $Te^{2-}$ 221 | $I^-$ 216 | $Cs^+$ 169 | $Ba^{2+}$ 135 | $Lu^{3+}$ 85 | $Hf^{4+}$ [78] | $Ta^{5+}$ [68] | $W^{6+}$ [62] | $Re^{7+}$ [56] | $Au^+$ 137 | $Hg^{2+}$ 110 | $Tl^{3+}$ 95 | $Pb^{4+}$ 84 | $Bi^{5+}$ 74 | $Po^{6+}$ [67] | $At^{7+}$ [62] |

注：除方括号 ［ ］为离子半径外，其余均为晶体半径。

# 第二节　共价键理论

经典的价键理论是 1916 年由美国化学家路易斯提出的。他认为在 $H_2$、$O_2$、$N_2$ 等分子中，两个原子是由共用电子对吸引两个相同的原子核而结合在一起的，电子成对并共用以后，每个原子都达到稳定的稀有气体原子的 8 电子结构。这种通过共用电子对形成的键叫作共价键。但该理论把电子看成是静止不动的负电荷，无法解释为什么两个带负电荷的电子不互相排斥反而相互配对，也无法说明共价键的方向性等问题。1927 年，德国化学家海特勒和伦敦用量子力学原理分析 $H_2$ 分子的形成，初步揭示了共价键的本质，并在此基础上逐步建立了现代价键理论。之后鲍林和密立根等从另一角度提出了分子轨道理论，从整体来讨论分子中共价键的形成情况，成功地解释了许多分子的性质及反应性能等问题。本章仅对价键理论做初步介绍。

## 一、共价键的形成

当两个独立的距离很远的氢原子相互靠近欲形成氢分子时，有两种情况：

① 两个氢原子中电子的自旋方向相反　当这两个氢原子相互靠近时，随着核间距（$R$）的减小，两个 1s 原子轨道发生重叠，在两原子核间形成一个电子云密度较大的区域，从而增强了核对其吸引，同时部分抵消了两核间的排斥，当核间距降到 $R=R_0$ 时，系统能量降到最低，从而形成稳定的化学键。当 $R$ 进一步缩小时，原子核之间的斥力增大，使系统的能量迅速升高。在曲线上的能量最低处（图 8-1），吸引和排斥达到平衡状态。

② 两个氢原子的自旋方向相同　当它们相互靠近时，两个 1s 原子轨道只能发生不同相位最大叠加（异号重叠），致使电子云密度在两原子核间减小，增大了两核间的排斥力，随

着两原子的逐渐接近，系统能量不断升高，处于不稳定状态，不能形成化学键。

海特勒和伦敦用量子力学处理氢原子形成的过程中，得到氢分子的能量（$E$）与核间距（$R$）的关系曲线，见图 8-1。

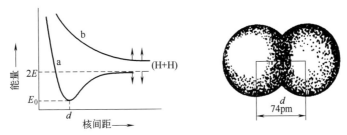

图 8-1　$H_2$ 分子能量曲线与核间距

因此，氢分子中共价键的形成，是自旋方向相反的电子相互配对，原子轨道重叠，从而使体系能量降低，体系趋向稳定的结果。

## 二、价键理论的要点

1930 年美国化学家鲍林把上述研究 $H_2$ 分子的成果推广到其他分子系统，发展为价键理论。价键理论的基本要点为：

### 1. 电子配对原理

两个键合原子互相接近时，各提供 1 个自旋方向相反的电子彼此配对，形成共价键，故价键理论又称电子配对法。

### 2. 最大重叠原理

形成共价键的原子轨道重叠越多，则两核间的电子云密度越大，形成的共价键越牢固。

## 三、共价键的特征

价键理论的两个基本要点，决定了共价键具有两种特性，即饱和性和方向性。

### 1. 饱和性

根据自旋方向相反的两个未成对电子可以配对形成一个共价键，推知一个原子有几个未成对电子，就只能和同数目的自旋方向相反的未成对电子配对成键，即原子所能形成共价键的数目受未成对电子数所限制。这一特性称为共价键的饱和性。例如，Cl 原子的电子排布为 [Ne] $3s^2 3p^5$，3p 轨道上只有一个未成对电子。因此，它只能和另一个 Cl 原子中自旋方向相反而未成对的电子配对，形成一个共价键，即 $Cl_2$ 分子。当然，该 Cl 原子也可以和一个 H 原子中自旋方向相反的未成对电子配对，形成一个共价键，即 HCl 分子。但是，一个 Cl 原子绝不能同时和两个 Cl 原子或两个 H 原子配对。

上述形成共价键的配对电子，它们只在两个原子的核间附近运动，所以这种电子常称为定域电子。

### 2. 方向性

原子轨道中，除 s 轨道是球形对称没有方向性外，p、d、f 原子轨道中的等价轨道，都

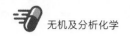 

具有一定的空间伸展方向。在形成共价键时，只有当成键原子轨道沿合适的方向相互靠近，才能达到最大程度的重叠，形成稳定的共价键。因此，共价键必然具有方向性，称为共价键的方向性。例如，HCl 分子中共价键的形成，假如 Cl 原子的 p 轨道中的 $p_x$ 有一个未成对电子，H 原子的 s 轨道中自旋方向相反的未成对电子只能沿着 $x$ 轴方向与其相互靠近，才能达到原子轨道的最大重叠（见图 8-2）。

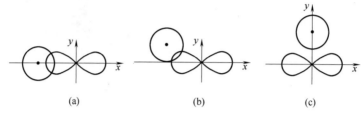

图 8-2　HCl 分子的形成

## 四、共价键的类型

根据成键时电子云重叠方式的不同，将共价键划分为 σ 键和 π 键。

### 1. σ 键

成键两原子轨道沿键轴（两原子核间的连线）方向以"头碰头"方式进行重叠，形成的共价键称为 σ 键。形成 σ 键的电子称为 σ 电子。σ 键的特点是重叠程度大，较稳定，可以沿键轴自由旋转，能独立存在。可形成 σ 键的原子轨道有 s-s 轨道重叠，$s$-$p_x$ 轨道重叠，$p_x$-$p_x$ 轨道重叠。图 8-3 所示的 H—H 键、H—Cl 键、Cl—Cl 键均为 σ 键。

### 2. π 键

两成键原子轨道沿键轴方向以"肩并肩"方式进行重叠，重叠部分在键轴的两侧并对称于与键轴垂直的平面，这样形成的键称为 π 键（见图 8-4）。形成 π 键的电子称为 π 电子。π 键的特点是重叠程度小，不稳定，没有键轴，不能自由旋转。可发生这种重叠的原子轨道有 $p_z$-$p_z$，此外还有 $p_y$-$p_y$、p-d 等。

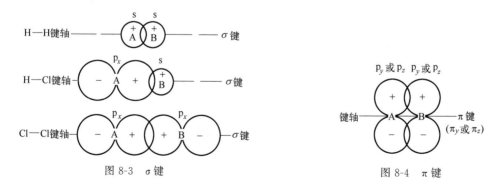

图 8-3　σ 键　　　　　　　　图 8-4　π 键

在共价型分子中，σ 键、π 键的形成与成键原子的价层电子结构有关。两原子间形成的共价键，若为单键，必为 σ 键，若为多键，其中必含一个 σ 键。例如，$N_2$ 分子中，除了有一个由 $p_x$-$p_x$ 重叠形成的 σ 键外，还有两个由 $p_y$-$p_y$ 和 $p_z$-$p_z$ 重叠形成的 π 键，所以 $N_2$ 分子具有三键，一个是 σ 键，两个是 π 键，如图 8-5 所示。

### 3. 配位共价键

以上提到的共价键都是成键原子各提供一个未成对电子所形成的。还有一类特殊的共价键，其共用电子对是由成键原子中的某个原子单方提供，另一个原子只提供空轨道，但为成键原子双方所共用，这种键称为配位共价键，简称配位键或配价键，用"→"表示，箭头从提供共用电子对的原子指向接受共用电子对的原子。例如，在 CO 分子

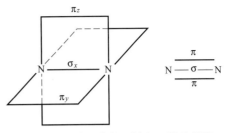

图 8-5　$N_2$ 分子中的 σ 键和 π 键示意图

中，C 的价层电子为 $2s^2p^2$，O 的价层电子为 $2s^2p^4$，C 和 O 的 2p 轨道上各有 2 个未成对电子，可以形成一个 σ 键和一个 π 键。此外，C 原子的 2p 轨道上还有一个空轨道而形成配位键。配位键的形成示意如下：

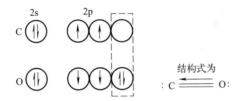

由此可见，要形成配位键应具备两个条件：①成键原子的一方至少要含有一对孤对电子；②成键原子中接受孤对电子的一方要有空轨道。所形成的配位键也分 σ 配位键和 π 配位键。

## 五、键参数

共价键的基本性质可以用某些物理量来表征，如键能、键长、键角和键的极性等，这些物理量统称键参数。

### 1. 键能（E）

键能是化学键强弱的量度。它的定义是：在一定温度和标准压力下，断裂气态分子的单位物质的量的化学键（即 $6.022 \times 10^{23}$ 个化学键），使它变成气态原子或原子团时所需要的能量，称为键能，用符号 E 表示，其单位为 $kJ \cdot mol^{-1}$。对于双原子分子，键能在数值上等于键解离能（D）；对于 $A_mB$ 或 $AB_n$ 类的多原子分子，键能在数值上等于 m 个或 n 个键的解离能的平均值。表 8-2 列出了一些化学键的平均键能。从表中数据看出，共价键是一种很强的结合力。键能越大，表明该键越牢固，断裂该键所需要的能量越大。故键能可作为表征共价键牢固程度的参数。

### 2. 键长（l）

分子中成键的两原子核间的平衡距离（即核间距），称为键长或键距，常用单位为 pm，用 X 射线衍射法可以精确地测得各种化学键的键长。表 8-2 列举了些共价键的键长。

一般情况下，键合原子的半径越小，成键的电子对越多，其键长越短，键能越大，共价键就越牢固。

表 8-2　一些共价键的键长和键能

| 键 | 键长 $l$/pm | 键能 $E$/(kJ·mol$^{-1}$) | 键 | 键长 $l$/pm | 键能 $E$/(kJ·mol$^{-1}$) |
|---|---|---|---|---|---|
| H—H | 74 | 436 | C—H | 109 | 414 |
| C—C | 154 | 347 | C—N | 147 | 305 |
| C=C | 134 | 611 | C—O | 143 | 360 |
| C≡C | 120 | 837 | C=O | 121 | 736 |
| N—N | 145 | 159 | C—Cl | 177 | 326 |
| O—O | 148 | 142 | N—H | 101 | 389 |
| Cl—Cl | 199 | 244 | O—H | 96 | 464 |
| Br—Br | 228 | 192 | S—H | 136 | 368 |
| I—I | 267 | 150 | N≡N | 110 | 946 |
| S—S | 205 | 264 | F—F | 128 | 158 |

### 3. 键角（α）

在分子中键与键之间的夹角，称为键角。键角是反映分子几何构型的重要参数之一。对于双原子分子，分子的形状总是直线型的。对于多原子分子，由于原子在空间排列不同，所以有不同的键角和几何构型。键角由实验测得。

一般来说，如果知道一个分子中所有共价键的键长和键角，这个分子的几何构型就能确定。例如，$H_2O$ 分子中 O—H 键的键长和键角分别为 96pm 和 104.45°，说明水分子是 V 形结构。一些分子的键长、键角和几何构型见表 8-3。

表 8-3　一些分子的键长、键角和几何构型

| 分子 | 键长 $l$/pm | 键角 $\alpha$ | 几何构型 |
|---|---|---|---|
| $HgCl_2$ | 234 | 180° | 直线型 |
| $CO_2$ | 116.6 | 180° | |
| $H_2O$ | 96 | 104.5° | 折线形（角形、V形） |
| $SO_2$ | 143 | 119.5° | |
| $BF_3$ | 131 | 120° | 三角形 |
| $SO_3$ | 143 | 120° | |
| $NH_3$ | 101.5 | 107°18′ | 三角锥形 |
| $SO_3^{2-}$ | 151 | 106° | |
| $CH_4$ | 109 | 109.5° | 四面体形 |
| $SO_4^{2-}$ | 149 | 109.5° | |

### 4. 共价键的极性

键的极性考虑的是化学键中正、负电荷中心是否重合。若化学键中正、负电荷中心重

合，则键无极性，反之键有极性。根据键的极性可将共价键分为非极性共价键和极性共价键。

由同种原子组成的共价键，如单质分子 $H_2$、$O_2$、$N_2$ 等分子中的共价键，电子云在两核中间均匀分布（并无偏向），这类共价键称为非极性共价键。

另一些化合物如 $HCl$、$CO$、$H_2O$、$NH_3$ 等分子中的共价键是由不同元素的原子形成的。由于电负性不同，对电子对的吸引能力也不同，所以共用电子对会偏向电负性较大的原子，使其带负电荷，而电负性较小的原子带正电荷，键的两端出现了正、负极，正、负电荷中心不重合。这样的共价键称为极性共价键。

键的极性大小取决于成键两元素原子的电负性差值。电负性差值越大，键的极性就越强。如果两个成键原子的电负性差值足够大，致使共用电子对完全转移到另一原子上而形成正负离子，这样的极性键就是离子键。从极性大小的角度，可将非极性共价键和离子键看成是极性共价键的两个极端，或者说极性共价键是非极性共价键和离子键之间的某种过渡状态。

# 第三节　杂化轨道理论

价键理论简明地阐明了共价键的形成过程和本质，也成功解释了共价键的方向性和饱和性，但在解释一些分子的空间结构方面却遇到了困难。例如，$CH_4$ 分子的形成，按照价键理论，C 原子只有两个未成对的电子，只能与两个 H 原子形成两个共价键，而且键角应该大约为 $90°$，但这与实验事实不符，因为 C 与 H 可形成 $CH_4$ 分子，其空间构型为正四面体，$\angle HCH = 109°28'$。为了更好地解释多原子分子的实际空间构型和性质，1931 年鲍林提出了杂化轨道理论，丰富和发展了现代价键理论。1953 年，我国化学家唐敖庆等统一处理了 s-p-d-f 轨道杂化，提出了杂化轨道的一般方法，进一步丰富了杂化轨道理论的内容。

## 一、杂化轨道理论的基本要点

杂化轨道理论从电子具有波动性、波可以叠加的观点出发，认为在一个原子和其他原子形成分子时，中心原子所用的原子轨道（即波函数）不是原来纯粹的 s 轨道或 p 轨道，而是由若干个不同类型、能量相近的原子轨道经过叠加混杂，重新分配轨道的能量和调整空间伸展方向，所组成的同等数目的能量完全相同的新的原子轨道——杂化轨道，以满足化学结合的需要。这个过程被称为原子轨道的杂化。

下面以 $CH_4$ 分子的形成为例加以说明。

基态 C 原子的外层电子构型为 $2s^2 2p_x^1 2p_y^1$。在与 H 原子结合时，2s 上的 1 个电子被激发到 $2p_z$ 轨道上，C 原子以激发态 $2s^1 2p_x^1 2p_y^1 2p_z^1$ 参与化学结合。当电子从 2s 激发到 2p 上需要能量，但由于可多生成 2 个共价键，因此可放出更多的能量而得到补偿。

在成键之前，激发态 C 原子的 4 个单电子分占的轨道 2s、$2p_x$、$2p_y$、$2p_z$ 会互相"混杂"，线性组合成 4 个新的完全等价的杂化轨道。经杂化后的轨道一头大，一头小，其方向指向正四面体的四个顶角，能量不同于原来的原子轨道（见图 8-6）。

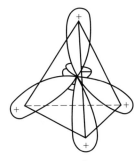

图 8-6　$sp^3$ 杂化轨道示意图

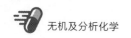 

所形成的 4 个 $sp^3$ 杂化轨道与 4 个 H 原子的 1s 轨道重叠，形成（$sp^3$-s）$\sigma$ 键，生成 $CH_4$ 分子。

在杂化轨道成键时，同样要满足原子轨道最大重叠原理。由于杂化轨道的电子云分布更为集中，且杂化轨道的成键能力比未杂化的各原子轨道的成键能力强，故形成 $CH_4$ 分子后体系能量降低，且分子的稳定性增强。

$CH_4$ 分子形成的整个杂化过程可示意如下：

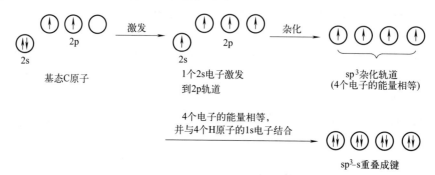

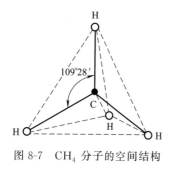

图 8-7　$CH_4$ 分子的空间结构

化合物的空间构型是由满足原子轨道最大重叠的方向所决定的。在 $CH_4$ 分子中，4 个 $sp^3$ 杂化轨道指向正四面体的四个顶点，故四个 H 原子的 1s 轨道在正四面体的 4 个顶点方向与 4 个杂化轨道重叠最大。这决定了 $CH_4$ 的空间构型为正四面体，4 个 H—C—H 键间的夹角为 $109°28'$（图 8-7）。

由以上讨论可归纳得到杂化轨道理论的基本要点如下：

① 在同一个原子中，能量相近的原子轨道之间可以通过叠加混杂，形成成键能力更强的一组新的原子轨道，即杂化轨道。

② 当原子轨道杂化时，原已成对的电子可以激发到空轨道中而成为单个电子，其激发所需的能量可以由再次成键时所放出的能量得到补偿。

③ $n$ 个原子轨道杂化后只能得到 $n$ 个能量相等、空间取向不同的杂化轨道。

必须注意：孤立的原子轨道本身不会杂化形成杂化轨道，只有当原子相互结合形成分子，需要满足原子轨道的最大重叠时，才会使原子内原来的轨道发生杂化，以获得更强的成键能力。

## 二、杂化轨道的类型

根据参与杂化的原子轨道的种类和数目的不同，可将杂化轨道分成以下几类。

### 1. sp 杂化

同一原子的 1 个 $ns$ 轨道和 1 个 $np$ 轨道进行杂化，形成 2 个等价的 sp 杂化轨道的过程称为 sp 杂化。每个 sp 杂化轨道含 1/2 的 $ns$ 轨道和 1/2 的 $np$ 轨道的成分，轨道呈一头大、一头小，两个 sp 杂化轨道之间的夹角为 $180°$，两个 sp 杂化轨道呈直线型。

例如，在气态 $HgCl_2$ 分子的形成中，基态 Hg 原子的价层电子构型为 $5d^{10}6s^2$，且无未成对电子，似乎不能再形成共价键，但 Hg 的 1 个 6s 电子可以激发进入 6p 轨道，发生 sp 杂化，形成 2 个等价的 sp 杂化轨道，分别与 2 个 Cl 的 3p 轨道沿键轴方向重叠，生成 2 个

（sp-p）σ 键，故 HgCl$_2$ 分子呈直线型，如图 8-8 所示。

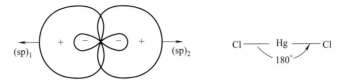

图 8-8   sp 杂化轨道示意图与分子的几何构型

此外，CO$_2$ 分子、[Ag(NH$_3$)$_2$]$^+$ 离子以及周期表 ⅡB 族的 Zn、Cd、Hg 元素的某些共价化合物，例如 ZnCl$_2$、BeCl$_2$ 等，其中心原子也是采取 sp 杂化的方式与其他原子结合的。

### 2. sp$^2$ 杂化

同一原子的 1 个 $ns$ 轨道和 2 个 $np$ 轨道进行杂化，形成 3 个等价的 sp$^2$ 杂化轨道的过程称为 sp$^2$ 杂化。每个 sp$^2$ 杂化轨道含有 1/3 的 $ns$ 轨道成分和 2/3 的 $np$ 轨道成分，轨道呈一头大、一头小，各 sp$^2$ 杂化轨道之间的夹角为 120°，3 个 sp$^2$ 杂化轨道呈平面正三角形分布。

例如，在 BF$_3$ 分子的形成中，基态 B 原子的外层电子构型为 2s$^2$2p$^1$，似乎只能形成一个共价键。按杂化轨道理论，成键时 B 的一个 2s 电子被激发到空的 2p 轨道上。故激发态 B 原子的外层电子构型为 2s$^1$2p$_x$$^1$2p$_y$$^1$。B 采取 sp$^2$ 杂化，形成 3 个等价的 sp$^2$ 杂化轨道，指向平面三角形的 3 个顶点，并分别与 3 个 F 的 2p 轨道重叠，形成 3 个（sp$^2$-p）σ 键，键角为 120°，所以，BF$_3$ 分子呈平面三角形，这与实验事实完全相符，如图 8-9 所示。

除 BF$_3$ 外，其气态卤化硼分子，例如 BCl$_3$ 以及 NO$_3^-$、CO$_3^{2-}$ 等离子的中心原子也是采取 sp$^2$ 杂化成键的。

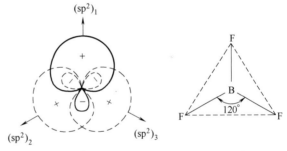

图 8-9   sp$^2$ 杂化轨道示意图与分子的几何构型

### 3. sp$^3$ 杂化

同一原子的 1 个 $ns$ 轨道和 3 个 $np$ 轨道进行杂化，形成 4 个等价的 sp$^3$ 杂化轨道，每个 sp$^3$ 杂化轨道含 1/4 的 $ns$ 轨道成分和 3/4 的 $np$ 轨道成分，轨道呈一头大、一头小，并分别指向正四面体的 4 个顶点，各 sp$^3$ 杂化轨道间的夹角为 109.28'。例如 CH$_4$ 分子呈四面体构型（见图 8-10）。

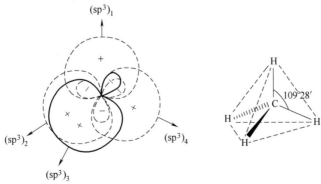

图 8-10   sp$^3$ 杂化轨道示意图与分子的几何构型

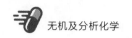 

除 $CH_4$ 分子外，$CCl_4$、$CHCl_3$、$CF_4$、$SiH_4$、$SiCl_4$、$CeCl_4$、$ClO_4^-$ 等分子或离子的中心原子也是采取 $sp^3$ 杂化方式成键的。

注意：不仅 $ns$、$np$ 原子轨道可以杂化，而且能量相近的 $np$、$(n-1)d$ 原子轨道也可以参与杂化，并得到 s-p-d 型杂化轨道。

### 4. 不等性杂化

以上讨论的 3 种 s-p 杂化方式中，参与杂化的均是含有未成对电子的原子轨道，每一种杂化方式所得杂化轨道的能量、成分都相同，其成键能力也必然相等，这样的杂化轨道被称为等性杂化轨道。

但若中心原子有不参与成键的孤对电子，并且孤对电子所占有的原子轨道参与了杂化，便可形成能量不等、成分不完全相同的新的杂化轨道，这类杂化轨道被称为不等性杂化轨道。例如，$NH_3$、$H_2O$ 分子就属于这一类。

基态 N 原子的外层电子构型为 $2s^2 2p_x^1 2p_y^1 2p_z^1$，成键时，这 4 个价电子轨道发生了 $sp^3$ 杂化，得到 4 个 $sp^3$ 杂化轨道，其中有 3 个 $sp^3$ 杂化轨道分别被未成对电子占有，并和 3 个 H 原子的 1s 电子形成 3 个 σ 键。第 4 个 $sp^3$ 杂化轨道则为孤对电子所占有，该孤对电子未与其他原子共用，不参与成键，故较靠近 N 原子，其电子云较密集于 N 原子的周围，从而对其他 3 个被成键电子对占有的 $sp^3$ 杂化轨道产生较大排斥作用，且 3 个 σ 键的键角从 $109°28'$ 被压缩到 $107°18'$，故 $NH_3$ 分子呈三角锥形（见图 8-11）。

同理，在 $H_2O$ 分子中，氧原子采取 $sp^3$ 不等性杂化，有两个 $sp^3$ 杂化轨道分别被孤对电子所占有，对其他两个被成键电子对所占有的 $sp^3$ 杂化轨道的排斥更大，使键角被压缩到 $104°45'$。故 $H_2O$ 分子的空间构型呈 V 形（见图 8-12）。

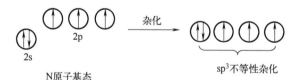

(a) N的杂化过程

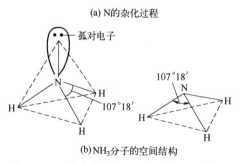

(b) $NH_3$ 分子的空间结构

图 8-11 N 的杂化与 $NH_3$ 分子的空间结构

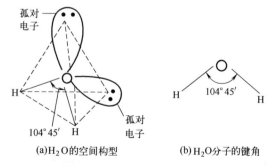

(a) $H_2O$ 的空间构型     (b) $H_2O$ 分子的键角

图 8-12 $H_2O$ 分子的空间结构

杂化轨道理论成功地解释了许多分子的键合状况以及分子的形状、键角等。但是由于过分强调了电子对的定域性，因而对有些实验事实如光谱和磁性（例如氧分子的顺磁性）等无法加以解释。

# 第四节 分子间作用力与氢键

除分子中有化学键外，在分子与分子之间还存在着比化学键弱得多的相互作用力，称为分子间力。气态物质能凝聚成液态，液态物质能凝固成固态，正是分子间力作用的结果。分子间力是 1873 年由荷兰物理学家范德瓦耳斯首先发现并提出的，故又称范德瓦耳斯力。它是决定物质熔点、沸点、溶解度等物理性质的一个重要因素。

## 一、分子的极性和变形性

### 1. 分子的极性和偶极矩

在共价键分子中，存在带正电荷的原子核和带负电荷的电子。整个分子是电中性的，可设想分子中的两种电荷分别集中于一点，分别称为正电荷中心和负电荷中心，即"＋"极和"－"极。如果两个电荷中心之间存在一定距离，即形成偶极，这样的分子就有极性，称为极性分子。如果两个电荷中心重合，分子就无极性，称为非极性分子。

对于由共价键结合的双原子分子，键的极性和分子极性是一致的。例如 $H_2$、$O_2$、$N_2$、$Cl_2$ 等分子都是由非极性共价键结合的，它们是非极性分子；HI、HBr、HCl、HF 等分子由极性共价键结合，它们都是极性分子。

对于由共价键结合的多原子分子，除考虑键的极性外，还要考虑分子空间构型。例如：$CH_4$、$SiH_4$、$CCl_4$、$SiCl_4$ 等分子呈正四面体中心对称结构，$CO_2$ 分子呈直线型中心对称结构，故这些分子都属于非极性分子。而在 $H_2O$、$NH_3$、$SiCl_3H$ 等分子中，键都是极性的，而 $H_2O$ 是 V 形的，$NH_3$ 是三角锥形的，$SiCl_3H$ 是变形四面体结构，其分子结构无中心对称成分，所以这些分子是极性的。

分子极性的大小通常用偶极矩（$\mu$）来衡量。偶极矩的定义为分子中正电荷中心或负电荷中心上的电荷量（$q$）与正、负电荷中心间距离（$d$）的乘积：

$$\mu = qd$$

偶极矩又称偶极长度，其单位是 C·m（库仑·米）。它是一个矢量，规定方向是从正极到负极。双原子分子的偶极矩示意如图 8-13。分子偶极矩的大小可通过实验测定，但无法单独测定 $q$ 和 $d$。表 8-4 列出了一些分子的偶极矩。

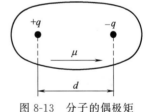

图 8-13 分子的偶极矩

$\mu = 0$ 的分子为非极性分子，$\mu \neq 0$ 的分子为极性分子。$\mu$ 值越大，分子的极性越强。分子的极性既与化学键的极性有关，又与分子的几何构型有关，所以测定分子的偶极矩，有助于比较物质极性的强弱和推断分子的几何构型。

表 8-4 一些物质分子的偶极矩与几何构型

| 分子式 | $\mu / \times 10^{-30} \mathrm{C \cdot m}$ | 分子构型 | 分子式 | $\mu / \times 10^{-30} \mathrm{C \cdot m}$ | 分子构型 |
|---|---|---|---|---|---|
| $H_2$ | 0 | 直线型 | $SO_2$ | 5.33 | 折线形 |
| $N_2$ | 0 | 直线型 | $H_2O$ | 6.17 | 折线形 |
| $CO_2$ | 0 | 直线型 | $NH_3$ | 4.90 | 三角锥形 |
| $CS_2$ | 0 | 直线型 | HCN | 7.85 | 直线型 |
| $CH_4$ | 0 | 正四面体形 | HF | 6.37 | 直线型 |
| CO | 0.40 | 直线型 | HCl | 3.57 | 直线型 |
| $CHCl_3$ | 3.50 | 四面体形 | HBr | 2.67 | 直线型 |
| $H_2S$ | 3.67 | 折线形 | HI | 1.40 | 直线型 |

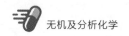 

### 2. 分子的变形性

前面所说的极性和非极性分子，只是考虑了孤立分子电荷分布的情况。若将非极性分子放入电场中，受电场作用，分子中的带正电荷的核被吸向负极，带负电的电子云被吸向正

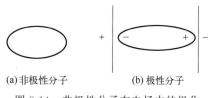

(a)非极性分子 　　(b)极性分子

图 8-14　非极性分子在电场中的极化

极，使正、负电荷中心发生位移（如图 8-14），分子发生了变形，非极性分子就变成了极性分子，这样所形成的偶极称为诱导偶极。外电场消失时，诱导偶极也随之消失，分子恢复为原来的非极性分子。

极性分子本身存在的正、负两极被称为固有偶极。当分子进入外电场后，固有偶极的正极转向负电场，负极转向正电场，进行定向排列（如图 8-15），这个过程称为取向。同时，在电场作用下分子也会发生变形，产生诱导偶极。所以，极性分子在外电场中的偶极是永久偶极与诱导偶极之和，分子的极性也进一步增强。外电场消失时，诱导偶极也随之消失，但永久偶极不变。

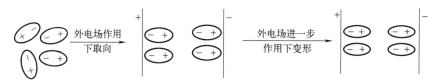

图 8-15　极性分子在电场中的极化

非极性分子或极性分子受外电场作用而产生诱导偶极的过程，称为分子的极化或变形极化。分子受极化后，外形发生改变，称为分子的变形。电场越强，产生的诱导偶极也越大，分子变形性越大；另一方面，分子越大，所含电子越多，它的变形性也越大。

分子的取向、极化和变形不仅在外电场作用下发生，在相邻分子间也可以发生，这是由于极性分子的分子固有偶极可相当于无数个微小电场。因此，极性分子与极性分子、极性分子与非极性分子相邻时，同样也会发生极化作用，这种极化作用对分子间作用力的产生有重要影响。

## 二、分子间力

分子间力是一类弱作用力。化学键的键能达 $10^2 kJ \cdot mol^{-1}$，甚至为 $10^3 kJ \cdot mol^{-1}$，而分子间力的能量只达 $10^{-2} \sim 10^{-1} kJ \cdot mol^{-1}$，比化学键弱得多。相对于化学键，大多数分子间的力是短程作用力，只有当分子或基团距离很近时，才显现出来。

分子具有极性和变形性是分子间产生作用力的根本原因。

### 1. 范德瓦耳斯力

范德瓦耳斯力最早是由范德瓦耳斯研究实际气体对理想气体状态方程的偏差提出来的。范德瓦耳斯力普遍地存在于固、液、气态任何微粒之间，微粒相离稍远，就可忽略。范德瓦耳斯力没有方向性和饱和性，不受微粒之间的方向与个数的限制。范德瓦尔斯力分为取向力、诱导力和色散力。

（1）取向力。极性分子本身存在的正、负两极被称为固有偶极。当两个极性分子充分靠近时，固有偶极就会发生同极相斥、异极相吸的定向（或有序）排列。这种极性分子与极性分子之间的固有偶极之间的静电引力，被称为取向力，又叫定向力。取向力只有极性分子与极性分子之间才存在。取向力的本质是静电引力，其大小决定于极性分子的偶极矩。如图 8-16 所示，如果分子的极性越强，偶极矩越大，那么取向力越大。例如，HCl、HBr、HI 的偶极矩依次减小，因而其取向力依次减小。此外，取向力还受温度的影响，温度越高，取向力越弱。

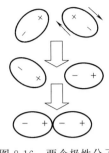

图 8-16　两个极性分子
相互作用力示意图

对于大多数极性分子，取向力仅占范德瓦耳斯力构成中的很小份额，只有少数强极性分子例外。

（2）诱导力。极性分子的固有偶极是个微小的电场。当非极性分子与其充分靠近时，就会被极性分子所极化（在电场作用下，分子正、负电荷的中心发生偏离，而产生或增大偶极的现象），进而产生诱导偶极。这种诱导偶极与极性分子的固有偶极之间的静电引力，被称为诱导力。诱导力存在于极性分子与极性分子之间、极性分子与非极性分子之间。如图 8-17 所示。诱导力的本质是静电引力，其大小取决于极性分子的固有偶极矩大小和被诱导分子变形性的大小所决定的诱导偶极矩。极化率越大，分子越容易变形，在同一固有偶极矩作用下，产生的诱导偶极矩就越大；极化率相同的分子在固有偶极矩较大的分子作用下，产生的诱导力也较大。分子间的距离越大，诱导力越弱，且诱导力随距离增大而迅速减小。诱导力与温度无关。

（3）色散力。非极性分子的偶极矩为零，似乎不存在相互作用。事实上，分子内的原子核和电子在一刻不停地运动。在某一瞬间，正、负电荷的中心发生相对位移，使分子产生瞬时偶极。当两个或多个非极性分子在一定条件下充分靠近时，就会由于瞬时偶极而发生异极相吸的作用。这种由瞬时偶极而产生的相互作用力，被称为色散力。图 8-18 为产生色散力的示意图。

图 8-17　极性分子与非极性分子
相互作用的示意图

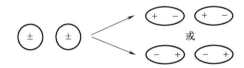

图 8-18　产生色散力示意图

瞬时偶极很短暂，瞬间即逝。但由于原子核和电子时刻在运动，瞬时偶极不断出现，异极相邻的状态也时刻出现，因此分子间始终存在色散力。任何分子都会产生瞬时偶极，因此色散力不仅存在于非极性分子之间，也存在于极性分子与极性分子之间、极性分子与非极性分子之间。通常色散力的大小随分子的变形性增大而增大。

色散力的本质是静电引力。通常组成、结构相似的分子，只要分子量越大，或分子越易变形，其色散力就越大。例如，稀有气体从 He 到 Xe，卤素单质从 $F_2$ 到 $I_2$，卤化硼从 $BF_3$ 到 $BI_3$，卤素氢化物 HF 到 HI 等，随着分子量的增大，其色散力递增。色散力没有方向，但分子的瞬时偶极矩的矢量方向在时刻变动着。

在三种分子间力中，色散力不仅是所有分子都有的最普遍存在的范德瓦耳斯力，而且经常是范德瓦耳斯力的主要构成——取向力次之，诱导力最小。表 8-5 列出了部分分子间力的构成情况。

在通常情况下，分子间力以色散力为主（强极性分子例如 HF、$H_2O$ 等极性非常大的

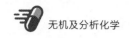 

物质除外）。

### 2. 分子间力对物质性质的影响

（1）对物质熔点、沸点的影响。共价化合物的熔化与汽化需要克服分子间力。若分子间力越强，则物质的熔点、沸点越高。在元素周期表中，由同族元素生成的单质或同类化合物，其熔点、沸点随着分子量的增大而升高。

例如，按 He、Ne、Ar、Kr、Xe 的顺序，分子量增加，分子体积增大，变形性增大，色散力也增大，故熔点、沸点因此升高。卤素单质是非极性分子。在常温下，$F_2$ 和 $Cl_2$ 是气体，$Br_2$ 是液体，而 $I_2$ 是固体，也反映了从 $F_2$ 到 $I_2$ 色散力依次增大的事实。卤化氢分子是极性分子，按 HCl、HBr、HI 的顺序，分子的偶极矩递减，变形性递增，故分子间的取向力和诱导力依次减小，且色散力明显增大，致使这几种物质的熔点、沸点依次升高（见表 8-6）。这也说明，在分子间色散力起主要作用。

表 8-5　部分分子间力的分配情况　　　　单位：$kJ \cdot mol^{-1}$

| 分子 | 取向力 | 诱导力 | 色散力 | 总和 |
| --- | --- | --- | --- | --- |
| Ar | 0.000 | 0.000 | 7.5 | 7.5 |
| CO | 0.003 | 0.008 | 7.75 | 7.76 |
| HI | 0.025 | 0.113 | 25.87 | 26.00 |
| HBr | 0.69 | 0.502 | 21.94 | 23.11 |
| HCl | 3.31 | 1.00 | 16.83 | 21.14 |
| $NH_3$ | 13.31 | 1.55 | 14.95 | 27.80 |
| $H_2O$ | 36.39 | 1.93 | 7.00 | 47.31 |

表 8-6　卤化氢的熔点、沸点　　　　单位：℃

| 卤化氢 | HF | HCl | HBr | HI |
| --- | --- | --- | --- | --- |
| 沸点 | −83 | −115 | −87 | −51 |
| 熔点 | 20 | −85 | −67 | −35 |

（2）对溶解性的影响。结构相似的物质易于相互溶解。极性分子易溶于极性溶剂之中，非极性分子易溶于非极性溶剂之中，这个规律被称为"相似相溶"规律。原因是这样溶解时，前后分子间力的变化较小。

例如，极性相似的 $NH_3$ 和 $H_2O$ 有较强的互溶能力，非极性的碘单质（$I_2$）易溶于非极性的苯或四氯化碳（$CCl_4$）溶剂中，而难溶于水。

依据"相似相溶"规律，在工业生产中和实验室中可以选择合适的溶剂进行物质的溶解或混合物的萃取、分离。

## 三、氢键

### 1. 氢键的形成

我们已经知道，对于结构相似的同系列物质的熔点、沸点，一般随分子量的增大而升高，卤素氢化物的性质随着分子量的增大而递变，但第一个元素氟的氢化物却有些例外。在第Ⅵ A 族的氢化物中，$H_2O$ 的性质也很特殊。从图 8-19 中按分子量减小的次序推测，HF、$H_2O$、$NH_3$ 的沸点应分别比 HCl、$H_2S$、$PH_3$ 更低，但实际上却要高得多。此外，氢氟酸的酸性比其他氢卤酸也显著减弱。

HF、$H_2O$ 和 $NH_3$ 的性质的反常现象说明了 HF 分子之间、$H_2O$ 分子之间和 $NH_3$ 分子之间有很大的作用力。说明这些分子间除了范德瓦耳斯力外，还存在着另一种作用力，致使这些简单的分子成为结合分子，分子缔合的重要原因是分子间形成了氢键。氢键是一种特殊的分子间力。在 HF 分子中，由于 F 原子电负性大、半径小，共用电子对强烈偏向 F 原子一边，而使氢原子几乎成为裸露的质子，这样氢原子就可以和相邻 HF 分子中的 F 原子的孤对电子相吸引，这种静电引力称为氢键。（其中虚线表示氢键）：

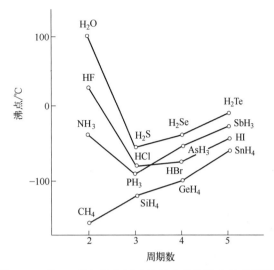

图 8-19　ⅣA～ⅦA 族各元素的氢化物的沸点递变情况

氢键可用 X—H⋯Y 表示，其中 X、Y 代表电负性大、半径小且有孤对电子的原子，一般是 F、N、O 等原子。X、Y 可以是同种原子，也可以是不同种原子。氢键既可在同种分子或不同分子之间形成，又可在分子内形成（例如 $HNO_3$ 或 $H_3PO_4$ 中）。

分子间氢键：

$$H—C \overset{O \cdots H—O}{\underset{O—H \cdots O}{}} C—H$$

甲酸缔合成二聚物

分子内氢键：

如在苯酚的邻位上有—CHO、—COOH、—OH、—$NO_2$ 等时可形成氢键的螯合环。

与共价键相似，氢键也有方向性和饱和性。每个 X—H 只能与一个 Y 原子相互吸引形成氢键。Y 与 H 形成氢键时，尽可能采取 X—H 键键轴方向，使 X—H⋯Y 在一条直线上。

## 2. 氢键对化合物性质的影响

氢键的强度超过一般分子间力，但远不及正常化学键，基本上属于静电吸引作用，键能在 $41.84kJ \cdot mol^{-1}$ 以下，如 HF 的氢键键能为 $28kJ \cdot mol^{-1}$。氢键的形成会对某些物质的物理性质产生一定的影响。例如对于 $NH_3 \cdot H_2O$ 和 HF，欲使固体熔化或液体汽化，除了要克服纯粹的分子间力外，还必须额外地提供一份能量来破坏分子间的氢键。因此，其熔、沸点比同族内的其他氢化物要高。如果溶质分子与溶剂分子间能形成氢键，将有利于溶质的溶解。$NH_3$ 在水中有较大的溶解度就与此有关。液体分子间若有氢键存在，其黏度一般较大。例如，甘油、磷酸、浓硫酸都是因为分子间有多个氢键存在，通常为黏稠状的液体。

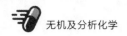 

分子内氢键常使物质的熔、沸点降低。例如在邻硝基苯酚中，羟基上的氢原子可与硝基上的氧原子形成分子内氢键。间硝基苯酚和对硝基苯酚则没有这种分子内氢键，只有分子间氢键。所以邻硝基苯酚的熔点比间硝基苯酚和对硝基苯酚的熔点低，且邻硝基苯酚比间硝基苯酚、对硝基苯酚更不易溶于水，而更易溶于非极性溶剂中。如图 8-20 所示为邻、间、对硝基苯酚的分子结构。

熔点：　　45℃　　　　96℃　　　　　114℃

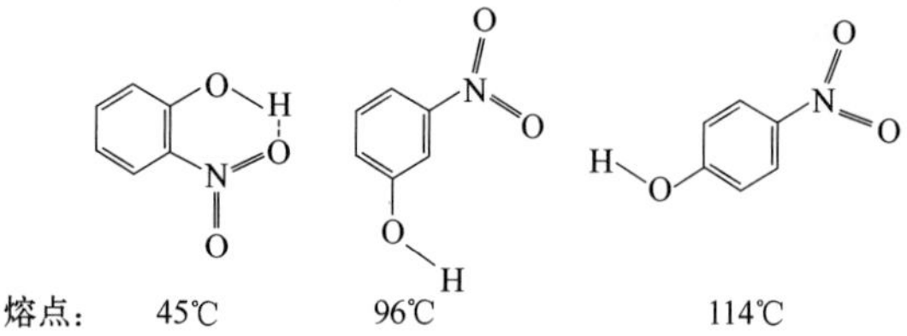

图 8-20　邻、间、对硝基苯酚的分子结构

# ? 习题

## 一、填空题

1. σ键是原子轨道_____方式重叠。π键是原子轨道_____方式重叠。

2. $BF_3$ 分子使用_____杂化轨道成键，所以分子构型为_____；而 $NF_3$ 分子使用_____杂化轨道成键，所以分子构型是_____。

3. $CCl_4$ 分子中，C—Cl 键是_____性共价键；但由于分子的_____，所以 $CCl_4$ 分子是_____。

4. $I_2$ 易溶于 $CCl_4$ 溶剂中，是由于两分子间的_____力。

5. He、Ne、Ar、Kr、Xe 均为_____原子分子，在它们的分子之间只存在_____力，它们的沸点高低顺序为_____。

6. $NH_3$、$PH_3$、$AsH_3$、$SbH_3$ 四种氢化物的沸点高低顺序为_____，$NH_3$ 分子间除存在_____三种力外，还有_____。

7. 使水沸腾需要削弱水分子间的_____，而使水分解需要削弱水分子中的_____。

## 二、是非题

1. $CCl_4$、$CH_3Cl$ 和 $CH_2Cl_2$ 都是 $sp^3$ 杂化，所以都是正四面体形，键角都是 107.5°。
　　　　　　　　　　　　　　　　　　　　　　　　　　　　（　　）

2. 如果 $AB_2$ 分子是直线型的，那么中心原子上一定没有孤电子对。　（　　）

3. 由极性共价键形成的分子都是极性分子。　　　　　　　　　　（　　）

4. HCN 是直线型分子，所以是非极性分子。　　　　　　　　　　（　　）

5. $H_2O_2$ 和 $C_2H_2$ 分子中的化学键都有极性，所以分子也有极性。　（　　）

6. 极性分子中一定有极性键存在，有极性键的分子不一定是极性分子。（　　）

7. 偶极矩为零的分子是非极性分子。　　　　　　　　　　　　　（　　）

8. 分子间的范德瓦耳斯力与分子大小很有关系，结构相似的情况下，分子越大，范德瓦耳斯力也越大。　　　　　　　　　　　　　　　　　　　　　　（　　）

9. 原子之间的作用力按下列顺序增加：取向力＜氢键＜共价键。　（　　）

10. 过渡元素都是金属，它们不与非金属元素形成共价键。　　　　（　　）

## 三、选择题

1. 下列分子中，哪一个分子中有 π 键？（　　　）
A. $NH_3$　　　　　　　B. CO　　　　　　　C. $CuCl_2$　　　　　　D. $CS_2$

2. 原子轨道沿两核连线以"肩并肩"方式进行重叠的是（　　　）。

A. σ 键　　　　　　　　B. π 键　　　　　　　　C. 氢键　　　　　　　　D. 离子键

3. $PCl_3$ 分子中，与 Cl 成键的 P 采用的轨道是（　　　）。

A. $p_x$、$p_y$ 和 $p_z$ 轨道　　　　　　　　　　B. 三个 $sp^2$ 杂化轨道

C. 两个 sp 杂化轨道与一个 p 轨道　　　　　　D. 四个 $sp^3$ 杂化轨道

4. 下列各键中哪一种键的极性最小？（　　　）

A. H—F　　　　　　　　B. O—F　　　　　　　　C. C—F　　　　　　　　D. Si—F

5. 下列分子偶极矩变小的顺序是（　　　）。

A. HI，HBr，HCl，HF　　　　　　　　　　B. HF，HCl，HBr，HI

C. HBr，HCl，HF，HI　　　　　　　　　　D. HCl，HBr，HI，HF

6. 通过测定 $AB_2$ 型分子的偶极矩，总能判断（　　　）。

A. 分子的几何形状　　B. 元素的电负性差　　C. A—B 键的极性　　D. 三种都可以

7. 下列哪种物质的沸点低于 $SiCl_4$ 的沸点？（　　　）

A. $SiBr_4$　　　　　　B. $CCl_4$　　　　　　C. $GeCl_4$　　　　　　D. SiC

8. 下列关于物质内部范德瓦耳斯力的说法错误的是（　　　）。

A. 非极性分子构成的物质没有取向力

B. 诱导力在三种范德瓦耳斯力中通常是最小的

C. 分子的极性越大，取向力越大

D. 极性分子构成的物质没有色散力

9. 下列离子半径大小次序错误的是（　　　）。

A. $Mg^{2+}<Ca^{2+}$　　　　B. $Fe^{2+}>Fe^{3+}$　　　　C. $Cs^+>Ba^{2+}$　　　　D. $F^->O^{2-}$

10. 下列离子中，半径变小的顺序是（　　　）。

A. $F^-$，$Na^+$，$Mg^{2+}$，$Al^{3+}$　　　　　　　　B. $Na^+$，$Mg^{2+}$，$Al^{3+}$，$F^-$

C. $Al^{3+}$，$Mg^{2+}$，$Na^+$，$F^-$　　　　　　　　D. $F^-$，$Al^{3+}$，$Mg^{2+}$，$Na^+$

### 四、问答题

1. 试判断下列分子哪些是极性分子，哪些是非极性分子。

$BeH_2$，$H_2S$，HCl，$CCl_4$，$CHCl_3$

2. 分别指出下列各组化合物中，极性最大和极性最小的物质。

(1) LiF，NaF，KF，RbF，CsF　　　　　　(2) NaCl，$MgCl_2$，$AlCl_3$，$SiCl_4$

3. 按分子间力的分类，指出下列各组分子间存在何种类型的分子间力。

(1) 氯和四氯化碳　　(2) 氖和氨　　(3) 氟化氢和水

4. 乙醇（$C_2H_5OH$）和二甲醚（$CH_3OCH_3$）组成相同，但前者的沸点为 77.5℃，后者的沸点为 −23℃，为什么？

5. 判断下列各组分子之间存在什么形式的分子间作用力。

(1) $H_2S$ 气体分子　　　　(2) Ne 与水　　　　(3) $CH_3Br$ 气体分子

(4) $NH_3$ 气体分子　　　　(5) $Br_2$ 与 $CS_2$

6. 预测下列各组物质中熔点、沸点高低变化规律。

(1) $F_2$，$Cl_2$，$Br_2$，$I_2$　　　　(2) $Na_2S$，$SF_6$，$H_2S$

(3) $NH_3$，$PH_3$，$H_2$　　　　(4) $NH_3$，$NF_3$

7. 比较下列各组离子的半径大小，并解释之。

(1) $Mg^{2+}$ 和 $Al^{3+}$　　　　(2) $Br^-$ 和 $I^-$

(3) $Cl^-$ 和 $K^+$　　　　(4) $Cu^+$ 和 $Cu^{2+}$

# 第九章 氧化还原平衡和氧化还原滴定法

 **学习目标**

**素质目标：**

（1）氧化剂与还原剂、氧化数的升高与降低、原电池中的正极与负极等化学概念或过程都是对立统一又紧密联系的，学会正确认识对立统一的辩证关系；

（2）养成严谨认真、求真务实的良好习惯。

**知识目标：**

（1）了解氧化值的定义；

（2）掌握氧化还原反应方程式的配平；

（3）了解 Nernst 方程的意义、影响因素及其应用；

（4）理解氧化还原滴定的预处理；

（5）掌握高锰酸钾法、重铬酸钾法、碘量法的原理、特点及应用。

**能力目标：**

（1）能用电极电位判断氧化还原反应进行的方向、氧化还原反应的次序；

（2）能进行氧化还原平衡、电极电势的有关计算；

（3）熟练进行高锰酸钾法、重铬酸钾法和碘量法滴定。

## 第一节 氧化还原反应方程式的配平

大多数的酸碱反应、沉淀反应、配位反应，因为没有发生元素氧化数变化，统称为非氧化还原反应；与之相对应的另一类反应，有元素氧化数变化，称为氧化还原反应。

元素氧化数的变化是划分氧化还原反应和非氧化还原反应的主要依据，也是定义氧化剂、还原剂和配平氧化还原反应方程式不可少的概念。

## 一、氧化数

### 1. 氧化数

1970 年国际纯粹与应用化学联合会（IUPAC）较严格地定义了氧化数（又称氧化值）的概念。氧化数是指某元素一个原子的表观荷电数，这个荷电数可由假设每个化学键中的电子指定给电负性更大的原子而求得。

确定氧化数的一般规则如下：

①　在单质中，元素的氧化数为零。如白磷（$P_4$）中磷的氧化数为零，虽然白磷分子的四面体由四个 P—P 键构成，但是因为它们是由同种原子构成的键，元素的电负性相同，电子对不偏离，所以 $P_4$ 中磷的氧化数为零。

②　在离子化合物中，元素的氧化数为该元素离子的电荷数。如 $MgCl_2$ 中，镁原子的氧化数是 $+2$，氯为 $-1$。

③　在共价化合物中，把两个原子共用的电子对指定给电负性较大的原子后，各原子所具有的形式电荷数就是它们的氧化数。如在 $H_2O$ 中（H：O：H）氧元素的氧化数为 $-2$，氢为 $+1$。所以，共价化合物中的氧化数是原子在化合状态时的一种"形式电荷数"。

④　某些元素在化合物中的氧化数。通常氢在化合物中的氧化数为 $+1$，但在活泼金属（ⅠA 族和ⅡA 族）氢化物中氢的氧化数为 $-1$；通常氧的氧化数为 $-2$，但在过氧化物如 $H_2O_2$ 中为 $-1$，在氟氧化物如 $O_2F_2$ 和 $OF_2$ 中分别为 $+1$ 和 $+2$；氟的氧化数皆为 $-1$；碱金属的氧化数皆为 $+1$；碱土金属的氧化数皆为 $+2$。

⑤　在中性分子中各元素的氧化数的代数和等于零，单原子离子中元素的氧化数等于离子所带电荷数，在复杂离子中各元素的氧化数的代数和等于离子的电荷数。

从以上氧化数的定义及求算方法可以看出，氧化数是一个有一定人为性的、经验的概念；氧化数是按一定规则指定了的一种数字，它用来表征元素在化合状态时的形式电荷数。

**例 9-1**　求 $Fe_3O_4$ 中 Fe 的氧化数。

**解**　已知 O 的氧化数为 $-2$。设 Fe 的氧化数为 $x$，则

$$3x + 4 \times (-2) = 0$$

$$x = +\frac{8}{3} = +2\frac{2}{3}$$

答：铁的氧化数为 $+2\frac{2}{3}$。

**例 9-2**　求重铬酸钾（$K_2Cr_2O_7$）中铬的氧化数。

**解**　已知氧的氧化数为 $-2$，钾的氧化数为 $+1$，设铬的氧化数为 $x$，则

$$2 \times (+1) + 2x + 7 \times (-2) = 0$$

$$x = 6$$

答：铬的氧化数为 6。

由此可知，氧化数可以是整数，但也有可能是分数或小数。

### 2. 氧化数、共价键数、化合价

从以上求算氧化数的例题可以看出，由于氧化数是一种按一定规则指定了的形式电荷的数值，所以它可以是负数，也可以是正数，当然也可以是分数。

化合价的原意是相结合的原子之个数比的性质。因为在普通的化学反应中，原子是基本单元，它不可能为分数，所以化合价也不应为非整数。实际上，在 $Fe_3O_4$ 分子中 Fe 存在两种价态：$+2$ 和 $+3$ 价，其分子组成为 $FeO \cdot Fe_2O_3$。

定义了氧化数的概念后，化合价的概念可以保持原来原子个数比的意义，而不必借助于"平均化合价"等容易使化合价概念模糊的术语了。这也正是氧化数的概念在正、负化合价

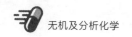 

的基础上区分出来的理由之一。20 世纪 60 年代以前，正负化合价和氧化数的概念在许多情况下是混用的。20 世纪 70 年代，IUPAC 在《无机化学命名法》中才进一步严格定义了氧化数的概念。

氧化数与原子的共价键数不是同义词。例如，一氧化碳的分子 C ≡ O 中氧的氧化数为 $-2$，碳的氧化数为 $+2$；碳和氧原子之间形成化学键的键数却为 3。在共价化合物中，元素的氧化数与共价键的化学键的键数主要区别有两点：第一，共价键的数目无正负之分，而氧化数有正负之分；第二，同一物质中同种元素的氧化数与共价键的数目不一定相同。

综上所述，氧化数是由正负化合价的概念分化发展而来，氧化数和共价键数不是同义词。

必须指出，在共价化合物中，判断元素原子的氧化数时，不要与共价键数（某元素原子形成的共价键的数目）相混淆。例如，$CH_4$、$C_2H_6$、$C_2H_4$、$C_2H_2$ 中，碳的共价键数为 4，但其氧化数则分别为 $-4$、$-3$、$-2$、$-1$。

## 二、氧化还原反应方程式的配平

氧化还原反应往往比较复杂，参加反应的物质也比较多，配平这类反应方程式不像其他反应那样容易，所以有必要介绍一下氧化还原反应方程式的配平方法。最常用的有氧化数法、离子-电子法等。

### 1. 氧化数法

氧化数法是根据氧化还原反应中元素氧化数的改变情况，按照氧化数增加数与氧化数降低数必须相等的原则来确定氧化剂和还原剂分子式前面的系数，然后再根据质量守恒定律配平非氧化还原部分的原子数目。

现以高锰酸钾与盐酸的反应为例加以说明。

① 写出反应物和生成物的分子式，标出氧化数有变化的元素的氧化数，计算出反应前后氧化数的变化值。

$$\overset{2-7=-5}{\overbrace{\phantom{KMnO_4 \cdots MnCl_2}}}$$
$$\overset{+7}{K}\overset{}{Mn}O_4 + \overset{-1}{H}Cl \longrightarrow \overset{+2}{Mn}Cl_2 + \overset{0}{Cl_2}\uparrow$$
$$\underset{2\times[0-(-1)]=+2}{\underbrace{\phantom{KMnO_4 \cdots MnCl_2}}}$$

② 根据氧化数降低总数和氧化数升高总数必须相等的原则，求出最小公倍数，在氧化剂和还原剂前面乘上适当的系数。

$$2KMnO_4 + 10HCl \longrightarrow 2MnCl_2 + 5Cl_2\uparrow$$

③ 使方程式两边的各种原子总数相等。从上面不完全方程式中可以看出，要使方程式的两边有相等数目的钾元素，右边需要 2 分子的 KCl，左边再加 6 个 HCl（即 HCl 前面的系数变为 16），这样，方程式左边已有 16 个 H 原子和 8 个氧原子，所以右边还需加 8 个 $H_2O$，才可以使方程式两边 H 和 O 原子总数相等。配平的方程式为：

$$2KMnO_4 + 16HCl = 2MnCl_2 + 5Cl_2\uparrow + 2KCl + 8H_2O$$

有时在有些反应中，同时出现几种原子被氧化，例如硫化亚铜与硝酸的反应：

$$\overset{(+1)\times2\times3}{\overbrace{\phantom{xxxx}}} \quad \overset{(-3)\times10}{\overbrace{\phantom{xxxx}}}$$
$$\overset{+1}{Cu_2}\overset{-2}{S} + \overset{+5}{H}NO_3 \longrightarrow \overset{+2}{Cu}(NO_3)_2 + H_2\overset{+6}{S}O_4 + \overset{+2}{N}O\uparrow$$
$$\underset{(+8)\times3}{\underbrace{\phantom{xxxxxxxx}}}$$

根据元素的氧化数的增加和减少必须相等的原则，$Cu_2S$ 和 $HNO_3$ 的系数分别为 3 和 10，这样可以得到下列不完全方程式：

$$3Cu_2S+10HNO_3 \longrightarrow Cu(NO_3)_2+3H_2SO_4+10NO\uparrow$$

式中 Cu、S 的原子数都已配平，对于 N 原子，发现生成 6 个 $Cu(NO_3)_2$，还需消耗 12 个 $HNO_3$，于是 $HNO_3$ 的系数变为 22：

$$3Cu_2S+22HNO_3 \longrightarrow 6Cu(NO_3)_2+3H_2SO_4+10NO\uparrow$$

最后配平 H、O 原子，找出 $H_2O$ 的分子数：

$$3Cu_2S+22HNO_3 =\!=\!= 6Cu(NO_3)_2+3H_2SO_4+10NO\uparrow+8H_2O$$

---

**例 9-3** 配平氯酸氧化白磷的反应方程式。

**解** ① 写出基本反应式，即写出反应物和它们的主要产物。

$$HClO_3+P_4+H_2O \longrightarrow HCl+H_3PO_4$$

② 标出有关元素的氧化数及其变化的数值。

氯的氧化数降低 6

$$\overset{+5}{H}ClO_3+\overset{0}{P_4}+H_2O \longrightarrow \overset{-1}{H}Cl+\overset{+5}{H_3P}O_4$$

磷的氧化数升高 20

③ 求最小公倍数

氯的氧化数降低 6×10

$$\overset{+5}{H}ClO_3+\overset{0}{P_4}+H_2O \longrightarrow \overset{-1}{H}Cl+\overset{+5}{H_3P}O_4$$

磷的氧化数升高 20×3

④ 将相应的系数分别写在氧化剂和还原剂的分子式前面，并使方程式两边的氯原子和磷原子的数目相等。

$$10HClO_3+3P_4+H_2O \longrightarrow 10HCl+12H_3PO_4$$

⑤ 配平反应前后氧化数未发生变化的原子数，箭头改等号。

$$10HClO_3+3P_4+18H_2O =\!=\!= 10HCl+12H_3PO_4$$

---

**2. 离子-电子法**

离子-电子法是根据对应的氧化剂或还原剂的半反应方程式，再按以下配平原则进行配平。

（1）反应过程中氧化剂夺得的电子数必须等于还原剂失去的电子数；

（2）根据质量守恒定律，反应前后各元素的原子总数相等。

此法配平步骤如下：

① 根据实验事实或反应规律先将反应物、生成物写成一个没有配平的离子反应方程式，例如：

$$H_2O_2+I^- \longrightarrow H_2O+I_2$$

② 再将上述反应分解为两个半反应方程式（一个是氧化反应，另一个是还原反应），并分别加以配平，使每一半反应的原子数和电荷数相等（加一定数目的电子）。

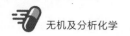

$$2I^- - 2e^- == I_2 \qquad 氧化反应$$
$$H_2O_2 + 2H^+ + 2e^- == 2H_2O \qquad 还原反应$$

值得注意的是，这里得失电子数是根据离子电荷数的变化来确定的。例如对 $I^-$ 来说，必须有 2 个 $I^-$ 氧化为 $I_2$：

$$2I^- \longrightarrow I_2$$

再根据反应式两边不但电子数要相等，同时电荷数也要相等的原则，可确定所失去电子数为 2。

对于 $H_2O_2$ 被还原为 $H_2O$ 来说，需要去掉一个 O 原子，为此可在反应式的左边加上 2 个 $H^+$（因为反应在酸性介质中进行），使所去掉的 O 原子变成 $H_2O$：

$$H_2O_2 + 2H^+ \longrightarrow 2H_2O$$

然后再根据离子电荷数可确定所得到的电子数为 2。

在半反应方程式中，如果反应物和生成物内所含的氧原子数目不同，可以根据介质的酸碱性，分别在半反应方程式中加 $H^+$、$OH^-$ 或 $H_2O$，并利用水的解离平衡使反应式两边的氧原子数目相等。

③ 根据氧化剂得到的电子数和还原剂失去的电子数必须相等的原则，以适当系数乘氧化反应和还原反应，然后将两个半反应方程式相加就得到一个配平了的离子反应方程式。

$$
\begin{array}{r|l}
1 & 2I^- - 2e^- \longrightarrow I_2 \\
+)\ \ 1 & H_2O_2 + 2H^+ + 2e^- \longrightarrow 2H_2O \\
\hline
\multicolumn{2}{c}{H_2O_2 + 2I^- + 2H^+ == 2H_2O + I_2}
\end{array}
$$

由此可见，用离子-电子法配平，可直接得到离子方程式。

---

**例 9-4** 用离子-电子法配平下列反应方程式：

$$KMnO_4 + K_2SO_3 \longrightarrow MnSO_4 + K_2SO_4$$

**解** ① 写出氧化还原反应的离子方程式。

$$MnO_4^- + SO_3^{2-} \longrightarrow Mn^{2+} + SO_4^{2-}$$

② 将离子方程式写成两个半反应式，一个代表氧化剂的还原反应，另一个代表还原剂的氧化反应。

氧化剂被还原 $\qquad MnO_4^- \longrightarrow Mn^{2+}$

还原剂被氧化 $\qquad SO_3^{2-} \longrightarrow SO_4^{2-}$

③ 分别配平两个半反应式，使半反应两边的原子数和电荷数相等。

还原半反应式：$MnO_4^-$ 还原成 $Mn^{2+}$ 时，要减少 4 个 O 原子，在酸性介质中可以加入 8 个 $H^+$，使之结合成 4 分子 $H_2O$。

$$MnO_4^- + 8H^+ \longrightarrow Mn^{2+} + 4H_2O$$

再配平电荷数，左边正负电荷抵消后净剩正电荷为 +7，右边为 +2，因此需在左边加上 5 个电子，达到左右两边电荷数相等：

$$MnO_4^- + 8H^+ + 5e^- \longrightarrow Mn^{2+} + 4H_2O$$

氧化半反应式：$SO_3^{2-}$ 氧化成 $SO_4^{2-}$ 时需要增加一个 O 原子，在酸性介质中可由 $H_2O$ 提供，同时变成 2 个 $H^+$。

$$SO_3^{2-}+H_2O \longrightarrow SO_4^{2-}+2H^+$$

上式左边的电荷为 $-2$，右边正负电荷抵消为 0，因此需在右边加上 2 个电子：

$$SO_3^{2-}+H_2O \longrightarrow SO_4^{2-}+2H^++2e^-$$

④ 根据整个反应得失电子总数相等的原则，找出两个半反应中电子得失的最小公倍数，各乘以适当系数，使反应中得失电子总数相等，然后将两式相加并消去电子。

$$2\times \left| MnO_4^-+8H^++5e^- \longrightarrow Mn^{2+}+4H_2O \right.$$
$$+) \ 5\times \left| SO_3^{2-}+H_2O \longrightarrow SO_4^{2-}+2H^++2e^- \right.$$
$$\overline{2MnO_4^-+5SO_3^{2-}+6H^++5H_2O \longrightarrow 2Mn^{2+}+5SO_4^{2-}+8H_2O}$$

⑤ 核对反应方程式两边的原子数和电荷数，然后将离子反应式改写为分子反应式，将箭头改为等号。

由于该反应在酸性介质中进行，对于所引入的酸，首先应考虑该酸的酸根离子不会参与氧化还原反应。其次，尽量不引入其他杂质。故此例中宜选用稀 $H_2SO_4$ 作为介质，最后配平的方程式如下：

$$2KMnO_4+5K_2SO_3+3H_2SO_4 =\!=\!= 2MnSO_4+6K_2SO_4+3H_2O$$

上面介绍的两种配平方法各有优缺点，对于一般简单的氧化还原反应来说，用氧化数法配平迅速，而且应用范围较广，并且不限于水溶液中的反应。离子-电子法对于配平水溶液中有介质参加的复杂反应比较方便，这个方法反映了水溶液中的反应实质，并且对于学习书写半反应方程式有帮助。但此法仅适用于配平水溶液中的反应，对于气相或固相反应式的配平则无能为力。

# 第二节　原电池与电极电势

## 一、原电池

### 1. 原电池的组成

把一块锌放入 $CuSO_4$ 溶液中，则锌开始溶解，而铜从溶液中析出。反应的离子方程式为：

$$Zn+Cu^{2+} =\!=\!= Zn^{2+}+Cu$$

这是一个可自发进行的氧化还原反应。如果采用这样的装置：在两个烧杯中分别放入 $ZnSO_4$ 和 $CuSO_4$ 溶液，在盛有 $ZnSO_4$ 溶液的烧杯中放入 Zn 片，在盛有 $CuSO_4$ 溶液的烧杯中放入 Cu 片。将两个烧杯的溶液之间用一个"盐桥"连通起来。盐桥为其中盛有电解质溶液（一般用饱和 KCl 溶液和琼脂制成胶冻，使溶液不流出，而离子又可在其中自由移动）的倒置 U 型管，如图 9-1 所示。将 Cu 片和 Zn 片用导线连接，其中串联一个灵敏电流计，我们可以观察到：①电流表指针发生偏移，说明有电流产生。②在铜片上有金属铜沉积上去，而锌片被溶解。③取出盐桥，电流表指针回至零点；放入盐桥时，电流表指针又发生偏

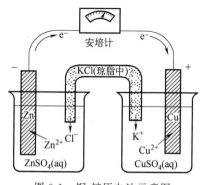

图 9-1 铜-锌原电池示意图

移。说明盐桥起了使整个装置构成通路的作用。

上述装置之所以能产生电流，是由于 Zn 易失去电子成为 $Zn^{2+}$ 进入溶液中：

$$Zn-2e^- \Longrightarrow Zn^{2+}$$

电子沿导线移向 Cu，溶液中的 $Cu^{2+}$ 在 Cu 片上接受电子而变成金属铜：

$$Cu^{2+}+2e^- \Longrightarrow Cu$$

电子定向地由 Zn 流向 Cu，形成电子流（电子流动方向和电流方向正好相反）。这种能使氧化还原反应中电子的转移直接转变为电能的装置称为原电池。

在上述反应进行的瞬间，$ZnSO_4$ 溶液由于 $Zn^{2+}$ 增多而带正电荷；$CuSO_4$ 溶液则由于 $Cu^{2+}$ 的不断沉积，$SO_4^{2-}$ 过剩而带负电荷，这样就会阻碍电子继续从 Zn 片流向 Cu。盐桥中阳离子（主要是 $K^+$）向 $CuSO_4$ 溶液迁移，阴离子（主要是 $Cl^-$）向 $ZnSO_4$ 溶液迁移，这样锌盐溶液和铜盐溶液一直保持着电中性，使锌的溶解和铜的析出过程可以继续进行。

在原电池中，组成原电池的导体（如铜片和锌片）称为电极，同时规定电子流出的电极为负，负极上发生氧化反应；电子进入的电极称为正极，正极上发生还原反应。例如，在 Cu-Zn 原电池中：

负极（Zn）： $\qquad Zn-2e^- \Longrightarrow Zn^{2+}$ $\qquad$ 发生氧化反应

正极（Cu）： $\qquad Cu^{2+}+2e^- \Longrightarrow Cu$ $\qquad$ 发生还原反应

Cu-Zn 原电池的电池反应为

$$Zn+Cu^{2+} \Longrightarrow Zn^{2+}+Cu$$

在 Cu-Zn 原电池中所进行的电池反应和 Zn 置换 $Cu^{2+}$ 的化学反应是一样的，只是原电池装置中，氧化剂和还原剂不直接接触，氧化反应、还原反应同时分别在不同的区域进行；电子不是直接从还原剂转移给氧化剂，而是经导线进行传递，这正是原电池利用氧化还原反应产生电流的原因。

### 2. 原电池的表达

上述原电池可以用下列原电池符号表示：

$$(-)Zn|ZnSO_4(c_1)\|CuSO_4(c_2)|Cu(+)$$

习惯上把负极（－）写在左边，正极（＋）写在右边。其中，"|"表示金属和溶液两相之间的接触界面；"‖"表示盐桥；$c$ 表示溶液的浓度，当溶液浓度为 $1mol \cdot L^{-1}$ 时，可不写。

每个原电池都是由两个"半电池"所组成，如 Cu-Zn 原电池就是由锌和锌盐溶液、铜和铜盐溶液所构成的两个"半电池"组成的。而每一个"半电池"又都是由同一种元素不同氧化数的两种物质所构成：一种是处于低氧化数的可作为还原剂的物质（称为还原态物质），如锌半电池中的 Zn、铜半电池中的 Cu；另一种是处于高氧化数的可作氧化剂的物质（称为氧化态物质），如锌半电池中的 $Zn^{2+}$、铜半电池中的 $Cu^{2+}$。

这种由同一种元素的氧化态物质和其对应的还原态物质所构成的整体，称为氧化还原电对。氧化还原电对习惯上用符号来表示，如 Cu 和 $Cu^{2+}$、Zn 和 $Zn^{2+}$ 所组成的氧化还原电对

可写成 $Cu^{2+}/Cu$、$Zn^{2+}/Zn$，在书写电对时，氧化型物质写在左侧，还原型物质写在右侧，中间用"/"隔开。非金属单质及其相应的离子，也可以构成氧化还原电对，例如 $H^+/H_2$ 和 $O_2/OH^-$。在用 $Fe^{3+}/Fe^{2+}$、$Cl_2/Cl^-$、$O_2/OH^-$ 等电对作为半电池时，可用金属铂或其他惰性导体作电极。以氢电极为例，可表示为 $H^+(c)\,|\,H_2\,|\,Pt$。

综上所述，用原电池符号表示原电池时，其规则如下。

① 负极写在左边，正极写在右边。

② 以双垂线"‖"表示盐桥及多孔隔膜，且两边各为原电池的一个电极。

③ 写出电极的化学组成、物态及浓度。

④ 以单垂线"|"或","表示两个相之间的界面。

⑤ 气体必须以惰性导体作为载体。

---

**例 9-5**　将下列氧化还原反应设计成原电池，并写出它的原电池符号。

$$2Fe^{2+}(1.0mol\cdot L^{-1})+Cl_2(101.325kPa)\longrightarrow$$
$$2Fe^{3+}(0.10mol\cdot L^{-1})+2Cl^-(2.0mol\cdot L^{-1})$$

**解**　电极反应如下：

还原反应（正极）：$Cl_2+2e^-\Longrightarrow 2Cl^-$

氧化反应（负极）：$Fe^{2+}-e^-\Longrightarrow Fe^{3+}$

原电池符号：$(-)\,Pt\,|\,Fe^{2+},Fe^{3+}(0.10mol\cdot L^{-1})\,\|\,Cl^-(2.0mol\cdot L^{-1})\,|\,Cl_2$ $(101.325kPa)\,|\,Pt(+)$

---

## 二、电极电势

### 1. 电极电势的产生

在 Cu-Zn 原电池中把两个电极用导线连接后就有电流产生，可见两电极之间存在一定的电势差。换句话说，构成原电池的两个电极的电势是不相等的。那么电极的电势是怎样产生的呢？

如果把金属放入其盐溶液中，则金属和其盐溶液之间产生了电势差，它可以用来衡量金属在溶液中失去电子能力的大小，也可表示金属的正离子获得电子的能力大小。早在 1889 年，德国化学家能斯特提出了双电层理论，可以用来说明金属和其盐溶液之间的电势差，以及原电池产生电流的机理。

按照 Nernst 的理论，由于金属晶体是由金属原子、金属离子和自由电子所组成，因此，如果把金属放在其盐溶液中，与电解质在水中的溶解过程相似，在金属与其盐溶液的接触界面上就会发生两个不同的过程：一个是金属表面的阳离子受极性水分子的吸引而进入溶液的过程；另一个是溶液中的水合金属离子在金属表面，受到自由电子吸引而重新沉积在金属表面的过程。当这两种方向相反的过程进行的速率相等时，即达到动态平衡：

$$M(s)\Longrightarrow M^{n+}(aq)+ne^-$$

不难理解，如果金属越活泼或溶液中金属离子浓度越小，金属溶解的趋势就越大于溶液中金属离子沉积到金属表面的趋势。当达平衡时，金属表面因聚集了金属溶解时留下的自由电子而带负电荷，溶液则因金属离子进入而带正电荷，这样，由于正、负电荷的相互吸引，在金属与其盐溶液的接触界面处就建立起由带负电荷的电子和带正电荷的金属离子所构成的

163

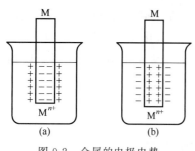

图 9-2　金属的电极电势

双电层［图 9-2（a）］。相反，金属越不活泼或溶液中金属离子浓度越大，金属溶解趋势越小于金属离子沉淀的趋势，达到平衡时金属表面因聚集了金属离子而带正电荷，而溶液则由于金属离子减少而带负电荷，这样，也构成了相应的双电层［图 9-2（b）］。这种双电层之间就存在一定的电势差。

金属与其盐溶液接触界面之间的电势差，实际上就是该金属与其溶液中相应金属离子所组成的氧化还原电对的平衡电势，简称为该金属的平衡电势。可以预料，氧化还原电对不同，对应的电解质溶液的浓度不同，它们的平衡电势也就不同。因此，若将两种不同平衡电势的氧化还原电对以原电池的方式连接起来，则在两极之间就有一定的电势差，从而产生电流。

必须指出，无论从金属进入溶液的离子或从溶液沉积到金属上的离子都非常少，用化学和物理方法还不能测定。

### 2. 标准电极电势

到目前为止，电极电势的绝对值还无法测定，只能选定某电对的电极电势作为参比标准，将其他电对的电极电势与它比较而求出各电对电极电势的相对值，犹如海拔高度是把海平面的高度作为比较标准一样。

（1）标准氢电极。标准氢电极是将铂片镀上一层蓬松的铂（称铂黑），并把它浸入 $H^+$ 浓度为 $1 mol \cdot L^{-1}$ 的稀硫酸溶液中，在 298.15K 时不断通入压力为 100kPa 的纯氢气流，这时氢气被铂黑所吸收，此时被氢气饱和了的铂片就像由氢气构成的电极一样。铂片在标准氢电极中只是作为电子的导体和氢气的载体，并未参加反应。

标准氢电极如图 9-3 所示。其电极可表示为：

$$Pt | H_2(100kPa) | H^+(1mol \cdot L^{-1})$$

$H_2$ 电极与溶液中的 $H^+$ 建立了如下平衡：

$$H_2 \Longrightarrow 2H^+ + 2e^-$$

标准氢电极的电极电势规定为零，即 $E^\ominus (H^+/H_2) = 0.0000V$。用标准氢电极与其他的电极组成原电池，只要测得该原电池的电动势，就可以计算各种电极的电极电势。如果参加电极反应的物质均处在标准态，那么这时的电极被称为标准电极，对应的电极电势被称为标准电极电势，用 $E^\ominus$ 表示。所谓的标准态是指组成电极的离子其浓度都为 $1mol \cdot L^{-1}$，气体的分压为 100kPa，液体和固体都是纯净物质。温度可以任意指定，但通常为

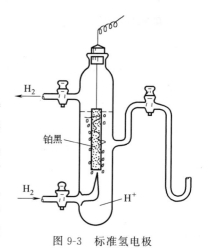

图 9-3　标准氢电极

298.15K。如果组成原电池的两个电极均为标准电极，这时的电池被称为标准电池，对应的电动势为标准电动势，用 $\varepsilon^\ominus$ 表示：

$$\varepsilon^\ominus = E^\ominus_{(+)} - E^\ominus_{(-)} \tag{9-1}$$

（2）标准电极电势的测定。电极的标准电极电势可通过实验方法测得。例如，欲测定铜电极的标准电极电势，则应组成下列电池：

$$(-)Pt | H_2(100kPa) | H^+(1mol \cdot L^{-1}) \parallel Cu^{2+}(1mol \cdot L^{-1}) | Cu(+)$$

测定时，根据电势计指针偏转方向，可知电流是由铜电极通过导线流向氢电极（电子由氢电极流向铜电极），所以氢电极是负极，铜电极为正极。测得此电池的电动势（$\varepsilon^{\ominus}$）为 0.337V。则得到：

$$\varepsilon^{\ominus}=E^{\ominus}_{(+)}-E^{\ominus}_{(-)}=E^{\ominus}(Cu^{2+}/Cu)-E^{\ominus}(H^+/H_2)=0.337(V)$$

因为：$E^{\ominus}(H^+/H_2)=0.0000V$；

所以：$E^{\ominus}(Cu^{2+}/Cu)=0.337V$。

用类似的方法可以测得一系列电对的标准电极电势，附录 4 中列出的是在 298.15K 时一些氧化还原电对的标准电极电势数据。

使用标准电极电势表时，应注意以下几点：

① 为便于比较和统一，电极反应常写成氧化型 $+n\mathrm{e}^- \Longrightarrow$ 还原型。氧化型与氧化态，还原型与还原态略有不同，即氧化型包括氧化态和介质产物，还原型包括还原态和介质产物。

② 电极电势是强度性质物理量，没有加和性。即不论半电池反应式的系数乘以或除以任何实数，$E^{\ominus}$ 值仍然不改变，仅取决于电极的本性。

③ $E^{\ominus}$ 值与电极反应的书写形式和物质的计量系数无关，使用电极电势时一定要注明相应的电对。如 $E^{\ominus}_{Fe^{3+}/Fe^{2+}}=0.77V$，而 $E^{\ominus}_{Fe^{2+}/Fe}=-0.44V$，二者相差很大。

④ $E^{\ominus}$ 是水溶液系统的标准电极电势。对于非标准态、非水溶液，不能用其比较物质氧化还原能力。

⑤ 标准电极电势表分为酸表和碱表。

（3）甘汞电极。虽然标准氢电极用作其他电极的电极电势的相对比较标准，但是标准氢电极要求氢气纯度很高，压力稳定，并且铂在溶液中易吸附其他组分而中毒，失去活性。因此，实际上常使用易于制备、使用方便而且电极电势稳定的甘汞电极等，作为电极电势的对比参考，被称为参比电极。

甘汞电极是金属汞和 $Hg_2Cl_2$ 及 KCl 溶液组成的电极，其构造如图 9-4 所示。内玻璃管中封接一根铂丝，铂丝插入纯汞中（厚度为 0.5～1cm），下置一层甘汞（$Hg_2Cl_2$）和汞的糊状物，外玻璃管中装入 KCl 溶液，即构成甘汞电极。电极下端与待测溶液接触部分是熔结陶瓷芯、玻璃砂芯等多孔物质或是一毛细管通道。

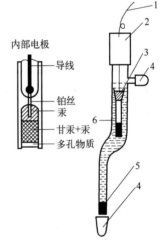

图 9-4 甘汞电极

1—导线；2—绝缘体；3—内部电极；
4—橡皮帽；5—多孔物质；6—饱和 KCl 溶液

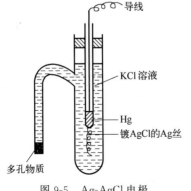

图 9-5 Ag-AgCl 电极

甘汞电极可以写成：$Hg|Hg_2Cl_2(s)|KCl$

电极反应为：

$$Hg_2Cl_2(s)+2e^- \Longrightarrow 2Hg(l)+2Cl^-(aq)$$

（4）Ag-AgCl 电极

银丝镀上一层 AgCl，浸在一定浓度的 KCl 溶液中，即构成 Ag-AgCl 电极（图 9-5）。

Ag-AgCl 电极可以写成：$Ag|AgCl(s)|KCl$

电极反应为：

$$AgCl(s)+e^- \Longrightarrow Ag(l)+Cl^-(aq)$$

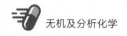

### 三、影响电极电势的因素

电极电势的大小，不仅取决于电对本性，还与反应温度、氧化态物质和还原态物质的浓度、压力等有关。

#### 1. 能斯特（Nernst）方程

对于任意一个给定的电极，其电极反应的通式为：

$$a\text{ 氧化型(Ox)} + ne^- \rightleftharpoons b\text{ 还原型(Red)}$$

在 298.15K 时其相应的浓度对电极电势的影响的通式为：

$$E = E^{\ominus} + \frac{RT}{nF} \ln \frac{c_{Ox}^a / c^{\ominus}}{c_{Red}^b / c^{\ominus}}$$

由于 $c^{\ominus} = 1\text{mol} \cdot \text{L}^{-1}$，若不考虑对数项中的单位，则上式可简写为：

$$E = E^{\ominus} + \frac{0.0592}{n} \lg \frac{c_{Ox}^a}{c_{Red}^b} \tag{9-2}$$

此方程式称为电极电势的 Nernst 方程式，简称为 Nernst 方程式。

应用 Nernst 方程式时应注意几点：

① 如果组成氧化还原电对的物质为固体、纯液体或水溶液中的 $H_2O$，它们的浓度为常数，不写入 Nernst 方程式中。如果电对中某一物质是气体，其浓度用相对分压代替。

② 公式中的 $c_{Ox}$ 和 $c_{Red}$ 并非专指氧化值有变化的物质的浓度，若有氧化剂、还原剂以外的物质参加电极反应（如 $H^+$、$OH^-$ 等），则应把这些物质的浓度乘以相应的方次，表示在公式中。

视频-浓度对
氧化还原反
应的影响

#### 2. 浓度对电极电势的影响

（1）离子浓度对电极电势的影响

例 9-6 已知 $Fe^{3+} + e^- \rightleftharpoons Fe^{2+}$，$E^{\ominus} = +0.771V$，求 $[Fe^{3+}] = 1.00\text{mol} \cdot \text{L}^{-1}$，$[Fe^{2+}] = 0.00100\text{mol} \cdot \text{L}^{-1}$ 时的 $E(Fe^{3+}/Fe^{2+})$。

解 将已知数据代入 Nernst 方程得

$$E(Fe^{3+}/Fe^{2+}) = E^{\ominus}(Fe^{3+}/Fe^{2+}) + \frac{0.0592}{1} \lg \frac{[Fe^{3+}]}{[Fe^{2+}]}$$

$$= 0.771 + \frac{0.0592}{1} \lg \frac{1.00}{0.00100} = 1.01(V)$$

答：$E(Fe^{3+}/Fe^{2+})$ 为 1.01V。

计算结果表明，$Fe^{2+}$ 浓度的降低，电极电势增大，作为氧化剂 $Fe^{3+}$ 的夺电子能力增强。这与化学平衡移动原理相一致，在上述平衡体系中，$Fe^{2+}$ 浓度减小促使平衡向右移动。由上例说明，离子浓度变化时，由于 $E^{\ominus}$ 和对数项前面的系数都是定值，所以 $E$ 值只跟氧化态和还原态物质的浓度比值有关。

（2）形成沉淀（或弱电解质）对电极电势的影响。在溶液中加入适当的试剂，形成沉淀或难解离物质，从而使溶液中某种离子浓度降低，也会使电极电势发生变化。

如沉淀剂与氧化态离子作用，使电极电势降低。

**例 9-7**　在含有 $Cu^{2+}$ 和 $Cu^+$ 的溶液中加入 KI，达到平衡时 $[I^-]=[Cu^{2+}]=$ $0.10mol \cdot L^{-1}$，求 $E(Cu^{2+}/Cu^+)$。$[已知\ K_{sp}^{\ominus}(CuI)=1.1\times10^{-12}]$。

**解**　已知 $Cu^{2+}+e^- \rightleftharpoons Cu^+$，$E^{\ominus}=0.153V$，而反应 $Cu^++I^- \rightleftharpoons CuI$ 使 $[Cu^+]$ 降低。

$$[Cu^+]=\frac{K_{sp}^{\ominus}(CuI)}{[I^-]}=\frac{1.1\times10^{-12}}{0.10}=1.1\times10^{-11}(mol \cdot L^{-1})$$

$$E(Cu^{2+}/Cu^+)=E^{\ominus}(Cu^{2+}/Cu^+)+\frac{0.0592}{1}lg\frac{[Cu^{2+}]}{[Cu^+]}$$

$$=0.153+0.0592lg\frac{0.10}{1.1\times10^{-11}}=0.74\ (V)$$

**答**：$E(Cu^{2+}/Cu^+)$ 为 0.74V。

上例说明，在溶液中加入某种物质能与氧化还原电对中的氧化态或还原态物质生成沉淀时，电极电势将较大程度地改变，影响氧化态的氧化能力和还原态的还原能力。

（3）生成配合物对电极电势的影响。在电极溶液中加入配位剂，使之与电极物质发生反应，这将改变电极物质的浓度，电极电势也将随之改变。

**例 9-8**　计算说明：

（1）标准态下 $Fe^{3+}$ 能否将 $I^-$ 氧化成 $I_2$，写出相应的电极反应、电池反应。

（2）若在反应体系中加入固体 NaF，使平衡后 $[F^-]=1.0mol \cdot L^{-1}$，且使其他物质处于标准态，求反应自发进行的方向。

**解**　（1）电极反应：

$$Fe^{3+}+e^- \rightleftharpoons Fe^{2+},E^{\ominus}=0.771V$$

$$I_2+2e^- \rightleftharpoons 2I^-,E^{\ominus}=0.536V$$

电池反应：

$$2Fe^{3+}+2I^- \rightleftharpoons I_2+2Fe^{2+}$$

因 $E^{\ominus}(Fe^{3+}/Fe^{2+})>E^{\ominus}(I_2/I^-)$，故标准态下，$Fe^{3+}$ 可氧化 $I^-$ 为 $I_2$。

（2）溶液中加入 NaF 固体，发生如下反应：

$$Fe^{3+}+6F^- \rightleftharpoons [FeF_6]^{3-}\qquad K^{\ominus}=1.25\times10^{12}$$

$K^{\ominus}$ 较大，$F^-$ 过量，认为 $Fe^{3+}$ 已基本转化为配合物。假设溶液中 $[Fe^{3+}]=x\,mol \cdot L^{-1}$，则 $[FeF_6]^{3-}=1.0mol \cdot L^{-1}-x\approx1.0mol \cdot L^{-1}$，由配位平衡计算 $x$ 值。

因

$$K^{\ominus}=\frac{[FeF_6]^{3-}}{[Fe^{3+}][F^-]^6}=\frac{1.0}{x\times(1.0)^6}=\frac{1}{x}$$

$$E(Fe^{3+}/Fe^{2+})=E^{\ominus}(Fe^{3+}/Fe^{2+})+\frac{0.0592}{1}lg\frac{[Fe^{3+}]}{[Fe^{2+}]}$$

$$=E^{\ominus}(Fe^{3+}/Fe^{2+})+\frac{0.0592}{1}lg\frac{1}{K^{\ominus}}$$

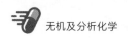

$$=E^{\ominus}(Fe^{3+}/Fe^{2+})+0.0592 \lg \frac{1}{1.25 \times 10^{12}}=0.054(V)$$

$$E^{\ominus}(Fe^{3+}/Fe^{2+})<E^{\ominus}(I_2/I^-)$$

反应自发进行的方向为：

$$2Fe^{2+}+12F^-+I_2 \Longrightarrow 2[FeF_6]^{3-}+2I^-$$

上例说明，由于配合物的生成，大大降低了 $Fe^{3+}/Fe^{2+}$ 中氧化态物质的浓度，使 $E$ 值降低，氧化态物质的氧化能力降低，而还原态的还原能力提高，从而使反应方向发生了改变。如果加入的配位剂与还原态物质作用，$E$ 值将升高，氧化态的氧化能力提高，还原态的还原能力降低。

视频-介质的酸碱性对氧化还原反应的影响

### 3. 酸度对电极电势的影响

在有 $H^+$ 或 $OH^-$ 参加的电极反应中，酸度的改变也会使电极反应发生变化，有时这种影响还是很显著的。

**例 9-9** 已知 $E^{\ominus}(MnO_4^-/Mn^{2+})=+1.51V$，$[MnO_4^-]=[Mn^{2+}]=1.0mol \cdot L^{-1}$，$[H^+]=10.0mol \cdot L^{-1}$，计算 $E(MnO_4^-/Mn^{2+})$。

**解** 电极反应 $MnO_4^-+8H^++5e^- \Longrightarrow Mn^{2+}+4H_2O$

$$E(MnO_4^-/Mn^{2+})=E^{\ominus}(MnO_4^-/Mn^{2+})+\frac{0.0592}{5} \lg \frac{[MnO_4^-][H^+]^8}{[Mn^{2+}]}$$

$$=1.51+\frac{0.0592}{5} \lg \frac{1.0 \times 10.0^8}{1.0}=1.62(V)$$

**答**：$MnO_4^-/Mn^{2+}$ 电对的电极电势为 $1.62V$。

可见，$MnO_4^-$ 的氧化性随着酸度的增大而增强；反之，随 $H^+$ 浓度降低而显著减弱。

从以上举例可以看出，氧化态或还原态物质离子浓度的改变对电极电势有影响，但在通常情况下影响不大。另外，介质的酸碱性对含氧酸盐氧化性的影响较大，一般来说，含氧酸盐在酸性介质中表现出较强的氧化性。

## 第三节　电极电势的应用

电极电势的大小不仅可以反映物质的氧化或还原能力的大小，还可以确定氧化还原反应进行的方向、次序、程度等。

## 一、判断氧化剂和还原剂的相对强弱

标准电极电势代数值的大小反映了电对物质处在标准态时氧化还原能力的强弱。电极电势的代数值大，表示电对氧化型物质得电子的能力大，即其氧化性强，为强氧化剂；与其相对应的还原型物质则失电子能力小，还原性弱，为弱还原剂。相反，电极电势代数值小，表示电对的

视频-氧化剂、还原剂及其相对性

还原型物质失电子能力大，即其还原性强，为强还原剂；与其相对应的氧化型物质，得电子能力小，氧化性弱，为弱氧化剂。

> **例 9-10** 根据标准电极电势，在下列各电对中找出最强的氧化剂和最强的还原剂，并列出各氧化型物质的氧化能力和各还原型物质还原能力强弱的次序。
>
> $$MnO_4^-/Mn^{2+}, Fe^{3+}/Fe^{2+}, I_2/I^-$$
>
> **解** 从附录 4 中查出各电对的标准电极电势为
>
> $$MnO_4^- + 8H^+ + 5e^- \Longrightarrow Mn^{2+} + 4H_2O \quad E^\ominus = 1.507V$$
>
> $$Fe^{3+} + e^- \Longrightarrow Fe^{2+} \quad E^\ominus = 0.771V$$
>
> $$I_2 + 2e^- \Longrightarrow 2I^- \quad E^\ominus = 0.536V$$
>
> 电对 $MnO_4^-/Mn^{2+}$ 的 $E^\ominus$ 值最大，说明在这 3 个电对中其氧化型物质 $MnO_4^-$ 是最强的氧化剂。电对 $I_2/I^-$ 的 $E^\ominus$ 值最小，说明其还原型物质 $I^-$ 是最强的还原剂。
>
> **答：** 各氧化型物质氧化能力的顺序为：$MnO_4^- > Fe^{3+} > I_2$；各还原型物质还原能力的顺序为：$I^- > Fe^{2+} > Mn^{2+}$。
>
> 在实验室或生产上使用的氧化剂，其电对的 $E^\ominus$ 值一般较大，如 $KMnO_4$、$K_2Cr_2O_7$、$(NH_4)_2S_2O_8$、$O_2$、$HNO_3$、$H_2O_2$ 等；使用的还原剂，其电对的 $E^\ominus$ 值较小，如活泼金属 Mg、Zn 等及 $Sn^{2+}$、$I^-$ 等离子，选用时应视具体情况而定。

## 二、判断氧化还原反应进行的方向

如上所述，根据标准电极电势值的相对大小，比较氧化剂和还原剂的相对强弱，就能预测氧化还原反应进行的方向。例如，判断 $2Fe^{3+} + Cu \Longrightarrow 2Fe^{2+} + Cu^{2+}$ 反应进行的方向，查得有关电对的 $E^\ominus$ 值为

视频-电极电势与氧化还原能力的关系

$$Fe^{3+} + e^- \Longrightarrow Fe^{2+} \quad E^\ominus = 0.771V$$

$$Cu^{2+} + 2e^- \Longrightarrow Cu \quad E^\ominus = 0.337V$$

由于 $E^\ominus(Fe^{3+}/Fe^{2+}) > E^\ominus(Cu^{2+}/Cu)$，得知 $Fe^{3+}$ 是比 $Cu^{2+}$ 强的氧化剂，Cu 是比 $Fe^{2+}$ 强的还原剂，故 $Fe^{3+}$ 能与 Cu 作用，该反应自左向右进行。也就是说，氧化还原反应总是电极电势值大的电对中的氧化型物质氧化电极电势值小的电对中的还原型物质。或者说，与氧化剂对应的电池正极的 $E^\ominus_{(+)}$ 应大于还原剂对应的电池负极的 $E^\ominus_{(-)}$，即二者之差 $\Delta E^\ominus$（对应电池的电动势 $\varepsilon^\ominus = E^\ominus_{(+)} - E^\ominus_{(-)}$）$> 0$；如小于 0，则反应会逆向进行。当此差值足够大时，就不必考虑反应中各种离子浓度改变对 $\Delta E$ 值正负或反应方向的影响；但差值较小时，溶液中离子浓度的改变可能会使反应方向发生逆转，此时需按 Nernst 方程式求出非标准态时的 $E_{(+)}$ 和 $E_{(-)}$，再进行比较，以确定反应进行的方向。对于转移两个电子（$n=2$）的氧化还原反应，一般以 $\Delta E^\ominus > 0.2V$ 作为反应是否会发生逆转的经验判据。

## 三、判断氧化还原反应进行的程度

### 1. 原电池的电动势（ε）计算

在组成原电池的两个半电池中，电极电势高的半电池是原电池的正极，电极电势低的半

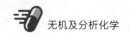

电池是原电池的负极。原电池的电动势根据公式（9-1）计算。

> **例 9-11**　计算下列原电池的电动势，并指出正、负极。
>
> $(-)Pt|H_2(100kPa)|H^+(2.00mol \cdot L^{-1})\parallel Cl^-(1.00mol \cdot L^{-1})|Hg_2Cl_2|Hg(+)$
>
> **解**　先计算电极电势：
>
> $$E(H^+/H_2)=E^{\ominus}(H^+/H_2)+\frac{0.0592}{2}\lg\frac{c^2(H^+)/c^{\ominus}}{p(H_2)/p^{\ominus}}$$
>
> $$=0+\frac{0.0592}{2}\lg\frac{2^2}{100\div100}=0.018(V)（负极）$$
>
> 因 $Hg_2Cl_2/Hg$ 电极处于标准态，故 $E^{\ominus}(Hg_2Cl_2/Hg)=0.268V$（正极）。
>
> 则原电池的电动势为：
>
> $$\varepsilon=E_{(+)}-E_{(-)}=(0.268-0.018)V=0.250V$$
>
> **答**：原电池的电动势 $\varepsilon=0.250V$，$H^+/H_2$ 为负极，$Hg_2Cl_2/Hg$ 为正极。

### 2. 氧化还原反应进行的程度

任一化学反应进行的程度可用其平衡常数表示，氧化还原反应的平衡常数可从两个电对的标准电极电势求得。若引用条件电极电势，求得的是条件平衡常数，它更能说明反应实际进行的程度。

> **例 9-12**　计算 Cu-Zn 原电池反应的平衡常数。已知：$E^{\ominus}(Zn^{2+}/Zn)=-0.763V$，$E^{\ominus}(Cu^{2+}/Cu)=0.337V$。
>
> **解**　Cu-Zn 原电池反应式为 $Zn+Cu^{2+}\rightleftharpoons Zn^{2+}+Cu$。反应开始时
>
> $$E(Zn^{2+}/Zn)=E^{\ominus}(Zn^{2+}/Zn)+\frac{0.0529}{2}\lg c(Zn^{2+})$$
>
> $$E(Cu^{2+}/Cu)=E^{\ominus}(Cu^{2+}/Cu)+\frac{0.0529}{2}\lg c(Cu^{2+})$$
>
> 随着反应的进行，溶液中 $c(Cu^{2+})$ 逐渐降低，$c(Zn^{2+})$ 不断增大。当 $E^{\ominus}(Zn^{2+}/Zn)=E^{\ominus}(Cu^{2+}/Cu)$ 时，反应达到平衡状态，则可得以下关系：
>
> $$E^{\ominus}(Zn^{2+}/Zn)+\frac{0.0529}{2}\lg c(Zn^{2+})=E^{\ominus}(Cu^{2+}/Cu)+\frac{0.0529}{2}\lg c(Cu^{2+})$$
>
> $$\frac{0.0529}{2}\lg\frac{c(Zn^{2+})}{c(Cu^{2+})}=E^{\ominus}(Cu^{2+}/Cu)-E^{\ominus}(Zn^{2+}/Zn)$$
>
> 该反应的平衡常数为 $K^{\ominus}=c(Zn^{2+})/c(Cu^{2+})$，所以
>
> $$\lg K^{\ominus}=\frac{2\times[E^{\ominus}(Cu^{2+}/Cu-E^{\ominus}(Zn^{2+}/Zn)]}{0.0592}=\frac{2\times[0.337-(-0.763)]}{0.0592}=37.2$$
>
> $$K^{\ominus}=1.6\times10^{37}$$
>
> **答**：Cu-Zn 原电池反应的平衡常数为 $1.6\times10^{37}$。

该反应平衡常数如此之大，说明反应进行得很完全。

推而广之，任一氧化还原反应的平衡常数和对应电对的 $E^\ominus$ 差值之间的关系为

$$\lg K^\ominus = \frac{n(E^\ominus_{(+)} - E^\ominus_{(-)})}{0.0592} \tag{9-3}$$

或

$$\lg K^\ominus = \frac{n\varepsilon^\ominus}{0.0592} \tag{9-4}$$

式中，$E^\ominus_{(+)}$ 为氧化剂电对的标准电极电势，即电池正极的标准电极电势；$E^\ominus_{(-)}$ 为还原剂电对的标准电极电势，即电池负极的标准电极电势；$n$ 为转移的电子数；$\varepsilon^\ominus$ 为该氧化还原反应对应的原电池的标准电动势。

可见，氧化还原反应平衡常数的对数与该反应的两个电对的标准电极电势的差值（或说该反应对应的电池的标准电动势）成正比，电极电势差值越大，平衡常数越大，反应进行得越彻底。

以上讨论说明，由电极电势可以判断氧化还原反应进行的方向和程度。但需指出，不能由电极电势判断反应速率的大小、快慢。例如：

$$2MnO_4^- + 5Zn + 16H^+ \Longrightarrow 2Mn^{2+} + 5Zn^{2+} + H_2O \quad E^\ominus = 1.51V$$

$E^\ominus(MnO_4^-/Mn^{2+})(1.507V) > E^\ominus(Zn^{2+}/Zn)(-0.763V)$，两值相差很大（2.270V），说明反应进行得很彻底。但实际上将 Zn 放入酸性 $KMnO_4$ 溶液中，几乎观察不到反应的发生，这是由于该反应的反应速率非常小，只有在 $Fe^{3+}$ 的催化作用下，反应才能迅速进行。工业生产中选择氧化剂或还原剂时，不但要考虑反应能否发生，还要考虑是否能快速进行。

## 四、测定溶度积常数和稳定常数

根据 Nernst 公式，通过测定原电池的电动势或直接根据电对的电极电势可求得强电解质的溶度积常数和配离子的稳定常数等。

> **例 9-13**　已知 298K 时下列半反应的 $E^\ominus$ 值，试求 AgCl 的 $K_{sp}$ 值。
>
> $$Ag^+ + e^- \Longrightarrow Ag \qquad E^\ominus(Ag^+/Ag) = 0.799V$$
>
> $$AgCl + e^- \Longrightarrow Ag + Cl^- \qquad E^\ominus(AgCl/Ag) = 0.222V$$
>
> **解**　设计一个原电池
>
> $$(-)Ag|AgCl|Cl^-(1.0mol \cdot L^{-1}) \| Ag^+(1.0mol \cdot L^{-1})|Ag(+)$$
>
> 电极反应为：　正极　$Ag^+ + e^- \Longrightarrow Ag$
>
> 负极　$Ag + Cl^- \Longrightarrow AgCl + e^-$
>
> 电池反应为：$Ag^+ + Cl^- \Longrightarrow AgCl$
>
> 则电池的电动势为：$\varepsilon^\ominus = E^\ominus(Ag^+/Ag) - E^\ominus(AgCl/Ag) = 0.799 - 0.222 = 0.577(V)$
>
> 反应的平衡常数为：$\lg K^\ominus = \dfrac{n\varepsilon^\ominus}{0.0592} = \dfrac{1 \times 0.578}{0.0592} = 9.75$
>
> 而　　　　　　　　　　　$K^\ominus_{sp} = \dfrac{1}{K^\ominus}$
>
> 解得　　　　　　　　　　$K^\ominus_{sp} = 1.78 \times 10^{-10}$
>
> 答：AgCl 的 $K_{sp}$ 为 $1.78 \times 10^{-10}$。

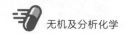 

## 五、元素电势图及其应用

许多元素具有多种氧化态，各种氧化态物质又可以组成不同的电对。将元素不同的氧化态按氧化值由高到低的顺序排成一横行，在相邻两个物质间用直线连接表示一个电对，并在直线上标明此电对的标准电极电势值，由此构成的图称为元素电势图。例如，氧元素具有 0、$-1$、$-2$ 三种氧化值，在酸性溶液中可组成三个电对：

$$O_2 + 2H^+ + 2e^- \rightleftharpoons H_2O_2 \quad E^{\ominus} = 0.682V$$

$$H_2O_2 + 2H^+ + 2e^- \rightleftharpoons 2H_2O \quad E^{\ominus} = 1.76V$$

$$O_2 + 4H^+ + 4e^- \rightleftharpoons 2H_2O \quad E^{\ominus} = 1.229V$$

氧在酸性介质中的元素电势图可表示为

$$E_A^{\ominus}/V \qquad O_2 \overset{0.682}{—\!—} H_2O_2 \overset{1.76}{—\!—} H_2O$$
$$\underset{1.229}{\underline{\qquad\qquad\qquad\qquad}}$$

与此类似，氧在碱性介质中的元素电势图可表示为

$$E_B^{\ominus}/V \qquad O_2 \overset{-0.076}{—\!—} HO_2^- \overset{0.87}{—\!—} H_2O$$
$$\underset{0.401}{\underline{\qquad\qquad\qquad\qquad}}$$

元素电势图与标准电极电势表（或上述电极的还原反应式）相比，简明、综合、形象、直观，元素电势图对了解元素及其化合物的各种氧化还原性能、各物质的稳定性与可能发生的氧化还原反应，以及元素的自然存在等都有重要意义，对元素化学的学习具有指导作用，下面仅从两方面予以说明。

### 1. 利用元素电势图求算某电对未知的标准电极电势

$$A \overset{E_1^{\ominus}}{—\!—} B \overset{E_2^{\ominus}}{—\!—} C \overset{E_3^{\ominus}}{—\!—} D$$
$$\underset{E^{\ominus}}{\underline{\qquad\qquad\qquad\qquad\qquad}}$$

根据 $\Delta_r G_m^{\ominus} = -nF\varepsilon^{\ominus} = nF(E_{(+)}^{\ominus} - E_{(-)}^{\ominus}) = E^{\ominus} - E^{\ominus}(H^+/H_2) = -nFE^{\ominus}$

对于图中各电对，则有：

$$\Delta_r G_{m1}^{\ominus} = -nFE_1^{\ominus}$$

$$\Delta_r G_{m2}^{\ominus} = -nFE_2^{\ominus}$$

$$\Delta_r G_{m3}^{\ominus} = -nFE_3^{\ominus}$$

$$\Delta_r G_{m1}^{\ominus} = -(n_1 + n_2 + n_3)FE^{\ominus}$$

$$\Delta_r G_m^{\ominus} = -(\Delta_r G_{m1}^{\ominus} + \Delta_r G_{m2}^{\ominus} + \Delta_r G_{m3}^{\ominus})$$

$$-(n_1 + n_2 + n_3)FE^{\ominus} = -n_1 FE_1^{\ominus} - n_2 FE_2^{\ominus} - n_3 FE_3^{\ominus}$$

$$(n_1 + n_2 + n_3)E^{\ominus} = n_1 E_1^{\ominus} + n_2 E_2^{\ominus} + n_3 E_3^{\ominus}$$

$$E^{\ominus} = \frac{n_1 E_1^{\ominus} + n_2 E_2^{\ominus} + n_3 E_3^{\ominus}}{n_1 + n_2 + n_3}$$

如果相邻电对不止三个，则有：

$$E^{\ominus}=\frac{n_1 E_1^{\ominus}+n_2 E_2^{\ominus}+n_3 E_3^{\ominus}+\cdots}{n_1+n_2+n_3+\cdots} \tag{9-5}$$

即可从若干已知 $E^{\ominus}$ 值求得某一未知的 $E^{\ominus}$ 值。

### 2. 判断某物质能否发生歧化反应

一些氧化还原反应是某元素由其一种中间氧化态同时向较高和较低氧化态转化，这种反应称为歧化反应；相反，如果是由元素的较高和较低的两种氧化态相互作用生成其中间氧化态的反应，则是歧化反应的逆反应，或称逆歧化反应。下面的反应是常见的：

$$2Cu^+ \Longleftrightarrow Cu^{2+}+Cu \tag{1}$$
$$2Fe^{3+}+Fe \Longleftrightarrow 3Fe^{2+} \tag{2}$$

反应（1）是歧化反应，所以在实验室得不到含 $Cu^+$ 的溶液，而只能见到 $CuCl_2^-$ 或 $[Cu(NH_3)_2]^+$ 离子的溶液或 $CuCl$、$CuI$ 沉淀。反应（2）是逆歧化反应，也是实验室为防止 $Fe^{2+}$ 溶液的氧化常采用的措施（向溶液中加入铁丝或铁钉）。

酸性介质中，Cu、Fe 的元素电势图分别为

$E_A^{\ominus}/V$
$$Cu^{2+} \underline{\quad 0.153 \quad} Cu^+ \underline{\quad 0.521 \quad} Cu$$
$$\underline{\qquad\qquad 0.337 \qquad\qquad}$$

$E_A^{\ominus}/V$
$$Fe^{3+} \underline{\quad 0.771 \quad} Fe^{2+} \underline{\quad -0.44 \quad} Fe$$
$$\underline{\qquad\qquad 0.165 \qquad\qquad}$$

由于 $E^{\ominus}(Cu^+/Cu)>E^{\ominus}(Cu^{2+}/Cu^+)$，所以发生 $Cu^+$ 的歧化反应；因为 $E^{\ominus}(Fe^{3+}/Fe^{2+})>E^{\ominus}(Fe^{2+}/Fe)$，所以 $Fe^{3+}$ 和 Fe 发生逆歧化反应。推而广之，如某元素有三种氧化值由高到低的氧化态 A、B、C，则其元素电势图为

$$\overset{E_左^{\ominus} \quad\ E_右^{\ominus}}{A \text{——} B \text{——} C}$$

如 $E_右^{\ominus}>E_左^{\ominus}$，则 B 会发生歧化反应：

$$B \longrightarrow A+C$$

如 $E_左^{\ominus}>E_右^{\ominus}$，则 A、C 会发生逆歧化反应，即：

$$A+C \longrightarrow B$$

且差值越大，歧化或逆歧化反应的趋势越大。这就是判断元素发生歧化或逆歧化反应的依据。

### 3. 综合评价元素及其化合物的氧化还原性质

全面分析，比较酸介质、碱介质中的元素电势图，可对元素及其化合物的氧化还原性质做出综合评价，得出许多有实际意义的结论。下面以氯的电势图为例进行研究。

$E_A^{\ominus}/V$
$$ClO_4^- \overset{1.19}{\text{——}} ClO_3^- \overset{1.21}{\text{——}} HClO_2 \overset{1.64}{\text{——}} HClO \overset{1.63}{\text{——}} Cl_2 \overset{1.358}{\text{——}} Cl^-$$
$$\underline{\qquad\qquad\quad 1.47 \qquad\qquad\quad}$$

$E_B^{\ominus}/V$
$$ClO_4^- \overset{0.36}{\text{——}} ClO_3^- \overset{0.33}{\text{——}} ClO_2^- \overset{0.66}{\text{——}} HClO \overset{0.42}{\text{——}} Cl_2 \overset{1.358}{\text{——}} Cl^-$$
$$\underline{\qquad\qquad\quad 0.48 \qquad\qquad\quad}$$

从元素电势图可以得出：

① 无论酸性或碱性介质中，$HClO_2$ 或 $ClO_2^-$ 都是 $E_右^\ominus > E_左^\ominus$，即都会发生歧化反应，因而它们很难在溶液中稳定存在，迄今还未从溶液中制得其纯物质。$Cl_2$ 在碱性介质中有 $E_右^\ominus > E_左^\ominus$，会发生歧化反应。所以实验室氯气尾气，乃至工厂的含氯量较低的废气的处理方法都是将其通入碱性溶液吸收。

② 除 $E^\ominus$（$Cl_2/Cl^-$）值不受介质影响外，其他各电对的 $E^\ominus$ 值均受介质影响，且 $E_A^\ominus \gg E_B^\ominus$，所以氯的含氧酸较其盐都有较强的氧化性，而其盐较酸更为稳定（所有含氧酸均只制得水溶液，而未得到纯品）。如果要利用其氧化性，最好在酸性介质中；如果要从低价制备+3，+5，+7 价的物质，则碱性介质更为有利。

③ 元素所有电对的 $E^\ominus$（无论酸碱介质）均大于 0.33V，大部分大于 0.66V，所以氧化性是氯元素及其化合物的主要性质，在运输、储存中，不让它们接触还原剂是保证其安全的重要条件。自然界不存在氯单质及其正氧化值物质也应在意料之中。$Cl^-$ 是氯的最低氧化态，且 $E^\ominus$（$Cl_2/Cl^-$）=1.358V，$Cl^-$ 的还原性很弱，氯的各高氧化态物质的还原产物大多为 $Cl^-$，故 $Cl^-$ 在氯的各种氧化态中具有最高的稳定性，因而，$Cl^-$ 作为元素资源（岩盐和海水）存在最为普遍属必然。

④ 虽然 $HClO_4$、$ClO_4^-$ 是氯的最高氧化态，但其相关电对的 $E^\ominus$ 值并不是最大（特别是在碱性介质中），因此，其稳定性较高。可见，氧化性强弱与氧化值高低无直接关系。

# 第四节　氧化还原滴定法

氧化还原滴定法是以氧化还原反应为基础的滴定分析方法。与酸碱、配位滴定法相似，选择适当的氧化剂或还原剂，滴定试液中具有还原性或氧化性的待测组分，在滴定过程中，随着滴定剂的不断加入，溶液的氧化态、还原态浓度不断变化，使得溶液的氧化还原电位不断改变，在计量点附近，电位发生突变，选择适当的指示剂，指示终点。不同点：基于电子转移，不是离子、分子间的简单组合，牵涉电子层结构变化，如 $MnO_4^- \longrightarrow Mn^{2+}$，从负电荷含氧酸根到正电荷简单离子，结构发生了巨大变化，反应速率慢，反应机理复杂，除主反应外，有时伴有各种副反应，使反应物之间没有确定的计量关系；当得失电子数大于 1 时，反应往往分步进行，使反应复杂化，因此，在进行氧化还原滴定时，除选择合适的滴定反应外，还需注意控制好反应条件。

## 一、氧化还原滴定曲线

在氧化还原滴定中，随着滴定剂的加入，物质的氧化态和还原态的浓度逐渐改变，有关电对的电位也随之不断变化，这种变化可用滴定曲线来描述。若反应中两电对都是可逆的，就可以根据 Nernst 方程式，由两电对的条件电位值计算得到滴定曲线。

### 1. 滴定过程电对电势的计算

以 25℃时 0.1000mol·$L^{-1}$ $Ce(SO_4)_2$ 溶液滴定 20.00mL 0.1000mol·$L^{-1}$ $FeSO_4$ 溶液为例，在 1mol·$L^{-1}$ $H_2SO_4$ 介质中进行，滴定反应为：

$$Ce^{4+} + Fe^{2+} \Longrightarrow Ce^{3+} + Fe^{3+}$$

$E^\ominus$（$Ce^{4+}/Ce^{3+}$）=1.44V，$E^\ominus$（$Fe^{3+}/Fe^{2+}$）=0.771V。滴定开始，体系中就同时存在两个电对。在滴定过程中任何一点，达到平衡时，两电对的电位相等。即

$$E = E^{\ominus}(Fe^{3+}/Fe^{2+}) + \frac{0.0592}{1} \lg \frac{c(Fe^{3+})}{c(Fe^{2+})}$$

$$= E^{\ominus}(Ce^{4+}/Ce^{3+}) + \frac{0.0592}{1} \lg \frac{c(Ce^{4+})}{c(Ce^{3+})}$$

因此，在滴定的不同阶段，可选用便于计算的电对，按 Nernst 方程式计算滴定过程中体系的电位值。各滴定点电位的计算方法如下：

(1) 滴定开始到化学计量点前。化学计量点前，加入的 $Ce^{4+}$ 几乎全部被还原成 $Ce^{3+}$，$Ce^{4+}$ 的浓度极小，不易直接求得。相反，知道了滴定百分数，$c(Fe^{3+})/c(Fe^{2+})$ 值就确定了，这时可以利用 $Fe^{3+}/Fe^{2+}$ 电对来计算 $E$ 值。例如，当滴定了 99.9% 的 $Fe^{2+}$ 时

$$c(Fe^{3+})/c(Fe^{2+}) = 999/1 \approx 10^3$$

故

$$E = E^{\ominus}(Fe^{3+}/Fe^{2+}) + \frac{0.0592}{1} \lg \frac{c(Fe^{3+})}{c(Fe^{2+})}$$

$$= 0.771 + 0.0592 \lg 10^3$$

$$= 0.95(V)$$

(2) 化学计量点时。化学计量点时，$Ce^{4+}$ 和 $Fe^{2+}$ 都定量地转变成 $Ce^{3+}$ 和 $Fe^{3+}$。此时知道的是 $c(Ce^{3+})$ 和 $c(Fe^{3+})$，但未反应的 $c(Ce^{4+})$ 和 $c(Fe^{2+})$ 是不能直接知道的。故不能单独按某一电对计算 $E$ 值，而需要由两电对的 Nernst 方程式联立求得。

化学计量点时的电位 $E_{sp}$ 分别表示成

$$E_{sp} = 0.771 + \frac{0.0592}{1} \lg \frac{c(Fe^{3+})}{c(Fe^{2+})}$$

$$E_{sp} = 1.44 + \frac{0.0592}{1} \lg \frac{c(Ce^{4+})}{c(Ce^{3+})}$$

两式相加，得

$$2E_{sp} = 0.771 + 1.44 + \frac{0.0592}{1} \lg \frac{c(Fe^{3+})c(Ce^{4+})}{c(Fe^{2+})c(Ce^{3+})}$$

在化学计量点时，$c(Ce^{3+}) = c(Fe^{3+})$，但未反应的 $c(Ce^{4+}) = c(Fe^{2+})$，故

$$\lg \frac{c(Fe^{3+})c(Ce^{4+})}{c(Fe^{2+})c(Ce^{3+})} = 0$$

所以

$$E_{sp} = \frac{0.771 + 1.44}{2} = 1.11(V)$$

(3) 化学计量点后。化学计量点后，$Fe^{2+}$ 几乎全部被氧化成 $Fe^{3+}$，$c(Fe^{2+})$ 不易直接求得。但由加入过量 $Ce^{4+}$ 的百分数就可知道 $c(Ce^{4+})/c(Ce^{3+})$ 之值，此时可利用 $Ce^{4+}/Ce^{3+}$ 电对计算 $E$。

例如，当加入过量 0.1% $Ce^{4+}$ 时，$c(Ce^{4+})/c(Ce^{3+}) = 1/10^3$，故

$$E = E^{\ominus}(Ce^{4+}/Ce^{3+}) + \frac{0.0592}{1} \lg \frac{c(Ce^{4+})}{c(Ce^{3+})}$$

$$= 1.44 + (0.0592 \lg 10^{-3}) = 1.26(V)$$

不同滴定点所计算的 $E$ 列于表 9-1，并绘成滴定曲线（见图 9-6）。滴定过程中体系的电势值与浓度无关。

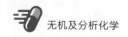 

从表 9-1 可以看出，用氧化剂滴定还原剂时，滴定百分数 50% 处的电势是还原剂电对的条件电势，滴定百分数为 200% 处的电势是氧化剂电对的条件电势。这两个条件电势值相差越大，化学计量点附近电势的突跃也越大，越容易准确滴定。

上述 $Ce^{4+}$ 滴定 $Fe^{2+}$ 的反应中，两电对电子转移数都是 1，化学计量点电势（1.11V）正好处于滴定突跃（0.95～1.26V）的中间，化学计量点前后的曲线基本对称。

表 9-1　0.1000mol·$L^{-1}$Ce($SO_4$)$_2$ 溶液滴定 0.1000mol·$L^{-1}$FeSO$_4$ 溶液（1mol·$L^{-1}$H$_2$SO$_4$）

| 加入 $Ce^{4+}$ 溶液的体积/mL | $Fe^{2+}$ 被滴定的百分数/% | 电极电势/V |
|:---:|:---:|:---:|
| 1.00 | 5.0 | 0.60 |
| 2.00 | 10.0 | 0.62 |
| 4.00 | 20.0 | 0.64 |
| 8.00 | 40.0 | 0.67 |
| 10.00 | 50.0 | 0.68 |
| 12.00 | 60.0 | 0.69 |
| 18.00 | 90.0 | 0.74 |
| 19.80 | 99.0 | 0.80 |
| 19.98 | 99.9 | 0.95 |
| 20.00 | 100.0 | 1.11 |
| 20.02 | 100.1 | 1.26 |
| 22.00 | 110.0 | 1.38 |
| 30.00 | 150.0 | 1.42 |
| 40.00 | 200.0 | 1.44 |

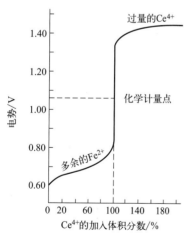

图 9-6　0.1000mol·$L^{-1}$Ce$^{4+}$ 滴定 0.1000mol·$L^{-1}$Fe$^{2+}$ 的滴定曲线

对称电对是指氧化态与还原态的系数相同，而不对称电对则是指氧化态与还原态的系数不同，后者例如 $Cr_2O_7^{2-}/Cr^{3+}$、$I_2/I^-$ 等。对于不对称电对来说，化学计量点电势与浓度有关。由于这种电对多系不可逆电对，不遵从 Nernst 方程，因此不必详加讨论。氧化还原反应

$$n_2 Ox_1 + n_1 Red_2 \rightleftharpoons n_2 Red_1 + n_1 Ox_2$$

对应的两个半反应和条件电势分别是

$$Ox_1 + n_1 e^- \rightleftharpoons Red_1 \qquad E_1^{\ominus}$$
$$Ox_2 + n_2 e^- \rightleftharpoons Red_2 \qquad E_2^{\ominus}$$

$$E_{sp} = E_2^{\ominus} + \frac{0.0592}{n_2} \lg \frac{c(Ox_2)}{c(Red_2)}$$

$$E_{sp} = E_1^{\ominus} + \frac{0.0592}{n_1} \lg \frac{c(Ox_1)}{c(Red_1)}$$

化学计量点时，$E_{sp} = E_1 = E_2$。将以上两式通分后相加，整理后得

$$(n_1 + n_2) E_{sp} = n_1 E_1^{\ominus} + n_2 E_2^{\ominus} + 0.0592 \lg \frac{c(Ox_1)}{c(Red_1)} \times \frac{c(Ox_2)}{c(Red_2)}$$

根据前述滴定反应式，当加入 $n_2\mathrm{Ox_1} = n_1\mathrm{Red_2}$ 的物质的量时，$c(\mathrm{Ox_1}) = c(\mathrm{Red_1})$，$c(\mathrm{Red_2}) = c(\mathrm{Ox_2})$，此时

$$\lg \frac{c(\mathrm{Ox_1})}{c(\mathrm{Red_1})} \times \frac{c(\mathrm{Ox_2})}{c(\mathrm{Red_2})} = 0$$

因此化学计量点电势（$E_{\mathrm{sp}}$）的计算通式为

$$E_{\mathrm{sp}} = \frac{n_1 E_1^{\ominus} + n_2 E_2^{\ominus}}{n_1 + n_2} \tag{9-6}$$

滴定突跃范围为

$$E_2^{\ominus} + \frac{3 \times 0.0592}{n_2} \longrightarrow E_1^{\ominus} - \frac{3 \times 0.0592}{n_1}$$

此处，$n_1 \neq n_2$，滴定曲线在化学计量点前后是不对称的，化学计量点电势不在滴定突跃的中心，而是偏向电子得失数较多的电对一方。以 $Fe^{3+}$ 滴定 $Sn^{2+}$ 的反应为例。

$$2Fe^{3+} + Sn^{2+} \Longrightarrow 2Fe^{2+} + Sn^{4+}$$

$E^{\ominus}(Sn^{4+}/Sn^{2+}) = 0.151V$，$E^{\ominus}(Fe^{3+}/Fe^{2+}) = 0.771V$，则

$$E_{\mathrm{sp}} = \frac{n_1 E_1^{\ominus} + n_2 E_2^{\ominus}}{n_1 + n_2} = \frac{1 \times 0.771 + 2 \times 0.151}{1 + 2} = 0.358(V)$$

其滴定突跃为 $0.23 \sim 0.52V$。

必须指出，对不可逆电对（$MnO_4^-/Mn^{2+}$、$Cr_2O_7^{2-}/Cr^{3+}$、$S_4O_6^{2-}/S_2O_3^{2-}$ 等），它们的电势计算不遵从 Nernst 方程式，因此计算的滴定曲线与实际滴定曲线有较大差异。不可逆氧化还原体系的滴定曲线都是由实验测定的。

### 2. 滴定突跃

根据前面的计算可以看出，在化学计量点附近，电势突跃的大小取决于与两个电对的电子转移数和电势差。若两个电对的条件电势差越大，则滴定突跃越大，例如 $Ce^{4+}$ 滴定 $Fe^{2+}$ 的突跃大于 $Cr_2O_7^{2-}$ 滴定 $Fe^{2+}$；电对的电子转移数越小，则滴定突跃越大，例如 $Ce^{4+}$ 滴定 $Fe^{2+}$ 的突跃大于 $MnO_4^-$ 滴定 $Fe^{2+}$。图 9-7 是以不同的氧化剂分别滴定还原剂 $Fe^{2+}$ 的滴定曲线。

对于 $n_1 = n_2 = 1$ 的氧化还原反应，其化学计量点恰好处于滴定突跃的中间，在化学计量点附近，滴定曲线是对称的。

对于 $n_1 \neq n_2$ 对称电对的氧化还原反应，其化学计量点不在滴定突跃的中心，而是偏向电子得失较多的电对一方。

注意：不可逆电对（如 $MnO_4^-/Mn^{2+}$、$Cr_2O_7^{2-}/Cr^{3+}$、$S_4O_6^{2-}/S_2O_3^{2-}$）的电势计算不遵从 Nernst 方程式，它们滴定曲线由实验测得（本教材不做介绍，可参阅相关文献资料）。

氧化还原滴定曲线常因滴定介质的不同，而改变了位置和突跃的大小。这主要是由于在不同介质（主要是酸）条件下，相关电极的条件电极电势改变了。

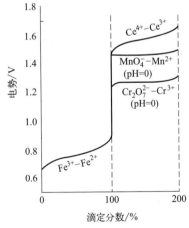

图 9-7　不同的氧化剂滴定还原剂 $Fe^{2+}$ 时的滴定曲线

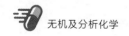

## 二、氧化还原滴定中的指示剂

氧化还原滴定可以用电势分析法确定终点，但经常用的还是利用指示剂在化学计量点附近颜色的改变来指示终点。常用的指示剂有以下几类。

### 1. 自身指示剂

自身指示剂以滴定剂本身的颜色指示滴定终点。有些滴定剂本身有很深的颜色，而滴定产物为无色或颜色很浅。在滴定时，该种试剂稍微过量就很容易察觉，本身起着指示剂的作用，叫作自身指示剂。例如 $KMnO_4$ 本身显紫红色，当用它来滴定 $Fe^{2+}$、$C_2O_4^{2-}$ 溶液时，反应产物 $Mn^{2+}$、$Fe^{3+}$ 等无色或是颜色很浅，当滴定到化学计量点时，只要 $KMnO_4$ 稍微过量半滴，就能使溶液呈现淡红色，即指示了滴定终点的到达。

### 2. 专属指示剂

这种指示剂本身并不具有氧化还原性，但能与滴定剂或被测定物质发生显色反应，而且显色反应是可逆的，因而可以指示滴定终点。例如，这类指示剂最常用的是淀粉，当可溶性淀粉与碘溶液反应时，生成深蓝色的化合物，当 $I_2$ 被还原为 $I^-$ 时，蓝色就突然褪去。因此，在碘量法中，多用淀粉溶液作指示剂。用淀粉指示剂可以检测出约 $10^{-3}\,mol \cdot L^{-1}$ 的碘溶液，但淀粉指示剂与 $I_2$ 的显色灵敏度与淀粉的性质、加入时间、温度及反应介质等条件有关（详见碘量法），如果温度升高，那么显色灵敏度下降。又如，以 $Fe^{3+}$ 滴定 $Sn^{2+}$ 时，可以 KSCN 为指示剂，当溶液出现红色，即生成 Fe(Ⅲ) 的硫氰酸配合物时，指示了终点。

### 3. 氧化还原指示剂

这类指示剂本身是氧化剂或还原剂，它们的氧化态和还原态具有不同的颜色。在滴定过程中，指示剂由氧化态转为还原态，或由还原态转为氧化态时，溶液颜色随之发生变化，从而指示滴定终点。例如，用 $K_2Cr_2O_7$ 滴定 $Fe^{2+}$ 时，常以二苯胺磺酸钠为指示剂。二苯胺磺酸钠的还原态为无色，当滴定至化学计量点时，稍过量的 $K_2Cr_2O_7$ 使二苯胺磺酸钠由还原态转变为氧化态，溶液显紫红色，因而指示滴定终点的到达。若以 In(Ox) 和 In(Red) 分别代表指示剂的氧化态和还原态，则在滴定过程中，指示剂的电极反应可用下式表示：

$$In(Ox) + ne^- \rightleftharpoons In(Red)$$

$$E = E^\ominus + \frac{0.0592}{n} \lg \frac{c[In(Ox)]}{c[In(Red)]}$$

显然，随着在滴定过程中溶液电势的改变，$c\,[In(Ox)]/c\,[In(Red)]$ 值也在改变，因而溶液的颜色也发生变化。与酸碱指示剂在一定 pH 范围内发生颜色转变一样，我们只能在一定电势范围内看到这种颜色变化。这个范围就是指示剂变色的电势范围。它相当于两种形式的浓度比值从 1/10 变到 10 时的电势变化范围。即

$$E_{sp} = E_{In}^\ominus \pm \frac{0.0592}{n}(V)$$

当被滴定溶液的电势恰好等于 $E_{In}^\ominus$ 时，指示剂呈现中间颜色，被称为变色点。若指示剂的一种形式的颜色比另一种形式深得多，则变色点电势将偏离 $E_{In}^\ominus$ 值。表 9-2 列出了部分常用的氧化还原指示剂。

表 9-2　常用的氧化还原指示剂

| 指示剂 | 颜色变化 | | $E_{In}^{\ominus}/V$ | 配制方法 |
| --- | --- | --- | --- | --- |
| | 还原态 | 氧化态 | | |
| 亚甲基蓝 | 无色 | 蓝色 | $+0.53$ | 质量分数为 0.05% 的水溶液 |
| 二苯胺 | 无色 | 紫色 | $+0.76$ | 0.25g 指示剂与 3mL 水混合,溶于 100mL 浓 $H_2SO_4$ 或 $H_3PO_4$ 中 |
| 二苯胺磺酸钠 | 无色 | 紫红色 | $+0.85$ | 0.8g 指示利加 $2gNa_2CO_3$ 用水溶解并稀释至 100mL |
| 邻苯氨基苯甲酸 | 无色 | 紫红色 | $+0.89$ | 0.1g 指示剂溶于 30mL 质量分数为 0.6% 的 $Na_2CO_3$ 溶液中,用水稀释至 100mL,过滤,保存在暗处 |
| 邻二氮菲-亚铁 | 红色 | 淡蓝色 | $+1.06$ | 1.49g 邻二氮菲加 0.7g $FeSO_4 \cdot 7H_2O$,溶于水,稀释 至 100mL |

氧化还原指示剂不仅对某种离子有效,还对氧化还原反应普遍适用,因而是一种通用指示剂,应用范围比较广泛。选择这类指示剂的原则是:指示剂变色点的电势应当处在滴定体系的电势突跃范围内。例如,在 $1mol \cdot L^{-1} H_2SO_4$ 溶液中,用 $Ce^{4+}$ 滴定 $Fe^{2+}$,前面已经计算出滴定到化学计量点后 0.1% 的电势突跃范围是 0.95~1.26V。显然,选择邻二氮菲-亚铁是合适的。若选邻苯氨基苯甲酸和二苯胺磺酸钠,终点会提前,终点误差将会大于允许误差。

应该指出,指示剂本身会消耗滴定剂。例如,0.1mL 0.2% 二苯胺磺酸钠会消耗 0.1mL0.017mol $\cdot L^{-1}$ 的 $K_2Cr_2O_7$ 溶液。如果 $K_2Cr_2O_7$ 溶液的浓度是 $0.01mol \cdot L^{-1}$ 或更稀,则应做指示剂的空白校正。

## 三、氧化还原滴定前的预处理

在利用氧化还原滴定法分析某些具体试样时,往往需要将待测组分预先处理成特定的价态。例如,测定铁矿中总铁量时,将 $Fe^{3+}$ 预先还原为 $Fe^{2+}$,然后用氧化剂 $K_2Cr_2O_7$ 滴定;测定锰和铬时,先将试样溶解,如果它们是以 $Mn^{2+}$ 或 $Cr^{3+}$ 形式存在,那么就很难找到合适的强氧化剂直接滴定,可先用 $(NH_4)_2S_2O_8$ 将它们氧化成 $MnO_4^-$、$Cr_2O_7^{2-}$,再选用合适的还原剂(如 $FeSO_4$ 溶液)进行滴定;对于 $Sn^{4+}$ 的测定,要找一个强还原剂来直接滴定它是不可能的,需将 $Sn^{4+}$ 预还原成 $Sn^{2+}$,然后选用合适的氧化剂(如碘溶液)来滴定。这种测定前的氧化还原步骤,被称为氧化还原预处理。

### 1. 预氧化剂和预还原剂的条件

预处理时所选用的氧化剂或还原剂必须满足如下条件。

① 氧化剂或还原剂必须将待测组分定量地氧化(或还原)成一定的价态。

② 过剩的氧化剂或还原剂必须易于被完全除去。除去的方法如下:a. 加热分解。例如 $(NH_4)_2S_2O_8$、$H_2O_2$、$Cl_2$ 等易分解或易挥发的物质可借加热煮沸分解法除去。b. 过滤。例如 $NaBiO_3$、Zn 等难溶于水的物质,可过滤除去。c. 利用化学反应。例如用 $HgCl_2$ 除去过量 $SnCl_2$。

$$2HgCl_2 + SnCl_2 \Longrightarrow SnCl_4 + Hg_2Cl_2 \downarrow$$

注意:因为 $Hg_2Cl_2$ 沉淀一般不被滴定剂氧化,所以不必由过滤除去。

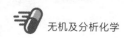

③ 氧化或还原反应的选择性要好，以避免试样中其他组分干扰。

例如，对于铁矿中铁的测定，若以金属锌[$E^{\ominus}(Zn^{2+}/Zn)=-0.763V$]为预还原剂，则不仅还原 $Fe^{3+}$，也还原 $Ti^{4+}$[$E^{\ominus}(Ti^{4+}/Ti^{3+})=+0.092V$]。如果用 $K_2Cr_2O_7$ 滴定，那么测出的是两者的总含量；如果以 $SnCl_2$[$E^{\ominus}(Sn^{4+}/Sn^{2+})=+0.151V$]为预还原剂，则仅还原 $Fe^{3+}$ 因而提高了反应的选择性。

④ 反应速度要快，进行得完全。

### 2. 常用的预氧化剂和预还原剂

预处理是氧化还原滴定法中关键性步骤之一。熟练掌握各种氧化剂、还原剂的特点，选择合理的预处理步骤，可以提高方法的选择性。下面介绍预氧化和预还原时，几种常用的试剂。

（1）预氧化剂。

① 过硫酸铵[$(NH_4)_2S_2O_8$]。过硫酸铵在酸性溶液中，并有催化剂银盐存在时，是一种很强的氧化剂：

$$S_2O_8^{2-}+2e^-\longrightarrow 4SO_4^{2-}, E^{\ominus}(S_2O_8^{2-}/SO_4^{2-})=2.01V$$

$S_2O_8^{2-}$ 可以定量地将 $Ce(III)$ 氧化成 $Ce(IV)$，将 $V(IV)$ 氧化成 $V(V)$ 以及将 $W(V)$ 氧化成 $W(VI)$。在硝酸-磷酸或硫酸-磷酸介质中，过硫酸铵能将 $Mn(II)$ 氧化成 $Mn(VII)$。磷酸的存在可以防止锰被氧化成 $MnO_2$ 沉淀析出，并保证全部被氧化成 $MnO_4^-$。如果 $Mn^{2+}$ 溶液中含有 $Cl^-$，应该先加 $H_2SO_4$ 蒸发，并加热至冒 $SO_3$ 白烟，以除尽 HCl，然后再加入 $H_3PO_4$，用过硫酸铵进行氧化。$Cr(III)$ 和 $Mn(II)$ 共存时，能同时被氧化成 $Cr(VI)$ 和 $Mn(VII)$。如果在 $Cr(III)$ 被氧化完全后，加入盐酸或氯化钠煮沸，则 $Mn(VII)$ 被还原，而 $Cr(VI)$ 不被还原，可以提高选择性。过量的 $(NH_4)_2S_2O_8$ 可用煮沸的方法除去，其反应如下。

$$2S_2O_8^{2-}+2H_2O\xrightarrow{\text{煮沸}}4HSO_4^-+O_2\uparrow$$

② 过氧化氢（$H_2O_2$）。在碱性溶液中，过氧化氢是较强的氧化剂，可以把 $Ce(III)$ 氧化成 $Ce(IV)$。在酸性溶液中，过氧化氢既可作氧化剂，也可作还原剂。在酸性溶液中，$H_2O_2$ 可以把 $Fe^{2+}$ 氧化成 $Fe^{3+}$，其反应式如下。

$$2Fe^{2+}+H_2O_2+2H^+\Longleftrightarrow 2Fe^{3+}+2H_2O$$

$H_2O_2$ 也可将 $MnO_4^-$ 还原为 $Mn^{2+}$。

$$2MnO_4^-+5H_2O_2+6H^+\Longleftrightarrow 2Mn^{2+}+5O_2\uparrow+8H_2O$$

因此，如果在碱性溶液中用 $H_2O_2$ 进行预先氧化，那么过量的 $H_2O_2$ 应该在碱性溶液中除去，否则，在酸化后已经被氧化的产物可能再次被还原。例如，$Cr^{3+}$ 在碱性条件下被 $H_2O_2$ 氧化成 $CrO_4^{2-}$，当溶液再次被酸化后，$CrO_4^{2-}$ 能被剩余的 $H_2O_2$ 又还原为 $Cr^{3+}$。

③ 高锰酸钾（$KMnO_4$）。高锰酸钾 $KMnO_4$ 是一种很强的氧化剂。例如，在冷的酸性介质中，可以在 $Cr^{3+}$ 存在时，将 $V(IV)$ 氧化成 $V(V)$。此时，$Cr^{3+}$ 被氧化的速度很慢，但在加热煮沸的硫酸溶液中，$Cr^{3+}$ 可以定量被氧化成 $Cr(VI)$。

$$2MnO_4^-+2Cr^{3+}+3H_2O\Longleftrightarrow 2MnO_2\downarrow+Cr_2O_7^{2-}+6H^+$$

过量的 $MnO_4^-$ 和生成的 $MnO_2$ 可以加入盐酸或氯化钠一起煮沸被破坏。又如，当有氟化物或磷酸存在时，$KMnO_4$ 可选择性地将 $Ce^{3+}$ 氧化成 $Ce^{4+}$。过量的 $MnO_4^-$ 可以用亚硝酸盐还原，而多余的亚硝酸盐用尿素使之分解除去。

$$2MnO_4^- + 5NO_2^- + 6H^+ \Longrightarrow 2Mn^{2+} + 5NO_3^- + 3H_2O$$

$$2NO_2^- + CO(NH_2)_2 + 2H^+ \Longrightarrow 2N_2 \uparrow + CO_2 \uparrow + 3H_2O$$

④ 高氯酸（$HClO_4$）。$HClO_4$ 既是最强的酸，在热而浓度很高时，又是很强的氧化剂。其电对的半反应式如下。

$$ClO_4^- + 8H^+ + 8e^- \longrightarrow Cl^- + 4H_2O, E^\ominus(ClO_4^-/Cl^-) = 1.37V$$

在钢铁分析中，通常用 $HClO_4$ 来分解试样，可同时将铬氧化成 $CrO_4^{2-}$，钒氧化成 $VO_3^-$，而 $Mn^{2+}$ 不被氧化。当有 $H_3PO_4$ 存在时，$HClO_4$ 可将 $Mn^{2+}$ 定量地氧化成 $[Mn(H_2P_2O_7)_3]^{3-}$（其中锰为三价状态）。在预氧化结束后，冷却并稀释溶液，$HClO_4$ 就失去氧化能力。应当注意，当热而浓的高氯酸遇到有机物会发生爆炸。因此，在处理含有机物的试样时，必须先用浓 $HNO_3$ 加热，以破坏试样中的有机物，然后再使用 $HClO_4$ 氧化。

（2）预还原剂。在氧化还原滴定中，由于还原剂的保存比较困难，所以氧化剂的标准溶液使用比较广泛。这就要求待测组分必须处于还原状态，因而预还原剂更显重要。常用的预还原剂有如下几种。

① 二氯化锡（$SnCl_2$）。$SnCl_2$ 是一个中等强度的还原剂，在 $1mol \cdot L^{-1}$ HCl 中 $E^\ominus$（$Sn^{4+}/Sn^{2+}$）$= 0.151V$。$SnCl_2$ 常用于预还原 $Fe^{3+}$，还原速率随氯离子浓度的增高而加快。在热的盐酸溶液中，$SnCl_2$ 可以将 $Fe^{3+}$ 定量并迅速地还原为 $Fe^{2+}$。过量的 $SnCl_2$ 加入 $HgCl_2$ 除去。

$$SnCl_2 + 2HgCl_2 \Longrightarrow SnCl_4 + Hg_2Cl_2 \downarrow$$

但要注意，如果加入 $SnCl_2$ 的量过多，那么 $Hg_2Cl_2$ 将进一步被还原为 Hg。Hg 将与氧化剂作用，使分析结果产生误差，所以预先还原 $Fe^{3+}$ 时 $SnCl_2$ 不能过量太多。

$SnCl_2$ 也可将 Mo(Ⅵ) 还原为 Mo(Ⅴ) 及 Mo(Ⅳ)，将 As(Ⅴ) 还原为 As(Ⅲ) 等。

② 三氯化钛（$TiCl_3$）。$TiCl_3$ 是一种强还原剂，在 $1mol \cdot L^{-1}$ HCl 中，$E^\ominus$（$Ti^{4+}/Ti^{3+}$）$= -0.092V$。在测定铁时，为了避免使用 $SnCl_2$ 中含剧毒的 $HgCl_2$，可以采用 $TiCl_3$ 还原 $Fe^{3+}$。此法的缺点是选择性不如 $SnCl_2$ 好。

③ 金属还原剂。常用的金属还原剂有铁、铝和锌等，它们都是非常强的还原剂。在 HCl 介质中，Al 可以将 $Ti^{4+}$ 还原为 $Ti^{3+}$，将 $Sn^{4+}$ 还原为 $Sn^{2+}$，过量的金属可以过滤除去。为了方便，通常将金属装入柱内使用，此装置被称为还原器，常用的有锌-汞还原器（琼斯还原器）、银还原器（瓦尔登还原器）、铅还原器等。溶液以一定的流速通过还原器，流出时待测组分已被还原至一定的价态，并且还原器可以长期使用。

## 第五节　常见的氧化还原滴定法

氧化还原滴定法是以氧化还原反应为基础的滴定分析方法。氧化还原反应较为复杂，一般反应速率较慢，副反应较多，所以并不是所有的氧化还原反应都能用于滴定分析。应用于滴定分析的氧化还原反应应该符合滴定分析的一般要求，即反应完全，反应速率快，无副反应等。因此，必须根据具体情况，创造适宜的反应条件。

① 根据平衡常数的大小判断反应进行程度。一般 $K \geqslant 10^6$ 或 $\lg K = \dfrac{n[E_{(+)} - E_{(-)}]}{0.0592} \geqslant 6$ 时，该反应进行得完全。

② 反应速率快。一般可通过下列几种方法增加反应速率。

a. 加催化剂。例如，用 $MnO_4^-$ 氧化 $Fe^{2+}$ 时，加入少许 $Mn^{2+}$ 作为催化剂，可使反应迅速进行。

b. 升高温度。例如，用 $MnO_4^-$ 氧化 $C_2O_4^{2-}$ 时，室温下反应进行得很慢，温度升高到 80℃时反应能够很快地进行。

③ 无副反应。若用于滴定分析的氧化还原反应伴有副反应发生，必须设法消除。如果没有抑制副反应的方法，反应就不能用于滴定。

按照氧化还原滴定中所用氧化剂的不同，将氧化还原法分为高锰酸钾法、重铬酸钾法、碘量法等。

# 一、高锰酸钾法

### 1. 高锰酸钾法概述

高锰酸钾是一种强氧化剂，它的氧化能力和还原产物与溶液的酸度有关（表 9-3）。

表 9-3　$KMnO_4$ 的氧化性与酸度的关系

| 介质 | 反应 | $E^{\ominus}/V$ |
|---|---|---|
| 强酸性 | $MnO_4^- + 8H^+ + 5e^- \Longrightarrow Mn^{2+} + 4H_2O$ | 1.507 |
| 弱酸性、中性、弱碱性 | $MnO_4^- + 2H_2O \Longrightarrow MnO_2 + 4OH^-$ | 0.595 |
| 强碱性 | $MnO_4^- + e^- \Longrightarrow MnO_4^{2-}$ | 0.558 |

在强酸性溶液中，$KMnO_4$ 氧化能力最强，故一般都在强酸性条件下使用。酸化时常采用 $H_2SO_4$，因 HCl 具有还原性，干扰滴定；也很少采用 $HNO_3$，因它含有氮氧化物，易产生副反应。在强碱性条件下（大于 $2mol \cdot L^{-1} NaOH$），$KMnO_4$ 与有机物反应比在酸性条件下更快，所以常用 $KMnO_4$ 在强碱性溶液中与有机物反应来测定有机物。

在近中性时，$KMnO_4$ 反应的产物为棕色 $MnO_2$，妨碍终点观察，氧化能力也不及酸性强，故很少在中性条件下使用。

高锰酸钾法的优点是氧化能力强，可以直接或间接测定多种无机物和有机物，因此应用广泛；还可借 $MnO_4^-$ 自身的颜色指示终点，不需另加指示剂。缺点是标准滴定溶液不够稳定，反应历程比较复杂，易发生副反应，滴定的选择性比较差。但若标准溶液的配制和保管得法，严格控制滴定条件，这些缺点是可以克服的。

### 2. 高锰酸钾法示例

（1）$H_2O_2$ 的测定。$H_2O_2$ 水溶液俗称双氧水，市售双氧水按其质量分数有 6％、12％、30％三种。

在稀 $H_2SO_4$ 介质中，$H_2O_2$ 能使 $MnO_4^-$ 褪色，其反应如下。

$$2MnO_4^- + 5H_2O_2 + 6H^+ \Longrightarrow 2Mn^{2+} + 5O_2 \uparrow + 8H_2O$$

可用 $KMnO_4$ 标准溶液直接滴定 $H_2O_2$。开始时 $KMnO_4$ 反应较慢，随着反应进行，由于生成的 $Mn^{2+}$ 催化了反应，反应速率自动加快。

$H_2O_2$ 不稳定，工业用 $H_2O_2$ 中常加入某些有机化合物（如乙酰苯胺等）作为稳定剂，这些有机化合物大多能与 $KMnO_4$ 反应而干扰测定，此时最好采用碘量法测定 $H_2O_2$。

（2）钙的测定。一些金属离子能与 $C_2O_4^{2-}$ 生成难溶草酸盐沉淀，如果将草酸盐沉淀溶于酸中，再用标准 $KMnO_4$ 溶液来滴定 $H_2C_2O_4$，就可间接测定这些金属离子。钙离子就用此法测定。

在沉淀 $Ca^{2+}$ 时，如果将沉淀剂 $(NH_4)_2C_2O_4$ 加到中性或氨性的 $Ca^{2+}$ 溶液中，此时生成的 $CaC_2O_4$ 沉淀颗粒很小，难以过滤，而且含有碱式草酸钙和氢氧化钙，所以，必须适当地选择滴定 $Ca^{2+}$ 的条件。

正确沉淀 $CaC_2O_4$ 的方法是在 $Ca^{2+}$ 的试液中先以盐酸酸化，然后加入 $(NH_4)_2C_2O_4$。由于 $C_2O_4^{2-}$ 在酸性溶液中大部分以 $HC_2O_4^-$ 存在，$C_2O_4^{2-}$ 浓度很小，此时即使 $Ca^{2+}$ 浓度相当大，也不会生成 $CaC_2O_4$ 沉淀。如果在加入 $(NH_4)_2C_2O_4$ 后把溶液加热到 $70\sim80℃$，滴入稀氨水，由于 $H^+$ 逐渐被中和，$C_2O_4^{2-}$ 浓度缓缓增加，结果可以生成粗颗粒结晶的 $CaC_2O_4$ 沉淀。最后应控制溶液的 pH 值在 $3.5\sim4.5$ 之间（甲基橙呈黄色），并继续保温约 $30min$ 使沉淀陈化。这样不仅可避免其他不溶性钙盐的生成，而且所得 $CaC_2O_4$ 沉淀又便于过滤和洗涤。放置冷却后，过滤、洗涤，将 $CaC_2O_4$ 溶于稀硫酸中，即可用 $KMnO_4$ 标准溶液滴定热溶液中与 $Ca^{2+}$ 定量结合的 $C_2O_4^{2-}$。

（3）软锰矿中的 $MnO_2$ 的测定。软锰矿的主要成分是 $MnO_2$ 及少量低价锰的氧化物和氧化铁等，其中只有 $MnO_2$ 具有氧化能力。测定 $MnO_2$ 的方法是将已知过量的 $Na_2C_2O_4$ 和 $H_2SO_4$ 加到粒度很细的软锰矿试样中，再水浴加热至试样完全分解（棕黑色颗粒消失）。

$$MnO_2 + 2C_2O_4^{2-} + 4H^+ \Longrightarrow Mn^{2+} + 4CO_2\uparrow + 2H_2O$$

剩余的 $Na_2C_2O_4$ 用 $KMnO_4$ 标准溶液滴定。但是 $Na_2C_2O_4$ 在酸性溶液中加热时易分解，而且此反应被产物 $Mn^{2+}$ 催化，影响结果的准确度。

另一种方法是以亚砷酸为还原剂克服 $Na_2C_2O_4$ 分解的问题。还原反应为

$$MnO_2 + H_3AsO_3 + 2H^+ \Longrightarrow Mn^{2+} + H_3AsO_4 + H_2O$$

过量 $H_3AsO_3$ 可用 $KMnO_4$ 标准溶液在有痕量 $KIO_3$ 作催化剂的情况下直接滴定，滴定反应为

$$2MnO_4^- + 5H_3AsO_3 + 6H^+ \Longrightarrow 2Mn^{2+} + 5H_3AsO_4 + 3H_2O$$

亚砷酸的配制可由 $As_2O_3$ 溶解于 $NaOH$，再酸化而成。

上面的方法还可以测定 $PbO_2$ 或 $Pb_3O_4$，只需将 $H_2SO_4$ 改成 $HCl$，以防止 $PbSO_4$ 沉淀。

（4）某些有机化合物的测定。利用在强碱溶液中 $KMnO_4$ 氧化有机物的反应速率比在强酸性溶液中快的特点，可以测定有机物。以甘油的测定为例，将一定量过量的 $KMnO_4$ 溶液加入含有试样的 $2mol\cdot L^{-1}NaOH$ 溶液中，此时发生下列反应。

$$C_3H_8O_3（甘油）+ 14MnO_4^- + 20OH^- \Longrightarrow 3CO_3^{2-} + 14MnO_4^{2-} + 14H_2O$$

静置，待反应完成后，将溶液酸化，$MnO_4^{2-}$ 歧化为 $MnO_4^-$ 和 $MnO_2$。加入过量的标准 $FeSO_4$ 溶液，所有的高价锰将被还原成 $Mn^{2+}$。最后再以 $KMnO_4$ 标准溶液滴定剩余的 $FeSO_4$，由两次加入的 $KMnO_4$ 的量和 $FeSO_4$ 的量即可计算出甘油的含量。

此法可测定甲醇、羟基乙酸、酒石酸、柠檬酸、苯酚、水杨酸、甲醛及葡萄糖等。

## 二、重铬酸钾法

### 1. 重铬酸钾法概述

重铬酸钾法是以 $K_2Cr_2O_7$ 为标准溶液的氧化还原滴定法。在酸性溶液中，$K_2Cr_2O_7$ 与

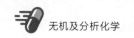

还原剂作用被还原为 $Cr^{3+}$，半反应为：

$$Cr_2O_7^{2-} + 14H^+ + 6e^- \longrightarrow 2Cr^{3+} + 7H_2O \quad E^{\ominus}(Cr_2O_7^{2-}/Cr^{3+}) = 1.33V$$

由于其氧化能力比 $KMnO_4$ 低，应用不及 $KMnO_4$ 广泛。但是重铬酸钾法与高锰酸钾法相比有其独特的优点，主要是：①$K_2Cr_2O_7$ 易制成高纯度的试剂，在 $150℃$ 下烘干后即可作为基准物质，用直接法配制标准溶液；②$K_2Cr_2O_7$ 溶液非常稳定，只要避免蒸发其浓度甚至可以数年不变，即使煮沸也不分解；③室温下 $K_2Cr_2O_7$ 不与 $Cl^-$ 作用，故可在 $HCl$ 溶液中滴定 $Fe^{2+}$。但当 $HCl$ 浓度太大或将溶液煮沸时，$K_2Cr_2O_7$ 也能部分地被 $Cl^-$ 还原。

重铬酸钾法常用的指示剂是二苯胺磺酸钠和邻氨基苯甲酸。

### 2. 重铬酸钾法应用示例

重铬酸钾法是测定矿石中全铁量的标准方法。其方法是：试样用热浓 $HCl$ 溶解，用 $SnCl_2$ 趁热将 $Fe^{3+}$ 还原为 $Fe^{2+}$，冷却后，过量的 $SnCl_2$ 用 $HgCl_2$ 氧化，再用水稀释，并加入 $H_2SO_4$-$H_3PO_4$ 混合酸和二苯胺磺酸钠指示剂，立即用 $K_2Cr_2O_7$ 标准溶液滴定至溶液由浅绿色（$Cr^{3+}$）变为紫红色。

注意事项：

① 矿石的溶解。铁矿石可以用浓 $HCl$ 加热溶解，由于形成 $FeCl_4^-$，能促进矿石的溶解。加热能加速矿石的分解，但不能煮沸，否则可能造成部分 $FeCl_3$ 挥发损失。矿石溶解完全后可能残留白色 $SiO_2$ 残渣，但不妨碍测定。

② $Fe(Ⅲ)$ 的还原。用 $SnCl_2$ 还原 $Fe(Ⅲ)$ 时，应在热溶液中逐滴加入 $SnCl_2$，直到 $Fe^{3+}$ 的黄色消失，再多加 $1\sim2$ 滴即可。这里控制 $SnCl_2$ 的用量是关键，量少了还原不充分；多了则在加 $HgCl_2$ 除去过量 $SnCl_2$ 时会形成大量的 $Hg_2Cl_2$，甚至细粒状的灰黑色 $Hg$，它们能被 $K_2Cr_2O_7$ 氧化而产生很大误差。

③ 过量的 $SnCl_2$ 的去除。在加 $HgCl_2$ 之前，应先将溶液冷却并用水稀释后，再加入足够量的 $HgCl_2$，以防止形成 $Hg$。由于这时 $HgCl_2$ 与 $SnCl_2$ 的反应速率较慢，一般应摇动 $2\sim3min$ 后再滴定。但时间也不能太长，以免 $Fe^{2+}$ 被空气中的 $O_2$ 氧化。

④ 滴定条件。滴定前将溶液稀释到约 $200mL$，可使生成的 $Cr^{3+}$ 颜色变浅，利于终点观察。在滴定前要加入 $H_2SO_4$-$H_3PO_4$ 混酸，其作用有三：①保证滴定反应的酸度；②使 $Fe^{3+}$ 生成无色的 $Fe(HPO_4)_2^-$，利于终点的观察；③降低电对 $Fe^{3+}/Fe^{2+}$ 的电势，使二苯胺磺酸钠的变色点（$E=0.85V$）落在电势突跃范围内。

## 三、碘量法

### 1. 碘量法概述

碘量法是以 $I_2$ 的氧化性和 $I^-$ 的还原性为基础的滴定分析方法，其电极反应式为：

$$I_3^- + 2e^- \longrightarrow 3I^- \quad E^{\ominus}(I_2/I^-) = 0.536V$$

由于 $I_2$ 在水中的溶解度很小（$25℃$ 时为 $0.0013mol \cdot L^{-1}$），为增大其溶解度，通常将单质碘溶解在碘化钾溶液中。

为了简化和强调化学计量关系，通常将 $I_3^-$ 简写成 $I_2$。由标准电极电势可知，电对 $I_2/I^-$ 的标准电极电势既不太高，也不太低，所以 $I_2$ 是较弱的氧化剂，而 $I^-$ 是中等强度的还原剂。

碘量法根据所使用的滴定液和滴定方式不同，可分为直接碘量法和间接碘量法。

碘量法采用淀粉作指示剂。在直接碘量法中，淀粉可在滴定开始时加入。计量点时，稍过量的 $I_2$ 溶液就能使滴定溶液出现深蓝色。在间接碘量法中，到达计量点前，溶液里都有 $I_2$ 存在，因此淀粉必须在接近计量点前加入（可从 $I_2$ 的黄色变浅判断），否则在到达计量点后，仍有少量 $I_2$ 与淀粉粒子结合，造成结果偏低，终点时蓝色消失。

淀粉-碘配合物对温度十分敏感，在 50℃ 时颜色的强度仅为 25℃ 时的十分之一。有机溶剂也能降低碘和淀粉的亲和力，明显地降低淀粉指示剂效力。

### 2. 直接碘量法

直接碘量法是利用 $I_2$ 的氧化性直接测定较强的还原性物质含量的方法，又称碘滴定法。例如，用碘滴定液直接滴定 $Sn(II)$、$H_2S$、$S_2O_3^{2-}$、$As(III)$、维生素 C 等。

$$I_2+SO_2+2H_2O \Longleftrightarrow 2I^-+SO_4^{2-}+4H^+$$

直接碘量法只能在酸性、中性或弱碱性溶液中进行，如果溶液的 pH>9，则会发生下面的副反应。

$$3I_2+6OH^- \Longleftrightarrow IO_3^-+5I^-+3H_2O$$

### 3. 间接碘量法

对于某些氧化性物质如 $MnO_4^-$、$Cr_2O_7^{2-}$、$Cu^{2+}$、$Fe^{3+}$ 等，可在一定的条件下用 $I^-$ 还原，然后用 $Na_2S_2O_3$ 滴定液滴定置换出的 $I_2$，这种滴定方式称为置换滴定法。例如：

$$2MnO_4^-+10I^-+16H^+ \Longleftrightarrow 2Mn^{2+}+5I_2+8H_2O$$
$$I_2+2S_2O_3^{2-} \Longleftrightarrow 2I^-+S_4O_6^{2-}$$

有的还原性物质，本身与碘反应较慢，为了使其与 $I_2$ 反应更完全，可使之先与过量的 $I_2$ 反应，待反应完后再用 $Na_2S_2O_3$ 滴定液滴定剩余的 $I_2$，这种滴定方式称为剩余滴定法或返滴定法，如焦亚硫酸钠含量的测定。

置换滴定法和剩余滴定法习惯上统称为间接碘量法，应在碘量瓶中进行。

间接碘量法应在中性或弱酸性溶液中进行，若在碱性溶液中，除发生上述反应外，还发生如下副反应：

$$4I_2+2S_2O_3^{2-}+10OH^- \Longleftrightarrow 2SO_4^{2-}+8I^-+5H_2O$$

若在强酸性溶液中，$S_2O_3^{2-}$ 易分解，同时 $I^-$ 在酸性溶液中也易被空气中的 $O_2$ 缓慢氧化：

$$S_2O_3^{2-}+2H^+ \Longleftrightarrow H_2S_2O_3 \Longleftrightarrow SO_2\uparrow+S\downarrow+H_2O$$
$$4I^-+O_2+4H^+ \Longleftrightarrow 2I_2+2H_2O$$

间接碘量法误差的主要来源是 $I_2$ 的挥发和在酸性溶液中 $I^-$ 被空气中的 $O_2$ 氧化。减少 $I_2$ 挥发的方法：①加入过量 KI（理论值的 2~3 倍），使生成 $I_3^-$ 增大 $I_2$ 的溶解度，以减少 $I_2$ 挥发；②在室温下进行，温度升高会使 $I_2$ 的挥发加快；③使用碘瓶，快滴慢摇。减少 $I_2$ 被 $O_2$ 氧化的方法：①溶液酸度不宜过高，酸度大会增大 $O_2$ 氧化 $I^-$ 的速率；②$Cu^{2+}$、$NO_3^-$ 对 $I^-$ 的氧化起催化作用，故应除去；③密塞避光放置，析出 $I_2$ 的反应完全后立即滴定，快滴慢摇。

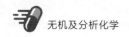 

#### 4. 滴定液的配制与标定

由于 $I_2$ 是一个中等强度的氧化剂，故直接法应用不及间接法广泛。

（1）碘滴定液的配制与标定。用升华法可制得纯碘，但因碘具有挥发性和腐蚀性，不宜在电子天平上称量，通常采用间接法配制碘滴定液，即先配制成近似浓度的溶液后，再用基准物质或已知浓度的 $Na_2S_2O_3$ 滴定液进行标定。

$0.05mol \cdot L^{-1}$ 碘滴定液的配制步骤为：称取碘 13.0g 和碘化钾 35g，溶于 100mL 纯化水中，储存于棕色瓶中凉暗处保存 2 天后，稀释至 1000mL，摇匀。

碘滴定液的标定方法有两种：

① 用基准物质标定。标定碘滴定液常用的基准物质是 $As_2O_3$（砒霜，剧毒）。$As_2O_3$ 难溶于水，但可溶解于 NaOH 溶液生成 $AsO_3^{2-}$：

$$As_2O_3 + 6OH^- \Longrightarrow 2AsO_3^{2-} + 3H_2O$$

标定时，用盐酸中和过量的 NaOH，加入 $NaHCO_3$ 至 $pH \approx 8$，用 $I_2$ 滴定至淀粉出现蓝色：

$$AsO_3^{2-} + I_2 + H_2O \Longrightarrow AsO_4^{2-} + 2I^- + 2H^+$$

根据称取 $As_2O_3$ 质量和滴定时消耗 $I_2$ 滴定液的体积，可计算出 $I_2$ 滴定液的浓度：

$$c_{I_2} = \frac{2m_{As_2O_3}}{V_{I_2}M_{As_2O_3}}$$

② 比较法。采用比较法测定碘滴定液的准确浓度。所谓比较法，即用已知浓度的 $Na_2S_2O_3$ 滴定液滴定待标定的碘滴定液。反应式为：

$$I_2 + 2S_2O_3^{2-} \Longrightarrow 2I^- + S_4O_6^{2-}$$

碘滴定液浓度的计算公式为：

$$c_{I_2} = \frac{c_{Na_2S_2O_3}V_{Na_2S_2O_3}}{2V_{I_2}}$$

（2）硫代硫酸钠滴定液的配制与标定。市售硫代硫酸钠（$Na_2S_2O_3 \cdot 5H_2O$）为无色晶体，容易风化，大多有杂质（如 S、$Na_2S_2O_3$、$Na_2SO_4$ 等），且由于日光和水中嗜硫菌、$CO_2$、空气中 $O_2$ 的分解作用，$Na_2S_2O_3$ 溶液很不稳定。因此 $Na_2S_2O_3$ 滴定液必须采用间接法配制。配制时需用放冷的新煮沸过的纯化水，并加入少量 $Na_2CO_3$ 使溶液呈微碱性，以除去 $O_2$、$CO_2$ 并杀死水中的微生物。

$0.1mol \cdot L^{-1}$ 滴定液的配制步骤为：首先称取硫代硫酸钠晶体 26g 和无水碳酸钠 0.20g，加新煮沸过的冷蒸馏水适量溶解并稀释至 1000mL，摇匀，放置 2 周后用 4 号玻璃滤锅过滤，然后对上述溶液进行标定。标定方法如下：

① 用基准物质标定。标定 $Na_2S_2O_3$ 溶液的基准物质有 $K_2Cr_2O_7$、$KIO_3$、$KBrO_3$ 等，以 $K_2Cr_2O_7$ 最为常用。精密称取定量的 $K_2Cr_2O_7$ 基准物质，在酸性溶液中与过量的 KI 作用，以淀粉作指示剂，用待标定的 $Na_2S_2O_3$ 溶液滴定析出的 $I_2$，根据消耗 $Na_2S_2O_3$ 滴定液的体积与 $K_2Cr_2O_7$ 的质量，即可计算出 $Na_2S_2O_3$ 滴定液的准确浓度。标定时发生的反应为：

$$Cr_2O_7^{2-} + 6I^- + 14H^+ \Longrightarrow 2Cr^{3+} + 3I_2 + 7H_2O$$

$$I_2 + 2S_2O_3^{2-} \Longrightarrow 2I^- + S_4O_6^{2-}$$

$Na_2S_2O_3$ 滴定液的浓度的计算公式为：

$$c_{Na_2S_2O_3} = \frac{6m_{K_2Cr_2O_7}}{V_{Na_2S_2O_3}M_{K_2Cr_2O_7}}$$

② 比较法。$Na_2S_2O_3$ 滴定液除了用基准物质进行标定外，还可以碘滴定液用比较法来标定，以确定其准确浓度。

### 5. 碘量法应用示例

（1）直接碘量法的应用示例。$I_2$ 作为氧化剂可直接用来滴定还原物质，也可加入过量的 $I_2$ 标准液，待反应完成后，以 $Na_2S_2O_3$ 标准液滴定剩余的 $I_2$。例如：测定钢样中的 S 时，将试样与金属锡（作助熔剂）置于瓷坩埚中，于管式炉中加热至 1300℃，同时通入空气使 S 氧化成 $SO_2$，将其以水吸收后，以淀粉为指示剂，用 $I_2$ 标准液滴定。

为防止 $SO_2$ 挥发，亦可采用返滴定法。

（2）间接碘量法应用示例。很多有氧化性的物质都可以用间接碘量法测定。下面对铜和漂白粉中的"有效氯"的测定做一些说明：

① 铜的测定。该法基于 $Cu^{2+}$ 与过量 KI 作用，定量析出 $I_2$ 然后用 $Na_2S_2O_3$ 滴定，反应为：

$$2Cu^{2+} + 4I^- \rightleftharpoons 2CuI\downarrow + I_2$$
$$I_2 + 2S_2O_3^{2-} \rightleftharpoons 2I^- + S_4O_6^{2-}$$

但因 CuI 表面吸附 $I_2$，将使结果降低。加入 KSCN 使 CuI 转化成 CuSCN，可解吸出 CuI 吸附的 $I_2$，以提高测定的准确度。KSCN 应于近终点时加入，以避免 $SCN^-$ 将 $I_2$ 还原，造成结果偏低。

② 漂白粉中"有效氯"的测定。漂白粉与酸作用放出的氯称为"有效氯"。它是漂白粉中氯的氧化能力的一种量度，因此常用 $Cl_2$ 的质量分数表征漂白粉的品质。

用间接碘量法测定有效氯，是在试样的酸液中加入过量 KI，析出的 $I_2$ 用 $Na_2S_2O_3$ 标准液滴定：

$$Cl_2 + 2KI \rightleftharpoons I_2 + 2KCl$$
$$I_2 + 2S_2O_3^{2-} \rightleftharpoons 2I^- + S_4O_6^{2-}$$

根据 $Na_2S_2O_3$ 的量，计算氯的质量分数。

## ？ 习题

### 一、填空题

1. 在原电池中流出电子的电极为_____，接受电子的电极为_____，在正极发生的是_____反应，负极发生的是_____反应，原电池可将_____能转化为_____能。

2. 在原电池中，$E^{\ominus}$ 值大的电对为_____极，$E^{\ominus}$ 值小的电对为_____极；$E^{\ominus}$ 值越大，电对的氧化型_____越强，$E^{\ominus}$ 值越小，电对的还原型_____越强。

3. 氧化还原滴定化学计量点附近的电势突跃的长短和_____与_____两电对的_____有关，它们相差愈_____，则电势突跃愈_____。

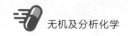 

4. 一般氧化还原指示剂的变色范围的表示式为 _____，在选用氧化还原指示剂时，应尽量使指示剂的 _____ 与滴定反应的 _____ 电位相一致以减小终点误差。

5. 在氧化还原反应中，电极电势的产生是由于 _____；而膜电势的产生是 _____ 的结果。

6. 在 $H_2SO_4$、$Na_2S_2O_3$、$Na_2S_4O_6$ 中 S 的氧化值分别为 _____。

**二、是非题**

1. 元素的氧化值等于元素的化合价。 （　　）
2. 组成原电池的电极电势差越大反应速率越快。 （　　）
3. 大体上判断氧化还原反应能否用于滴定分析的条件是 $E_1-E_2 \leqslant 0.4V$。 （　　）
4. 在氧化还原滴定中，无论任何情况，等量点的位置在滴定突跃范围的中间。 （　　）
5. 在氧化还原滴定中所有的指示剂都是氧化剂或还原剂。 （　　）
6. 专属指示剂本身可以发生颜色变化，它随溶液电势的不同而改变颜色。 （　　）
7. 氧化还原滴定前预处理时，过量的预处理剂不必去除。 （　　）
8. 在进行氧化还原滴定前的预处理时，常选用锌作为预处理剂，因为锌的选择性很高。 （　　）
9. 以淀粉为指示剂滴定时，直接碘量法的终点是从蓝色变为无色，间接碘量法是由无色变为蓝色。 （　　）
10. 配好 $Na_2S_2O_3$ 标准滴定溶液后煮沸约 10min。其作用主要是除去 $CO_2$ 和杀死微生物，促进 $Na_2S_2O_3$ 标准滴定溶液趋于稳定。 （　　）

**三、选择题**

1. 对 Cu-Zn 原电池的叙述不正确的是（　　）。

A. 盐桥中的电解质可保持两半电池中的电荷平衡

B. 盐桥用于维持氧化还原反应的进行

C. 盐桥中的电解质不能参与电池反应

D. 电子通过盐桥流动

2. 通常配制 $FeSO_4$ 溶液时加入少量铁钉，其原因与下列（　　）反应无关。

A. $O_2+4H^++4e^- \rightleftharpoons 2H_2O$ 　　　　　B. $Fe^{3+}+e^- \rightleftharpoons Fe^{2+}$

C. $Fe+2Fe^{3+} \rightleftharpoons 3Fe^{2+}$ 　　　　　　D. $Fe^{3+}+3e^- \rightleftharpoons Fe$

3. 条件电极电势是（　　）。

A. 标准电极电势

B. 任意温度下的电极电势

C. 任意浓度下的电极电势

D. 在特定条件下，氧化型和还原型总浓度均为 $1mol \cdot L^{-1}$ 时，校正了各种外界因素后的实际电极电势

4. 对于反应 $BrO_3^-+6I^-+6H^+ \rightleftharpoons Br^-+3I_2+3H_2O$，已知 $E^\ominus(BrO_3^-/Br^-) = 1.44V$，$E^\ominus(I_2/I^-)=0.536V$，则此反应平衡常数 $K^\ominus$ 的对数（$\lg K^\ominus$）为（　　）。

A. $\dfrac{2\times 6\times(0.55-1.44)}{0.0592}$　　　　　B. $\dfrac{6\times(0.55-1.44)}{0.0592}$

C. $\dfrac{2\times 6\times(1.44-0.55)}{0.0592}$　　　　　D. $\dfrac{6\times(1.44-0.55)}{0.0592}$

5. 据电极电势数据，下列说法正确的是（　　　）。

$E^{\ominus}(\text{Fe}^{3+}/\text{Fe}^{2+})=0.771\text{V}$，$E^{\ominus}(\text{F}_2/\text{F}^-)=2.866\text{V}$，$E^{\ominus}(\text{Cl}_2/\text{Cl}^-)=1.358\text{V}$，$E^{\ominus}$ $(\text{Br}_2/\text{Br}^-)=1.065\text{V}$，$E^{\ominus}(\text{I}_2/\text{I}^-)=0.536\text{V}$。

A. 只有 $\text{I}^-$ 能被 $\text{Fe}^{3+}$ 氧化

B. 只有 $\text{Br}^-$ 和 $\text{I}^-$ 能被 $\text{Fe}^{3+}$ 氧化

C. 在卤素中除 $\text{I}_2$ 之外，都能被 $\text{Fe}^{2+}$ 还原

D. 全部卤素离子都能被 $\text{Fe}^{3+}$ 氧化

6. 间接碘法（即滴定碘法）中加入淀粉指示剂的适宜时间是（　　　）。

A. 滴定开始时

B. 滴定至近终点时

C. 在滴定 $\text{I}_3^-$ 的红棕色褪尽，溶液呈无色时

D. 在标准溶液滴定了近 $50\%$ 时

7. 在酸性介质中，用 $\text{KMnO}_4$ 溶液滴定草酸盐，滴定应（　　　）。

A. 像酸碱滴定那样快速进行

B. 在开始时缓慢进行，以后逐渐加快

C. 始终缓慢地进行

D. 开始时快，然后缓慢

8. 在酸性介质中 $\text{MnO}_4^-$ 与 $\text{Fe}^{2+}$ 反应，其还原产物为（　　　）。

A. $\text{MnO}_2$　　　　　B. $\text{MnO}_4^{2-}$　　　　　C. $\text{Mn}^{2+}$　　　　　D. $\text{Fe}$

## 四、问答题

1. 用离子-电子法配平下列反应式。

(1) $\text{P}_4+\text{HNO}_3 \longrightarrow \text{H}_3\text{PO}_4+\text{NO}$

(2) $\text{H}_2\text{O}_2+\text{PbS} \longrightarrow \text{PbSO}_4+\text{H}_2\text{O}$　　　　　（酸性介质）

(3) $\text{Cr}^{3+}+\text{H}_2\text{O}_2 \longrightarrow \text{CrO}_4^{2-}+\text{H}_2\text{O}$　　　　　（碱性介质）

(4) $\text{Bi(OH)}_3+\text{Cl}_2 \longrightarrow \text{BiO}_3^-+\text{Cl}^-$　　　　　（碱性介质）

(5) $\text{MnO}_4^-+\text{H}_2\text{O}_2 \longrightarrow \text{Mn}^{2+}+\text{O}_2$　　　　　（酸性介质）

(6) $\text{MnO}_4^-+\text{C}_3\text{H}_7\text{OH} \longrightarrow \text{Mn}^{2+}+\text{C}_2\text{H}_5\text{COOH}$　　　　　（酸性介质）

2. 插铜丝于盛有 $\text{CuSO}_4$ 溶液的烧杯中，插银丝于盛有 $\text{AgNO}_3$ 溶液的烧杯中，两杯溶液以盐桥相通，若将铜丝和银丝相接，则有电流产生而形成原电池。

(1) 写出该原电池的电池符号。

(2) 在正、负极上各发生什么反应？以方程式表示。

(3) 电池反应是什么？以方程式表示。

(4) 原电池的标准电动势是多少？

(5) 加氨水于 $\text{CuSO}_4$ 溶液中，电动势如何改变？如果把氨水加到 $\text{AgNO}_3$ 溶液中，又怎样？

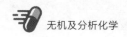 

3. 下列反应（未配平）在标准状态下能否按指定方向进行？

(1) $Br^- + Fe^{3+} \longrightarrow Br_2 + Fe^{2+}$

(2) $Cr^{3+} + I_2 + H_2O \longrightarrow Cr_2O_7^{2-} + I^- + H^+$

(3) $H_2O_2 + Cl_2 \longrightarrow 2HCl + O_2$

(4) $Sn^{4+} + Fe^{2+} \longrightarrow Sn^{2+} + Fe^{3+}$

4. 应用下列溴元素的标准电势图

$$
\overset{\displaystyle \overset{1.44}{\overbrace{\hspace{4.5cm}}}}{
\underset{\displaystyle \underset{1.33}{\underbrace{\hspace{4cm}}}}{
BrO_3^- \underline{\quad ? \quad} BrO^- \underline{\quad ? \quad} \tfrac{1}{2}Br_2 \underline{\quad 1.065 \quad} Br^-
}}
$$

(1) 求算 $E^{\ominus}(BrO_3^-/BrO^-)$ 和 $E^{\ominus}(BrO_3^-/Br_2)$

(2) 判断 $BrO^-$ 能否发生歧化反应？若能则写出反应式。

5. 处理氧化还原平衡时，为什么引入条件电极电势？外界条件对条件电极电势有何影响？

6. 如何判断氧化还原反应进行的完全程度？是否平衡常数大的氧化还原反应都能用于氧化还原滴定中？为什么？

7. 影响氧化还原反应速率的主要因素有哪些？如何加速反应的进行？

8. 氧化还原滴定之前，为什么要进行预处理？对预处理所用的氧化剂或还原剂有哪些要求？

## 五、计算题

1. 准确吸取 $25.00mL H_2O_2$ 样品溶液，置于 $250mL$ 容量瓶中，加水至刻度，摇匀。吸取此稀释液 $25.00mL$，置于锥形瓶中，加 $H_2SO_4$ 酸化，用 $0.02532mol \cdot L^{-1}$ 的 $KMnO_4$ 标准溶液滴定，到达终点时消耗 $KMnO_4$ 标准溶液 $27.68mL$。试计算每 $100mL$ 样品溶液中含 $H_2O_2$ 的质量（g）。

2. 不纯碘化钾试样 $0.518g$，用 $0.194g$ 重铬酸钾（过量的）处理后，将溶液煮沸除去析出的碘，然后用过量的纯碘化钾处理，这时析出的碘，需用 $0.1000mol \cdot L^{-1}$ 的 $Na_2S_2O_3$ 溶液 $10.00mL$ 完成滴定。计算试样中 KI 的质量分数。

3. 一份 $50.00mL H_2SO_4$ 与 $KMnO_4$ 的混合液，需用 $40.00mL 0.1000mol \cdot L^{-1}$ 的 $NaOH$ 溶液中和，另一份 $50.00mL$ 混合液，则需要用 $25.00mL 0.1000mol \cdot L^{-1}$ 的 $FeSO_4$ 溶液将 $KMnO_4$ 还原。求每升混合液中含 $H_2SO_4$ 和 $KMnO_4$ 各多少克？

4. 称取软锰矿 $0.5000g$，加入 $0.7500g H_2C_2O_4 \cdot 2H_2O$ 及稀 $H_2SO_4$，进行下列反应：$MnO_2 + H_2C_2O_4 + 2H^+ \Longrightarrow Mn^+ + 2CO_2\uparrow + 2H_2O$。用 $0.02000mol \cdot L^{-1} KMnO_4$ 溶液回滴定过量的草酸，耗 $30.00mL$，求 $MnO_2$ 的质量分数是多少？

# 第十章　配位平衡和配位滴定法

 **学习目标**

**素质目标：**

（1）通过学 EDTA 配位平衡中的副反应，正确认识内因与外因的关系；

（2）通过滴定曲线的趋势和滴定突跃引申至厚积薄发的人生哲理，成功和突破需要累积，同时也要把握好突破的机遇。

**知识目标：**

（1）掌握配位平衡和配位平衡常数的意义及计算，配位平衡的移动及与其他平衡的关系；

（2）了解螯合物形成的条件和螯合物的特征；

（3）了解酸度对配位平衡的影响和酸效应系数的含义；

（4）掌握条件稳定常数的概念及有关计算；

（5）了解金属指示剂的作用原理及应用。

**能力目标：**

（1）能进行配位平衡和配位平衡常数的有关计算；

（2）会使用酸效应曲线选择适宜的滴定酸度。

## 第一节　配位化合物的基本概念

配位化合物简称配合物，是组成复杂、应用广泛的一类化合物。75% 左右的无机化合物属于配位化合物。例如，生物体内的金属元素多以配合物的形式存在；叶绿素是镁的配合物，植物的光合作用靠它来完成；动物血液中的血红蛋白是铁的配合物，在血液中起着输送氧气的作用；动物体内的各种酶几乎都是以金属配合物形式存在的。配合物不仅在生物体系中具有重要意义，而且已经渗透到化学及相关学科的各个领域，例如分析化学、有机金属化学、生物化学、结构化学、催化化学、原子能工业、医药、电镀、染料等。由于它在化学领域具有重要性及具有较强的渗透作用，因此配位化学成为一门综合性的边缘学科和化学的重要分支学科。

视频-配离子
的生成与配
合物的性质

## 一、配位化合物的组成和命名

### 1. 配位化合物

在化学反应中，常会遇到一些分子间的加合反应。例如在硫酸铜溶液中加入氨水，首先

生成 $Cu_2(OH)_2SO_4$（淡蓝色）沉淀，继续加入氨水，沉淀消失，且溶液转变为深蓝色。此时，加入氢氧化钠溶液检测，结果无 $Cu(OH)_2$ 沉淀生成，亦无气态氨气逸出，说明溶液并无明显的游离的 $Cu^{2+}$ 和 $NH_3$ 存在；当加入 $BaCl_2$ 溶液，可析出白色 $BaSO_4$ 沉淀，说明溶液中存在着游离的 $SO_4^{2-}$。实验说明，溶液中 $SO_4^{2-}$ 独立存在，而 $Cu^{2+}$ 和 $NH_3$ 进行了结合。经 X 射线结构分析，$Cu^{2+}$ 和 $NH_3$ 形成了 $[Cu(NH_3)_4]^{2+}$。这种离子在晶体中或溶液中都很稳定。上述反应如下：

$$CuSO_4 + 4NH_3 \Longrightarrow [Cu(NH_3)_4]SO_4$$

在 $[Cu(NH_3)_4]^{2+}$ 中，每个氨分子中的氮原子，提供一对孤对电子，填入 $Cu^{2+}$ 的空轨道，形成 4 个配位键。这种配位键的形成使 $[Cu(NH_3)_4]^{2+}$ 和 $Cu^{2+}$ 有很大的区别。例如，与过量的氨不再生成沉淀，颜色也会变深等。通常把一个简单正离子（或原子）和一定数目的阴离子或中性分子以配位键相结合，形成的复杂离子或分子称为配位单元。写成化学式时，用方括号括起来。含有配位单元的复杂化合物被称为配合物。这些化合物与简单的化合物的区别在于分子中含有配位单元。

配位单元可以是离子，例如 $[Cu(NH_3)_4]^{2+}$、$[Ag(NH_3)_2]^+$、$[PtCl_4]^{2-}$、$[Fe(CN)_6]^{3-}$ 等，叫作配离子。类似 $[Cu(NH_3)_4]^{2+}$、$[Ag(NH_3)_2]^+$ 等因为带正电荷，被称为配位阳离子；$[PtCl_4]^{2-}$、$[Fe(CN)_6]^{3-}$ 等因为带负电荷，被称为配位阴离子；配位单元也可以是中性分子，例如 $[Pt(NH_3)_2Cl_4]$、$[Co(NH_3)_3Cl_3]$、$[Ni(CO)_4]$、$[Fe(CO)_5]$ 等，叫作配位化合物分子。

需要注意的是，配位化合物和复盐之间是有区别和联系的。各种配位化合物的稳定性不同。有些配合物在晶体和溶液中都很稳定，所以叫稳定配合物；有些例如 $LiCl \cdot CuCl_2 \cdot 3H_2O$ 和 $KCl \cdot CuCl_2$ 等在晶体中存在配离子，而在溶液中解离为 $Li^+$、$Cu^{2+}$、$K^+$ 或 $Cl^-$，可以把它们看作是不稳定的配合物；有些例如 $KCl \cdot MgCl_2 \cdot 6H_2O$（光卤石）和 $K_2SO_4 \cdot MgSO_4 \cdot 6H_2O$（钾镁矾）不论在晶体或水溶液中，都以简单离子存在，是复盐。

### 2. 配位化合物的组成

配合物一般由内界和外界两部分组成。在配合物中，有一个简单阳离子（或中性原子）位于它们的几何中心，被称为中心离子（或称为配合物形成体）。与中心离子直接以配位键结合的阴离子或中性分子叫配位体。中心离子与配位体构成配合物的内界，这是配合物的特征部分，写化学式的时候，用方括号括起来。距中心离子较远的其他离子被称为外界离子，构成配合物的外界，通常写在方括号外面。内界与外界之间以离子键相结合。配合物的结构如下：

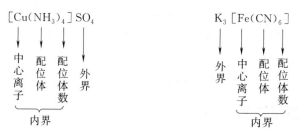

（1）中心离子。配合物的内界总是由中心离子（或原子）和配位体两部分组成。中心离子在配离子的中心（见图 10-1），常见的是一些过渡金属，例如铁、钴、镍、铜、银、金、铂等金属元素的离子，高氧化数的非金属元素，例如硼、硅、磷等，或者是高氧化数的主族金属离子，例如 $[AlF_6]^{3-}$ 中的 $Al^{3+}$ 等。也有不带电荷的中性原子作中心原子，例如 $[Ni(CO)_4]$、$[Fe(CO)_5]$（图 10-1）中的 Ni、Fe 都是中性原子。

另外还有一类化合物，如在 $[(H_3N)_5Cr—O—Cr(NH_3)_5]X_4$ [称卤化十氨合一氧基二铬（Ⅱ）]中，中心离子是两个 $Cr^{3+}$，这类配合物称为多核配合物。

（2）配位体。在内界中，与中心离子以配位键相结合的、含有孤电子对的中性分子、原子或离子叫作

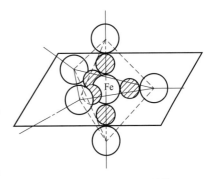

图 10-1　$Fe(CO)_5$ 的结构

配位体，配位体是含有孤电子对的分子或离子，如 $NH_3$、$H_2O$ 和 $Cl^-$、$Br^-$、$I^-$、$CN^-$、$SCN^-$ 离子等。配位体中具有孤电子对的原子，在形成配位键时，称为配位原子。除少数例外配位原子至少有一个未键合的孤电子对。

这个孤电子对在形成配离子时，给予缺电子的金属离子（或原子）。配位原子主要是属于周期表中 Ⅴ、Ⅵ、Ⅶ 三个主族的元素。此外，负氢离子和有能成 $\pi$ 键电子的碳原子等也可作为配位原子。

根据配位体所含配位原子的数目，可分为单齿配位体和多齿配位体。单齿配位体只含有一个配位原子且与中心离子只形成一个配位键，其组成比较简单，如 $F^-$、$Cl^-$、$Br^-$、$CN^-$、$H_2O$、$NH_3$ 等。多齿配位体含有两个或两个以上的配位体原子，它们与中心离子可以形成多个配位键，其组成较复杂，多数是有机分子。例如乙二胺 $H_2N—CH_2—CH_2—NH_2$、草酸根 $C_2O_4^{2-}$ 为双齿配位体，氨基三乙酸为四齿配位体等，乙二胺四乙酸根（简称 EDTA）为大齿配位体。

（3）配位数。直接同中心离子（或原子）配合的配位原子的数目，为该中心离子（或原子）的配位数，一般中心离子（或原子）的配位数是 2、4、6、8（较少见）。如在 $[Co(NH_3)_6]Cl_3$ 和 $[Co(NH_3)_5H_2O]Cl_3$ 中，同 $Co^{3+}$ 直接配合的配位原子，前者是 6 个氨分子中的氮原子，后者为 5 个氨分子中的氮原子和 1 个水分子中的氧原子，所以配位数均为 6。

在计算中心离子的配位数时，一般是先在配离子中确定中心离子和配位体，接着找出配位原子的数目。如果配位体是单齿的，配位体的数目就是该中心离子的配位数。例如 $[Pt(NH_3)_4]Cl_2$ 和 $[Pt(NH_3)_2Cl_2]$ 的中心离子都是 Pt，而配位体前者是 $NH_3$，后者是 $NH_3$ 和 $Cl^-$。这些配位体都是单齿的，那么配位数都是 4。如果配位体是多齿的，配位体的数目显然不等于中心离子的配位体的数目。如 $[Pt(en)_2]Cl_2$ 中 en（代表乙二胺，$H_2N—CH_2—CH_2—NH_2$）是双齿配位体，即每一个 en 有两个氮原子同中心离子 $Pt^{2+}$ 配位，因此 $Pt^{2+}$ 的配位数不是 2 而是 4。同理，在 $[Co(en)_3]Cl_3$ 中 $Co^{3+}$ 的配位数不是 3 而是 6。应当着重指出，计算中心离子的配位数时，不能只看化合物的组成，而要看实际配位的情况，不能从表面观察，贸然下结论，要根据实验事实来确定配位数。$Cs_3CoCl_5$ 表面上猛一看可能认为 $Co^{2+}$ 的配位数为 5，实际上它的化学式经实验确定为 $Cs_2[CoCl_4]\cdot CsCl$，所以 $Co^{2+}$ 的配位数是 4 而不是 5。

中心离子的半径越大，配位数就越大。如 $Al^{3+}$ 和 $F^-$ 可以形成配位数为 6 的

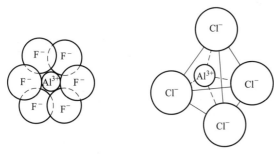

图 10-2　配位体大小与配位数的关系

$[AlF_6]^{3-}$，而半径小的 $B^{3+}$ 就只能形成配位数为 4 的 $[BF_4]^-$。对于同一种中心离子来说，配位数随着配位体半径的增加而减小，例如半径较大的 $Cl^-$ 与 $Al^{3+}$ 络合时，就只能形成配位数为 4 的 $[AlCl_4]^-$（见图 10-2）。

中心离子的电荷增加以及配位体电荷减小，对于形成配位数较大的配合物有利。例如 $Pt^{2+}$ 电荷小于 $Pt^{4+}$ 的电荷，它们与 $Cl^-$ 分别形成 $[PtCl_4]^{2-}$ 和 $[PtCl_6]^{2-}$ 配离子；$Al^{3+}$ 半径大于 $B^{3+}$，它们与 $F^-$ 分别形成 $[AlF_6]^{3-}$ 和 $[BF_4]^{2-}$ 配离子。

### 3. 配离子的电荷

配离子带有电荷，配离子的电荷等于组成它的简单离子电荷的代数和。如 $[Fe(CN)_6]^{4-}$ 的电荷是 $+2+(-1)\times6=-4$，$[Cu(NH_3)_4]^{2+}$ 的电荷是 $+2+(0)\times4=+2$。有时配离子的中心离子（或原子）和配位体的电荷的代数和为零，则配离子并不带有电荷，其本身就是配合物（配合分子）。如 $[Ni(H_2O)_4Cl_2]$ 的电荷总数为：

$$(+2)+4\times(0)+2\times(-1)=+2-2=0$$

由于整个配盐是中性的，因此，也可以从外界离子的电荷来决定配离子的电荷。例如 $Na_2[Cu(CN)_3]$ 配盐中，它的外界有 2 个 $Na^+$，所以 $[Cu(CN)_3]^{2-}$ 配离子的电荷是 $-2$，从而可以推知中心离子是 $Cu^+$ 而不是 $Cu^{2+}$。

### 4. 配位化合物的命名

配位化合物的命名遵循一般无机物命名原则，命名配位化合物时，不论配离子是阴离子还是阳离子，都是阴离子名称在前，阳离子名称在后。其中配位个体的命名顺序为：配离子按下列顺序依次命名：阴离子配体→中性分子配体→"合"→中心离子（用罗马数字标明氧化数）。氧化数无变化的中心离子可不注明氧化数。若有几种阴离子配体，命名顺序是：简单离子→复杂离子→有机酸根离子；若有几种中性分子配体，则按配位原子元素符号的英文字母顺序排列，命名顺序是：$NH_3$ → $H_2O$ → 有机分子。各配体的个数用数字一、二、三……写在该种配体名称的前面。下面列举一些配合物的命名实例。

（1）配离子为阳离子的配合物。命名顺序为：外界离子→配位体→中心离子。外界阴离子和配位体之间用"化"字连接。在配位体和中心离子之间加"合"字，配体的数目用一、二、三、四等数字表示，中心离子的氧化数用罗马数字写在中心离子名称的后面，并加括弧。例如：

$[Ag(NH_3)_2]Cl$　　　　　　　氯化二氨合银（Ⅰ）

$[Cu(NH_3)_4]SO_4$　　　　　　硫酸四氨合铜（Ⅱ）

$[Co(NH_3)_6](NO_3)_3$　　　　硝酸六氨合钴（Ⅲ）

（2）配离子为阴离子的配合物。命名顺序为：配位体→中心离子→外界阳离子。在中心离子和外界阳离子名称之间加一"酸"字。例如：

$K_2[PtCl_6]$　　　　　　　　　六氯合铂（Ⅳ）酸钾

| $K_4[Fe(CN)_6]$ | 六氰合铁（Ⅱ）酸钾 |
| $H_2[SiF_6]$ | 六氟合硅（Ⅳ）酸 |

（3）有多种配位体的配合物。如果含有多种配位体，不同的配位体之间要用"·"隔开。其命名顺序为：阴离子→中性分子。配位体若都是阴离子时，则按简单→复杂→有机酸根离子顺序。配位体若都是中性分子时，则按配位原子元素符号的英文字母顺序排列。例如：

| $[CoCl_2(NH_3)_4]Cl$ | 氯化二氯·四氨合钴（Ⅲ） |
| $[PtCl_3(NH_3)]^-$ | 三氯·一氨合铂（Ⅱ）离子 |
| $[Co(NH_3)_5(H_2O)]Cl_3$ | 氯化五氨·一水合钴（Ⅲ） |

（4）没有外界的配合物。命名方法与前面的相同。例如：

| $[Ni(CO)_4]$ | 四羰基合镍 |
| $[PtCl_2(NH_3)_2]$ | 二氯·二氨合铂（Ⅱ） |
| $[CoCl_3(NH_3)_3]$ | 三氯·三氨合钴（Ⅲ） |

有的配体在与不同的中心离子结合时，所用配位原子不同，命名时应加以区别。例如：

—ONO（亚硝酸根），—NO₂（硝基）；

—SCN（硫氰酸根），—NCS（异硫氰酸根）。

| $K_3[Fe(NCS)_6]$ | 六异硫氰酸根合铁（Ⅲ）酸钾 |
| $[CoCl(SCN)(en)_2]NO_3$ | 硝酸·一氯·一硫氰根·二乙二胺合钴（Ⅲ） |
| $[Co(NO_2)(NH_3)_3]$ | 三硝基·三氨合钴（Ⅲ） |
| $[Co(ONO)(NH_3)_5]SO_4$ | 硫酸一亚硝酸根·五氨合钴（Ⅲ） |

另外，有些配合物有其习惯上沿用的名称，例如：$K_4[Fe(CN)_6]$ 称为亚铁氰化钾（黄血盐）。

## 二、配位化合物的分类

### 1. 简单配位化合物

简单配位化合物是指单齿配体与中心体配位而形成的配合物，如 $[Cu(NH_3)]SO_4$、$[Co(NH_3)_6]Cl_3$、$[CrCl_2(H_2O)_4]Cl$ 等。

### 2. 螯合物

螯合物又称内配合物，是一类由多齿配体通过两个或两个以上的配位原子与同一中心体形成的具有环状结构的配合物。将配位体比作螃蟹的螯钳，牢牢地钳住中心离子，所以形象地称为螯合物。形成螯合物的多齿配体称为螯合剂，如乙二胺能与 $Cu^{2+}$ 形成两个五元环的螯合物，其结构如下：

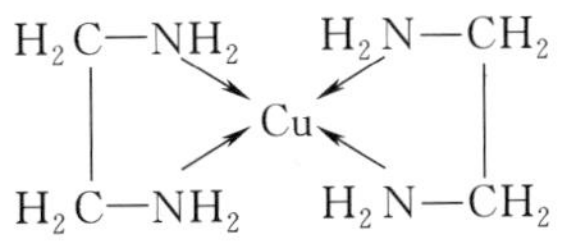

常见的螯合剂是含有 N、O、S、P 等配位原子的有机化合物。氨羧配位剂是最常见的一类螯合剂。它们是以氨基二乙酸为基体的有机配位剂，其分子结构中同时含有氨氮和羧氧两种配位能力很强的配位原子，氨氮能与 Co、Ni、Zn、Cu、Hg 等配位，而羧氧几乎能与

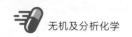

一切高价金属离子配位。氨羧配位剂同时兼有氨氮和羧氧的配位能力，所以几乎能与所有金属离子配位，形成多个多元环状结构的配合物或螯合物。在氨羧配位剂中又以乙二胺四乙酸（EDTA）的应用最为广泛，其结构如下：

$$HOOCH_2C \overset{}{\underset{HOOCH_2C}{\diagdown}} N-CH_2-CH_2-N \overset{CH_2COOH}{\underset{CH_2COOH}{\diagup}}$$

EDTA 是一种白色无水结晶粉末，无毒无臭，具有酸味，熔点为 241.5℃，常温下 100g 水中可溶解 0.2g EDTA，难溶于酸和一般有机溶剂，但易溶于氨水和氢氧化钠溶液中。

从结构上看，EDTA 是四元酸，常用 $H_4Y$ 式表示。在水溶液中易形成双极分子，在电场中不移动。其分子中含有两个氨基和四个羧基，它可作为四齿配体，也可作为六齿配体。

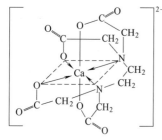

图 10-3　Ca 的 EDTA 配合物

所以 EDTA 是一种配位能力很强的螯合剂，在一定条件下 EDTA 能够与周期表中绝大多数金属离子形成多个五元环状的配位比为 1∶1 的螯合物，结构相当稳定，且易溶于水，便于在水溶液中进行分析。正是因为这个原因，分析中以配位滴定法测定金属离子含量时，常用 EDTA 作为配位剂（EDTA法）。例如 $Ca^{2+}$ 是一个弱的配合物的形成体，但它也可以与 EDTA 形成十分稳定的螯合物，其结构如图 10-3 所示。

EDTA 在配位滴定中有广泛的应用，具有以下几个特点。

① EDTA 具有广泛的配位性能，几乎能与所有金属离子形成配合物，因此在配位滴定中应用很广泛。

② EDTA 配合物的配位比简单，在多数情况下都形成 1∶1 配合物。个别的如 Mo(Ⅴ) 与 EDTA 的配合物 $\left[ (MoO_2)_2Y^{2-} \right]$ 的配位比为 2∶1。

③ EDTA 配合物的稳定性高，能与金属离子形成具有多个五元环结构的螯合。

④ EDTA 配合物易溶于水，使配位反应较迅速。

⑤ 大多数金属的 EDTA 配合物无色，这有利于指示剂确定终点。EDTA 与有色金属离子配位生成的螯合物颜色则更深，例如：$CuY^{2-}$、$NiY^{2-}$、$CoY^{2-}$、$MnY^{2-}$、$CrY^-$、$FeY^-$ 为深蓝、蓝色、紫红、紫红、深紫黄色，因此滴定这些离子时，要控制其浓度勿过大，否则，使用指示剂确定终点将有困难。

与简单配合物相比，在中心离子、配位原子相同的情况下，螯合物具有更强的稳定性，在水溶液中的离解能力也更小。螯合物中所含的环的数目越多，其稳定性也越强。此外，螯合环的大小也会影响螯合物的稳定性。一般具有五元环或六元环的螯合物最稳定。许多螯合物都具有特殊的颜色。在定性分析中，常用形成有特征颜色的螯合物来鉴定金属离子的存在与否。例如 1,10-二氮杂菲，一般称为邻二氮杂菲，与 $Fe^{2+}$ 可生成橙红色螯合物，可用以定性鉴定 $Fe^{2+}$ 的存在。

### 3. 特殊配位化合物

（1）羰基配位化合物和不饱和烃基配位化合物。以羰基为配体的金属配合物叫羰基配合物，如 $[Fe(CO)_5]$、$[Ni(CO)_4]$ 等；以不饱和烃为配体的金属配合物叫不饱和烃基配合物，如 $[Fe(CH_2CH_3)_2]$、$[PdCl_3(C_2H_4)]^-$ 等。

（2）多酸型配位化合物。许多含氧酸能彼此缩合而成比较复杂的多酸。多酸可以看作是由一定数目的酸酐分子与原酸结合而得。这个原酸中的金属或非金属原子（或离子）作为多酸配阴离子的中心原子（或离子），而酸酐分子为配位体。如 $H_2Cr_2O_7$、$H_2Mo_4O_{13}$、$H_4[SiW_{12}O_{40}]$、$H_3[PMo_{12}O_{40}]$、$(NH_4)_3[P(Mo_3O_{10})_4]\cdot 6H_2O$ 均属此类。

（3）多核配位化合物。多核配合物的特点是在配合物中存在两个或两个以上的中心离子或原子。这些中心离子或原子借助于一定的原子或原子团（如—$NH_2$、—$OH$、—$O$—、—$Cl$ 等）而连接成一个整体。这些原子或原子团称为桥基。它们具有一对以上的孤对电子，因而能与两个或两个以上的金属离子或原子配合。如：

$$
\begin{array}{ccccc}
C_2H_4 & & Cl & & Cl \\
& Pd & & Pd & \\
Cl & & Cl & & C_2H_4
\end{array}
$$

$$
[(H_2O)_4Fe\overset{\displaystyle H\atop\displaystyle O}{\underset{\displaystyle O\atop\displaystyle H}{\big<\!\!\big>}}Fe(H_2O)_4](SO_4)_2
$$

# 第二节　配位化合物在水溶液的稳定性

一般来说，配离子和外界离子之间以离子键结合，这种结合与强电解质类似，可认为配位化合物在水溶液中几乎完全解离为配离子和外界离子。例如 $[Cu(NH_3)_4]SO_4$ 在水溶液中可以完全解离为 $[Cu(NH_3)_4]^{2+}$ 和 $SO_4^{2-}$。

$$[Cu(NH_3)_4]SO_4 \Longrightarrow [Cu(NH_3)_4]^{2+} + SO_4^{2-}$$

$[Cu(NH_3)_4]^{2+}$ 在水溶液中像弱电解质一样部分解离出少量的 $Cu^{2+}$ 和 $NH_3$，即

$$[Cu(NH_3)_4]^{2+} \Longrightarrow Cu^{2+} + 4NH_3$$

上述配离子的解离过程是可逆的，它的逆反应实际上是配合物的生成反应，即

$$Cu^{2+} + 4NH_3 \Longrightarrow [Cu(NH_3)_4]^{2+}$$

在一定条件下，配位化合物的解离过程和生成过程能达到平衡状态，称为配离子的解离平衡，也叫配位平衡。

## 一、配位平衡及其平衡常数

$$[Cu(NH_3)_4]^{2+} \underset{\text{生成}}{\overset{\text{解离}}{\rightleftharpoons}} Cu^{2+} + 4NH_3$$

配离子的稳定常数

$$K_f = K_{稳} = \frac{[Cu(NH_3)_4^{2+}]}{[Cu^{2+}][NH_3]^4} \tag{10-1}$$

同类型的配离子，可用 $K_f$ 直接比较它们的稳定性。

$$稳定性：[Ag(NH_3)_2]^+ < [Ag(CN)_2]^-$$
$$K_f = K_{稳} \quad 1.1\times10^7 \quad\quad 1.3\times10^{21}$$

配离子的解离常数

$$K_d = K_{不稳} = \frac{[Cu^{2+}][NH_3]^4}{[Cu(NH_3)_4^{2+}]}$$

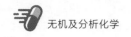 

$K_f$ 越大，$K_d$ 越小，配离子越稳定。

$$[Cu(NH_3)_4]^{2+} \Longrightarrow Cu^{2+} + 4NH_3 \qquad K_f = 10^{13.32}$$

稳定常数与不稳定常数的关系是

$$K_d = \frac{1}{K_f} \tag{10-2}$$

实际上 $[Cu(NH_3)_4]^{2+}$ 在溶液中是分步生成的：

| 反应 | 逐级稳定常数 |
|---|---|
| $Cu^{2+} + NH_3 \Longrightarrow [Cu(NH_3)]^{2+}$ | $K_{f1} = 1.35 \times 10^4$ |
| $[Cu(NH_3)]^{2+} + NH_3 \Longrightarrow [Cu(NH_3)_2]^{2+}$ | $K_{f2} = 3.02 \times 10^3$ |
| $[Cu(NH_3)_2]^{2+} + NH_3 \Longrightarrow [Cu(NH_3)_3]^{2+}$ | $K_{f3} = 9.41 \times 10^2$ |
| $[Cu(NH_3)_3]^{2+} + NH_3 \Longrightarrow [Cu(NH_3)_4]^{2+}$ | $K_{f4} = 1.29 \times 10^2$ |

$K_f = K_{f1} K_{f2} K_{f3} K_{f4} = 3.9 \times 10^{12}$ （总稳定常数）

将逐级稳定常数渐次相乘，就得到各级累积稳定常数 $(\beta_i)$：

$$\beta_1 = K_1$$
$$\beta_2 = K_1 K_2$$
$$\beta_n = K_1 K_2 \cdots K_n$$

$\beta_n$ 即各级配合物的总的稳定常数。

实际上 $[Cu(NH_3)_4]^{2+}$ 在溶液中是分步解离的：

| | |
|---|---|
| $[Cu(NH_3)_4]^{2+} \Longrightarrow [Cu(NH_3)_3]^{2+} + NH_3$ | $K_{d1} = 7.75 \times 10^{-5}$ |
| $[Cu(NH_3)_3]^{2+} \Longrightarrow [Cu(NH_3)_2]^{2+} + NH_3$ | $K_{d2} = 1.06 \times 10^{-3}$ |
| $[Cu(NH_3)_2]^{2+} \Longrightarrow [Cu(NH_3)]^{2+} + NH_3$ | $K_{d3} = 3.31 \times 10^{-4}$ |
| $[Cu(NH_3)]^{2+} \Longrightarrow Cu^{2+} + NH_3$ | $K_{d4} = 7.41 \times 10^{-5}$ |

$$K_d = K_{d1} K_{d2} K_{d3} K_{d4} = 2.01 \times 10^{-13} \tag{10-3}$$

## 二、配位化合物稳定常数的应用

利用配位化合物的稳定常数，可以判断配位反应进行的程度和方向，计算配合物溶液中某一离子的浓度，判断难溶盐的溶解和生成的可能性等，还可以用来计算金属与配离子组成电对的电极电位。

### 1. 判断配位反应进行的方向

例如配位反应：

$$[Ag(NH_3)_2]^+ + 2CN^- \Longrightarrow [Ag(CN)_2]^- + 2NH_3$$

向哪一个方向进行？可以根据配合物 $[Ag(NH_3)_2]^+$ 和 $[Ag(CN)_2]^-$ 的稳定常数求出上述反应的平衡常数来判断。上述反应的平衡常数可表示为：

$$K = \frac{[Ag(CN)_2^-][NH_3]^2}{[Ag(NH_3)_2^+][CN^-]^2}$$

将上式右端分子和分母各乘以 $[Ag^+]$，则

$$K = \frac{[Ag(CN)_2^-][NH_3]^2[Ag^+]}{[Ag(NH_3)_2^+][Ag^+][CN^-]^2} = \frac{K_{f[Ag(CN)_2]^-}}{K_{f[Ag(NH_3)_2]^+}}$$

查附录 5 得知 $K_{f[Ag(CN)_2]^-} = 5.6 \times 10^{18}$，$K_{f[Ag(NH_3)_2]^+} = 1.6 \times 10^7$。

代入上式

$$K = \frac{5.6 \times 10^{18}}{1.6 \times 10^7} = 3.5 \times 10^{11}$$

由计算出的 $K$ 值可以看出，上述配位反应向着生成 $[Ag(CN)_2]^-$ 的方向进行的趋势很大。因此在含有 $[Ag(NH_3)_2]^+$ 的溶液中，加入足够的 $CN^-$ 时，$[Ag(NH_3)_2]^+$ 被破坏而生成 $[Ag(CN)_2]^-$。

同理，在下列反应体系中

$$[Fe(NCS)_3] + 6F^- \rightleftharpoons [FeF_6]^{3-} + 3SCN^-$$

配位反应一定向生成 $[FeF_6]^{3-}$ 的方向进行。因为 $[FeF_6]^{3-}$ 的稳定常数为 $1 \times 10^{16}$，远远大于 $[Fe(NCS)_3]$ 的稳定常数 $2.0 \times 10^3$。因此也可以由一种配合物转化成为另一种配合物，如同沉淀的转化一样。显然由较不稳定的配离子转化成较稳定的配离子是很容易进行的，也就是由稳定常数小的配合物很易转化成稳定常数较大的配合物。反之，若要使较稳定的配合物转化为较不稳定的配合物时，就很难实现。

### 2. 计算配离子溶液中有关离子的浓度

**例 10-1**　将 10.0mL 0.20mol·$L^{-1}$ AgNO$_3$ 溶液与 10.0mL 1.00mol·$L^{-1}$ NH$_3$·H$_2$O 混合，计算溶液中 $c(Ag^+)$（已知 $K_{f[Ag(NH_3)_2]^+} = 1.12 \times 10^7$）。

**解**　设 $[Ag^+] = x$ mol·$L^{-1}$，等体积混合浓度减半。

$$Ag^+ + 2NH_3 \rightleftharpoons [Ag(NH_3)_2]^+$$

开始浓度/(mol·$L^{-1}$)　0.10　　0.50　　　　　0

平衡浓度/(mol·$L^{-1}$)　$x$　0.50$-2\times$(0.10$-x$)　0.10$-x$

$$K_f = \frac{[Ag(NH_3)_2^+]}{[Ag^+][NH_3]^2} = 1.6 \times 10^7$$

$$\frac{0.10-x}{x(0.30+2x)^2} = 1.6 \times 10^7$$

因 $K_f$ 较大，所以 0.10$-x \approx$ 0.10，0.30$+2x \approx$ 0.30。

$$x = 2.1 \times 10^{-8}$$

答：$c(Ag^+)$ 为 $2.1 \times 10^{-8}$ mol·$L^{-1}$。

### 3. 配离子与沉淀之间的转化

一些难溶盐往往因形成配合物而溶解。利用稳定常数可计算难溶物质配合时的溶解程度以及全部转为配离子时所需配位剂的量。

**例 10-2**　100mL 1mol·$L^{-1}$ NH$_3$ 中能溶解固体 AgBr 多少克（$K_{f[Ag(NH_3)_2]^+} = 1.6 \times 10^7$，$K_{sp(AgBr)} = 5.0 \times 10^{-13}$）？

**解**　首先计算 1000mL 1mol·$L^{-1}$ NH$_3$ 能溶解多少克 AgBr。

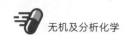

$$AgBr + 2NH_3 \rightleftharpoons [Ag(NH_3)_2]^+ + Br^-$$

该反应的平衡常数

$$K_f = \frac{[Ag(NH_3)_2^+][Br^-]}{[NH_3]^2}$$

分子分母均乘上 $[Ag^+]$ 则

$$K = \frac{[Ag(NH_3)_2^+][Br^-][Ag^+]}{[Ag^+][NH_3]^2}$$

$$= K_{f[Ag(NH_3)_2]^+} K_{sp(AgBr)}$$

$$= 1.6 \times 10^7 \times 5.0 \times 10^{-13}$$

$$= 8.0 \times 10^{-6}$$

设 $[Ag(NH_3)_2]^+ = x\,mol \cdot L^{-1}$，则

$$[Br^-] = x\,mol \cdot L^{-1}$$

$$[NH_3] = (1 - 2x)\,mol \cdot L^{-1}$$

$$8.0 \times 10^{-6} = \frac{x^2}{(1-2x)^2}$$

$K$ 很小，AgBr 转化为 $[Ag(NH_3)_2]^+$ 的部分很小，$x \ll 1$，故 $1 - 2x \approx 1$。

$$x = 2.8 \times 10^{-3}\,mol \cdot L^{-1}$$

答：1000mL 1mol $\cdot L^{-1}$ $NH_3$ 溶解 $2.8 \times 10^{-3} \times 188 = 0.53$（g）AgBr。100mL 1mol $\cdot L^{-1}$ $NH_3$ 只能溶解 0.053g AgBr。

## 三、EDTA 配位化合物的条件稳定常数

### 1. 乙二胺四乙酸（EDTA）

多基配位体乙二胺四乙酸是四元酸，也用 $H_4Y$ 表示，如果溶液酸度较高，$H_4Y$ 溶于水，可接受 2 个 $H^+$，形成 $H_6Y^{2+}$，因此 EDTA 实际上相当于六元酸，有六级解离平衡。

$$H_6Y^{2+} \rightleftharpoons H^+ + H_5Y^+, \quad K_1^{\ominus} = \frac{[H^+][H_5Y^+]}{[H_6Y^{2+}]} = 10^{-0.9}$$

$$H_5Y^+ \rightleftharpoons H^+ + H_4Y, \quad K_2^{\ominus} = \frac{[H^+][H_4Y]}{[H_5Y^+]} = 10^{-1.6}$$

$$H_4Y \rightleftharpoons H^+ + H_3Y^-, \quad K_3^{\ominus} = \frac{[H^+][H_3Y^-]}{[H_4Y]} = 10^{-2}$$

$$H_3Y^- \rightleftharpoons H^+ + H_2Y^{2-}, \quad K_4^{\ominus} = \frac{[H^+][H_2Y^{2-}]}{[H_3Y^-]} = 10^{-2.67}$$

$$H_2Y^{2-} \rightleftharpoons H^+ + HY^{3-}, \quad K_5^{\ominus} = \frac{[H^+][HY^{3-}]}{[H_2Y]} = 10^{-6.16}$$

$$HY^{3-} \Longrightarrow H^+ + Y^{4-} , \quad K_6^{\ominus} = \frac{[H^+][Y^{4-}]}{[HY^{3-}]} = 10^{-10.26}$$

EDTA 在水溶液中有 7 种存在形式：$H_6Y^{2+}$、$H_5Y^+$、$H_4Y$、$H_3Y^-$、$H_2Y^{2-}$、$HY^{3-}$、$Y^{4-}$，它们的分布分数（$\delta$）与 pH 有关，见图 10-4。

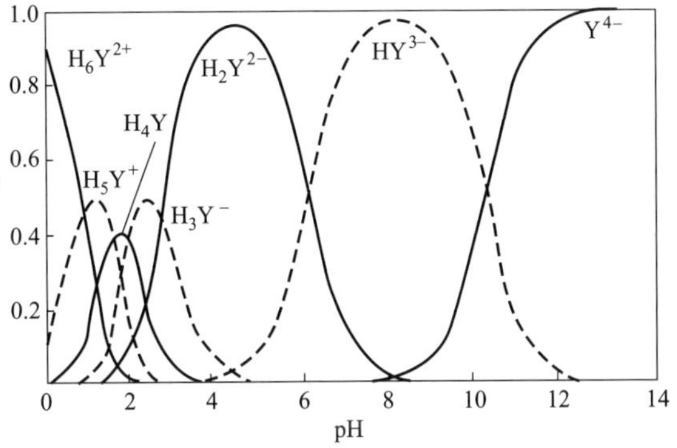

从图 10-4 可以看出，无论 EDTA 的原始存在形式是 $H_4Y$ 还是其二钠盐，当 pH<1 时，EDTA 主要以 $H_6Y^{2+}$ 形式存在；pH 为 2.67~6.16 时，EDTA 主要以 $H_2Y^-$ 形式存在；当 pH>10.26 时，EDTA 主要以 $Y^{4-}$ 形式存在。

在 EDTA 的七种存在形式中，只有

图 10-4　EDTA 各种形式在不同 pH 时的分布情况

$Y^{4-}$ 有配位能力，它既可以作为四基配体，也可以作为六基配体进行配位，且 pH 越大，$Y^{4-}$ 的分布系数越大，其配位能力越强。

因此，溶液的酸度就成为影响金属离子和 EDTA 配合物稳定性的一个重要条件。

### 2. EDTA 与金属离子的配位平衡

金属离子能与 EDTA 形成 1∶1 的多元环状螯合物，其配位平衡为（为方便讨论，略去 EDTA 和金属离子的电荷，分别简写为 Y 和 M）：

$$M + Y \Longrightarrow MY$$

$$K_{MY} = \frac{[MY]}{[M][Y]} \tag{10-4}$$

$K_{MY}$ 为 EDTA 金属离子配合物的稳定常数。它的数值反映了 M-EDTA 配合物稳定性的大小。EDTA 和常见金属离子螯合物的稳定常数参见附录 5。

### 3. 副反应系数和条件稳定常数

配合物的稳定性主要取决于金属离子的性质和配位体的性质。附录 5 所列数据是指配位反应达平衡时，EDTA 全部成为 Y 的情况下的稳定常数，是个绝对值。它没有考虑到其他因素对配合物的影响，只有在特定条件下才适用。在实际反应中，不同的滴定条件下，除了被测金属离子与 EDTA 发生主反应外，还存在许多副反应，使形成的配合物不稳定。它们之间的平衡关系可用下式表示：

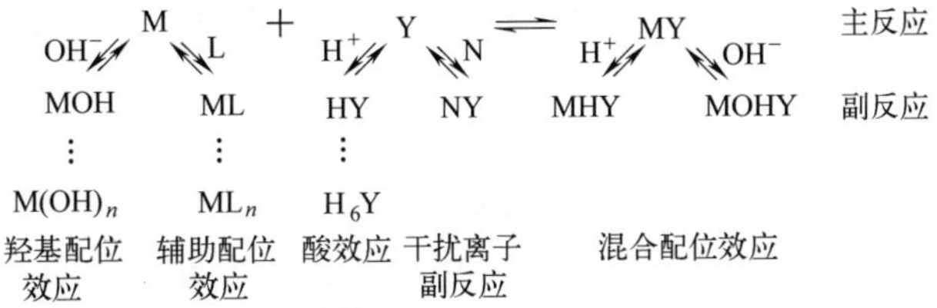

这些副反应的发生都将影响主反应进行的程度。反应物（M、Y）发生副反应不利于主反应的进行，而反应产物（MY）发生副反应则有利于主反应。为了定量地表示副反应进行的程度，引入副反应系数（$\alpha$），下面对酸效应和配位效应分别加以讨论。

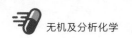

（1）酸效应与酸效应系数 $\alpha_{Y(H)}$。由于氢离子与 Y 之间发生副反应，就使 EDTA 参加主反应的能力下降，这种现象称为酸效应。酸效应的大小用酸效应系数 $[\alpha_{Y(H)}]$ 来衡量。它表示未参加配位反应的 EDTA 的各种存在形式的总浓度与能参加配位反应 $Y^{4-}$ 的平衡浓度之比：

$$\alpha_{Y(H)} = \frac{[Y]_{总}}{[Y^{4-}]}$$

$$= \frac{[Y^{4-}]+[HY^{3-}]+[H_2Y^{2-}]+[H_3Y^-]+[H_4Y]+[H_5Y^+]+[H_6Y^{2+}]}{[Y^{4-}]}$$

$$= 1 + \frac{[H^+]}{K_6^{\ominus}} + \frac{[H^+]^2}{K_6^{\ominus}K_5^{\ominus}} + \frac{[H^+]^3}{K_6^{\ominus}K_5^{\ominus}K_4^{\ominus}} + \frac{[H^+]^4}{K_6^{\ominus}K_5^{\ominus}K_4^{\ominus}K_3^{\ominus}} + \frac{[H^+]^5}{K_6^{\ominus}K_5^{\ominus}K_4^{\ominus}K_3^{\ominus}K_2^{\ominus}} +$$

$$\frac{[H^+]^6}{K_6^{\ominus}K_5^{\ominus}K_4^{\ominus}K_3^{\ominus}K_2^{\ominus}K_1^{\ominus}}$$

显然，$\alpha_{Y(H)}$ 值与溶液酸度有关，它随溶液 pH 值增大而减小。在多数情况下，$[Y]_{总}$ 大于 $[Y^{4-}]$。只有在 pH≥12 时，酸效应系数才等于 1，总浓度 $[Y]_{总}$ 才几乎等于有效浓度 $[Y^{4-}]$。在不同 pH 值时的酸效应系数值列于表 10-1。

表 10-1　不同 pH 值时的 $\lg\alpha_{Y(H)}$

| pH 值 | $\lg\alpha_{Y(H)}$ | pH 值 | $\lg\alpha_{Y(H)}$ | pH 值 | $\lg\alpha_{Y(H)}$ | pH 值 | $\lg\alpha_{Y(H)}$ | pH 值 | $\lg\alpha_{Y(H)}$ |
|---|---|---|---|---|---|---|---|---|---|
| 0.0 | 23.64 | 2.0 | 13.51 | 4.0 | 8.44 | 6.0 | 4.65 | 8.5 | 1.77 |
| 0.4 | 21.32 | 2.4 | 12.19 | 4.4 | 9.64 | 6.4 | 4.06 | 9.0 | 1.29 |
| 0.48 | 19.08 | 2.8 | 11.09 | 4.8 | 6.84 | 6.8 | 3.55 | 9.5 | 0.83 |
| 1.0 | 18.01 | 3.0 | 10.60 | 5.0 | 6.45 | 9.0 | 3.32 | 10.0 | 0.45 |
| 1.4 | 16.02 | 3.4 | 9.70 | 5.4 | 5.69 | 9.5 | 2.78 | 11.0 | 0.07 |
| 1.8 | 14.27 | 3.8 | 8.85 | 5.8 | 4.98 | 8.0 | 2.26 | 12.0 | 0.00 |

从表 10-1 可以看出，多数情况下 $\lg\alpha_{Y(H)}$ 不等于 0，$[Y]_{总}$ 不等于 $[Y^{4-}]$。而前面讨论的稳定常数是 $[Y]_{总}=[Y^{4-}]$ 时的稳定常数，不能在 pH 小于 12 时应用。要了解不同酸度下配合物的稳定性，就必须从 $[Y]_{总}$ 与 $[Y^{4-}]$ 的关系来考虑。从上式可得

$$[Y^{4-}] = \frac{[Y]_{总}}{\alpha_{Y(H)}}$$

将上式代入 $K_{MY}^{\ominus} = \frac{[MY]}{[M][Y^{4-}]}$，得

$$K_{MY}^{\ominus} = \frac{[MY]}{[M][Y^{4-}]} = \frac{[MY]\alpha_{Y(H)}}{[M][Y]_{总}}$$

$$\frac{[MY]}{[M][Y]_{总}} = \frac{K_{MY}^{\ominus}}{\alpha_{Y(H)}} = K'_{MY}$$

$$\lg K'_{MY} = \lg K_{MY}^{\ominus} - \lg\alpha_{Y(H)} \qquad (10\text{-}5)$$

（2）配位效应与配位效应系数。如果溶液中存在其他的配位剂 L，则会影响金属离子 M 与 Y 之间主反应进行的程度。同理，金属离子的配位效应系数为：

$$\alpha_{M(L)} = \frac{[M]_{总}}{[M]} = \frac{[M]+[ML]+\cdots+[ML_n]}{[M]}$$

$$\frac{[MY]}{[M]_{总}[Y]}=\frac{K_{MY}^{\ominus}}{\alpha_{M(L)}}=K'_{MY}$$

$$\lg K'_{MY}=\lg K_{MY}^{\ominus}-\lg \alpha_{M(L)} \tag{10-6}$$

（3）条件稳定常数。当试剂和被测物在分析体系中不只有一种型体时，在主反应达到平衡，试剂、被测物、产物的各型体均达到平衡，实际的平衡状态不能用 $K$ 表示，需要有一种用总平衡浓度表达的平衡常数，即条件平衡常数 $K'$，或称表观平衡常数。

$$\lg K'_{MY}=\lg K_{MY}^{\ominus}+\lg K_{MY}-\lg \alpha_M-\lg K\alpha_Y \tag{10-7}$$

如果只考虑配位剂 Y 的酸效应和金属离子的辅助配位效应，则条件稳定常数为

$$\lg K'_{MY}=\lg K_{MY}^{\ominus}-\lg \alpha_{Y(H)}-\lg \alpha_{M(L)} \tag{10-8}$$

由于在各种副反应中最严重的往往是配位剂 Y 的酸效应，故在一般情况下仅考虑 Y 的酸效应，而忽略其他各种副反应的影响。

**例 10-3**　计算在 pH＝1.0 和 pH＝5.0 时，$PbY^{2-}$ 的条件稳定常数（已知 $\lg K_{MY}^{\ominus}=18.04$）。

**解**　查表 10-1 可知，当 pH＝1.0 时，$\lg \alpha_{Y(H)}=18.01$。

所以 $\lg K'_{MY}=\lg K_{MY}^{\ominus}-\lg \alpha_{Y(H)}=18.04-18.01=0.03$

当 pH＝5.0 时，$\lg \alpha_{Y(H)}=6.45$。

所以 $\lg K'_{MY}=\lg K_{MY}^{\ominus}-\lg \alpha_{Y(H)}=18.04-6.45=11.59$。

**答**：当 pH＝1.0 时，其条件稳定常数为 $10^{0.03}$；当 pH＝5.0 时，其条件稳定常数为 $10^{11.59}$。

## 第三节　配位滴定法

### 一、配位滴定的基本原理

以配合物反应为基础的滴定，称为配位滴定法。配位滴定法常用来测定多种金属离子或间接测定其他离子。用于配位滴定的反应必须符合完全、定量、快速和有适当指示剂来指示终点等要求。配位滴定要求在一定的反应条件下，形成的配合物要相当稳定，且配位数必须固定，即只形成一种配位数的配合物。

#### 1. 配位滴定曲线

在酸碱滴定反应中，在化学计量点附近溶液的 pH 值会发生突变。在配位滴定中，随着滴定剂 EDTA 的不断加入，在化学计量点附近，溶液中金属离子（M）的浓度发生急剧变化。若以 pM 为纵坐标，以加入标准溶液 EDTA 的量（$V$）为横坐标作图，则可得到与酸碱滴定曲线相类似的配位滴定曲线。

现以 pH＝12 时，用 $0.0100 mol \cdot L^{-1}$ 的 EDTA 溶液，滴定 20.00mL $0.01000 mol \cdot L^{-1}$ 的 $Ca^{2+}$ 溶液为例，计算滴定过程中的 pM，并说明配位滴定过程中，配位滴定剂的加入量与待测金属离子浓度之间的变化关系。

由于 $Ca^{2+}$ 既不易水解也不与其他配位剂反应，因此在处理此配位平衡时只需考虑 ED-TA 的酸效应。即在 pH 为 12 的条件下，$CaY^{2-}$ 的条件稳定常数为：

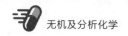 

$$\lg K'_{\text{CaY}} = \lg K^{\ominus}_{\text{CaY}} - \lg\alpha_{\text{Y(H)}} = 10.69 - 0.00 = 10.69$$
$$K'_{\text{CaY}} = 4.9 \times 10^{10}$$

（1）滴定前。因为溶液中只有 $Ca^{2+}$，且 $[Ca^{2+}] = 0.01000\text{mol} \cdot L^{-1}$，所以 $pCa = 2.00$。

（2）在化学计量点前。溶液中有剩余的金属离子 $Ca^{2+}$ 和滴定产物 $CaY^{2-}$。由于 $\lg K'_{\text{CaY}}$ 较大，并且剩余的 $Ca^{2+}$ 对 $CaY^{2-}$ 的解离又有一定的抑制作用，所以可忽略 $CaY^{2-}$ 的解离，按剩余的金属离子浓度 $[Ca^{2+}]$ 计算 pCa 值。

当滴入的 EDTA 溶液体积为 18.00mL 时：

$$[Ca^{2+}] = \frac{2.00 \times 0.01000}{20.00 + 18.00} = 5.26 \times 10^{-3}(\text{mol} \cdot L^{-1})$$

即 $pCa = -\lg[Ca^{2+}] = 2.28$。

当滴入的 EDTA 溶液体积为 19.98mL 时：

$$[Ca^{2+}] = \frac{0.02 \times 0.01000}{20.00 + 19.98} = 5 \times 10^{-6}(\text{mol} \cdot L^{-1})$$

即 $pCa = -\lg[Ca^{2+}] = 5.3$。

（3）在化学计量点时。因为 $Ca^{2+}$ 与 EDTA 几乎全部形成 $CaY^{2-}$，所以：

$$[CaY^{2-}] = \frac{20.00 \times 0.01000}{20.00 + 20.00} = 5 \times 10^{-3}(\text{mol} \cdot L^{-1})$$

因为当 $pH \geqslant 12$ 时 $\lg\alpha_{\text{Y(H)}} = 0.00$，所以 $[Y^{4-}] = [Y]_{\text{总}}$，同时，$[Ca^{2+}] = [Y^{4-}]$。则：

$$\frac{[CaY^{2+}]}{[Y^{4-}][Ca^{2+}]} = \frac{[CaY^{2+}]}{[Ca^{2+}]^2} = K'_{\text{CaY}}$$

因此：$\dfrac{5 \times 10^{-3}}{[Ca^{2+}]^2} = 4.9 \times 10^{10}$

$$[Ca^{2+}] = 3.2 \times 10^{-7}\ \text{mol} \cdot L^{-1}$$

即 $pCa = 6.5$。

（4）在化学计量点后。当加入的 EDTA 溶液为 20.02mL 时，过量的 EDTA 溶液为 0.02mL。

此时：

$$[Y]_{\text{总}} = \frac{0.02 \times 0.01000}{20.00 + 20.02} = 5 \times 10^{-6}(\text{mol} \cdot L^{-1})$$

则：

$$[CaY^{2-}] = \frac{5 \times 10^{-3}}{[Ca^{2+}] \times 5 \times 10^{-6}} = 10^{10.69}(\text{mol} \cdot L^{-1})$$

$$[Ca^{2+}] = 2.0 \times 10^{-8}\ \text{mol} \cdot L^{-1}$$

即 $pCa = 7.70$。

将所得数据列于表 10-2 中。

表 10-2　pH=12.0 时 EDTA 滴定 $Ca^{2+}$ 的 pCa

| EDTA 的加入量/mL | | $Ca^{2+}$ 被滴定的分数/% | EDTA 过量的分数/% | pCa |
|---|---|---|---|---|
| 0 | 0 | — | — | 2.0 |
| 18.00 | 90.0 | 90.0 | — | 3.3 |
| 19.80 | 99.0 | 99.0 | — | 4.3 |

续表

| EDTA 的加入量/mL | | Ca$^{2+}$ 被滴定的分数/% | EDTA 过量的分数/% | pCa |
|---|---|---|---|---|
| 19.9 | 99.9 | 99.9 | — | 5.3 |
| 20.00 | 100.0 | 100.0 | — | 6.5 |
| 20.02 | 100.1 | — | 0.1 | 7.7 |
| 20.20 | 101.0 | — | 1.0 | 8.7 |
| 40.00 | 200.0 | — | 100 | 10.7 |

根据表 10-2 所列数据，以 pCa 值为纵坐标，以加入 EDTA 的体积为横坐标作图，得到如图 10-5 所示的滴定曲线。

从表 10-2 或图 10-5 可以看出，在 pH = 12 时，用 $0.01000\text{mol} \cdot \text{L}^{-1}$ EDTA 滴定 $0.01000\text{mol} \cdot \text{L}^{-1}$ Ca$^{2+}$，在计量点时的 pCa 为 6.5，滴定突跃的 pCa 为 5.3～7.7。可见，滴定突跃较大，可以准确滴定。

由上述计算可知，配位滴定比酸碱滴定复杂。不过两者有许多相似之处，且酸碱滴定中的一些处理方法也适用于配位滴定。

### 2. 影响滴定突跃的因素

在配位滴定中，只要滴定突跃越大，就越容易准确地指示终点。上例计算结果表明，配合物的条件稳定常数和被滴定金属离子的浓度是影响突跃范围的主要因素。

（1）配合物的条件稳定常数对滴定突跃的影响。图 10-6 是在金属离子浓度一定的情况下，不同 $\lg K'_{\text{MY}}$ 时的滴定曲线。由图可看出：若配合物的条件稳定常数 $\lg K'_{\text{MY}}$ 越大，则滴定突跃（$\Delta$pM）越大。决定配合物 $\lg K'_{\text{MY}}$ 大小的因素首要是绝对稳定常数 $\lg K^{\ominus}_{\text{MY}}$（内因），且对于某指定的金属离子来说，绝对稳定常数 $\lg K^{\ominus}_{\text{MY}}$ 是一常数。此时，溶液酸度、配位掩蔽剂及其他辅助配位剂的配位作用将起决定作用。

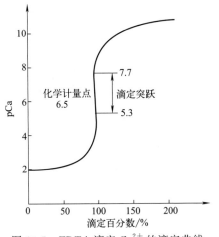

图 10-5　EDTA 滴定 Ca$^{2+}$ 的滴定曲线

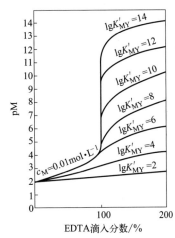

图 10-6　不同 $\lg K'_{\text{MY}}$ 的滴定曲线

① 酸度。当酸度增高时，$\lg \alpha_{\text{Y(H)}}$ 变大，同时 $\lg K'_{\text{MY}}$ 变小，因此滴定突跃就减小，如图 10-7 所示。

② 其他配位剂的配位作用。如果在滴定过程中加入掩蔽剂、缓冲溶液等辅助配位剂，那么它们的作用会增大 $\lg \alpha_{\text{M(L)}}$ 值，并使 $\lg K'_{\text{MY}}$ 变小，因而滴定突跃就减小。

（2）浓度对滴定突跃的影响。图 10-8 是用 EDTA 滴定不同浓度 M 时的滴定曲线。由图 10-8 可以看出，如果金属离子 $c_M$ 越大，那么滴定曲线的起点越低，因此滴定突跃越大。反之，结果相反。

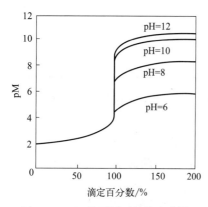

图 10-7　pH 值不同时的滴定曲线

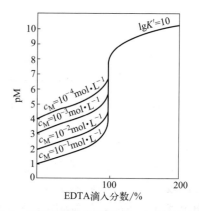

图 10-8　EDTA 滴定不同浓度 M 时的滴定曲线

### 3. 配位滴定的最高允许酸度

根据终点误差理论可推断，若要想用 EDTA 成功滴定 M（即误差 ≤ 0.1%），则必须满足 $c_M K'_{MY} \geq 10^6$。当金属离子浓度 $c_M = 0.01 \text{mol} \cdot L^{-1}$ 时，此配合物的条件稳定常数必须等于或大于 $10^8$，即

$$\lg K'_{MY} \geq 8 \tag{10-9}$$

（1）配位滴定反应的最低酸度。EDTA 参与配位反应的主要型体 $Y^{4-}$ 的浓度随溶液中酸度的不同有很大的变化，即酸度对配位滴定的影响非常大。根据 $\lg K'_{MY} = \lg K^{\ominus}_{MY} - \lg \alpha_{Y(H)}$（只考虑酸度效应）和准确滴定的条件 $\lg K'_{MY} \geq 8$，当用 EDTA 滴定不同的金属离子时，对于稳定性高的配合物，溶液酸度稍高一点也能准确地进行滴定，但对稳定性稍差的配合物，酸度若高于某一数值时，就不能被准确滴定。因此，滴定不同的金属离子，有不同的最高酸度（最低 pH 值）。小于这一最低 pH 值，就不能进行准确滴定。

由例 10-3 可知，对于 $Pb^{2+}$ 的滴定，当 pH = 1.0 时，$\lg K'_{PbY} = 0.03 < 8$，当 pH = 5.0 时，$\lg K'_{PbY} = 11.59 > 8$。也就是说，当 pH = 1.0 时，不能用 EDTA 准确滴定 $Pb^{2+}$，而在 pH = 5.0 时，可以准确滴定。

由 $\lg K'_{MY} = \lg K^{\ominus}_{MY} - \lg \alpha_{Y(H)}$ 和 $\lg K'_{MY} \geq 8$，得到各种金属离子的 $\lg \alpha_{Y(H)}$ 值：

$$\lg \alpha_{Y(H)} = \lg K^{\ominus}_{MY} - 8 \tag{10-10}$$

再查表 10-1，即可查出其相应的 pH 值，这个 pH 值即为 EDTA 滴定某一金属离子所允许的最低 pH 值。

（2）EDTA 酸效应曲线。若以不同的 $\lg K_{MY}$ 值所对应的最低 pH 值作图，则得到酸效应曲线，见图 10-9。酸效应曲线的作用如下。

① 从曲线上可以找出单独滴定某一金属离子所需的最低 pH 值。例如，滴定 $Fe^{3+}$ 时，pH 值必须大于 1.3；滴定 $Zn^{2+}$ 时，pH 必须大于 4。

② 判断滴定时，金属离子之间是否存在干扰以及干扰的程度，从而可以利用控制酸度的方法达到分别滴定或连续滴定的目的。

在通常情况下，由于 EDTA 可以不同的形式存在于溶液中，因此配位滴定时，会不断

释放出 $H^+$。例如：

$$M^{2+} + H_2Y^{2-} \Longrightarrow MY^{2-} + 2H^+$$

这就使溶液酸度不断增高，从而降低 $K'_{MY}$ 值，影响到反应的完全程度。因此，在配位滴定中，常加入缓冲溶液，控制溶液的酸度。例如，用 EDTA 滴定 $Ca^{2+}$、$Mg^{2+}$ 时，就要加入 pH 值为 10 的 $NH_3$-$NH_4Cl$ 缓冲溶液。

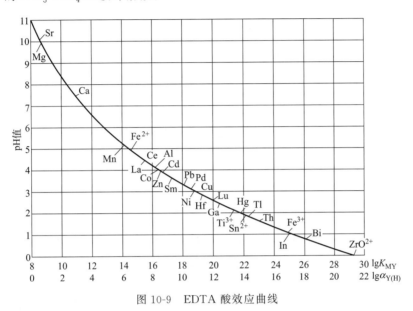

图 10-9　EDTA 酸效应曲线

## 二、金属指示剂

### 1. 金属指示剂的变色原理

金属指示剂是一种能与金属离子形成有色配合物的一类有机配位剂。由于金属指示剂与金属离子所形成的配合物与其本身颜色有显著不同，因此它可以指示溶液中金属离子的浓度变化，并确定滴定的终点。

金属指示剂与待测金属离子反应，可表示如下：

$$M + In \Longrightarrow MIn$$
$$\quad 甲色 \qquad 乙色$$

随着滴定剂的加入 EDTA 与溶液中游离的金属配位，形成稳定的配合物 M-EDTA。在临近终点时，M 离子浓度已降到很低。继续加入 EDTA，由于 $K_{MY} > K_{MIn}$，EDTA 就会从 MIn 中夺取 M，并与之配合，而释放出指示剂，显示出指示剂自身的颜色，指示终点的到达。反应可表示如下：

$$MIn + Y \Longrightarrow MY + In$$
$$\quad 乙色 \qquad\qquad 甲色$$

从配位滴定曲线的讨论可知，在化学计量点附近被滴定金属离子的 pM 发生突跃。因而要求指示剂变色的 pM 应在突跃范围内，其 pM 可由配合物 MIn 的稳定常数求得。MIn 在溶液中有如下解离平衡：

$$M + In \Longrightarrow MIn$$

其条件稳定常数为

207

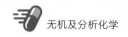 

$$K_{MIn}^{\ominus} = \frac{[MIn]}{[M][In]}$$

$$\lg K_{MIn}^{\ominus} = pM + \lg \frac{[MIn]}{[In]}$$

指示剂的变色点时 $[MIn]=[In]$，此时 $\lg K_{MIn}^{\ominus} = pM$，即指示剂变色点的 pM 等于其配合物的 $\lg K_{MIn}^{\ominus}$。

金属指示剂一般为有机弱酸，它与金属离子所形成配合物的稳定常数 $K_{MIn}^{\ominus}$ 随溶液酸度的变化而变化。在选择指示剂时，必须要考虑体系的酸度，使指示剂变色点的 pM 与化学计量点的 pM 一致，或在化学计量点附近的 pM 突跃范围内。现以铬黑 T 为例加以说明。

铬黑 T 属偶氮染料，简称 EBT，化学名称是 1-（1-羟基-2-萘偶氮基）-7-硝基-2-萘酚-4-磺酸钠。

铬黑 T 溶于水时，磺酸基上的 $Na^+$ 全部解离。铬黑 T 为二元弱酸，以 $H_2In^-$ 表示，在水溶液中有如下平衡：

$$H_2In^- \Longleftrightarrow HIn^{2-} \Longleftrightarrow In^{3-}$$

紫红色　　　蓝色　　橙色

pH＜6　　pH7~11　　pH＞12

铬黑 T 与二价金属离子所形成的配合物都是红色的。由于指示剂在 pH＜6.3 和 pH＞11.6 的溶液中呈现的颜色与 MY 颜色接近，滴定终点时颜色变化不明显，所以使用铬黑 T 作指示剂的最适宜的酸度为 pH＝6.3~11.6。在 pH＝10 的缓冲溶液中用 EDTA 可直接滴定 $Mg^{2+}$、$Zn^{2+}$、$Cd^{2+}$、$Pb^{2+}$ 和 $Hg^{2+}$ 等离子。终点由红色变为纯蓝色。对滴定 $Ca^{2+}$ 不够灵敏，但在 $Mg^{2+}$ 存在时可改善滴定终点。

滴定时，在 $Mg^{2+}$ 溶液中加入铬黑 T，溶液呈现 $MgIn^-$ 的红色。

$$Mg^{2+} + HIn^{2-} \Longleftrightarrow MgIn^- + H^+$$

终点时，溶液变为指示剂本身的蓝色。

$$MgIn^- + H_2Y^{2-} \Longleftrightarrow MgY^{2-} + HIn^{2-} + H^+$$

### 2. 金属指示剂应该具备的条件

金属指示剂大多数是水溶性的有机染料，它应具备下列条件：

① 金属离子与指示剂形成配合物（MIn）的颜色与指示剂的颜色有明显的区别。这样终点变化才明显，并便于眼睛观察。

② MIn 配合物应有足够的稳定性，这样才能测定低浓度的金属离子，但其稳定性应小于 MY 配合物的稳定性。一般 $K_{MY}^{\ominus} > 100 K_{MIn}^{\ominus}$，只有这样，在接近化学计量点时，$Y^{4-}$ 才能较迅速地夺取与指示剂结合的金属离子，并使指示剂游离出来，溶液显示出指示剂的颜色。

③ 指示剂与金属离子的显色反应要灵敏、迅速、有一定的选择性。在一定条件下，指示剂只对某一种（或某几种）离子发生显色反应。

④ 指示剂与金属离子的配合物应易溶于水，且指示剂比较稳定，便于储藏和使用。

### 3. 常用金属指示剂

由于金属指示剂与几乎所有离子形成配合物的有关常数不齐全，所以多数都采用实验的方法来选择指示剂。即先试验滴定终点时颜色变化是否敏锐，再检查滴定结果是否准确，这样就可以确定该指示剂是否符合要求。常用金属指示剂及其应用范围列于表 10-3 中。

### 4. 金属指示剂在使用中应注意的问题

（1）指示剂的封闭现象。有些金属指示剂能与某些金属离子生成极稳定的配合物，其稳定性比金属离子的相应 EDTA 配合物更高，以致加入过量的 EDTA 也不能夺取金属指示剂配合物中的金属离子，使指示剂游离出来。因而使指示剂在滴定过程中不发生颜色的显著变化，无法指示终点，这种现象称为指示剂的封闭现象。例如用 EDTA 滴定 $Ca^{2+}$、$Mg^{2+}$ 时，经常控制溶液的 pH = 10，使用铬黑 T 为指示剂，如溶液中有少量的 $Al^{3+}$、$Fe^{3+}$、$Cu^{2+}$、$Co^{2+}$、$Ni^{2+}$ 等离子存在，则这些离子会对铬黑 T 产生封闭作用，使铬黑 T 指示剂失效，无法指示终点。解决的方法是加入掩蔽剂，使干扰离子与掩蔽剂生成更稳定的配合物而不再与指示剂作用。如加入三乙醇胺，可以消除 $Al^{3+}$、$Fe^{3+}$ 对铬黑 T 的封闭作用，加入 KCN、$Na_2S$ 可消除 $Cu^{2+}$、$Co^{2+}$、$Ni^{2+}$ 等对铬黑 T 的封闭作用。如干扰离子的量太大，则须预先分离除去。

（2）指示剂的僵化现象。有些指示剂本身或其与金属离子形成的配合物在水中溶解度太小，使得滴定剂与金属指示剂和金属离子形成的配合物之间的交换反应缓慢，终点变色不敏锐，这种现象称为指示剂的僵化。解决的办法是加热或加入适当的有机溶剂，以增大其溶解度，从而加快置换反应速度。例如用 PAN 作指示剂时，常加入少量乙醇或在加热下滴定。

#### 表 10-3　常用的金属指示剂

| 指示剂 | 使用的适宜 pH 范围 | 颜色变化 In | 颜色变化 MIn | 直接滴定的离子 | 指示剂配制 | 注意事项 |
|---|---|---|---|---|---|---|
| 铬黑 T（EBT 或 BT） | 8～10 | 蓝 | 红 | pH = 10，$Mg^{2+}$、$Zn^{2+}$、$Cd^{2+}$、$Pb^{2+}$、$Mn^{2+}$、稀土元素离子 | 1∶100 NaCl（固体） | $Cu^{2+}$、$Ni^{2+}$、$Al^{3+}$、$Fe^{3+}$ 等离子封闭 |
| 酸性铬蓝 K | 8～13 | 蓝 | 红 | pH=10，$Mg^{2+}$、$Zn^{2+}$、$Mn^{2+}$ pH=13，$Ca^{2+}$ | 1∶100 NaCl（固体） | — |
| 二甲酚橙（XO） | — | 亮黄 | 红 | pH<1，$ZrO^{2+}$ pH=1～3.5，$Bi^{3+}$、$Tb^{4+}$ pH = 5～6，$Ti^{3+}$、$Zn^{2+}$、$Pb^{2+}$、$Cd^{2+}$、$Hg^{2+}$、稀土元素离子 | 0.5%水溶液 | $Fe^{3+}$、$Al^{3+}$、$Cu^{2+}$、$Ni^{2+}$、$Ti$（Ⅳ）等离子封闭 XO |
| 磺基水杨酸 | 1.5～2.5 | 无色 | 紫红 | pH=1.5～2.5，$Fe^{3+}$ | 5%水溶液 | 本身无色，$FeY^-$ 呈黄色 |
| 钙指示剂（NN） | 12～13 | 蓝 | 红 | pH=12～13，$Ca^{2+}$ | 1∶100 NaCl（固体） | $Fe^{3+}$、$Al^{3+}$、$Co^{2+}$、$Mn^{2+}$、$Ti$（Ⅳ）等离子封闭 NN |
| PAN | 2～12 | 黄 | 紫红 | pH=2～3，$Th^{4+}$、$Bi^{3+}$ pH = 4～5，$Cu^{2+}$、$Ni^{2+}$、$Pb^{2+}$、$Cd^{2+}$、$Zn^{2+}$、$Mn^{2+}$、$Fe^{2+}$ | 0.1%乙醇溶液 | MIn 在水中溶解度小，为防止 PAN 僵化，滴定时须加热 |

（3）指示剂的氧化变质现象。指示剂大多是具有双键的有色化合物，易被日光、氧化剂、空气所分解，在水溶液中不稳定，日久会变质，分解变质的速度与试剂的纯度有关。因此金属指示剂常常配成固体使用，以延长其使用时间。例如铬黑 T 和钙指示剂，常与固体

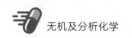

KCl 或 NaCl 混匀后使用。如果必须使用指示剂溶液，则一般在溶液中加入盐酸羟胺、抗坏血酸等还原剂及一些掩蔽剂，以稳定金属指示剂溶液。

## 第四节　提高配位滴定选择性的方法

在分析工作中，遇到的实际样品的组成是比较复杂的，其分析试液多数是几种金属离子共存的。由于 EDTA 具有相当强的配位能力，能与多种金属离子作用，而得到广泛应用。同时也带来了多种金属离子共存时进行滴定，相互干扰的问题。如何消除干扰，成为配位滴定中要解决的重要问题。提高配位滴定选择性，就是要设法消除共存离子（N）的干扰，以便准确地滴定待测金属离子（M）。

### 一、混合离子准确滴定的条件

由上面讨论可知，在配位滴定中，一种金属离子被准确滴定，必须满足 $\lg c_M K'_{MY} \geq 6$ 条件，其误差 $\leq \pm 0.1\%$。当溶液中有两种以上的金属离子共存时，其是否干扰与两者的 $K'$ 值和浓度有关。一般情况下，N 不干扰 M 的测定，则要求：

$$\frac{c_M K'_{MY}}{c_N K'_{NY}} \geq 10^5$$

$$\lg c_M K'_{MY} - \lg c_N K'_{NY} \geq 5 \tag{10-11}$$

因此，在混合离子 M 与 N 的溶液中，要准确滴定 M，又要求 N 不干扰，必须同时满足下列两个条件：

$$\lg c_M K'_{MY} \geq 6$$

$$\lg c_N K'_{NY} \leq 1$$

由此可知，提高配位滴定选择性的途径主要是降低干扰离子的浓度或降低 NY 的稳定性。

### 二、消除干扰的主要途径

#### 1. 控制溶液的酸度

若溶液中有 M 与 N 两种离子，通过控制溶液的酸度可使 M 的 $\lg c_M K'_{MY} \geq 6$，N 的 $\lg c_N K'_{NY} \leq 1$，这样就可以准确滴定 M，而不受 N 的干扰，或进行 M 和 N 的连续滴定。

在连续滴定 M 与 N 中，可根据 $\lg \alpha_{Y(H)} = \lg K'_{MY} - 8$ 算出准确滴定 M 的最高允许酸度（最低允许 pH）。也可以利用酸效应曲线，找出滴定 M 时的最高允许酸度及 N 存在下滴定 M 的最低允许酸度，从而确定滴定 M 的 pH 范围。

> **例 10-4**　溶液中同时存在 $Bi^{3+}$、$Pb^{2+}$，当 $[Bi^{3+}] = [Pb^{2+}] = 0.01 mol \cdot L^{-1}$ 时，已知 $\lg K_{PbY} = 18.04$，$\lg K_{BiY} = 27.94$，要选择滴定 $Bi^{3+}$ 而 $Pb^{2+}$ 不干扰，问溶液的酸度应控制在什么范围？
>
> **解**　$\lg c_{Bi^{3+}} \lg K_{BiY}^{\ominus} - \lg c_{Pb^{2+}} \lg K_{PbY} = (-2 + 27.94) - (-2 + 18.04) = 9.90 > 5$
>
> 所以，可以利用控制溶液酸度的方法滴定 $Bi^{3+}$。从酸效应曲线图查得滴定 $Bi^{3+}$ 的允许最高酸度的 pH 值为 0.7，若要使 $Pb^{2+}$ 完全不与 EDTA 反应，其条件是 $\lg c_{PbY} \lg K'_{PbY} \leq 1$，

因 $[Pb^{2+}]=0.01mol \cdot L^{-1}$，则 $\lg K'_{PbY} \leqslant 3$

由 $$\lg K'_{PbY} = \lg K^{\ominus}_{PbY} - \lg \alpha_{Y(H)}$$

即 $$\lg K^{\ominus}_{PbY} - \lg \alpha_{Y(H)} \leqslant 3$$

$$\lg \alpha_{Y(H)} \geqslant \lg K^{\ominus}_{PbY} - 3$$

$$\lg \alpha_{Y(H)} \geqslant 18.04 - 3 = 15.04$$

查酸效应曲线，当 $\lg \alpha_{Y(H)} = 15.04$ 时，pH=1.6。即在 pH<1.6 时，$Pb^{2+}$ 不与 EDTA 配位。

答：在 $Pb^{2+}$ 存在下滴定 $Bi^{3+}$ 的酸度范围为 pH=0.7～1.6。

实际测定中，溶液的酸度控制在 pH=1。

## 2. 使用掩蔽剂

若被测金属离子和干扰离子与 EDTA 形成配合物的稳定常数相差不多，$\Delta \lg cK' < 5$，就不能用控制酸度的方法准确滴定。此时可利用掩蔽剂来降低干扰离子的浓度以消除干扰。

这种利用化学反应不经分离消除干扰的方法称为掩蔽。实质上是加入一种试剂，使干扰离子失去正常的性质，使其以另一种形式存在于体系中，从而降低了该体系中干扰物质的浓度。常用的掩蔽方法有配位掩蔽法，沉淀掩蔽法和氧化还原掩蔽法。

（1）配位掩蔽法。利用干扰离子与掩蔽剂生成更为稳定的配合物，此法在配位滴定中应用很广泛。例如，测定水中的 $Ca^{2+}$、$Mg^{2+}$ 含量时，$Fe^{3+}$、$Al^{3+}$ 对测定存在干扰。若先加入三乙醇胺与 $Fe^{3+}$、$Al^{3+}$ 生成更稳定的配合物，就可在 pH=10 时直接测水的总硬度。再如，用 EDTA 滴定溶液中的 $Zn^{2+}$ 时，$Ag^+$ 有干扰，可加入 $NH_3$-$NH_4Cl$ 缓冲溶液，一方面控制了溶液的酸度，另一方面缓冲溶液中的 $NH_3$ 也起到了掩蔽作用，此时可准确滴定 $Zn^{2+}$ 而 $Ag^+$ 不干扰。

常用的掩蔽剂有以下几种。

KCN：剧毒，必须在碱性溶液中使用，可掩蔽 $Co^{2+}$、$Ni^{2+}$、$Zn^{2+}$、$Ag^+$、$Cu^{2+}$ 等离子。

$NH_4F$：可掩蔽 $Al^{3+}$、$Ca^{2+}$、$Mg^{2+}$、$Ti^{4+}$ 等离子。

三乙醇胺：可掩蔽 $Fe^{3+}$、$Al^{3+}$ 等离子。

酒石酸：可掩蔽 $Fe^{3+}$、$Al^{3+}$、$Ca^{2+}$、$Mg^{2+}$、$Cu^{2+}$、$Sn^{4+}$、$Mo^{4+}$、$Sb^{3+}$ 等离子。

更详细的使用内容可参考相关文献资料。究竟选择哪些掩蔽剂是一个实践性很强的问题，最终需要通过实验确定。

（2）沉淀掩蔽法。利用干扰离子与掩蔽剂形成沉淀，以降低干扰离子的浓度消除干扰。例如，用 EDTA 配位滴定法测定水中 $Ca^{2+}$ 含量时，可加入 NaOH 溶液，使 pH>12，则 $Mg^{2+}$ 生成 $Mg(OH)_2$ 沉淀，而不干扰 EDTA 滴定 $Ca^{2+}$。沉淀掩蔽法不是理想的掩蔽方法，如生成沉淀时，存在共沉淀现象，影响滴定的准确度，而对指示剂的吸附作用也影响终点的观察。沉淀的颜色或体积很大都会妨碍终点的观察。由于以上不利因素，沉淀掩蔽法应用不广泛。

（3）氧化还原掩蔽法。利用氧化还原反应改变干扰离子价态以消除干扰。例如，测定 $Fe^{3+}$、$Bi^{3+}$ 混合溶液中的 $Bi^{3+}$ 含量。由于 $\lg K^{\ominus}_{BiY^-}=27.94$，$\lg K^{\ominus}_{FeY^-}=25.1$。两者的稳定常数相差很小，因此，$Fe^{3+}$ 干扰 $Bi^{3+}$ 的测定。若在溶液中加入抗环血酸或盐酸羟胺，将

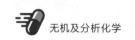 

$Fe^{3+}$ 还原为 $Fe^{2+}$，由于 $\lg K_{FeY^{2-}}^{\ominus}$ 比 $\lg K_{FeY^-}^{\ominus}$ 要小得多（$\lg K_{FeY^{2-}}^{\ominus}=14.3$，$\lg K_{FeY^-}^{\ominus}=25.1$），所以能消除干扰。氧化还原掩蔽法只适于易发生氧化还原反应的金属离子，且生成物不干扰测定的情况，目前应用有限。

### 3. 解蔽法

在 MY 配合物溶液中，加入一种试剂，将已被配位的金属离子或配位剂释放出来的作用称为解蔽，这种试剂称为解蔽剂，可以提高配位滴定的选择性。

例如，测定铜合金中的 $Pb^{2+}$、$Zn^{2+}$ 时，在碱性溶液中，加入 KCN 掩蔽 $Cu^{2+}$、$Zn^{2+}$，此时 $Pb^{2+}$ 不能被掩蔽，故可在 pH=10 时，以铬黑 T 为指示剂，用 EDTA 标准溶液滴定 $Pb^{2+}$，从而可求得其含量。在滴定 $Pb^{2+}$ 后的溶液中，加入解蔽剂甲醛将 $Zn^{2+}$ 从 $[Zn(CN)_4]^{2-}$ 中释放出来：

$$4HCHO + [Zn(CN)_4]^{2-} + 4H_2O \Longrightarrow Zn^{2+} + 4HOCH_2CN + 4OH^-$$

用 EDTA 继续滴定，可测得 $Zn^{2+}$ 的含量。此时，甲醛不能将 $Cu^{2+}$ 解蔽出来。

### 4. 选用其他滴定剂

随着配位滴定法的发展，除 EDTA 外，还有不少种类的氨羧配合物作为滴定剂，如 EGTA（乙二醇二乙醚二胺四乙酸）、DCTA（环己二胺四乙酸）、EDTP（乙二胺四丙酸）等。它们与金属离子形成配合物的稳定性各有特点，有可能提高滴定某些金属离子的选择性。

若采用上述控制酸度、掩蔽干扰离子或选用其他滴定剂等方法，仍不能消除干扰离子的影响，则只有采用分离的方法除去干扰离子。

# 第五节　配位滴定方式及其应用

## 一、配位滴定方式

在配位滴定法中，采用不同的滴定方式，不仅可以扩大配位滴定的应用范围，同时也可提高配位滴定的选择性。

### 1. 直接滴定法

直接滴定法是配位滴定中的基本方法。它是将试样处理成溶液后，调节至所需的酸度，加入必要的其他试剂（掩蔽剂、辅助配位剂等）和指示剂，用 EDTA 直接滴定。

采用直接滴定法，必须符合下列条件：

① EDTA 与待测金属离子反应速率快，且满足 $\lg(c_M K_{MY}') \geqslant 6$；

② 应有变色敏锐的指示剂，且没有封闭现象；

③ 在选用的滴定条件下，待测离子不发生水解和沉淀反应。

对于水解和沉淀反应，可加入辅助配位剂来解决。例如在 pH≈10 时，滴定 $Pb^{2+}$，为防止 $Pb^{2+}$ 的水解，可预先在酸性溶液中加入酒石酸盐将 $Pb^{2+}$ 配合，再调节溶液的 pH≈10 后进行滴定。在这里，酒石酸盐是辅助配位剂。

多数情况下，直接滴定法误差小，也比较简易、快速，仅在没有办法直接滴定时，才考虑其他滴定方式。

### 2. 返滴定法

如果不能使用直接滴定法，则可考虑采用返滴定法。这种方法是在待测溶液中先准确加入过量已知量的 EDTA 溶液，然后用另一金属离子的标准溶液来滴定过量的 EDTA，用差减法计算待测离子的含量。

返滴定法主要用于以下情况：

① 被测离子与 EDTA 配位反应缓慢；

② 被测离子在滴定的 pH 值下会发生水解，又找不到合适的辅助配位剂；

③ 被测离子对指示剂有封闭作用，又找不到合适的指示剂。

以滴定 $Al^{3+}$ 为例，用 EDTA 直接滴定时，存在下列问题：a. $Al^{3+}$ 与 EDTA 配位反应缓慢；b. $Al^{3+}$ 易水解；c. $Al^{3+}$ 封闭指示剂二甲酚橙。因此常常采用返滴定法滴定 $Al^{3+}$。

步骤：①先在 $Al^{3+}$ 试液中加入一定量的 EDTA 标准溶液。在 pH＝4.5 时，煮沸溶液（在此条件下，酸度较大，$Al^{3+}$ 不发生水解，EDTA 过量，因此 $Al^{3+}$ 与 EDTA 反应完全）。

②配位反应完全后，调节 pH 值至 5～6（AlY 稳定，不会重新水解），加入指示剂二甲酚橙，即可用 $Zn^{2+}$ 标准溶液进行返滴定。

思考：返滴定剂的 $K'_{ZnY}$ 与 $K'_{被测}$ 的关系？

---

**例 10-5** 测定铝盐中铝含量时，称取试样 0.2500g，溶解后加入 $0.05000mol \cdot L^{-1}$ EDTA 溶液 25.00mL，煮沸后调节溶液 pH 值为 5～6，加入二甲酚橙指示剂，用 $0.02000mol \cdot L^{-1}$ $Zn(Ac)_2$ 溶液返滴至红色，消耗 $Zn(Ac)_2$ 21.50mL，求铝的含量 $[$已知 $M(Al)=26.98g \cdot mol^{-1}]$。

**解**

$$w_{Al} = \frac{[c_{EDTA}V_{EDTA} - c_{Zn^{2+}}V_{Zn^{2+}}]M_{Al}}{m_s} \times 100\%$$

$$= \frac{(0.05000 \times 25.00 - 0.02000 \times 21.50) \times 10^{-3} \times 26.98}{0.2500} \times 100\%$$

$$= 8.85\%$$

答：铝的含量为 8.85%。

---

### 3. 置换滴定法

利用置换反应，置换出等物质的量的另一金属离子，或置换出 EDTA，然后滴定，这就是置换滴定法。

（1）置换出金属离子。当待测离子 M 与 EDTA 反应不完全，或形成的配合物不稳定，可使 M 置换出另一配合物 NL 中的 N，再用 EDTA 滴定 N，从而求得 M 的含量。

$$M + NL \Longrightarrow ML + N$$

例如 $Ag^+$ 与 EDTA 生成的配合物不稳定，不能直接滴定，如果将 $Ag^+$ 加入到 $[Ni(CN)_4]^{2-}$ 溶液中，则

$$2Ag^+ + [Ni(CN)_4]^{2-} \Longrightarrow 2[Ag(CN)_2]^- + Ni^{2+}$$

在 pH＝10 的氨性溶液中，以紫脲酸胺作指示剂，用 EDTA 滴定置换出来的 $Ni^{2+}$，即可求得 $Ag^+$ 的含量。

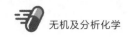

（2）置换出 EDTA。将待测离子 M 与干扰离子全部用 EDTA 配位，加入选择性高的配位剂 L 以夺取 M，并放出 EDTA。

$$MY + L \rightleftharpoons ML + Y$$

再用另一标准溶液滴定释放出来的 EDTA，可测出 M 的含量。

例如测定锡青铜中的 Sn 时，可于试液中加入过量的 EDTA，将可能存在的 $Pb^{2+}$、$Zn^{2+}$、$Cd^{2+}$、$Bi^{3+}$ 等一起配位，再用 $Zn^{2+}$ 标准溶液滴定剩余的 EDTA。然后加入 $NH_4F$，选择性将 SnY 中的 EDTA。释放出来。最后用 $Zn^{2+}$ 标准溶液滴定释放出来的 EDTA，从而求得 $Sn^{4+}$ 的含量。

利用置换滴定的原理，还可以改善指示剂检测滴定终点的敏锐性。例如，铬黑 T 与 $Mg^{2+}$ 显色灵敏，但与 $Ca^{2+}$ 显色的灵敏度较差。为此，在 pH = 10 的溶液中用 EDTA 滴定 $Ca^{2+}$ 时，常于溶液中先加入少量 MgY，此时发生如下置换反应：

$$MgY + Ca^{2+} \rightleftharpoons CaY + Mg^{2+}$$

置换出的 $Mg^{2+}$ 与铬黑 T 显很深的红色。滴定时 EDTA 先与 $Ca^{2+}$ 配位，当此配位反应完成后，EDTA 再夺取 Mg-铬黑 T 配合物中的 $Mg^{2+}$，形成 MgY，指示剂游离出来显蓝色即为终点。滴定前加入的 MgY 和最后生成的 MgY 的量是相等的，因此不影响滴定结果。

### 4. 间接滴定法

有些金属离子（如 $Li^+$、$Na^+$、$K^+$ 等）和非金属离子（如 $PO_4^{3-}$、$SO_4^{2-}$ 等）不能和 EDTA 配位，或与 EDTA 生成的配合物不稳定，不便于配位滴定，这时可采用间接滴定法。

例如 $Na^+$ 的测定，是将 $Na^+$ 沉淀为醋酸铀酰锌 $[NaAc \cdot Zn(Ac)_2 \cdot 3UO_2(Ac)_2 \cdot 9H_2O]$，分离沉淀，洗净并将它溶解。然后用 EDTA 标准溶液滴定 $Zn^{2+}$，从而求得试样中 $Na^+$ 的含量。$K^+$ 不与 EDTA 配合，可将其沉淀为 $K_2NaCo(NO_2)_6 \cdot 6H_2O$，沉淀过滤溶解后，用 EDTA 滴定其中的 $Co^{2+}$，以间接测定 $K^+$ 含量。又如测 $PO_4^{3-}$ 含量，可将其沉淀为 $MgNH_4PO_4 \cdot 6H_2O$，沉淀过滤溶解于 HCl，加入过量 EDTA 标准液，用 $Mg^{2+}$ 标准溶液返滴过量的 EDTA，通过 $Mg^{2+}$ 即可间接求 $PO_4^{3-}$。

间接滴定手续较繁，引入误差的机会也较多，不是一种理想的方法。

## 二、配位滴定法的应用

### 1. EDTA 标准溶液的配制与标定

常用的 EDTA 标准溶液的浓度为 $0.01 \sim 0.05 mol \cdot L^{-1}$。经精制的 EDTA 二钠盐可用直接法配制标准溶液（将 EDTA 二钠盐在 80℃ 或 120℃ 干燥到恒重，准确称取质量，直接配制）。配好的标准溶液应当储存在聚乙烯塑料瓶或硬质玻璃瓶中。若 EDTA 标准溶液储存于软质玻璃瓶中，则会不断溶解玻璃中的 $Ca^{2+}$ 形成 $CaY^{2-}$，并且其自身浓度不断降低。

由于精制程序较麻烦，且水和其他试剂中又常含有金属离子，可降低滴定剂的浓度，故 EDTA 标准溶液在实验室中一般采用间接法配制，即先配成近似所需的浓度，再用基准物质例如金属锌、ZnO、$CaCO_3$ 或 $MgSO_4 \cdot 7H_2O$ 等来标定它的浓度。为了使测定结果具有较高的准确度，标定的条件与测定的条件应尽可能相同。在可能的情况下，最好选用被测元素的纯金属或化合物为基准物质。这是因为不同的金属离子与 EDTA 反应，其完成的程度不同，且允许的酸度不同，因而对结果的影响也不同。

## 2. 水中钙、镁离子总含量的测定

含有钙、镁盐类的水被称为硬水。水的硬度通常分为总硬度和钙硬度、镁硬度。总硬度指钙镁的总量，钙硬度、镁硬度则是指钙、镁各自的含量。水的总硬度是将水中的钙、镁均折合为 CaO 或 $CaCO_3$ 计算的。每升水含 1mg CaO 叫 1°，每升水含 10mg CaO 叫一个德国度（°dH）。可以通过消耗 EDTA 的总量求得硬度。具体过程如下：

取一定体积的水样，调节 pH＝10，加入铬黑 T 指示剂，然后用 EDTA 滴定。铬黑 T 和 $Y^{4-}$ 分别都能和 $Ca^{2+}$、$Mg^{2+}$ 生成配合物。它们的稳定性顺序为：

$$CaY^{2-}>MgY^{2-}>MgIn^->CaIn^-$$

在被测试液中先加入少量的铬黑 T，其首先与 $Mg^{2+}$ 结合，并生成酒红色的配合物。当滴入 EDTA 时，其先与游离 $Ca^{2+}$ 配位，其次与游离 $Mg^{2+}$ 配位。EDTA 夺取 $MgIn^-$ 中的 $Mg^{2+}$ 而游离出 EBT，且溶液由红色经紫色到蓝色，并指示终点的到达。

同样体积的水样，用 NaOH 溶液调节 pH＝12，此时 $Mg^{2+}$ 以 $Mg(OH)_2$ 沉淀析出，且不干扰 $Ca^{2+}$ 的测定。再加入钙指示剂，此时溶液呈红色。再滴入 EDTA，它先与游离的 $Ca^{2+}$ 配位。在化学计量点时，EDTA 夺取与指示剂配位的 $Ca^{2+}$，并游离出指示剂。此时溶液转变为蓝色，并指示终点的到达。记录消耗标准溶液的体积和浓度，并计算 Ca 的量。

水硬度的表示法有 3 种，水中钙、镁离子含量和总硬度由下式计算：

$$钙含量(mg \cdot L^{-1}) = \frac{c_{EDTA}V_1 M_{Ca}}{V_水} \times 1000$$

$$镁含量(mg \cdot L^{-1}) = \frac{c_{EDTA}(V-V_1) M_{Mg}}{V_水} \times 1000$$

$$总硬度(°dH) = \frac{c_{EDTA}V M_{CaO}}{V_水} \times 1000$$

式中，$c_{EDTA}$ 为 EDTA 标准溶液的浓度，$mol \cdot L^{-1}$；$V$、$V_1$ 分别为滴定同体积水样中的钙镁总含量和钙含量时，消耗 EDTA 标准溶液的体积，mL；$V_水$ 为水样的体积，mL。

## 3. 铝盐中 $Al^{3+}$ 含量的测定

返滴定法测定 $Al^{3+}$ 时，先将过量的 EDTA 标准溶液加到酸性 $Al^{3+}$ 溶液中，调节 pH＝3.5，并煮沸溶液。此时因为酸度较高，又有过量 EDTA 存在，所以 $Al^{3+}$ 不会水解，且煮沸加速 $Al^{3+}$ 与 $Y^{4-}$ 的配位反应。然后冷却溶液，并调节 pH 值为 5～6，以保证配位反应定量进行。再加入二甲酚橙指示剂，并将过量的 EDTA 用 $Zn^{2+}$ 标准溶液进行返滴定至终点，并求出被测离子的含量。

# ？ 习题

## 一、填空题

1. 在 $Ca^{2+}$、$Mg^{2+}$ 混合溶液中测定 $Ca^{2+}$，要消除 $Mg^{2+}$ 的干扰，应用_____掩蔽法。
2. EDTA 是一种氨羧配位剂，名称_____，用符号_____表示，其结构式为_____。配制标准溶液时一般采用 EDTA 二钠盐，分子式为_____，其水溶液 pH 值为_____，可通过公式_____进行计算，标准溶液常用浓度为_____。

3. 一般情况下水溶液中的 EDTA 总是以_____等形式存在，其中以_____与金属离子形成的配合物最稳定，但仅在_____时 EDTA 才主要以此种形式存在。除个别金属离子外，EDTA 与金属离子形成配合物时，配位比都是_____。

4. $K'_{MY}$ 称_____，它表示_____配位反应进行的程度，其计算式为_____。

5. 配位滴定曲线滴定突跃的大小取决于_____。在金属离子浓度一定的条件下，_____越大，突跃_____；在条件常数 $K'_{MY}$ 一定时，_____越大，突跃_____。

6. $K'_{MY}$ 值是判断配位滴定误差大小的重要依据。在 pM′ 一定时，$K'_{MY}$ 越大，配位滴定的准确度_____。影响 $K'_{MY}$ 的因素有_____，其中酸度愈高_____愈大，$\lg K'_{MY}$_____；_____的配位作用常能增大_____，减小_____。在 $K'_{MY}$ 一定时，终点误差的大小由_____决定，而误差的正负由_____决定。

## 二、是非题

1. 配位键都是由金属离子接受电子对形成的。 （　　）

2. 多数配离子能存在于水溶液中。 （　　）

3. 含两个配位原子的配体称螯合体。 （　　）

4. 具有一定稳定性的配离子在水溶液中的行为类似于弱电解质。 （　　）

5. EDTA 的酸效应系数随溶液的 pH 值变化而变化。pH 值越小，酸效应越大，对配位滴定越有利。 （　　）

6. 指示剂封闭现象消除的方法是掩蔽干扰离子。 （　　）

7. EDTA 滴定某金属离子有一允许的最高酸度，溶液的 pH 值再增大就不能准确滴定该金属离子了。 （　　）

8. 配位滴定中，溶液的最佳酸度范围是由 EDTA 决定的。 （　　）

9. 酸效应曲线的作用就是查找各种金属离子所需的滴定最低酸度。 （　　）

10. 用 EDTA 进行配位滴定时，被滴定的金属离子（M）浓度增大，$\lg K_{MY}$ 也增大，所滴定突跃将变大。 （　　）

## 三、选择题

1. 下列说法正确的是（　　）。

A. 只有金属离子才能作为配合物的形成体

B. 配位体的数目就是形成体的配位数

C. 配离子的电荷数等于中心离子的电荷数

D. 配离子的几何构型取决于中心离子所采用的杂化轨道类型

2. 下列配离子浓度相同时，解离产生 $Zn^{2+}$ 浓度最小的是（　　）。

A. $[Zn(NH_3)_4]^{2+}$ 　　　　　　　　　B. $[Zn(NH_3)_2(H_2O)_2]^{2+}$

C. $[Zn(en)_2]^{2+}$ 　　　　　　　　　　D. $[Zn(CN)_4]^{2-}$

3. 乙二胺能与金属离子形成（　　）。

A. 复合物　　　　　B. 沉淀物　　　　　C. 螯合物　　　　　D. 聚合物

4. 下列说法中错误的是（　　）。

A. 配位平衡指溶液中配合物离解为内界和外界的离解平衡

B. 配位平衡是指溶液中配离子或配位分子或多或少离解为形成体和配体的离解平衡

C. 配离子在溶液中的行为像弱电解质

D. 对配位平衡来说：$K_稳 \cdot K_{不稳} = 1$

5. 下列试剂能溶解 $Zn(OH)_2$、$AgBr$、$Cr(OH)_3$、$Fe(OH)_3$ 四种沉淀的是（　　）。

A. 氨水　　　　　B. 氰化钾溶液　　　　C. 硝酸　　　　　　D. 盐酸

6. 铬黑T在溶液中存在下列平衡，它与金属离子形成配合物显红色，使用该指示剂的酸度范围是（　　）。

$$pK_{a2} = 6.3 \quad pK_{a3} = 11.6$$

$$H_2In^- \rightleftharpoons HIn^{2-} \rightleftharpoons In^{3-}$$

紫红　　　　　　蓝　　　　　橙

A. pH<6.3　　　B. pH>11.6　　　　　　C. pH=6.3～11.6　　D. pH=6.3±1

7. 用 EDTA 直接滴定有色金属离子，终点所呈现的颜色是（　　）。

A. 指示剂-金属离子配合物的颜色　　　　B. 游离指示剂的颜色

C. EDTA-金属离子配合物的颜色　　　　D. 上述 B 与 C 的混合颜色

8. 用 EDTA 滴定 $Mg^{2+}$，采用铬黑T为指示剂，少量 $Fe^{3+}$ 的存在将导致（　　）。

A. 终点颜色变化不明显以致无法确定终点

B. 在化学计量点前指示剂即开始游离出来，使终点提前

C. 使 EDTA 与指示剂作用缓慢，终点延长

D. 与指示剂形成沉淀，使其失去作用

9. 一般情况下，EDTA 与金属离子形成的配合物的配合比是（　　）。

A. 1∶1　　　　　B. 2∶1　　　　　　C. 1∶3　　　　　　D. 1∶2

10. EDTA 中含有配位原子的数目是（　　）。

A. 2　　　　　　B. 4　　　　　　　C. 6　　　　　　　D. 8

## 四、问答题

1. 完成表 10-4。

表 10-4　配合物或配离子的结构特征

| 配合物或配离子 | 命名 | 中心离子 | 配体 | 配位原子 | 配位数 |
|---|---|---|---|---|---|
|  | 六氟合硅(Ⅳ)酸铜 |  |  |  |  |
| $[PtCl_2(OH)_2(NH_3)_2]$ |  |  |  |  |  |
|  | 四异硫氰酸合钴(Ⅲ)酸钾 |  |  |  |  |
|  | 三羟基·水·乙二胺合铬(Ⅲ) |  |  |  |  |
| $[Fe(CN)_5(CO)]^{3-}$ |  |  |  |  |  |
| $[FeCl_2(C_2O_4)(en)]^-$ |  |  |  |  |  |
|  | 三硝基·三氨合钴(Ⅲ) |  |  |  |  |
|  | 四羰基合镍 |  |  |  |  |

2. $Co(NH_3)_5(SO_4)Br$ 有两种异构体，一种为红色，另一种为紫色。两种异构体都可溶于水形成两种离子。红色异构体的水溶液在加入 $AgNO_3$ 后生成 $AgBr$ 沉淀，但在加入 $BaCl_2$ 后没有 $BaSO_4$ 沉淀。而紫色异构体具有相反的性质。根据上述信息，写出两种异构体的结构表达式。

3. EDTA 与金属离子的配合物有哪些特点？

4. 金属指示剂的作用原理如何？它应具备哪些条件？

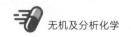

5. 什么是金属指示剂的封闭和僵化？如何避免？

6. 两种金属离子 M 和 N 共存时，什么条件下才可用控制酸度的方法进行分别滴定？

## 五、计算题

1. 待测溶液含 $2 \times 10^{-2}$ mol·$L^{-1}$ 的 $Zn^{2+}$ 和 $2 \times 10^{-3}$ mol·$L^{-1}$ 的 $Ca^{2+}$，能否在不加掩蔽剂的情况下，只用控制酸度的方法选择滴定 $Zn^{2+}$？为防止生成 Zn（OH）$_2$ 沉淀，最低酸度为多少？这时可选用何种指示剂？

2. 取 100mL 水样，用氨性缓冲溶液调节至 pH＝10，以 EBT 为指示剂，用 EDTA 标准溶液（0.008826mol·$L^{-1}$）滴定至终点，共消耗 12.58mL，计算水的总硬度。如果将上述水样再取 100mL，用 NaOH 调节 pH＝12.5，加入钙指示剂，用上述 EDTA 标准溶液滴定至终点，消耗 10.11mL，试分别求出水样中 $Ca^{2+}$ 和 $Mg^{2+}$ 的量。

3. 分析含铜、锌、镁合金时，称取 0.5000 g 试样，溶解后用容量瓶配成 100mL 试液。吸取 25.00mL，调至 pH＝6，用 PAN 作指示剂，用 0.05000mol·$L^{-1}$EDTA 标准溶液滴定铜和锌，用去 39.30mL。另外又吸取 25.00mL 试液，调至 pH＝10，加 KCN 以掩蔽铜和锌，用同浓度 EDTA 溶液滴定 $Mg^{2+}$，用去 4.10mL，然后再滴加甲醛以解蔽锌，又用同浓度 EDTA 溶液滴定，用去 13.40mL。计算试样中铜、锌、镁的质量分数。

4. 称取含 $Fe_2O_3$ 和 $Al_2O_3$ 试样 0.2015 g，溶解后，在 pH＝2.0 时以磺基水杨酸为指示剂，加热至 50℃左右，以 0.02008mol·$L^{-1}$ 的 EDTA 滴定至红色消失，消耗 EDTA 15.20mL。然后加入上述 EDTA 标准溶液 25.00mL，加热煮沸，调节 pH＝4.5，以 PAN 为指示剂，趁热用 0.02112mol·$L^{-1}Cu^{2+}$ 标准溶液返滴定，用去 8.16mL。计算试样中 $Fe_2O_3$ 和 $Al_2O_3$ 的质量分数。

5. 称取苯巴比妥钠（$C_{12}H_{11}N_2O_3Na$，摩尔质量为 254.2 g·$mol^{-1}$）试样 0.2014 g，溶于稀碱溶液中并加热（60℃）使之溶解，冷却后，加入醋酸酸化并移入 250mL 容量瓶中，加入 0.03000mol·$L^{-1}Hg(ClO_4)_2$ 标准溶液 25.00mL，稀释至刻度，放置待下述反应发生：

$$Hg^{2+} + 2C_{12}H_{11}N_2O_3{}^- \Longrightarrow Hg(C_{12}H_{11}N_2O_3)_2$$

过滤弃去沉淀，滤液用干烧杯接收。吸取 25.00mL 滤液，加入 10mL 0.01mol·$L^{-1}MgY$ 溶液，释放出的 $Mg^{2+}$ 在 pH＝10 时以铬黑 T 为指示剂，用 0.0100mol·$L^{-1}$EDTA 滴定至终点，消耗 3.60mL。计算试样中苯巴比妥钠的质量分数。

# 附　　录

## 附录1　常见化合物的摩尔质量表

| 化合物 | 摩尔质量 /(g·mol$^{-1}$) | 化合物 | 摩尔质量 /(g·mol$^{-1}$) | 化合物 | 摩尔质量 /(g·mol$^{-1}$) |
|---|---|---|---|---|---|
| $Ag_3AsO_4$ | 462.52 | $CO(NH_2)_2$ | 60.06 | $H_3PO_4$ | 97.995 |
| $AgBr$ | 187.77 | $CrCl_3$ | 158.35 | $H_2S$ | 34.08 |
| $AgCl$ | 143.32 | $CrCl_3·6H_2O$ | 266.45 | $H_2SO_3$ | 82.07 |
| $AgCN$ | 133.89 | $Cr(NO_3)_3$ | 238.01 | $H_2SO_4$ | 98.07 |
| $AgSCN$ | 165.95 | $Cr_2O_3$ | 151.99 | $Hg(CN)_2$ | 252.63 |
| $Ag_2CrO_4$ | 331.73 | $CuCl$ | 98.999 | $HgCl_2$ | 271.50 |
| $AgI$ | 234.77 | $CuCl_2$ | 134.45 | $Hg_2Cl_2$ | 472.09 |
| $AgNO_3$ | 169.87 | $CuCl_2·2H_2O$ | 170.48 | $HgI_2$ | 454.40 |
| $AlCl_3$ | 133.34 | $CuSCN$ | 121.62 | $Hg_2(NO_3)_2$ | 525.19 |
| $AlCl_3·6H_2O$ | 241.43 | $CuI$ | 190.45 | $Hg_2(NO_3)_2·2H_2O$ | 561.22 |
| $Al(NO_3)_3$ | 213.00 | $Cu(NO_3)_2$ | 187.56 | $Hg(NO_3)_2$ | 324.60 |
| $Al(NO_3)_3·9H_2O$ | 375.13 | $Cu(NO_3)_2·3H_2O$ | 241.60 | $HgO$ | 216.59 |
| $Al_2O_3$ | 101.96 | $CuO$ | 79.545 | $HgS$ | 232.65 |
| $Al(OH)_3$ | 78.00 | $Cu_2O$ | 143.09 | $HgSO_4$ | 296.65 |
| $Al_2(SO_4)_3$ | 342.14 | $CuS$ | 95.61 | $Hg_2SO_4$ | 497.24 |
| $Al_2(SO_4)_3·18H_2O$ | 666.41 | $CuSO_4$ | 159.60 | $KAl(SO_4)_2·12H_2O$ | 474.38 |
| $As_2O_3$ | 197.84 | $CuSO_4·5H_2O$ | 249.68 | $KBr$ | 119.00 |
| $As_2O_5$ | 229.84 | $FeCl_2$ | 126.75 | $KBrO_3$ | 167.00 |
| $As_2S_3$ | 246.02 | $FeCl_2·4H_2O$ | 198.81 | $KCl$ | 74.551 |
| $BaCO_3$ | 197.34 | $FeCl_3$ | 162.21 | $KClO_3$ | 122.55 |
| $BaC_2O_4$ | 225.35 | $FeCl_3·6H_2O$ | 270.30 | $KClO_4$ | 138.55 |
| $BaCl_2$ | 208.24 | $FeNH_4(SO_4)_2·12H_2O$ | 482.18 | $KCN$ | 65.116 |
| $BaCl_2·2H_2O$ | 244.27 | $Fe(NO_3)_3$ | 241.86 | $KSCN$ | 97.18 |
| $BaCrO_4$ | 253.32 | $Fe(NO_3)_3·9H_2O$ | 404.00 | $K_2CO_3$ | 138.21 |
| $BaO$ | 153.33 | $FeO$ | 71.846 | $K_2CrO_4$ | 194.19 |
| $Ba(OH)_2$ | 171.34 | $Fe_2O_3$ | 159.69 | $K_2Cr_2O_7$ | 294.18 |
| $BaSO_4$ | 233.39 | $Fe_3O_4$ | 231.54 | $K_3Fe(CN)_6$ | 329.25 |
| $BiCl_3$ | 315.34 | $Fe(OH)_3$ | 106.87 | $K_4Fe(CN)_6$ | 368.35 |
| $BiOCl$ | 260.43 | $FeS$ | 87.91 | $KFe(SO_4)_2·12H_2O$ | 503.24 |
| $CO_2$ | 44.01 | $Fe_2S_3$ | 207.87 | $KHC_2O_4·H_2O$ | 146.14 |
| $CaO$ | 56.08 | $FeSO_4$ | 151.90 | $KHC_2O_4·H_2C_2O_4·2H_2O$ | 254.19 |
| $CaCO_3$ | 100.09 | $FeSO_4·7H_2O$ | 278.01 | $KHC_4H_4O_6$ | 188.18 |
| $CaC_2O_4$ | 128.10 | $FeSO_4·(NH_4)_2SO_4·6H_2O$ | 392.13 | $KHSO_4$ | 136.16 |
| $CaCl_2$ | 110.99 | $H_3AsO_3$ | 125.94 | $KI$ | 166.00 |
| $CaCl_2·6H_2O$ | 219.08 | $H_3AsO_4$ | 141.94 | $KIO_3$ | 214.00 |
| $Ca(NO_3)_2·4H_2O$ | 236.15 | $H_3BO_3$ | 61.83 | $KIO_3·HIO_3$ | 389.91 |

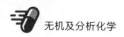

续表

| 化合物 | 摩尔质量/(g·mol⁻¹) | 化合物 | 摩尔质量/(g·mol⁻¹) | 化合物 | 摩尔质量/(g·mol⁻¹) |
|---|---|---|---|---|---|
| $Ca(OH)_2$ | 74.09 | $HBr$ | 80.912 | $KMnO_4$ | 158.03 |
| $Ca_3(PO_4)_2$ | 310.18 | $HCN$ | 27.026 | $KNaC_4H_4O_6 \cdot 4H_2O$ | 282.22 |
| $CaSO_4$ | 136.14 | $HCOOH$ | 46.026 | $KNO_3$ | 101.10 |
| $CdCO_3$ | 172.42 | $CH_3COOH$ | 60.052 | $KNO_2$ | 85.104 |
| $CdCl_2$ | 183.32 | $H_2CO_3$ | 62.025 | $K_2O$ | 94.196 |
| $CdS$ | 144.47 | $H_2C_2O_4$ | 90.035 | $KOH$ | 56.106 |
| $Ce(SO_4)_2$ | 332.24 | $H_2C_2O_4 \cdot 2H_2O$ | 126.07 | $K_2SO_4$ | 174.25 |
| $Ce(SO_4)_2 \cdot 4H_2O$ | 404.30 | $HCl$ | 36.46l | $MgCO_3$ | 84.314 |
| $CoCl_2$ | 129.84 | $HF$ | 20.006 | $MgCl_2$ | 95.211 |
| $CoCl_2 \cdot 6H_2O$ | 237.93 | $HI$ | 127.91 | $MgCl_2 \cdot 6H_2O$ | 203.30 |
| $Co(NO_3)_2$ | 132.94 | $HIO_3$ | 175.9l | $MgC_2O_4$ | 112.33 |
| $Co(NO_3)_2 \cdot 6H_2O$ | 291.03 | $HNO_3$ | 63.013 | $Mg(NO_3)_2 \cdot 6H_2O$ | 256.41 |
| $CoS$ | 90.99 | $HNO_2$ | 47.013 | $MgNH_4PO_4$ | 137.32 |
| $CoSO_4$ | 154.99 | $H_2O$ | 18.015 | $MgO$ | 40.304 |
| $CoSO_4 \cdot 7H_2O$ | 281.10 | $H_2O_2$ | 34.015 | $Mg(OH)_2$ | 58.32 |
| $KIO_3 \cdot HIO_3$ | 389.91 | $NH_4VO_3$ | 116.98 | $Pb(CH_3COO)_2 \cdot 3H_2O$ | 379.30 |
| $KMnO_4$ | 158.03 | $Na_3AsO_3$ | 191.89 | $PbI_2$ | 461.00 |
| $KNaC_4H_4O_6 \cdot 4H_2O$ | 282.22 | $Na_2B_4O_7$ | 201.22 | $Pb(NO_3)_2$ | 331.20 |
| $KNO_3$ | 101.10 | $Na_2B_4O_7 \cdot 10H_2O$ | 381.37 | $PbO$ | 223.20 |
| $KNO_2$ | 85.104 | $NaBiO_3$ | 279.97 | $PbO_2$ | 239.20 |
| $K_2O$ | 94.196 | $NaCN$ | 49.007 | $Pb_3(PO_4)_2$ | 811.54 |
| $KOH$ | 56.106 | $NaSCN$ | 81.07 | $PbS$ | 239.30 |
| $K_2SO_4$ | 174.25 | $Na_2CO_3$ | 105.99 | $PbSO_4$ | 303.30 |
| $MgCO_3$ | 84.314 | $Na_2CO_3 \cdot 10H_2O$ | 286.14 | $SO_3$ | 80.06 |
| $MgCl_2$ | 95.211 | $Na_2C_2O_4$ | 134.00 | $SO_2$ | 64.06 |
| $MgCl_2 \cdot 6H_2O$ | 203.30 | $CH_3COONa$ | 82.034 | $SbCl_3$ | 228.11 |
| $MgC_2O_4$ | 112.33 | $CH_3COONa \cdot 3H_2O$ | 136.08 | $SbCl_5$ | 299.02 |
| $Mg(NO_3)_2 \cdot 6H_2O$ | 256.41 | $NaCl$ | 58.443 | $Sb_2O_3$ | 291.50 |
| $MgNH_4PO_4$ | 137.32 | $NaClO$ | 74.442 | $Sb_3S_3$ | 339.68 |
| $MgO$ | 40.304 | $NaHCO_3$ | 84.007 | $SiF_4$ | 104.08 |
| $Mg(OH)_2$ | 58.32 | $Na_2HPO_4 \cdot 12H_2O$ | 358.14 | $SiO_2$ | 60.084 |
| $Mg_2P_2O_7$ | 222.55 | $Na_2H_2Y \cdot 2H_2O$ | 372.24 | $SnCl_2$ | 189.62 |
| $MgSO_4 \cdot 7H_2O$ | 246.47 | $NaNO_2$ | 68.995 | $SnCl_2 \cdot 2H_2O$ | 225.65 |
| $MnCO_3$ | 114.95 | $NaNO_3$ | 84.995 | $SnCl_4$ | 260.52 |
| $MnCl_2 \cdot 4H_2O$ | 197.91 | $Na_2O$ | 61.979 | $SnCl_4 \cdot 5H_2O$ | 350.596 |
| $Mn(NO_3)_2 \cdot 6H_2O$ | 287.04 | $Na_2O_2$ | 77.978 | $SnO_2$ | 150.71 |
| $MnO$ | 70.937 | $NaOH$ | 39.997 | $SnS$ | 150.776 |
| $MnO_2$ | 86.937 | $Na_3PO_4$ | 163.94 | $SrCO_3$ | 147.63 |
| $MnS$ | 87.00 | $Na_2S$ | 78.04 | $SrC_2O_4$ | 175.64 |
| $MnSO_4$ | 151.00 | $Na_2S \cdot 9H_2O$ | 240.18 | $SrCrO_4$ | 203.61 |
| $MnSO_4 \cdot 4H_2O$ | 223.06 | $Na_2SO_3$ | 126.04 | $Sr(NO_3)_2$ | 211.63 |
| $NO$ | 30.006 | $Na_2SO_4$ | 142.04 | $Sr(NO_3)_2 \cdot 4H_2O$ | 283.69 |
| $NO_2$ | 46.006 | $Na_2S_2O_3$ | 158.10 | $SrSO_4$ | 183.68 |
| $NH_3$ | 17.03 | $Na_2S_2O_3 \cdot 5H_2O$ | 248.17 | $UO_2(CH_3COO)_2 \cdot 2H_2O$ | 424.15 |
| $CH_3COONH_4$ | 77.083 | $NiCl_2 \cdot 6H_2O$ | 237.69 | $ZnCO_3$ | 125.39 |
| $NH_4Cl$ | 53.491 | $NiO$ | 74.69 | $ZnC_2O_4$ | 153.40 |
| $(NH_4)_2CO_3$ | 96.086 | $Ni(NO_3)_2 \cdot 6H_2O$ | 290.79 | $ZnCl_2$ | 136.29 |
| $(NH_4)_2C_2O_4$ | 124.10 | $NiS$ | 90.75 | $Zn(CH_3COO)_2$ | 183.47 |
| $(NH_4)_2C_2O_4 \cdot H_2O$ | 142.11 | $NiSO_4 \cdot 7H_2O$ | 280.85 | $Zn(CH_3COO)_2 \cdot 2H_2O$ | 219.50 |
| $NH_4SCN$ | 76.12 | $P_2O_5$ | 141.94 | $Zn(NO_3)_2$ | 189.39 |
| $NH_4HCO_3$ | 79.055 | $PbCO_3$ | 267.20 | $Zn(NO_3)_2 \cdot 6H_2O$ | 297.48 |
| $(NH_4)_2MoO_4$ | 196.01 | $PbC_2O_4$ | 295.22 | $ZnO$ | 81.38 |
| $NH_4NO_3$ | 80.043 | $PbCl_2$ | 278.10 | $ZnS$ | 97.44 |
| $(NH_4)_2HPO_4$ | 132.06 | $PbCrO_4$ | 323.20 | $ZnSO_4$ | 161.44 |
| $(NH_4)_2S$ | 68.14 | $Pb(CH_3COO)_2$ | 325.30 | $ZnSO_4 \cdot 7H_2O$ | 287.54 |
| $(NH_4)_2SO_4$ | 132.13 | | | | |

## 附录2　常见弱电解质的解离常数（298.15K）

| 名称 | 化学式 | $K_{a1}$ | $K_{a2}$ | $K_{a3}$ |
|---|---|---|---|---|
| 砷酸 | $H_3AsO_4$ | $6.32\times10^{-3}$ | $1.05\times10^{-7}$ | $3.17\times10^{-12}$ |
| 硼酸 | $H_3BO_3$ | $5.76\times10^{-10}$ | | |
| 碳酸 | $H_2CO_3$ | $4.30\times10^{-7}$ | $5.61\times10^{-11}$ | |
| 草酸 | $H_2C_2O_4$ | $5.90\times10^{-2}$ | $6.40\times10^{-5}$ | |
| 氢氰酸 | $HCN$ | $4.93\times10^{-10}$ | | |
| 次氯酸 | $HClO$ | $3.17\times10^{-8}$ | | |
| 铬酸 | $H_2CrO_4$ | $1.80\times10^{-1}$ | $3.20\times10^{-7}$ | |
| 氢氟酸 | $HF$ | $3.53\times10^{-4}$ | | |
| 亚硝酸 | $HNO_2$ | $4.6\times10^{-4}$ | | |
| 磷酸 | $H_3PO_4$ | $7.5\times10^{-3}$ | $6.2\times10^{-8}$ | $2.2\times10^{-13}$ |
| 氢硫酸 | $H_2S$ | $9.1\times10^{-8}$ | $1.1\times10^{-12}$ | |
| 醋酸 | $HAc$ | $1.76\times10^{-5}$ | | |
| 甲酸 | $HCOOH$ | $1.77\times10^{-4}$ | | |
| 偏硅酸 | $H_2SiO_3$ | $1.71\times10^{-10}$ | $1.59\times10^{-12}$ | |
| 亚硫酸 | $H_2SO_3$ | $1.26\times10^{-2}$ | $6.36\times10^{-8}$ | |
| 过氧化氢 | $H_2O_2$ | $2.4\times10^{-12}$ | | |
| 铵离子 | $NH_4^+$ | $5.64\times10^{-10}$ | | |
| 一氯乙酸 | $CH_2ClCOOH$ | $1.4\times10^{-3}$ | | |
| 二氯乙酸 | $CHCl_2COOH$ | $3.32\times10^{-2}$ | | |
| 苯甲酸 | $C_6H_5COOH$ | $6.45\times10^{-5}$ | | |
| 邻苯二甲酸 | $C_6H_4(COOH)_2$ | $1.30\times10^{-3}$ | $3.09\times10^{-6}$ | |
| 苯酚 | $C_6H_5OH$ | $1.1\times10^{-10}$ | | |
| 名称 | 化学式 | $K_{b1}$ | $K_{b2}$ | $K_{b3}$ |
| 乙二胺 | $H_2NCH_2CH_2NH_2$ | $8.57\times10^{-5}$ | $7.12\times10^{-8}$ | |
| 氢氧化银 | $AgOH$ | $1.0\times10^{-2}$ | | |
| 氢氧化铝 | $Al(OH)_3$ | $5.0\times10^{-9}$ | $2.0\times10^{-10}$ | |
| 氢氧化铍 | $Be(OH)_2$ | $1.78\times10^{-6}$ | $2.5\times10^{-9}$ | |
| 氢氧化锌 | $Zn(OH)_2$ | $8.0\times10^{-7}$ | | |
| 氨水 | $NH_3\cdot H_2O$ | $1.77\times10^{-5}$ | | |

## 附录3　常见难溶电解质的溶度积（298.15K）

| 化学式 | $K_{sp}^{\ominus}$ | $pK_{sp}^{\ominus}$ | 化学式 | $K_{sp}^{\ominus}$ | $pK_{sp}^{\ominus}$ |
|---|---|---|---|---|---|
| $AgBr$ | $5.0\times10^{-13}$ | 12.30 | $FeS$ | $6.3\times10^{-18}$ | 17.2 |
| $Ag_2CO_3$ | $8.1\times10^{-12}$ | 11.09 | $Hg_2Cl_2$ | $1.3\times10^{-18}$ | 17.88 |
| $AgCl$ | $1.8\times10^{-10}$ | 9.74 | $Hg_2I_2$ | $4.5\times10^{-29}$ | 28.35 |
| $Ag_2CrO_4$ | $1.12\times10^{-12}$ | 11.92 | $HgS$(红) | $4\times10^{-53}$ | 52.4 |
| $AgI$ | $8.3\times10^{-17}$ | 16.08 | $HgS$（黑） | $1.6\times10^{-52}$ | 51.8 |
| $Ag_3PO_4$ | $2.8\times10^{-18}$ | 17.55 | $MgCO_3$ | $3.5\times10^{-8}$ | 7.46 |
| $Ag_2S$ | $8\times10^{-51}$ | 50.1 | $MgF_2$ | $6.5\times10^{-9}$ | 8.19 |
| $Al(OH)_3$ | $1.3\times10^{-34}$ | 33.5 | $Mg(OH)_2$ | $1.8\times10^{-11}$ | 10.74 |
| $BaCO_3$ | $5.0\times10^{-9}$ | 8.30 | $MnCO_3$ | $1.8\times10^{-11}$ | 10.74 |
| $BaC_2O_4$ | $1\times10^{-6}$ | 6.0 | $Mn(OH)_2$ | $1.9\times10^{-13}$ | 12.72 |
| $BaCrO_4$ | $2.1\times10^{-10}$ | 9.67 | $MnS$(晶状) | $2.5\times10^{-13}$ | 12.6 |
| $BaSO_4$ | $1.1\times10^{-10}$ | 9.96 | $Ni(OH)_2$(新制备) | $2.0\times10^{-15}$ | 14.7 |
| $CaCO_3$ | $2.8\times10^{-9}$ | 8.54 | $NiS(\alpha)$ | $3.2\times10^{-19}$ | 18.5 |
| $BaC_2O_4\cdot H_2O$ | $4\times10^{-9}$ | 8.4 | $NiS(\beta)$ | $1.0\times10^{-24}$ | 24.0 |
| $CaF_2$ | $3.9\times10^{-11}$ | 10.41 | $PbCO_3$ | $7.4\times10^{-14}$ | 13.13 |

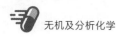 

续表

| 化学式 | $K_{sp}^{\ominus}$ | $pK_{sp}^{\ominus}$ | 化学式 | $K_{sp}^{\ominus}$ | $pK_{sp}^{\ominus}$ |
|---|---|---|---|---|---|
| $Ca(OH)_2$ | $6.5 \times 10^{-6}$ | 5.19 | $PbC_2O_4$ | $4.8 \times 10^{-10}$ | 9.32 |
| $CaSO_4$ | $2.4 \times 10^{-5}$ | 4.62 | $PbCrO_4$ | $2.8 \times 10^{-13}$ | 12.55 |
| $CdS$ | $8.0 \times 10^{-27}$ | 26.1 | $PbF_2$ | $2.7 \times 10^{-8}$ | 7.57 |
| $CoS(a)$ | $4.0 \times 10^{-21}$ | 20.4 | $PbCl_2$ | $1.6 \times 10^{-5}$ | 4.8 |
| $CoS(B)$ | $2.0 \times 10^{-25}$ | 24.7 | $PbI_2$ | $7.1 \times 10^{-9}$ | 8.15 |
| $Cr(OH)_3$ | $6.3 \times 10^{-31}$ | 30.2 | $Pb(OH)_2$ | $1.2 \times 10^{-15}$ | 4.93 |
| $CuBr$ | $5.3 \times 10^{-9}$ | 8.28 | $PbS$ | $1.3 \times 10^{-28}$ | 27.9 |
| $CuCl$ | $1.2 \times 10^{-6}$ | 5.92 | $PbSO_4$ | $1.6 \times 10^{-8}$ | 7.79 |
| $CuI$ | $1.1 \times 10^{-12}$ | 11.96 | $Sn(OH)_2$ | $1.4 \times 10^{-28}$ | 27.85 |
| $CuS$ | $6.3 \times 10^{-36}$ | 35.2 | $Sn(OH)_4$ | $1.0 \times 10^{-56}$ | 56.0 |
| $Cu_2S$ | $2.5 \times 10^{-48}$ | 47.6 | $SrCO_3$ | $1.1 \times 10^{-10}$ | 9.96 |
| $CuSCN$ | $4.8 \times 10^{-15}$ | 14.32 | $SrSO_4$ | $3.2 \times 10^{-7}$ | 6.49 |
| $Fe(OH)_2$ | $8.0 \times 10^{-16}$ | 15.1 | $Zn(OH)_2$ | $1.2 \times 10^{-17}$ | 16.92 |
| $Fe(OH)_3$ | $4 \times 10^{-38}$ | 37.4 | $ZnS(\alpha)$ | $1.6 \times 10^{-24}$ | 23.8 |
| $FeCO_3$ | $3.2 \times 10^{-11}$ | 10.5 | $ZnS(\beta)$ | $2.5 \times 10^{-22}$ | 21.6 |
| $FePO_4$ | $1.3 \times 10^{-22}$ | 21.89 | $Zn_3(PO_4)_2$ | $9.0 \times 10^{-33}$ | 32.05 |

# 附录4 常见氧化还原电对的标准电极电势 (298.15K)

## 一、在酸性溶液中

| 电对 | 电极反应 | $E^{\ominus}/V$ |
|---|---|---|
| $Li^+/Li$ | $Li^+ + e^- \rightleftharpoons Li$ | $-3.045$ |
| $K^+/K$ | $K^+ + e^- \rightleftharpoons K$ | $-2.925$ |
| $Cs^+/Cs$ | $Cs^+ + e^- \rightleftharpoons Cs$ | $-2.923$ |
| $Ba^{2+}/Ba$ | $Ba^{2+} + 2e^- \rightleftharpoons Ba$ | $-2.906$ |
| $Ca^{2+}/Ca$ | $Ca^{2+} + 2e^- \rightleftharpoons Ca$ | $-2.866$ |
| $Na^+/Na$ | $Na^+ + e^- \rightleftharpoons Na$ | $-2.714$ |
| $Mg^{2+}/Mg$ | $Mg^{2+} + 2e^- \rightleftharpoons Mg$ | $-2.363$ |
| $H_2/H^-$ | $H_2 + 2e^- \rightleftharpoons 2H^-$ | $-2.25$ |
| $Al^{3+}/Al$ | $Al^{3+} + 3e^- \rightleftharpoons Al$ | $-1.622$ |
| $Mn^{2+}/Mn$ | $Mn^{2+} + 2e^- \rightleftharpoons Mn$ | $-1.180$ |
| $Zn^{2+}/Zn$ | $Zn^{2+} + 2e^- \rightleftharpoons Zn$ | $-0.763$ |
| $Cr^{3+}/Cr$ | $Cr^{3+} + 3e^- \rightleftharpoons Cr$ | $-0.744$ |
| $TiO_2/Ti$ | $TiO_2 + 4H^+ + e^- \rightleftharpoons Ti^{3+} + 2H_2O$ | $-0.666$ |
| $CO_2/H_2C_2O_4$ | $2CO_2 + 2H^+ + 2e^- \rightleftharpoons H_2C_2O_4$ | $-0.49$ |
| $Fe^{2+}/Fe$ | $Fe^{2+} + 2e^- \rightleftharpoons Fe$ | $-0.440$ |
| $Cr^{3+}/Cr^{2+}$ | $Cr^{3+} + e^- \rightleftharpoons Cr^{2+}$ | $-0.408$ |
| $Cd^{2+}/Cd$ | $Cd^{2+} + 2e^- \rightleftharpoons Cd$ | $-0.403$ |
| $PbSO_4/Pb$ | $PbSO_4 + 2e^- \rightleftharpoons Pb + SO_4^{2-}$ | $-0.359$ |
| $Co^{2+}/Co$ | $Co^{2+} + 2e^- \rightleftharpoons Co$ | $-0.277$ |
| $PbCl_2/Pb$ | $PbCl_2 + 2e^- \rightleftharpoons Pb + 2Cl^-$ | $-0.268$ |
| $Ni^{2+}/Ni$ | $Ni^{2+} + 2e^- \rightleftharpoons Ni$ | $-0.250$ |
| $AgI/Ag$ | $AgI + e^- \rightleftharpoons Ag + I^-$ | $-0.152$ |
| $Sn^{2+}/Sn$ | $Sn^{2+} + 2e^- \rightleftharpoons Sn$ | $-0.136$ |
| $Pb^{2+}/Pb$ | $Pb^{2+} + 2e^- \rightleftharpoons Pb$ | $-0.126$ |
| $Fe_2O_3/Fe$ | $Fe_2O_3 + 6H^+ + 6e^- \rightleftharpoons 2Fe + 3H_2O$ | $-0.051$ |

| 电对 | 电极反应 | $E^{\ominus}/V$ |
|---|---|---|
| $Ti^{4+}/Ti^{3+}$ | $Ti^{4+}+e^-\rightleftharpoons Ti^{3+}$ | 0.092 |
| $H^+/H_2$ | $2H^++2e^-\rightleftharpoons H_2$ | 0.000 |
| $AgBr/Ag$ | $AgBr+e^-\rightleftharpoons Ag+Br^-$ | 0.071 |
| $S/H_2S$ | $S+2H^++2e^-\rightleftharpoons H_2S\ (aq)$ | 0.142 |
| $Sn^{4+}/Sn^{2+}$ | $Sn^{4+}+2e^-\rightleftharpoons Sn^{2+}$ | 0.151 |
| $Cu^{2+}/Cu^+$ | $Cu^{2+}+e^-\rightleftharpoons Cu^+$ | 0.153 |
| $AgCl/Ag$ | $AgCl+e^-\rightleftharpoons Ag+Cl^-$ | 0.222 |
| $Hg_2Cl_2/Hg$ | $Hg_2Cl_2+2e^-\rightleftharpoons 2Hg+2Cl^-$ | 0.268 |
| $Cu^{2+}/Cu$ | $Cu^{2+}+2e^-\rightleftharpoons Cu$ | 0.337 |
| $S_2O_3^{2-}/S$ | $S_2O_3^{2-}+6H^++4e^-\rightleftharpoons 2S+3H_2O$ | 0.465 |
| $Cu^+/Cu$ | $Cu^++e^-\rightleftharpoons Cu$ | 0.521 |
| $I_2/I^-$ | $I_2+2e^-\rightleftharpoons 2I^-$ | 0.536 |
| $I_3^-/I^-$ | $I_3^-+2e^-\rightleftharpoons 3I^-$ | 0.536 |
| $MnO_4^-/MnO_4^{2-}$ | $MnO_4^-+e^-\rightleftharpoons MnO_4^{2-}$ | 0.558 |
| $H_3AsO_4/HAsO_2$ | $H_3AsO_4+2H^++2e^-\rightleftharpoons HAsO_2+2H_2O$ | 0.560 |
| $Ag_2SO_4/Ag$ | $Ag_2SO_4+2e^-\rightleftharpoons 2Ag+SO_4^{2-}$ | 0.654 |
| $O_2/H_2O_2$ | $O_2+2H^++2e^-\rightleftharpoons H_2O_2$ | 0.682 |
| $Fe^{3+}/Fe^{2+}$ | $Fe^{3+}+e^-\rightleftharpoons Fe^{2+}$ | 0.771 |
| $Hg_2^{2+}/Hg$ | $Hg_2^{2+}+2e^-\rightleftharpoons 2Hg$ | 0.788 |
| $Ag^+/Ag$ | $Ag^++e^-\rightleftharpoons Ag$ | 0.799 |
| $NO_3^-/NO_2$ | $NO_3^-+2H^++e^-\rightleftharpoons NO_2+H_2O$ | 0.80 |
| $Hg^{2+}/Hg$ | $Hg^{2+}+2e^-\rightleftharpoons Hg$ | 0.854 |
| $Cu^{2+}/CuI$ | $Cu^{2+}+I^-+e^-\rightleftharpoons CuI$ | 0.86 |
| $Hg^{2+}/Hg_2^{2+}$ | $2Hg^{2+}+2e^-\rightleftharpoons Hg_2^{2+}$ | 0.920 |
| $NO_3^-/HNO_2$ | $NO_3^-+3H^++2e^-\rightleftharpoons HNO_2+H_2O$ | 0.934 |
| $NO_3^-/NO$ | $NO_3^-+4H^++3e^-\rightleftharpoons NO+2H_2O$ | 0.96 |
| $HNO_2/NO$ | $HNO_2+H^++e^-\rightleftharpoons NO+H_2O$ | 1.00 |
| $[AuCl_4]^-/Au$ | $[AuCl_4]^-+3e^-\rightleftharpoons Au+4Cl^-$ | 1.00 |
| $Br_2/Br^-$ | $Br_2(l)+2e^-\rightleftharpoons 2Br^-$ | 1.065 |
| $Cu^{2+}/[Cu(CN)_2]^-$ | $Cu^{2+}+2CN^-+e^-\rightleftharpoons [Cu(CN)_2]^-$ | 1.103 |
| $IO_3^-/HIO$ | $IO_3^-+5H^++4e^-\rightleftharpoons HIO+2H_2O$ | 1.14 |
| $IO_3^-/I_2$ | $2IO_3^-+12H^++10e^-\rightleftharpoons I_2+6H_2O$ | 1.195 |
| $MnO_2/Mn^{2+}$ | $MnO_2+4H^++2e^-\rightleftharpoons Mn^{2+}+2H_2O$ | 1.23 |
| $O_2/H_2O$ | $O_2+4H^++4e^-\rightleftharpoons 2H_2O$ | 1.229 |
| $Cr_2O_7^{2-}/Cr^{3+}$ | $Cr_2O_7^{2-}+14H^++6e^-\rightleftharpoons 2Cr^{3+}+7H_2O$ | 1.33 |
| $ClO_4^-/Cl_2$ | $2ClO_4^-+16H^++14e^-\rightleftharpoons Cl_2+8H_2O$ | 1.34 |
| $Cl_2/Cl^-$ | $Cl_2+2e^-\rightleftharpoons 2Cl^-$ | 1.358 |
| $ClO_3^-/Cl^-$ | $ClO_3^-+6H^++6e^-\rightleftharpoons Cl^-+3H_2O$ | 1.45 |
| $PbO_2/Pb^{2+}$ | $PbO_2+4H^++2e^-\rightleftharpoons Pb^{2+}+2H_2O$ | 1.455 |
| $ClO_3^-/Cl_2$ | $ClO_3^-+6H^++5e^-\rightleftharpoons 1/2Cl_2+3H_2O$ | 1.47 |
| $HClO/Cl^-$ | $HClO+H^++2e^-\rightleftharpoons Cl^-+H_2O$ | 1.494 |
| $Au^{3+}/Au$ | $Au^{3+}+3e^-\rightleftharpoons Au$ | 1.498 |
| $MnO_4^-/Mn^{2+}$ | $MnO_4^-+8H^++5e^-\rightleftharpoons Mn^{2+}+4H_2O$ | 1.507 |
| $Mn^{3+}/Mn^{2+}$ | $Mn^{3+}+e^-\rightleftharpoons Mn^{2+}$ | 1.51 |
| $BrO_3^-/Br_2$ | $2BrO_3^-+12H^++10e^-\rightleftharpoons Br_2+6H_2O$ | 1.52 |
| $HClO/Cl_2$ | $2HClO+2H^++2e^-\rightleftharpoons Cl_2+2H_2O$ | 1.63 |
| $PbO_2/PbSO_4$ | $PbO_2+SO_4^{2-}+4H^++2e^-\rightleftharpoons PbSO_4+2H_2O$ | 1.682 |

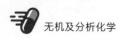

续表

| 电对 | 电极反应 | $E^{\ominus}/V$ |
|---|---|---|
| $MnO_4^-/MnO_2$ | $MnO_4^-+4H^++3e^-\Longrightarrow MnO_2+2H_2O$ | 1.692 |
| $H_2O_2/H_2O$ | $H_2O_2+2H^++2e^-\Longrightarrow 2H_2O$ | 1.776 |
| $Co^{3+}/Co^{2+}$ | $Co^{3+}+e^-\Longrightarrow Co^{2+}$ | 1.808 |
| $S_2O_8^{2-}/SO_4^{2-}$ | $S_2O_8^{2-}+2e^-\Longrightarrow 2SO_4^{2-}$ | 2.01 |
| $O_3/O_2$ | $O_3+2H^++2e^-\Longrightarrow O_2+H_2O$ | 2.07 |
| $F_2/F^-$ | $F_2+2e^-\Longrightarrow 2F^-$ | 2.866 |

## 二、在碱性溶液中

| 电对 | 电极反应 | $E^{\ominus}/V$ |
|---|---|---|
| $Mn(OH)_2/Mn$ | $Mn(OH)_2+2e^-\Longrightarrow Mn+2OH^-$ | −1.56 |
| $[Zn(CN)_4]^{2-}/Zn$ | $[Zn(CN)_4]^{2-}+2e^-\Longrightarrow Zn+4CN^-$ | −1.34 |
| $ZnO_2^{2-}/Zn$ | $ZnO_2^{2-}+2H_2O+2e^-\Longrightarrow Zn+4OH^-$ | −1.215 |
| $[Sn(OH)_6]^{2-}/HSnO_2^-$ | $[Sn(OH)_6]^{2-}+2e^-\Longrightarrow HSnO_2^-+3OH^-+H_2O$ | −0.93 |
| $SO_4^{2-}/SO_3^{2-}$ | $SO_4^{2-}+H_2O+2e^-\Longrightarrow SO_3^{2-}+2OH^-$ | −0.93 |
| $HSnO_2^-/Sn$ | $HSnO_2^-+H_2O+2e^-\Longrightarrow Sn+3OH^-$ | −0.909 |
| $H_2O/H_2$ | $2H_2O+2e^-\Longrightarrow H_2+2OH^-$ | −0.8277 |
| $Ni(OH)_2/Ni$ | $Ni(OH)_2+2e^-\Longrightarrow Ni+2OH^-$ | −0.72 |
| $AsO_4^{3-}/AsO_2^-$ | $AsO_4^{3-}+2H_2O+2e^-\Longrightarrow AsO_2^-+4OH^-$ | −0.71 |
| $SO_3^{2-}/S$ | $SO_3^{2-}+3H_2O+4e^-\Longrightarrow S+6OH^-$ | −0.59 |
| $SO_3^{2-}/S_2O_3^{2-}$ | $2SO_3^{2-}+3H_2O+4e^-\Longrightarrow S_2O_3^{2-}+6OH^-$ | −0.571 |
| $S/S^{2-}$ | $S+2e^-\Longrightarrow S^{2-}$ | −0.476 |
| $[Ag(CN)_2]^-/Ag$ | $[Ag(CN)_2]^-+e^-\Longrightarrow Ag+2CN^-$ | −0.31 |
| $CrO_4^{2-}/CrO_2^-$ | $CrO_4^{2-}+4H_2O+3e^-\Longrightarrow Cr(OH)_4^-+4OH^-$ | −0.13 |
| $O_2/HO_2^-$ | $O_2+H_2O+2e^-\Longrightarrow HO_2^-+OH^-$ | −0.076 |
| $NO_3^-/NO_2^-$ | $NO_3^-+H_2O+2e^-\Longrightarrow NO_2^-+2OH^-$ | 0.01 |
| $S_4O_6^{2-}/S_2O_3^{2-}$ | $S_4O_6^{2-}+2e^-\Longrightarrow 2S_2O_3^{2-}$ | 0.08 |
| $[Co(NH_3)_6]^{3+}/[Co(NH_3)_6]^{2+}$ | $[Co(NH_3)_6]^{3+}+e^-\Longrightarrow [Co(NH_3)_6]^{2+}$ | 0.108 |
| $Co(OH)_3/Co(OH)_2$ | $Co(OH)_3+e^-\Longrightarrow Co(OH)_2+OH^-$ | 0.17 |
| $Ag_2O/Ag$ | $Ag_2O+H_2O+2e^-\Longrightarrow 2Ag+2OH^-$ | 0.342 |
| $O_2/OH^-$ | $O_2+2H_2O+4e^-\Longrightarrow 4OH^-$ | 0.401 |
| $MnO_4^-/MnO_2$ | $MnO_4^-+2H_2O+3e^-\Longrightarrow MnO_2+4OH^-$ | 0.595 |
| $BrO_3^-/Br^-$ | $BrO_3^-+3H_2O+6e^-\Longrightarrow Br^-+6OH^-$ | 0.61 |
| $BrO^-/Br^-$ | $BrO^-+H_2O+2e^-\Longrightarrow Br^-+2OH^-$ | 0.761 |
| $ClO^-/Cl^-$ | $ClO^-+H_2O+2e^-\Longrightarrow Cl^-+2OH^-$ | 0.841 |
| $H_2O_2/OH^-$ | $H_2O_2+2e^-\Longrightarrow 2OH^-$ | 0.88 |
| $O_3/OH^-$ | $O_3+H_2O+2e^-\Longrightarrow O_2+2OH^-$ | 1.24 |

## 附录 5　常见配离子的稳定常数（298.15K）

| 配离子 | $K_{稳}$ | 配离子 | $K_{稳}$ |
|---|---|---|---|
| $[Ag(CN)_2]^-$ | $5.6\times10^{18}$ | $Fe(EDTA)^-$ | $1.7\times10^{24}$ |
| $Ag(EDTA)^{3-}$ | $2.1\times10^7$ | $Fe(EDTA)^{2-}$ | $2.1\times10^{14}$ |
| $[Ag(en)_2]^+$ | $5.0\times10^7$ | $[Fe(en)_3]^{2+}$ | $5.0\times10^9$ |
| $[Ag(NH_3)_2]^+$ | $1.6\times10^7$ | $[Fe(ox)_3]^{3-}$ | $2.0\times10^{20}$ |
| $[Ag(SCN)_4]^{3-}$ | $1.2\times10^{10}$ | $[Fe(ox)_3]^{4-}$ | $1.7\times10^5$ |

| 配离子 | $K_稳$ | 配离子 | $K_稳$ |
|---|---|---|---|
| $[Ag(S_2O_3)_2]^{3-}$ | $1.7×10^{13}$ | $[Fe(SCN)]^{2+}$ | $8.9×10^2$ |
| $Al(EDTA)^-$ | $1.3×10^{16}$ | $[HgCl_4]^{2-}$ | $1.2×10^{15}$ |
| $[Al(OH)_4]^-$ | $1.1×10^{33}$ | $[Hg(CN)_4]^{2-}$ | $3.0×10^{41}$ |
| $[Al(ox)_3]^{3-}$ | $2.0×10^{16}$ | $Hg(EDTA)^{2-}$ | $6.3×10^{21}$ |
| $[CdCl_4]^{2-}$ | $6.3×10^2$ | $[Hg(en)_2]^{2+}$ | $2.0×10^{23}$ |
| $[Cd(CN)_4]^{2-}$ | $6.0×10^{18}$ | $[HgI_4]^{2-}$ | $6.8×10^{29}$ |
| $[Cd(en)_3]^{2+}$ | $1.2×10^{12}$ | $[Hg(ox)_2]^{2-}$ | $9.5×10^6$ |
| $[Cd(NH_3)_4]^{2+}$ | $1.3×10^7$ | $[Ni(CN)_4]^{2-}$ | $2.0×10^{31}$ |
| $Co(EDTA)^-$ | $1.0×10^{36}$ | $Ni(EDTA)^{2-}$ | $3.6×10^{18}$ |
| $Co(EDTA)^{2-}$ | $2.0×10^{16}$ | $[Ni(en)3]^{2+}$ | $2.1×10^{18}$ |
| $[Co(en)_3]^{2+}$ | $8.7×10^{13}$ | $[Ni(NH_3)_6]^{2+}$ | $5.5×10^8$ |
| $[Co(en)_3]^{3+}$ | $4.9×10^{48}$ | $[Ni(ox)_3]^{4-}$ | $3.0×10^8$ |
| $[Co(NH_3)_6]^{2+}$ | $1.3×10^5$ | $[PbCl_3]^-$ | $2.4×10^1$ |
| $[Co(NH_3)_6]^{3+}$ | $4.5×10^{33}$ | $Pb(EDTA)^{2-}$ | $2.0×10^{18}$ |
| $[Co(ox)_3]^{3-}$ | $1.0×10^{20}$ | $[PbI_4]^{2-}$ | $3.0×10^4$ |
| $[Co(ox)_3]^{4-}$ | $5.0×10^9$ | $[Pb(OH)_3]^-$ | $3.8×10^{14}$ |
| $[Co(SCN)_4]^{2-}$ | $1.0×10^3$ | $[Pb(ox)_2]^{2-}$ | $3.5×10^6$ |
| $Cr(EDTA)^-$ | $1.0×10^{23}$ | $[Pb(S_2O_3)_3]^{4-}$ | $2.2×10^6$ |
| $[Cr(OH)_4]^-$ | $8.0×10^{29}$ | $[PtCl_4]^{2-}$ | $1.0×10^{16}$ |
| $[CuCl_3]^{2-}$ | $5.0×10^5$ | $[Pt(NH3)_6]^{2+}$ | $2.0×10^{35}$ |
| $[Cu(CN)_4]^{2-}$ | $2.0×10^{30}$ | $[Zn(CN)_4]^{2-}$ | $1.0×10^{18}$ |
| $Cu(EDTA)^{2-}$ | $5.0×10^{18}$ | $Zn(EDTA)^{2-}$ | $3.0×10^{16}$ |
| $[Cu(en)_2]^{2-}$ | $1.0×10^{20}$ | $[Zn(en)_3]^{2+}$ | $1.3×10^{14}$ |
| $[Cu(NH_3)_4]^{2+}$ | $1.1×10^{13}$ | $[Zn(NH_3)_4]^{2+}$ | $4.1×10^8$ |
| $[Cu(ox)_2]^{2-}$ | $3.0×10^8$ | $[Zn(OH)_4]^{2-}$ | $4.6×10^{17}$ |
| $[Fe(CN)_6]^{3-}$ | $1.0×10^{42}$ | $[Zn(ox)_3]^{4-}$ | $1.4×10^8$ |
| $[Fe(CN)_6]^{4-}$ | $1.0×10^{37}$ | | |

注：ox 为草酸根离子；en 为乙二胺；EDTA 为乙二胺四乙酸根离子，即 $EDTA^{4-}$。

# 参 考 文 献

[1] 吕述萍. 无机及分析化学［M］. 北京：北京理工大学出版社，2018.

[2] 符明醇，王霞. 分析化学［M］. 北京：化学工业出版社，2021.

[3] 高职高专化学教材编写组. 无机化学［M］. 北京：高等教育出版社，2020.

[4] 叶芬霞. 无机及分析化学［M］. 北京：高等教育出版社，2020.

[5] 董元彦. 无机及分析化学［M］. 北京：科学出版社，2011.

[6] 奚立民. 无机及分析化学［M］. 杭州：浙江大学出版社，2020.

[7] 杨怀霞，吴培云. 无机化学［M］. 北京：中国中医药出版社，2021.

[8] 王淑美. 分析化学（下）［M］. 北京：中国中医药出版社，2021.

[9] 尹敏慧. 无机化学［M］. 北京：中国医药科技出版社，2021.

[10] 张梅，高晓燕. 分析化学［M］. 3版. 北京：中国医药科技出版社，2023.

[11] 袁加程，陈玉峰. 基础化学［M］. 北京：化学工业出版社，2018.

[12] 刘丹赤. 基础化学［M］. 北京：中国轻工业出版社，2022.

[13] 彭崇慧，冯建章，张锡瑜，等. 定量化学分析简明教程［M］. 2版. 北京：北京大学出版社，2001.

[14] 刘刚，张恒，马莹，等. 大学有机化学实验课程中的思政案例设计［J］. 大学化学，2020，35（7）：53-60.

[15] 张玉荣，林森，袁耀锋. 在无机化学教学中培养学生的创新思维［J］. 大学化学，2020，35（8）：13-16.

[16] 杨艳华，王宝玲，李艳妮，等. 无机化学课程思政探索——以"配位化学基础"中部分内容的教学设计为例［J］. 大学化学，2021，36（3）：2011024.

[17] 罗俊，刘宝姝，张欣荣，等. 无机化学教学中的"课程思政"探索［J］. 广东化工，2022，49（20）：251-252.

[18] 张扣林. 化学师范专业《无机化学》课程思政教学案例的设计——以"化学反应方向的判断"教学为例［J］. 广东化工，2022，49（5）：207-209.

[19] 张凤，耀永，余德润. 无机与分析化学［M］. 北京：中国农业出版社，2020.

[20] 董丽敏，单连伟，吴泽. 基于课程思政的化学课程教学融入化学史的重要性［J］. 教育教学论坛，2021（11）：142-145.

[21] 王强，李玉广. 化学史知识和著名科学家名人效应在提高《无机化学》教学效果中的运用［J］. 广东化工，2014，41（9）：259-259.

[22] 侯纯明. 化学史话［M］. 北京：中国石化出版社，2012.

[23] 刘晓瑭，余林梁，陈洁. 基于OBE理论实施无机化学课程思政教学的案例［J］. 大学化学，2023，38（1）：76-87.

[24] 隋惠芳. 无机化学研究的前沿领域在教学中的应用［J］. 青海师范大学学报（自然科学版），2017（1）：76-78.

[25] 徐彩霞，王悦，吴泓毅，等. 分析化学教学中的课程思政设计与探索［J］. 大学化学，2022，37（10）：86-93.

[26] 全俊. 在炼金术之后：诺贝尔化学奖获得者100年图说［M］. 重庆：重庆出版社，2006：63-64.

[27] 丁良喜，苗杰. "课程思政"视阈下化学教育中德育教育的渗透［J］. 老区建设，2018（8）：82-85.

[28] GB 2719—2018 食品安全国家标准——食醋［S］.

[29] 余新武，王东升. 哲学视角下的酸碱理论及其发展［J］. 高师理科学刊，2011，31（1）：100-104.

[30] 董会钰. 分析化学［M］. 2版. 北京：科学出版社，2021.

[31] GBT 601—2016 化学试剂 标准滴定溶液的制备［S］.

[32] GBT 12810—2021 实验室玻璃仪器 玻璃量器的容量校准和使用方法［S］.

习题参考答案

# 元素周期表

IUPAC 2013

氧化态单质的氧化态为0，未列入；常见的为红色
以 $^{12}C=12$ 为基准的原子量
（注＊的是半衰期最长同位素的原子量）

**图例说明：**

| 95 | ← 原子序数（红色的为放射性元素） |
| Am | ← 元素符号（红色的为人造元素） |
| 镅＾ | ← 元素名称（注＾的为人造元素） |
| $5f^77s^2$ | ← 价层电子构型 |
| 243.0613\8(2)＊ | ← 原子量 |

区域图例：
- s区元素
- p区元素
- ds区元素
- d区元素
- f区元素
- 稀有气体

电子层：K L M N O P Q

| 族周期 | 1 IA | 2 IIA | 3 IIIB | 4 IVB | 5 VB | 6 VIB | 7 VIIB | 8 | 9 VIIIB(VIII) | 10 | 11 IB | 12 IIB | 13 IIIA | 14 IVA | 15 VA | 16 VIA | 17 VIIA | 18 VIIIA(0) |
|---|---|---|---|---|---|---|---|---|---|---|---|---|---|---|---|---|---|---|
| 1 | 1 H 氢 $1s^1$ 1.008 | | | | | | | | | | | | | | | | | 2 He 氦 $1s^2$ 4.002602(2) |
| 2 | 3 Li 锂 $2s^1$ 6.94 | 4 Be 铍 $2s^2$ 9.0121831(5) | | | | | | | | | | | 5 B 硼 $2s^22p^1$ 10.81 | 6 C 碳 $2s^22p^2$ 12.011 | 7 N 氮 $2s^22p^3$ 14.007 | 8 O 氧 $2s^22p^4$ 15.999 | 9 F 氟 $2s^22p^5$ 18.998403163(6) | 10 Ne 氖 $2s^22p^6$ 20.1797(6) |
| 3 | 11 Na 钠 $3s^1$ 22.98976928(2) | 12 Mg 镁 $3s^2$ 24.305 | | | | | | | | | | | 13 Al 铝 $3s^23p^1$ 26.9815385(7) | 14 Si 硅 $3s^23p^2$ 28.085 | 15 P 磷 $3s^23p^3$ 30.973761998(5) | 16 S 硫 $3s^23p^4$ 32.06 | 17 Cl 氯 $3s^23p^5$ 35.45 | 18 Ar 氩 $3s^23p^6$ 39.948(1) |
| 4 | 19 K 钾 $4s^1$ 39.0983(1) | 20 Ca 钙 $4s^2$ 40.078(4) | 21 Sc 钪 $3d^14s^2$ 44.955908(5) | 22 Ti 钛 $3d^24s^2$ 47.867(1) | 23 V 钒 $3d^34s^2$ 50.9415(1) | 24 Cr 铬 $3d^54s^1$ 51.9961(6) | 25 Mn 锰 $3d^54s^2$ 54.938044(3) | 26 Fe 铁 $3d^64s^2$ 55.845(2) | 27 Co 钴 $3d^74s^2$ 58.933194(4) | 28 Ni 镍 $3d^84s^2$ 58.6934(4) | 29 Cu 铜 $3d^{10}4s^1$ 63.546(3) | 30 Zn 锌 $3d^{10}4s^2$ 65.38(2) | 31 Ga 镓 $4s^24p^1$ 69.723(1) | 32 Ge 锗 $4s^24p^2$ 72.630(8) | 33 As 砷 $4s^24p^3$ 74.921595(6) | 34 Se 硒 $4s^24p^4$ 78.971(8) | 35 Br 溴 $4s^24p^5$ 79.904 | 36 Kr 氪 $4s^24p^6$ 83.798(2) |
| 5 | 37 Rb 铷 $5s^1$ 85.4678(3) | 38 Sr 锶 $5s^2$ 87.62(1) | 39 Y 钇 $4d^15s^2$ 88.90584(2) | 40 Zr 锆 $4d^25s^2$ 91.224(2) | 41 Nb 铌 $4d^45s^1$ 92.90637(2) | 42 Mo 钼 $4d^55s^1$ 95.95(1) | 43 Tc 锝 $4d^55s^2$ 97.90721(3)＊ | 44 Ru 钌 $4d^75s^1$ 101.07(2) | 45 Rh 铑 $4d^85s^1$ 102.90550(2) | 46 Pd 钯 $4d^{10}$ 106.42(1) | 47 Ag 银 $4d^{10}5s^1$ 107.8682(2) | 48 Cd 镉 $4d^{10}5s^2$ 112.414(4) | 49 In 铟 $5s^25p^1$ 114.818(1) | 50 Sn 锡 $5s^25p^2$ 118.710(7) | 51 Sb 锑 $5s^25p^3$ 121.760(1) | 52 Te 碲 $5s^25p^4$ 127.60(3) | 53 I 碘 $5s^25p^5$ 126.90447(3) | 54 Xe 氙 $5s^25p^6$ 131.293(6) |
| 6 | 55 Cs 铯 $6s^1$ 132.90545196(6) | 56 Ba 钡 $6s^2$ 137.327(7) | 57~71 La~Lu 镧系 | 72 Hf 铪 $5d^26s^2$ 178.49(2) | 73 Ta 钽 $5d^36s^2$ 180.94788(2) | 74 W 钨 $5d^46s^2$ 183.84(1) | 75 Re 铼 $5d^56s^2$ 186.207(1) | 76 Os 锇 $5d^66s^2$ 190.23(3) | 77 Ir 铱 $5d^76s^2$ 192.217(3) | 78 Pt 铂 $5d^96s^1$ 195.084(9) | 79 Au 金 $5d^{10}6s^1$ 196.966569(5) | 80 Hg 汞 $5d^{10}6s^2$ 200.592(3) | 81 Tl 铊 $6s^26p^1$ 204.38 | 82 Pb 铅 $6s^26p^2$ 207.2(1) | 83 Bi 铋 $6s^26p^3$ 208.98040(1) | 84 Po 钋 $6s^26p^4$ 208.98243(2)＊ | 85 At 砹 $6s^26p^5$ 209.98715(5)＊ | 86 Rn 氡 $6s^26p^6$ 222.01758(2)＊ |
| 7 | 87 Fr 钫 $7s^1$ 223.01974(2)＊ | 88 Ra 镭 $7s^2$ 226.02541(2)＊ | 89~103 Ac~Lr 锕系 | 104 Rf 𬬻＾ $6d^27s^2$ 267.122(4)＊ | 105 Db 𬭊＾ $6d^37s^2$ 270.131(4)＊ | 106 Sg 𬭳＾ $6d^47s^2$ 269.129(3)＊ | 107 Bh 𬭛＾ $6d^57s^2$ 270.133(2)＊ | 108 Hs 𬭶＾ $6d^67s^2$ 270.134(2)＊ | 109 Mt 鿏＾ $6d^77s^2$ 278.156(5)＊ | 110 Ds 𫟼＾ $6d^97s^1$ 281.165(4)＊ | 111 Rg 𬬭＾ 281.166(6)＊ | 112 Cn 鎶＾ $5d^{10}6s^2$ 285.177(4)＊ | 113 Nh 鉨＾ 286.182(5)＊ | 114 Fl 𫓧＾ 289.190(4)＊ | 115 Mc 镆＾ 289.194(6)＊ | 116 Lv 𫟷＾ 293.204(4)＊ | 117 Ts 鿬＾ 293.208(6)＊ | 118 Og 鿫＾ 294.214(5)＊ |

**★ 镧系**

| 57 La 镧 $5d^16s^2$ 138.90547(7) | 58 Ce 铈 $4f^15d^16s^2$ 140.116(1) | 59 Pr 镨 $4f^36s^2$ 140.90766(2) | 60 Nd 钕 $4f^46s^2$ 144.242(3) | 61 Pm 钷＾ $4f^56s^2$ 144.91276(2)＊ | 62 Sm 钐 $4f^66s^2$ 150.36(2) | 63 Eu 铕 $4f^76s^2$ 151.964(1) | 64 Gd 钆 $4f^75d^16s^2$ 157.25(3) | 65 Tb 铽 $4f^96s^2$ 158.92535(2) | 66 Dy 镝 $4f^{10}6s^2$ 162.500(1) | 67 Ho 钬 $4f^{11}6s^2$ 164.93033(2) | 68 Er 铒 $4f^{12}6s^2$ 167.259(3) | 69 Tm 铥 $4f^{13}6s^2$ 168.93422(2) | 70 Yb 镱 $4f^{14}6s^2$ 173.045(10) | 71 Lu 镥 $4f^{14}5d^16s^2$ 174.9668(1) |

**★ 锕系**

| 89 Ac 锕★ $6d^17s^2$ 227.02775(2)＊ | 90 Th 钍 $6d^27s^2$ 232.0377(4) | 91 Pa 镤 $5f^26d^17s^2$ 231.03588(2) | 92 U 铀 $5f^36d^17s^2$ 238.02891(3) | 93 Np 镎 $5f^46d^17s^2$ 237.04817(2)＊ | 94 Pu 钚 $5f^67s^2$ 244.06421(4)＊ | 95 Am 镅 $5f^77s^2$ 243.06138(2)＊ | 96 Cm 锔＾ $5f^76d^17s^2$ 247.07035(3)＊ | 97 Bk 锫＾ $5f^97s^2$ 247.07031(4)＊ | 98 Cf 锎＾ $5f^{10}7s^2$ 251.07959(3)＊ | 99 Es 锿＾ $5f^{11}7s^2$ 252.0830(3)＊ | 100 Fm 镄＾ $5f^{12}7s^2$ 257.09511(5)＊ | 101 Md 钔＾ $5f^{13}7s^2$ 258.09843(3)＊ | 102 No 锘＾ $5f^{14}7s^2$ 259.1010(7)＊ | 103 Lr 铹＾ $5f^{14}6d^17s^2$ 262.110(2)＊ |

# 实训手册

# 目　　录

实训 1　溶胶的制备及其性质 ···················································· 1

实训 2　药用氯化钠的制备 ······················································ 4

实训 3　化学反应速率和化学平衡 ·············································· 7

实训 4　电子分析天平的使用 ···················································· 11

实训 5　移液管、容量瓶、酸碱滴定管的使用和相对校准 ·········· 14

实训 6　滴定分析基本操作 ······················································ 22

实训 7　盐酸标准溶液的配制与标定 ·········································· 25

实训 8　氢氧化钠标准溶液的配制与标定 ···································· 27

实训 9　药用醋酸总酸度的测定 ················································ 30

实训 10　药用 NaOH 含量的测定（双指示剂法） ························· 32

实训 11　硝酸银标准溶液的配制与标定 ······································ 35

实训 12　生理盐水中氯化钠含量的测定（莫尔法） ······················ 37

实训 13　高锰酸钾溶液的配制和标定 ········································· 39

实训 14　过氧化氢含量的测定 ·················································· 42

实训 15　$Na_2S_2O_3$ 标准溶液的配制与标定 ······························· 44

实训 16　胆矾中铜含量的测定 ·················································· 47

实训 17　碘量法测定药片维生素 C 的含量 ·································· 50

实训 18　EDTA 标准溶液的配制与标定 ······································ 53

实训 19　水的硬度的测定 ······················································· 56

实训 20　胃舒平药片中铝和镁的测定 ········································· 59

# 实训 1　溶胶的制备及其性质

## 一、实训目的

1. 掌握溶胶的制备方法；
2. 验证溶胶的光学性质和电学性质；
3. 熟悉溶胶的聚沉和高分子化合物溶液对溶胶的保护作用。

## 二、实训原理

分散相的粒子直径在 $10^{-9} \sim 10^{-7}$ m 之间的分散系叫作胶体。制备溶胶的原理主要是通过将固体颗粒分散在液体介质中，并使其形成稳定的胶体系统。溶胶的制备方法多种多样，但其核心原理可以归结为以下两点：①分散法是将大块固体物质破碎成胶体颗粒并分散在液体介质中的方法。②凝聚法是通过将分子或离子聚集成胶体颗粒来制备溶胶。

## 三、主要器材与试剂

### 1. 器材

100mL 烧杯，100mL 锥形瓶，试管，滴定管，手电筒，U 形管，电池，石墨电极。

### 2. 试剂

1mol·L$^{-1}$FeCl$_3$ 溶液、KI 溶液、AgNO$_3$ 溶液、KNO$_3$ 溶液、BaCl$_2$ 溶液、AlCl$_3$ 溶液，0.1mol·L$^{-1}$ 和 0.2mol·L$^{-1}$NaCl 溶液，0.2mol·L$^{-1}$Na$_2$SO$_4$ 溶液和 Na$_3$PO$_4$ 溶液，1%（质量分数）的白明胶。

## 四、实训内容

### 1. 溶胶的制备

（1）Fe(OH)$_3$ 溶胶的制备。将 30mL 蒸馏水盛于 100mL 烧杯中煮沸，然后直接加入 4.5mL 1mol·L$^{-1}$FeCl$_3$ 溶液，继续逐滴加入几滴 FeCl$_3$ 溶液，直至出现深棕红色的 Fe(OH)$_3$ 溶胶为止，停止加热。

（2）AgI 溶胶的制备。在 100mL 锥形瓶中加入 30mL 0.01mol·L$^{-1}$ KI 溶液，然后用滴定管把 10mL 0.01mol·L$^{-1}$ AgNO$_3$ 溶液慢慢地滴入锥形瓶中，即得 AgI 负溶胶（A）。按同样方法将 10mL 0.01mol·L$^{-1}$ KI 溶液慢慢地滴入 30mL 0.01mol·L$^{-1}$ AgNO$_3$ 溶液中，即得 AgI 正溶胶（B）。

### 2. 溶胶的光学性质

丁铎尔现象：取 Fe(OH)$_3$ 溶胶于试管中，在黑暗的背景下用手电筒照射该溶胶。在与光线垂直方向上观察溶胶的光带现象并做出解释。

### 3. 溶胶的聚沉

（1）电解质对溶胶的作用。取 3 支试管，各加入 2mL Fe(OH)$_3$ 溶胶，然后分别加入 1 滴 0.2mol·L$^{-1}$NaCl 溶液、1 滴 0.2mol·L$^{-1}$Na$_2$SO$_4$ 溶液和 1 滴 0.2mol·L$^{-1}$Na$_3$PO$_4$ 溶

液，振荡试管，观察并比较生成沉淀的量。解释为什么相同浓度的 NaCl 溶液、$Na_2SO_4$ 溶液、$Na_3PO_4$ 溶液对 $Fe(OH)_3$ 溶胶的聚沉能力不同。

另取 3 支试管，各加入 2mL AgI 负溶胶（A），然后分别边振荡边滴加 $0.1mol \cdot L^{-1}$ NaCl 溶液、$0.1mol \cdot L^{-1} BaCl_2$ 溶液和 $0.1mol \cdot L^{-1}$ $AlCl_3$ 溶液，直到出现沉淀为止。准确记录滴加每种电解质溶液的体积，解释为什么相同浓度的 NaCl 溶液、$BaCl_2$ 溶液和 $AlCl_3$ 溶液对 AgI 溶胶的聚沉能力不同。

（2）正、负溶胶的相互作用。将上述实验制得的 AgI 负溶胶（A）和 AgI 正溶胶（B），按表 1-4 所列比例混合，逐个观察混合后现象（溶胶颜色等）。说明各试管中溶胶的稳定程度及其原因。

（3）加热对溶胶的作用。取 1 支试管，加入 3mL $Fe(OH)_3$ 溶胶，慢慢加热至沸，可观察到什么现象？解释原因。

### 4. 溶胶的保护

取 3 支试管，各加入 2mL $Fe(OH)_3$ 溶胶和 4 滴质量分数为 1% 的白明胶，摇匀。然后分别加入 1 滴 $0.2mol \cdot L^{-1}$ NaCl 溶液、1 滴 $0.2mol \cdot L^{-1} Na_2SO_4$ 溶液和 1 滴 $0.2mol \cdot L^{-1} Na_3PO_4$ 溶液，振荡试管。观察有无沉淀出现，与实训内容 3（1）的现象比较，并解释原因。

## 五、结果记录及解释

将结果填入表 1-1～表 1-5 中。

### 1. 溶胶的制备

表 1-1　溶胶的制备

| 溶胶 | $Fe(OH)_3$ 溶胶（＋） | AgI 溶胶（－） | AgI 溶胶（＋） |
|---|---|---|---|
| 制备反应方程式 | | | |

### 2. 溶胶的光学性质

表 1-2　溶胶的光学性质

| 实验 | 现象 |
|---|---|
| 取 $Fe(OH)_3$ 溶胶加入试管中，在黑暗的背景下用手电筒照射 | 在与光线垂直方向上观察溶胶有＿＿＿＿＿ |

### 3. 溶胶的聚沉

（1）电解质对溶胶的作用

表 1-3　溶胶的聚沉

| 实验 | 现象解释 |
|---|---|
| 取 3 支试管，各加入 2mL $Fe(OH)_3$ 溶胶，再分别加入相同体积相同浓度的 NaCl、$Na_2SO_4$ 和 $Na_3PO_4$ 溶液 | |
| 取 3 支试管，各加入 2mL AgI 负溶胶（A），然后分别加入相同浓度的 NaCl、$BaCl_2$ 和 $AlCl_3$ 溶液直至出现沉淀 | |
| 取一支试管，加入 3mL $Fe(OH)_3$ 溶胶，慢慢加热至沸 | |

（2）正、负溶胶的相互作用

表 1-4 正、负溶胶的相互作用

| 试管编号 | 1 | 2 | 3 | 4 | 5 | 6 | 7 |
|---|---|---|---|---|---|---|---|
| AgI 负溶胶(A)/mL | 0 | 1 | 2 | 3 | 4 | 5 | 6 |
| AgI 正溶胶(B)/mL | 6 | 5 | 4 | 3 | 2 | 1 | 0 |
| 溶胶颜色 | | | | | | | |

（3）加热对溶胶的作用

| 实验 | 现象 | 解释现象 |
|---|---|---|
| 取 1 支试管,加入 3mL Fe(OH)$_3$ 溶胶慢慢加热至沸 | | |

### 4. 溶胶的保护

表 1-5 溶胶的保护

| 加入试剂 | 解释现象 |
|---|---|
| 取 3 支试管,各加入 2mL Fe(OH)$_3$ 溶胶和 4 滴质量分数为 1% 的白明胶,摇匀。然后分别加入相同体积相同浓度的 NaCl、Na$_2$SO$_4$ 和 Na$_3$PO$_4$ 溶液,振荡试管 | |

## 六、注意事项与说明

（1）制备 Fe(OH)$_3$ 溶胶要用纯化水不能用自来水,向沸水中直接加入 4.5mL FeCl$_3$ 饱和溶液,再逐滴加入几滴 FeCl$_3$ 饱和溶液,要振荡烧杯不能用玻璃棒搅拌,否则会产生 Fe(OH)$_3$ 沉淀,加热到溶液出现深棕红色立即停止加热。

$$FeCl_3 + 3H_2O = Fe(OH)_3 + 3HCl$$

（2）制备 AgI 溶胶

$$AgNO_3 + KI = AgI(溶胶) + KNO_3$$

当溶液中 AgNO$_3$ 过量时,得正溶胶;当溶液中 KI 过量时,得负溶胶。

（3）聚沉是溶胶粒子聚集变大的结果。使溶胶聚沉的因素很多,如加入电解质、加入相反电荷的溶胶、加热以及加大溶胶的浓度等。在各种因素中,加入电解质的作用最为重要,电解质反离子对溶胶聚沉起主要作用。并且,反离子的电荷数越高,电解质的聚沉能力越强。

（4）在溶胶中加入足量的高分子化合物溶液,能降低溶胶对电解质的敏感性而提高溶胶的稳定性,这种作用称为高分子化合物溶液对溶胶的保护作用。

## 七、思考题

1. 把 FeCl$_3$ 溶液加到冷水中,能否制得 Fe(OH)$_3$ 溶胶?为什么?

2. 使溶胶聚沉的因素有哪些?它们是如何作用的?

# 实训 2　药用氯化钠的制备

## 一、实训目的

  1. 掌握药用氯化钠提纯的基本原理和方法；

  2. 学会溶解、沉淀、过滤、蒸发及减压抽滤等基本操作；

  3. 熟悉产品纯度的检验方法。

## 二、实训原理

  粗食盐中通常含有不溶性杂质（如泥沙等）和可溶性杂质（主要是 $Ca^{2+}$、$Mg^{2+}$、$K^+$ 和 $SO_4^{2-}$）。实际应用中所需的盐均为较纯的 NaCl，因此必须将上述杂质除去。不溶性杂质可用溶解、过滤方法除去。可溶性杂质可以选择适当的化学试剂使它们分别生成难溶化合物而被除去。

  一般先在粗食盐溶液中加入稍微过量的 $BaCl_2$ 溶液，将 $SO_4^{2-}$ 转化为 $BaSO_4$ 沉淀，过滤可除去 $SO_4^{2-}$。

$$SO_4^{2-} + Ba^{2+} =\!\!= BaSO_4$$

然后加入 NaOH 和 $Na_2CO_3$，可将 $Ca^{2+}$、$Mg^{2+}$ 和 $Ba^{2+}$ 转化为 $CaCO_3$、$Mg_2(OH)_2CO_3$、$BaCO_3$ 沉淀后过滤除去。

$$2\,Mg^{2+} + 2OH^- + CO_3^{2-} =\!\!= Mg_2(OH)_2CO_3 \downarrow$$

$$Ca^{2+} + CO_3^{2-} =\!\!= CaCO_3 \downarrow$$

$$Ba^{2+} + CO_3^{2-} =\!\!= BaCO_3 \downarrow$$

最后用稀 HCl 溶液调节食盐溶液 pH 至 2～3，可除去过量的 NaOH 和 $Na_2CO_3$。

$$OH^- + H^+ =\!\!= H_2O$$

$$CO_3^{2-} + 2H^+ =\!\!= CO_2 \uparrow + H_2O$$

  粗食盐中 $K^+$ 和这些沉淀不起作用，仍留在溶液中。由于 KCl 在粗食盐中的含量较少，并且溶解度大于 NaCl，所以在蒸发浓缩和结晶过程中 KCl 绝大部分留在母液中，不会随着 NaCl 结晶析出。

## 三、主要器材与试剂

### 1. 器材

  托盘天平，蒸发皿，表面皿，烧杯，量筒，普通漏斗，布氏漏斗，吸滤瓶，漏斗架，电热板，石棉网，药勺，玻璃棒，离心试管、离式机。

### 2. 试剂

  粗食盐，$3.0mol \cdot L^{-1}$ HCl 溶液、NaOH 溶液，$6.0mol \cdot L^{-1}$ HAc 溶液，饱和 $Na_2CO_3$ 溶液，$2mol \cdot L^{-1}$ $Na_2SO_4$ 溶液，$1.0mol \cdot L^{-1}$ $BaCl_2$ 溶液，饱和 $(NH_4)_2C_2O_4$ 溶液，pH 试纸，镁试剂（硝基偶氮间苯二酚）。

## 四、实训内容

### 1. 溶解粗食盐

用托盘天平称取 5.0g 粗食盐放入 100mL 烧杯中，加 25mL 蒸馏水，加热搅拌溶解，剩下少量不溶的泥沙等杂质。

### 2. 除去 $SO_4^{2-}$

将上述溶液加热近沸，在不断搅拌和保温下，逐滴加入 $1.0mol \cdot L^{-1}BaCl_2$ 溶液。继续加热使 $BaSO_4$ 沉淀完全。2～4 min 后停止加热。待沉淀下降后，向上层清液滴加 $BaCl_2$，以检验 $SO_4^{2-}$ 是否沉淀完全，如有白色沉淀生成，则需在热溶液中补加适量的 $BaCl_2$ 直至沉淀完全。如没有白色沉淀生成，可过滤。用少量的蒸馏水洗涤沉淀 2～3 次，滤液收集在 250mL 烧杯中。

### 3. 除去 $Ca^{2+}$、$Mg^{2+}$ 和 $Ba^{2+}$

在上述滤液中加入 $1mL\ 3.0mol \cdot L^{-1}$ NaOH 溶液和 $4.0mL1.0mol \cdot L^{-1}$ $Na_2CO_3$ 溶液，加热至沸，静置片刻。待沉淀沉降后，吸取上面的清液约 1mL 于离心试管中离心分离，在离心澄清液中，加入 $2mol \cdot L^{-1}$ 的 $Na_2SO_4$ 溶液 1～2 滴，振荡试管。若有白色浑浊现象，可在溶液中再加入 0.5～1mL $Na_2CO_3$ 溶液（依浑浊程度而定），加热近沸，然后取样检验，直至无浑浊。静置片刻，过滤，滤液收集在 100mL 烧杯中。

### 4. 除去 $OH^-$ 和 $CO_3^{2-}$

在滤液中逐滴加入 $3.0mol \cdot L^{-1}$ HCl 溶液，使 pH 值达到 2～3。

### 5. 蒸发结晶

将滤液放入蒸发皿中，小火加热，不断搅拌，以免爆溅。将溶液浓缩至糊状（勿蒸干！以免溅出晶体颗粒，降低产率；此外，会产生共沉淀现象），停止加热。

### 6. 结晶、减压过滤、干燥

冷却后用布氏漏斗减压过滤，并尽量将结晶抽干。再将晶体转移到蒸发皿中，在石棉网上用小火加热干燥（或放入烘箱内烘干）。冷却后，称量滤纸及产品质量，将产品从滤纸转移到回收容器，称滤纸质量，计算产率。

$$产率＝精盐质量(g)÷5.0g×100\%$$

### 7. 产品纯度的检验

分别取粗食盐和精制后的盐各 0.5g 放入试管内，用 5mL 蒸馏水溶解，然后各分三等份，盛在六支试管中，分成三组，用对比法比较它们的纯度。

（1）$SO_4^{2-}$ 的检验。在第一组试管中先加 $1mL\ 3.0mol \cdot L^{-1}$HCl 酸化，然后各滴加 2 滴 $1.0mol \cdot L^{-1}$ $BaCl_2$ 溶液，观察现象。

（2）$Ca^{2+}$ 的检验。在第二组试管中先加 $1mL\ 6.0mol \cdot L^{-1}$ HAc，然后各滴加 2 滴饱和 $(NH_4)_2C_2O_4$ 溶液，观察现象。加 HAc 的目的是排除 $Mg^{2+}$ 的干扰，因为 $MgC_2O_4$ 溶于 HAc，而 $CaC_2O_4$ 不溶于醋酸。

（3）$Mg^{2+}$ 的检验。在第三组试管中各滴加 2 滴 $3.0mol \cdot L^{-1}$ NaOH，使溶液呈碱性，再各加 1 滴镁试剂，观察有无天蓝色沉淀生成。镁试剂是对硝基偶氮间苯二酚，它在碱性溶液中呈红色或紫色，当被 $Mg(OH)_2$ 吸附后则呈天蓝色。

## 五、结果记录及数据处理

将结果填入表 2-1 中。

表 2-1　药用 NaCl 提纯

| 项目 | 粗食盐质量/g | 精制食盐质量/g | 产率/% |
|---|---|---|---|
| 数据 | | | |

## 六、注意事项与说明

（1）溶解 NaCl 时应用去离子水，而不是自来水。

（2）大于 5mL 的液体用量筒量取。否则直接计算加入的滴数（1mL≈20 滴）。

（3）滤纸不要重复使用，每次只用一张滤纸。

（4）抽滤时，用手扶好抽滤瓶，或用铁夹固定，注意不要打破瓶子。

（5）热源可以选择电热板，酒精灯加热速度快些，但需注意甲醛的污染，应开门开窗，保持实验室通风。

（6）加入沉淀剂的速度要慢，边加边搅拌，防止过量。

（7）不要将沉淀蒸干再抽滤（会导致共沉淀现象）。

（8）产率偏高、偏低都不合理。偏高说明 $Na_2CO_3$、NaOH 加过量了，有相当一部分氯化钠是反应后的产物。

## 七、思考题

1. 在除去 $Ca^{2+}$、$Mg^{2+}$ 和 $SO_4^{2-}$ 时，为什么要先加 $BaCl_2$ 溶液，再加 $Na_2CO_3$ 溶液？

2. 溶液浓缩时为什么不能蒸干？

3. 检验 $SO_4^{2-}$ 时为什么要加 HCl？饱和 $Na_2CO_3$ 中为什么要加入 NaOH 溶液？

# 实训 3　化学反应速率和化学平衡

## 一、实训目的

1. 掌握浓度、温度、催化剂对化学反应速率的影响；
2. 掌握浓度、温度对化学平衡的影响；
3. 学会水浴加热和对照实验的操作。

## 二、实训原理

### 1. 浓度对化学反应速率的影响

本实训测定的是过二硫酸铵 $[(NH_4)_2S_2O_8]$ 与碘化钾（KI）的反应，是一个慢反应：

$$(NH_4)_2S_2O_8 + 3KI = (NH_4)_2SO_4 + K_2SO_4 + KI_3$$

其离子方程式：

$$S_2O_8^{2-} + 3I^- = 2SO_4^{2-} + I_3^- \tag{1}$$

此反应的速率方程式可表示如下：

$$v = kc^m(S_2O_8^{2-})c^n(I^-) \tag{2}$$

式中，$c(S_2O_8^{2-})$ 为反应物 $S_2O_8^{2-}$ 的起始浓度，$mol \cdot L^{-1}$；$c(I^-)$ 为反应物 $I^-$ 的起始浓度，$mol \cdot L^{-1}$；$v$ 为该温度下的瞬时速率，$mol \cdot L^{-1}$；$k$ 为速率常数；$m$ 为 $S_2O_8^{2-}$ 的反应级数；$n$ 为 $I^-$ 的反应级数。

此反应在 $\Delta t$ 时间内平均速率可表示为：$\bar{v} = -\Delta c(S_2O_8^{2-})/\Delta t$

可以近似地利用平均速率代替瞬时速率

$$v = kc^m(S_2O_8^{2-})c^n(I^-) \approx -\Delta c(S_2O_8^{2-})/\Delta t \tag{3}$$

为了测定 $\Delta t$ 时间内 $S_2O_8^{2-}$ 浓度的变化量，在混合 $(NH_4)_2S_2O_8$ 和 KI 同时，加入一定量已知浓度并含有淀粉（用作指示剂）的 $Na_2S_2O_3$ 溶液，这样在反应（1）进行的同时也进行如下反应：

$$2S_2O_3^{2-} + I_3^- = S_4O_6^{2-} + 3I^- \tag{4}$$

反应（4）是一个快反应，对反应（1）而言几乎在瞬间完成。由反应（1）所产生的 $I_3^-$ 会立即与 $Na_2S_2O_3$ 反应，所以一段时间以内，看不到 $I_3^-$ 与淀粉作用产生的蓝色。一旦 $Na_2S_2O_3$ 耗尽，则微量的 $I_3^-$ 就使溶液变色，记录反应开始至溶液变蓝所用时间 $\Delta t$。

由反应（1）和反应（4）可知，$\Delta c(S_2O_8^{2-}) = \Delta c(S_2O_3^{2-})/2$，则：

$$v = \frac{\Delta c(S_2O_8^{2-})}{\Delta t} = \frac{-\Delta c(S_2O_3^{2-})}{2\Delta t} = \frac{c(S_2O_3^{2-})_{始}}{2\Delta t} \tag{5}$$

当满足 $c(S_2O_8^{2-}) \gg c(S_2O_3^{2-})$ 时，使式（5）和式（2）近似相等，可以计算 $m$、$n$ 和 $k$。

当固定 $c(S_2O_8^{2-})$，只改变 $c(I^-)$ 时，据

$$\frac{v_1}{v_2} = \frac{\Delta t_1}{\Delta t_2} = \frac{kc^m(S_2O_8^{2-})c^n(I^-)_1}{kc^m(S_2O_8^{2-})c^n(I^-)_2} = \frac{c^n(I^-)_1}{c^n(I^-)_2} = \left[\frac{c(I^-)_1}{c(I^-)_2}\right]^n \tag{6}$$

可求出 $n$。

同理，固定 $c(\mathrm{I}^-)$，可求出 $m$。然后，由 $k = \dfrac{v}{c^m(\mathrm{S_2O_8^{2-}})c^n(\mathrm{I}^-)}$ 求出速率常数 $k$。

### 2. 温度对化学反应速率的影响

温度对化学反应速率有明显的影响，若保持其他条件不变，只改变反应温度，由反应所用时间 $\Delta t_1$ 和 $\Delta t_2$，通过如下关系：

$$\frac{v_1}{v_2} = \frac{k_1 c^m(\mathrm{S_2O_8^{2-}})_1 c^n(\mathrm{I}^-)_1}{k_2 c^m(\mathrm{S_2O_8^{2-}})_2 c^n(\mathrm{I}^-)_2} = \frac{\Delta c^m(\mathrm{S_2O_8^{2-}})_1/\Delta t_1}{\Delta c^m(\mathrm{S_2O_8^{2-}})_2/\Delta t_2} \tag{7}$$

得出 $\dfrac{k_1}{k_2} = \dfrac{\Delta t_2}{\Delta t_1}$，从而求出不同温度下的速率常数 $k$。

### 3. 催化剂对化学反应速率的影响

催化剂能改变反应的活化能，对反应速率有较大的影响，$(\mathrm{NH_4})_2\mathrm{S_2O_8}$ 与 KI 的反应可以可溶性铜盐如 $\mathrm{Cu(NO_3)_2}$ 作催化剂。

## 三、主要器材与试剂

### 1. 器材

10mL 和 50mL 量筒，100mL 烧杯，试管，磁力搅拌器，秒表，温度计（0～100℃），恒温水浴锅，铁架台，$\mathrm{NO_2}$ 与 $\mathrm{N_2O_4}$ 混合气体平衡仪。

### 2. 试剂

$0.2\mathrm{mol \cdot L^{-1}}$ KI 溶液、$(\mathrm{NH_4})_2\mathrm{S_2O_8}$ 溶液、$(\mathrm{NH_4})_2\mathrm{SO_4}$ 溶液、$\mathrm{KNO_3}$ 溶液，$0.1\mathrm{mol \cdot L^{-1}}$ $\mathrm{H_2SO_4}$ 溶液、$\mathrm{Na_2S_2O_3}$ 溶液、$\mathrm{FeCl_3}$ 溶液、KSCN 溶液，纯化水，10 % $\mathrm{H_2O_2}$ 溶液，0.2 % 淀粉溶液，洗涤液。

## 四、实训内容

### 1. 浓度对化学反应速率的影响

在室温下，分别按照表 3-1 所列体积取 KI、淀粉、$\mathrm{Na_2S_2O_3}$、$\mathrm{KNO_3}$ 和 $(\mathrm{NH_4})_2\mathrm{SO_4}$ 溶液，倒入 100mL 烧杯中，开动磁力搅拌器。然后将 $(\mathrm{NH_4})_2\mathrm{S_2O_8}$ 溶液迅速加入该烧杯中，同时按动秒表，待溶液出现蓝色时，立即停止秒表，记下反应的时间和温度。加 $\mathrm{KNO_3}$ 溶液和 $(\mathrm{NH_4})_2\mathrm{SO_4}$ 溶液是为了使每次实验中离子强度和总体积保持不变。

### 2. 温度对化学反应速率的影响

按表 3-1 中实验编号 4 的试剂的用量，在分别比室温高 10℃、20℃的温度条件下，重复上述实验。操作步骤是将 KI、淀粉、$(\mathrm{NH_4})_2\mathrm{S_2O_8}$ 和 $\mathrm{KNO_3}$ 溶液放在一只 100mL 烧杯中混匀，$(\mathrm{NH_4})_2\mathrm{S_2O_8}$ 放在另一烧杯中，将两份溶液放在恒温水浴中升温，待升到所需温度时，将 $(\mathrm{NH_4})_2\mathrm{S_2O_8}$ 溶液迅速倒入 KI 等混合溶液中，同时按动秒表并不断搅拌，当溶液刚出现蓝色时，立即停止秒表，记下反应时间和反应温度（表 3-2）。

### 3. 催化剂对化学反应速率的影响

取 2 支试管，编号为 1♯、2♯，分别加入 5mL 3 % $\mathrm{H_2O_2}$ 溶液和 2 滴洗涤液，在 1♯ 试管中加入 2 滴 $0.1\mathrm{mol \cdot L^{-1}}$ $\mathrm{FeCl_3}$ 溶液，观察反应现象，结果填入表 3-3。

### 4. 浓度对化学平衡的影响

在小烧杯中加入蒸馏水 20mL，然后滴加 $0.1mol \cdot L^{-1}FeCl_3$ 溶液和 $0.1mol \cdot L^{-1}KSCN$ 溶液各 3 滴，混合均匀，溶液呈浅血红色，将此溶液分装于 3 支试管，分别编号为 3♯、4♯、5♯，然后按表 3-4 操作，结果填入表 3-4。

### 5. 温度对化学平衡的影响

取一平衡仪，里面盛有 $NO_2$ 与 $N_2O_4$ 混合气体。室温下化学平衡时，颜色是一定的。将平衡仪的一端放入盛有热水的烧杯中，另端放入盛有冰水的烧杯中，观察颜色变化，与室温下平衡仪颜色对照，结果填入表 3-5。

## 五、结果记录及数据处理

表 3-1　浓度对化学反应速率的影响（室温　　℃）

| | 实验编号 | 1 | 2 | 3 | 4 | 5 |
|---|---|---|---|---|---|---|
| 试液体积 $V$/mL | $0.2mol \cdot L^{-1}KI$ | 20 | 20 | 20 | 10 | 5 |
| | $0.01mol \cdot L^{-1}Na_2S_2O_3$ | 8 | 8 | 8 | 8 | 8 |
| | $0.2\%$ 淀粉 | 4 | 4 | 4 | 4 | 4 |
| | $0.2mol \cdot L^{-1}KNO_3$ | 0 | 0 | 0 | 10 | 15 |
| | $0.2mol \cdot L^{-1}(NH_4)_2SO_4$ | 0 | 10 | 15 | 0 | 0 |
| | $0.2mol \cdot L^{-1}(NH_4)_2S_2O_8$ | 20 | 10 | 5 | 20 | 20 |
| 反应物的浓度 $c$/mol $\cdot$ L$^{-1}$ | $(NH_4)_2S_2O_8$ | | | | | |
| | KI | | | | | |
| | $Na_2S_2O_3$ | | | | | |
| 反应开始至溶液显蓝色时所需时间 $\Delta t$/s | | | | | | |
| 反应的平均速率 $\bar{v}$/mol $\cdot$ L$^{-1}$ $\cdot$ s$^{-1}$ | | | | | | |
| 反应的速率常数 $k$ | | | | | | |
| 反应级数 | | $m=$ | | $n=$ | | |
| | | 反应级数 $m+n=$ | | | | |

表 3-2　温度对化学反应速率的影响

| 反应温度 $t$/℃ | 反应时间 $\Delta t$/s | 反应速率 $v$/mol $\cdot$ L$^{-1}$ $\cdot$ s$^{-1}$ | 反应速率常数 $k$ |
|---|---|---|---|
| 10 | | | |
| 20 | | | |

表 3-3　催化剂对反应速率的影响

| 试管编号 | 加 3% $H_2O_2$ 浓液/mL | 洗涤液 | 加 $FeCl_3$ 溶液 | 出现气泡所需时间/s |
|---|---|---|---|---|
| 1♯ | 5 | 2 滴 | 2 滴 | |
| 2♯ | 5 | 2 滴 | — | |

表 3-4　浓度对化学平衡的影响

| 试管编号 | 加入试剂 | 现象 | 化学平衡移动方向 |
|---|---|---|---|
| 3♯ | $0.1mol \cdot L^{-1}FeCl_3$ 3 滴 | | |
| 4♯ | $0.1mol \cdot L^{-1}KSCN$ 3 滴 | | |
| 5♯ | 对照试管 | | |

表 3-5　温度对化学平衡的影响

| 反应条件 | 实验现象 | 化学平衡移动方向 |
|---|---|---|
| 热水中 | | |
| 冰水中 | | |

## 六、注意事项与说明

在溶液中，$Na_2S_2O_3$ 和 $H_2SO_4$ 发生下列的反应：

$$Na_2S_2O_3 + H_2SO_4（稀）\Longleftrightarrow Na_2SO_4 + H_2O + SO_2 + S\downarrow$$

反应析出淡黄色的硫使溶液呈现浑浊现象。将两种不同浓度的 $Na_2S_2O_3$ 与 $H_2SO_4$ 溶液在不同温度下混合，观察溶液出现浑浊快慢，即可考察浓度和温度对反应速率的影响。

$H_2O_2$ 水溶液在常温时较稳定，当加入少量 $FeCl_3$ 溶液作为催化剂后 $H_2O_2$ 会加快分解。

$$2H_2O_2 \xrightarrow{FeCl_3} 2H_2O + O_2\uparrow$$

通过观察气泡产生速率，即可判断催化剂对反应速率的影响。

## 七、思考题

1. 为什么可以由反应溶液出现蓝色时间的长短来计算反应速率？溶液变蓝后，烧杯中的反应是否也就停止了？

2. 向 KI、淀粉、$Na_2S_2O_3$ 混合液中加入 $(NH_4)_2S_2O_8$ 溶液时，为什么必须迅速倒入？

3. $Na_2S_2O_3$ 的用量过多或过少，对结果有何影响？

# 实训 4　电子分析天平的使用

## 一、实训目的

1. 掌握电子分析天平的基本操作和常用称量方法；

2. 熟练掌握直接称量方法和减量称量法；

3. 培养准确、整齐、简明地记录原始数据的习惯，不得涂改，不得将数据记录在记录本以外的地方。

## 二、实训原理

天平是进行化学实验不可缺少的重要的称量仪器。称量过程中，由于对质量准确度的要求不同，需要使用不同的天平进行称量。常用的天平有托盘天平、电光天平等，依据杠杆原理设计而成。而 20 世纪 90 年代开始使用的电子分析天平则精确地用电磁力平衡样品的重力，可测定样品的精确质量，其称量准确、性能稳定、操作简便、称量速度快、灵敏度高，能进行自动校正、去皮及质量电信号输出。

## 三、主要器材与试剂

### 1. 器材

电子分析天平，称量瓶，锥形瓶（250mL），药匙等。

### 2. 试剂

无水碳酸钠固体或氯化钠固体。

## 四、实训内容

### 1. 熟悉电子分析天平的称量程序

视频-电子
分析天平的
使用流程

电子分析天平的使用程序一般为：调节水平→通电预热→开机→校正→称量→关机。

① 在使用前调整水平仪气泡至中间位置。

② 打开天平门，检查称量盘是否干净。如有散落的试剂，则需用专用小毛刷清扫出去，注意此时应使天平处于关闭状态。

③ 接通电源预热约 20min，按 ON 键，使显示器亮，并显示称量模式 0.0000g，如不是上述数字，按 TAR 键，调节零点。

④ 将被称量物放于电子分析天平称量盘中央，关好两侧边门，这时可见显示屏上的数字在不断地变化，待数字稳定并出现质量单位"g"后，即可读数并记录称量结果。

⑤ 去皮称量。将空容器放在盘中央，按 TAR 键显示零，即去皮。将称量物放入空容器中，待读数稳定后，此时天平所示读数即为所称物体的质量。

⑥ 称量完毕后，取出被称物。如不久仍需继续使用天平，可暂时不关机，天平将自动保持零位；或者按 OFF 键（但不可拔下电源插头），让天平处于待机状态，再次称样时按下TAR 键即可使用。

### 2. 称量练习

（1）直接法。所称物品在空气中性质比较稳定，洁净、干燥，不易潮解、升华，无腐蚀性。步骤为：天平零点调好以后，把被称物用一干净的纸条套住（或用药匙、镊子拿取），放在天平秤盘中央，待显示屏稳定后，所显示的读数即为被称物的质量。

视频-电子分析天平的使用（直接称量法）

（2）固定质量称量法。固定质量称量法，也称增量法（见图4-1）。先将容器置于天平秤盘上称量（质量为$m_1$），然后将样品加到称量容器中再称量，质量为$m_2$，两次质量之差（$m_2-m_1$）即为称取样品的质量；如采用去皮键消除称量容器的质量后再称重，则天平显示的数值即为称取样品的质量。固定质量称量法适于称量不易吸潮，在空气中能稳定存在的粉末状或小颗粒样品。例如，称量固定质量的基准物质时，即可采用固定质量称量法如图4-1。

视频-电子分析天平的使用（固定质量称量法）

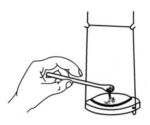

图4-1 固定质量称量法

（3）减量法。适于称取多份易吸水、易氧化或易于和$CO_2$反应的物质。操作步骤如下。

① 用小纸条夹住（或戴手套拿取，见图4-2）已干燥好装有试样的称量瓶，在托盘天平上粗称其质量，以确保所要称取的质量不超过电子分析天平的称量范围。

视频-电子分析天平的使用（减量称量法）

② 将称量瓶放到天平盘的中央，关上天平门，等待显示屏稳定，即显示屏右下角出现"g"后，按TAR键归零（左手拿称量瓶，右手开天平门）。

③ 取出称量瓶，将一定的样品转移（"敲"的动作，见图4-3）到洁净的容器（如锥形瓶）内。即将瓶身慢慢向下倾斜，并用瓶盖轻轻敲击瓶口，使试样慢慢落入容器内（不要把试样撒在容器外），再将称量瓶放回天平盘的中央，关上天平门，读取读数。若不到所称质量，如此反复，直到敲出的试样质量达到要求（注意：瓶盖始终不离开瓶口上端）。要求：样品质量控制在0.2～0.25g之间，不能超出该范围。

图4-2 称量瓶的拿法

图4-3 倾出试样的操作

④ 等天平读数稳定后读取最后读数，读数的绝对值即为"敲"出样品的质量，并记录数据。

⑤ 重复步骤②～④，称取第二份样品于另一容器（如锥形瓶）中，以此类推。

⑥ 实验结束后将称量瓶放入干燥器（里面剩余的药品不用倒掉），将容器（如锥形瓶）刷干净放回原位。

# 五、结果记录及数据处理

将结果填入表 4-1 中。

表 4-1　减量法称取无水碳酸钠数据记录表　　　　　　　　单位：g

| 项目 | 第一份的质量 | 第二份的质量 | 第三份的质量 |
|---|---|---|---|
| 倾倒前瓶＋样品的质量 | | | |
| 倾倒后瓶＋样品的质量 | | | |
| 称出 $Na_2CO_3$ 的质量 | | | |

# 六、注意事项与说明

（1）开、关天平，放、取被称物，开、关天平侧门，动作都要轻、缓，不可用力过猛过快造成天平部件脱位或损坏。

（2）调零、读数要关门。

（3）被称物应在室温，不在室温的（过冷或过热）在干燥器内放至室温。

（4）严禁超重。

（5）保持天平、天平台、天平室的安全、整洁和干燥。

（6）如发现天平不正常，应及时报告教师或工作人员，不要自行处理。

# 七、思考题

1. 称量方法有哪几种？直接法和减量法各有何优缺点？在何种情况下选用此两种方法？

2. 本实训需要用到的一个重要的称量容器叫什么？使用它时需要如何拿取？

3. 用减量法称量时，从称量瓶中向器皿中转移样品时，能否用药匙取？为什么？如果转移样品时，有少许样品未转移到器皿中而撒落到外边，此次称量数据还能否使用？

4. 称取试样时，若不小心称多了，可否将称量器皿中的试样倒回原试样瓶中再重称？为什么？

5. 由于实验室的天平数量有限，为了节省时间，实验过程中的不同阶段可否使用不同的（非同一台）天平？

6. 天平中放置的少量干燥剂的作用是什么？它若吸潮了对称量结果有影响吗？

# 实训 5  移液管、容量瓶、酸碱滴定管的使用和相对校准

## 一、实训目的

1. 初步学会容量瓶、移液管的使用方法；
2. 了解移液管、容量瓶相对校准的原理和方法；
3. 初步掌握酸、碱滴定管的操作方法。

## 二、实训原理

滴定管、移液管和容量瓶是滴定分析法所用的主要容量器皿。容量器皿的容积与其所标出的体积并非完全相符合。通常这种差别较小，能满足一般分析的要求，但对于准确度要求较高的分析工作，就必须对容量器皿进行校准。

由于玻璃具有热胀冷缩的特性，在不同的温度下容量器皿的体积也有所不同。因此，校正玻璃容量器皿时，必须规定一个共同的温度值，这一温度值称为标准温度。国际上规定玻璃容量器皿的标准温度为 20℃，即在校正时都将玻璃容量器皿的容积校正到 20℃ 时的实际容积。

在某些情况下，人们只要知道两种容器体积之间有一定的比例关系，而无须知道它们的准确体积，这就可采用相对校正法来校准容器。

例如，在分析工作中，移液管常与容量瓶配套使用，若想知道 1 支 25mL 移液管量取液体的体积是否等于 1 只 250mL 容量瓶量取体积的 1/10，只需用此移液管吸取纯水注入干燥的容量瓶中，如此重复操作 10 次，观察水面是否与标线相符。如不相符，可另做一标记。以此标记为标线，此移液管所移取液体的体积就等于该容量瓶容积的 1/10。

## 三、主要器材与试剂

50mL 酸式滴定管、碱式滴定管，250mL 容量瓶，25mL 移液管，250mL 烧杯，洗耳球，250mL 锥形瓶，玻璃棒，胶头滴管，蒸馏水，温度计，滤纸，凡士林。

## 四、实训内容

### 1. 移液管的使用

视频-认识移液管

移液管是精确量取一定体积液体的仪器，移液管的种类很多，通常分为无分度移液管和分度移液管两类。无分度移液管，它的中腰膨大，上下两端细长，上端刻有环形标线，膨大部分标有其容积和标定时的温度（一般为 20℃）。使用时将溶液吸入管内，使液面与标线相切，再放出，则放出的溶液体积就等于管上标示的容积。常用无分度移液管的容积有 5mL、10mL、25mL 和 50mL 等。由于读数部分管颈小，其准确性较高。其缺点是只能用于量取一定体积的溶液。另一种是带有分度的移液管，可以准确量取所需要的刻度范围内某一体积的溶液，但其准确度差一些。容积有 0.5mL、1mL、2mL、5mL、10mL 等，这种有分度的移液管也称为吸量管。

移液管在使用前，先用自来水洗至内壁不挂水珠（若内壁有水珠，须用洗液洗涤后，再用自来水冲洗至内壁不挂水珠），再用蒸馏水洗涤 2～3 遍，最后用被移取的溶液润洗 2～3 次，以确保移取的溶液浓度不变。然后把管插入溶液液面下约 1.5cm 处，不应伸入太深（注意：绝不能让移液管下部尖嘴接触容器底部，以免损坏尖嘴），以免外壁沾有溶液过多；也不应伸入太浅，以免液面下降时吸入空气。一般用右手的拇指和中指捏住移液管的标线上方，用左手持洗耳球，先把洗耳球内空气压出，然后把洗耳球的尖端压在

视频-移液管的使用

移液管上口，慢慢松开左手使溶液吸入管内，当液面升高到刻度以上时移去洗耳球，立即用右手的食指按住管口。将移液管提离液面，使管尖端靠着储瓶内壁，略微放松食指并用拇指和中指轻轻转动移液管，让溶液慢慢流出。当液面平稳下降至凹液面最低点与标线相切时，立即用食指压紧管口。取出移液管，移入准备接收液体的容器中，使移液管尖端紧靠容器内壁，容器倾斜而移液管保持直立，放开食指让液体自然流下，待移液管内液体全部流出后，停 15s 再移开移液管，见图 5-1。切勿把残留在管尖的液体吹出，因为在校正移液管时，已经考虑了尖端所保留液体的体积。若移液管上面标有"吹"字，则应将留在管端的液体用洗耳球吹出。

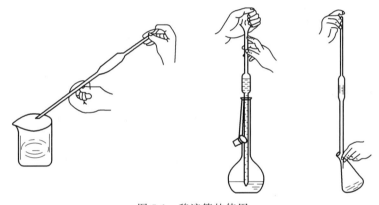

图 5-1　移液管的使用

移液管或吸量管用完后，应立即放在管架上，如果短时间内不再用它吸取同一溶液，应立即用自来水和蒸馏水冲洗后，放在管架上。移液管和吸量管都是带刻度的玻璃器皿，不能加热或烘干，以免影响测量的准确度。

**2. 容量瓶的使用**

容量瓶使用前要检查是否漏水，即在瓶中加自来水到标线附近，塞紧磨口塞，一手按住瓶塞，另一手指尖顶住瓶底边缘，将瓶倒立 2min，观察瓶塞周围是否有水渗出。如不漏水，将活塞转动 180°，再倒立 2min，观察有无渗水。如不漏水，即可使用。用细绳将塞子系在瓶颈上，因磨口塞与瓶是配套的，搞错后会引起漏水。塑料塞一般不会漏水。

视频-容量瓶的使用

容量瓶主要用来配制标准溶液，常用来把某一浓度的浓溶液稀释成一定浓度的稀溶液，或将一定量的固体物质配成一定体积的溶液。对于后一用途，称量后先在小烧杯中加入少量水把固体溶解（必要时可加热），待冷却到室温后，将杯中的溶液沿玻璃棒小心地注入容量瓶中（如图 5-2 所示）。在转移过程中，玻璃棒插入容量瓶内，烧杯嘴紧靠玻璃棒，使溶液沿玻璃棒慢慢流入，玻璃棒的下端要靠瓶颈内壁，但不要太接近瓶口，以免有溶液溢出。待

溶液流完后，将烧杯沿玻璃棒稍向上提，同时直立，使附着在烧杯嘴上的一滴溶液流回烧杯中。残留在烧杯中的少许溶液，可用少量蒸馏水洗 3 次，洗涤液按上述方法转移到容量瓶中。然后加蒸馏水稀释，当加入水至容量瓶的 2/3 处时，旋摇容量瓶，使溶液初步混匀。接近标线时，要改用胶头滴管逐滴加蒸馏水，直到液面与标线相切为止。塞好瓶塞，一手按住瓶塞另一手指尖顶住瓶底边缘，将容量瓶倒转并摇动，再直立，如此反复 10～20 次，使溶液充分混合均匀。

容量瓶不能长期存放溶液，配制好的溶液应倒入清洁干燥的试剂瓶中储存。容量瓶不能加热，也不能盛放热溶液。容量瓶用完后，应立即冲洗干净。若长期不用，磨口塞处应垫上纸片，以防止塞子打不开。

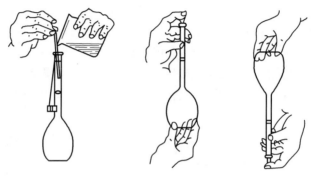

图 5-2　容量瓶的使用

### 3. 滴定管的使用

视频-认识滴定管

滴定管（见图 5-3）是具有精确刻度的用来准确测量滴定剂体积的细长玻璃管。用于常量分析的滴定管容积有 25mL 和 50mL，最小刻度为 0.1mL，读数可估计到 0.01mL。一般读数误差为 ±0.01mL。50mL 滴定管的上端是 0.00mL，下端是 50.00mL。另外，还有容积为 2mL、5mL、10mL 的微量滴定管。

实验室最常用的滴定管有两种。

① 酸式滴定管［见图 5-3（a）］。下端带有磨口玻璃旋塞，用来盛放酸性、中性或氧化性溶液，但不宜盛放碱性溶液，磨口玻璃活塞会被碱性溶液腐蚀，放置久了会粘连。

② 碱式滴定管［见图 5-3（b）］。下端连接橡胶软管，内放玻璃珠，橡胶管下端再连尖

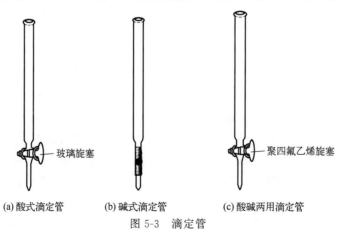

(a)酸式滴定管　　(b)碱式滴定管　　(c)酸碱两用滴定管

图 5-3　滴定管

16

嘴玻璃管。碱式滴定管用来盛放碱性溶液，不能盛放氧化性溶液如 $KMnO_4$、$I_2$ 或 $AgNO_3$ 等，避免腐蚀乳胶管。

近年来，又制成了酸碱两用的聚四氟乙烯滴定管［见图 5-3（c）］。其旋塞是用聚四氟乙烯材料做成的，具有耐腐蚀、不用涂油、密封性好等优点。本书主要介绍酸式滴定管和碱式滴定管的使用。

（1）酸式滴定管。

① 酸式滴定管的操作技能。

a. 检漏。检查酸式滴定管是否漏水时，关闭旋塞，将管内充满水，夹在滴定管夹上，观察管口及活塞两端是否有水渗出，将活塞旋转 180° 再观察一次，无漏水现象即可使用，若有漏水，则重新涂油。

视频-酸式滴定管的使用——滴定管的检漏

b. 涂油。酸式滴定管在使用前，应检查活塞旋转是否灵活，如不合要求，旋塞应重新涂油。旋塞涂油是起密封和润滑作用，最常用的油是凡士林。涂油的方法是将滴定管平放在台面上，抽出旋塞，用滤纸将旋塞及塞槽内的水擦干，用手指蘸少许凡士林在旋塞的两端涂上薄薄的一层，见图 5-4（a），在旋塞孔的两旁少涂一些，以免凡士林堵住塞孔。涂好凡士林的旋塞插入旋塞槽内，沿同一方向旋转旋塞，直到旋塞部位的油膜均匀透明，见图 5-4（b）。如发现转动不灵活或旋塞上出现纹路，表示油涂得不够；若有凡士林从旋塞缝挤出，或旋塞孔被堵，表示凡士林涂得太多。遇到这些情况，都必须把旋塞和塞槽擦干净后重新处理。在涂油过程中，滴定管始终要平放、平拿，不要直立，以免擦干的塞槽又沾湿。涂好凡士林后，用橡皮筋把旋塞固定在滴定管上，以防活塞脱落破损。

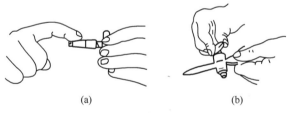

|   (a)   |   (b)   |

图 5-4　旋塞涂油

c. 洗涤。滴定管在使用前先用自来水洗，然后用少量蒸馏水在管内转动润洗 2～3 次。洗净的滴定管内壁应不挂水珠。如挂水珠则说明有油污，需用洗涤剂刷洗，或用洗液洗涤。洗液洗涤时，关闭旋塞，加入洗液，两手分别拿住管上下部无刻度的地方，边转动边使管口倾斜，让洗液布满全管内壁，然后竖起滴定管，打开旋塞，让洗液从下端尖嘴放回原洗液瓶中。停一段时间后，用自来水洗至流出液无色，再用少量蒸馏水润洗 2～3 次。润洗时应将管子倾斜转动，使水润湿整个内壁，然后直立从管尖放出。润洗后管内应不挂水珠。

d. 润洗、装液、排气泡。为了避免管中的水稀释待装溶液，应用少量待装溶液（5～10mL）润洗滴定管 2～3 次。润洗的操作要求是：先关好旋塞，倒入溶液，两手平端滴定管，即右手拿住滴定管上端无刻度部位，左手拿住旋塞无刻度部位，边转边向管口倾斜，使溶液流遍全管，然后打开滴定管的旋塞，使溶液由下端流出。润洗之后，随即装入溶液。向滴定管装入溶液时，滴定液最好从储液瓶中直接倒入滴定管，尽量避免用另一器皿传递，以免滴定液浓度改变或受污染。装满溶液的滴定管，应检查其尖端部分有无气泡，如有气泡必须排除。酸式滴定管可迅速地旋转活塞，使溶液快速流出，将气泡带走。若该法不能将气泡

17

排出，需将酸式滴定管倾斜一定角度，打开旋塞，并用手指轻轻敲击旋塞处，至气泡排出为止。

e. 旋塞的控制方法及滴定速度。使用酸式滴定管滴定时，一般用左手控制活塞，无名指和小指向手心弯曲，轻轻抵住出口管，大拇指在前，食指和中指在后，手指略微弯曲，轻轻向内扣住活塞，手心空握，如图5-5所示。转动活塞时切勿向外用力，以防顶出活塞，造成漏液。也不要过分往里拉，以免造成活塞转动不灵活，操作困难。在滴定时，滴定管嘴伸入瓶口约1cm，见图5-6，边滴边摇动锥形瓶（利用手腕的转动，使锥形瓶按顺时针方向运动），滴定的速度也不能太快（不快于3～4滴/s），否则易超过终点。滴定过程中，要注意观察液滴落点周围溶液颜色的变化，以便控制溶液的滴速。一般在滴定开始时，可以采用滴速较快的连续式滴加（溶液不能呈线流下）。接近终点时，则应逐滴滴入，每滴一滴都要将溶液摇匀，并注意观察终点颜色的突变。由于滴定过程中溶液因锥形瓶旋转搅动会附到锥形瓶内壁的上部，故在接近终点时，要用洗瓶吹出少量蒸馏水冲洗锥形瓶内壁，然后再继续滴定。在快到终点时溶液应逐滴（甚至半滴）滴下。滴加半滴的方法是使液滴悬挂管尖而不让液滴自由滴下，再用锥形瓶内壁将液滴擦下，然后用洗瓶吹入少量水，将内壁附着的溶液冲下去。摇匀，如此重复，直至终点为止。

滴定操作常在锥形瓶中进行，也可在烧杯中进行（需用玻璃棒搅拌，见图5-7）。滴定时所用操作溶液的体积应不超过滴定管的容量，因为多装一次溶液就要多读一次数，从而使误差增大。

f. 读数。读数时，要把滴定管从架上取下，用右手大拇指和食指夹持在滴定管液面上方，使滴定管与地面呈垂直状态。或将装满溶液的滴定管垂直地夹在滴定管架上。由于附着力和内聚力的作用，滴定管内的液面呈弯月形。无色水溶液的弯液面比较清晰，而有色溶液的弯液面清晰程度较差。因此，两种情况的读数方法稍有不同。

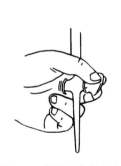　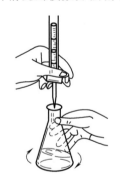　

图5-5　旋转活塞的方法　　　图5-6　酸式滴定管的操作图　　　图5-7　烧杯中滴定姿势

读数方法：读数时滴定管应垂直放置，注入溶液或放出溶液后，等待1～2min后才能读数，同时滴定管尖嘴处不应留有液滴，尖管内不应留有气泡。

无色溶液或浅色溶液，普通滴定管应读弯液面下缘实线的最低点。为此，读数时，视线应与弯液面下缘实线的最低点在同一水平上［图5-8（a）］。有"蓝带"滴定管的读数方法见图5-8（b），其弯液面能使色条变形而形成两个相遇点的尖点，且该尖点在蓝线物线上，可直接读取此尖点所在处的刻度。

有色溶液，如高锰酸钾溶液、碘液等，视线应与液面两侧的最高点相切，即读液面两侧最高点的刻度［图5-8（c）］。

为帮助读数，可使用读数衬卡，它是用贴有黑纸条或涂有黑色长方形（约 3cm×1.5cm）的白纸制成。读数时，手持读数衬卡放在滴定管背后，使黑色部分在弯月面下约 1mm 处，此时弯月面反射成黑色，读此黑色弯月面的最低点即可，见图 5-8 (d)。

滴定时，最好每次从 0.00mL 开始，或从接近"0"的任一刻度开始，这样可以固定在某一体积范围内量度滴定时所消耗的标准溶液，减少体积误差，读数必须准确至 0.01mL。

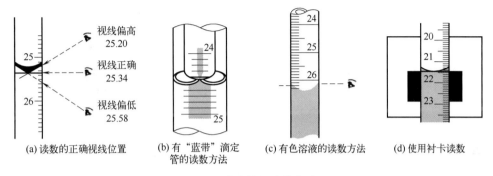

(a) 读数的正确视线位置　　(b) 有"蓝带"滴定管的读数方法　　(c) 有色溶液的读数方法　　(d) 使用衬卡读数

图 5-8　滴定管的读数方法

g. 滴定结束后滴定管的处理。滴定结束后，将管内剩余滴定液倒入废液桶或回收瓶（注意，不能倒回原试剂瓶），然后用水洗净滴定管。如还继续使用，则可将滴定管垂直夹在滴定管夹上，下嘴口伸入锥形瓶内，并用滴定管帽盖住管口，或将滴定管倒置后夹于滴定台上。如滴定完不再使用，则洗净后应在酸式滴定管旋塞与塞槽之间夹一纸片，然后保存备用。

② 滴定终点的判断。在滴定分析中，化学反应的计量点是用指示剂确定的，当溶液由一种颜色突变到另一种颜色时，就称为滴定终点。也就是说在滴定终点前溶液是一种颜色，当我们用肉眼观察到溶液的颜色刚好由这种颜色转变为另一种颜色时，即颜色发生了突变，就是滴定终点。在滴定的时候，在滴加的溶液液滴的周围，一般会出现终点后指示剂所表现的颜色。在滴定的起始阶段，这种颜色的消失比较快，当这种颜色消失比较缓慢的时候，就可以判断接近了滴定终点，滴定速度就应该减慢，每加一滴都应该观察一下颜色的变化，然后再加第二滴，必要时应半滴半滴地加入，以防滴定过量。

甲基橙指示剂的 pH 值变色范围为 3.1～4.4，即 pH≤3.1 时，溶液为红色；pH≥4.4 时，溶液为黄色；pH 值在 3.1～4.4 之间时，溶液为过渡颜色橙色。若用 $0.1mol \cdot L^{-1}$ HCl 溶液滴定 20mL $0.1mol \cdot L^{-1}$ NaOH 溶液，化学计量点的 pH 值为 7.0，其滴定突跃范围为 9.7～4.3，因此，使用甲基橙指示剂时，其滴定终点时溶液刚好由黄色转变为橙色。

（2）碱式滴定管。

① 碱式滴定管的操作技能。

a. 碱式滴定管的检漏。碱式滴定管下端的乳胶管很容易老化，因此，在使用时也要检查其是否漏溶液。检查碱式滴定管是否漏水，将管内充满水，将滴定管夹在滴定管夹上，观察乳胶管和下边尖嘴是否有水渗出，无漏水现象即可使用。若漏水，则需更换乳胶管。乳胶管的长度一般为 6cm，内径与玻璃珠的大小要适中，内径太大，容易漏溶液；内径太小，控制滴定操作比较困难。装玻璃珠时应先用水将其润湿，再挤压进乳胶管中部。然后在乳胶管的一端装上尖嘴玻璃管，另一端套在碱式滴定管的下口部，并检查滴定管是否漏水，滴液

视频-碱式滴定管的使用

是否能灵活控制。如不合要求，需重新装配。

b. 碱式滴定管的洗涤。碱式滴定管的洗涤方法和酸式滴定管一样，如洗涤后内壁挂水珠则说明有油污，需用洗涤剂刷洗，或用洗液洗涤。用洗液洗碱式滴定管时，先取下乳胶管和尖嘴玻璃管，接上一小段塞有玻璃珠的橡胶管，然后按洗酸式滴定管的方法洗涤。必要时，也可在滴定管内加满洗液，浸泡一段时间，这样效果会更好。用洗液洗完后，用自来水冲洗，直至流出的水为无色且管内壁不挂水珠，再接上乳胶管和尖嘴玻璃管，然后用蒸馏水淋洗 2～3 次。

c. 碱式滴定管的润洗、装液、排气泡。碱式滴定管润洗和装液要求与酸式滴定管一样。装满溶液的碱式滴定管，应检查其乳胶管及尖端部分有无气泡，如有气泡必须排除。排气泡时可将乳胶管稍向上弯曲，挤压玻璃球，使溶液从玻璃球和乳胶管之间的隙缝流出，气泡即被逐出，如图 5-9 所示。然后将多余的溶液滴出，使管内液面处在 "0.00" 刻度线（或 0.00 刻度线稍下处）。

d. 碱式滴定管的滴定操作。使用碱式滴定管时，左手拇指在前，食指、中指在后，捏住乳胶管中的玻璃球所在部位稍上处，向手心捏挤乳胶管，使其与玻璃球之间形成一条缝隙，溶液即可流出，见图 5-10。应注意，不能捏挤玻璃球下方的乳胶管，否则易进入空气形成气泡。为防止乳胶管来回摆动，可用中指和无名指夹住尖嘴的上部。滴定操作及速度的控制与酸式滴定管的要求相同。若在烧杯中进行滴定，需用玻璃棒搅拌。对于滴定碘法，则需要在碘量瓶中进行反应和滴定。碘量瓶是带有磨口玻璃塞与喇叭形瓶口之间形成一圈水槽的锥形瓶，槽中加入纯水可形成水封，防止瓶中被测组分（如 $I_2$、$Br_2$ 等）的挥发损失。反应完成后，打开瓶塞，水即流下并可冲洗瓶塞和瓶壁。

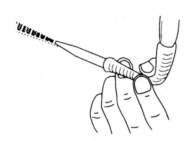

图 5-9　碱式滴定管排气泡方法

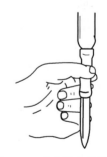

图 5-10　碱式滴定管操作

e. 读数与滴定结束后滴定管的处理。处理方法与酸式滴定管相同。

② 酚酞指示剂终点的判断。

由于空气中含有二氧化碳，其溶解于水后能够使酚酞的红色变浅，因此，滴定到终点时，在不断摇动的条件下，微红色若能保持 30s 不消失，即为滴定终点。

练习调节滴定管中纯水的液面至某一刻度、放出 20 滴或 40 滴水再读取体积、计算滴定管一滴和半滴的溶液的体积，学习滴定管的操作（滴定速度和一滴、半滴的操作）。

### 4. 容量瓶和移液管的相对校准

用洁净的 25mL 移液管吸取蒸馏水至标线，按滴定分析时的操作注入洁净干燥的 250mL 容量瓶中，如此进行 10 次，观察瓶颈处水的弯液面下缘是否恰好与标线相切，若不相切，则可依据弯液面在瓶颈上重新刻标线，此容量瓶和移液管配套使用时，应以新的标线为准。重复进行上述操作，观察每次结果是否一致。将容量瓶干燥后重复 3 次。

## 五、结果记录及数据处理

### 1. 滴定管的使用

将结果及数据填入表 5-1。

表 5-1　滴定管的相对校正

| 项目 | 液滴数 | |
|---|---|---|
| | 20 滴 | 40 滴 |
| 酸式滴定管的体积/mL | | |
| 酸式滴定管一滴的体积/mL | | |
| 碱式滴定管的体积/mL | | |
| 碱式滴定管一滴的体积/mL | | |

你组容量瓶与移液管体积相对校正的结果是（　　　）。

A. $10 \times 25.00 = 250.00$

B. $10 \times 25.00 > 250.00$

C. $10 \times 25.00 < 250.00$

### 2. 容量瓶和移液管的相对校准

移液管和容量瓶的相对校准记录填入表 5-2。

表 5-2　移液管和容量瓶的相对校准记录表

| 移液管体积/mL | 容量瓶体积/mL | 记号标线位置（与原标线比较） | | |
|---|---|---|---|---|
| | | 高于 | 低于 | 重合 |
| 25 | 250.0 | | | |
| 25 | 250.0 | | | |
| 25 | 250.0 | | | |

## 六、注意事项与说明

（1）检查滴定管旋塞转动是否灵活，是否漏水。

（2）将溶液倒入滴定管之前，应将其摇匀，直接倒入滴定管中，不得借用任何其他器皿，以免标准溶液浓度改变或被污染。

（3）移液管、容量瓶相关溶液体积的写法要正确，如 25.00mL、250.0mL。

（4）体积读数要读至 0.01mL 即小数点后两位，滴定时不要流成线，近终点时，注意半滴的正确操作。

## 七、思考题

1. 滴定分析仪器是否洗净，应该怎样检查？如没有洗净，会产生什么影响？

2. 酸式滴定管的玻璃旋塞怎样涂凡士林？为什么？

3. 滴定管下端存在气泡有何影响？怎样除去？

4. 移液管操作时应注意什么？为什么放完液体后要停留一定的时间？最后留在管上的半滴液体如何处理？为什么？

5. 容量瓶操作应注意什么？怎样摇匀瓶内液体？不摇匀有何影响？

# 实训 6　滴定分析基本操作

## 一、实训目的

1. 掌握滴定分析仪器的洗涤方法；
2. 掌握移液管、容量瓶及滴定管的操作技术；
3. 学会观察与判断滴定终点。

## 二、实训原理

滴定分析法是将一种已知准确浓度的标准溶液滴加到被测试样的溶液中，直到反应完全为止。然后根据标准溶液的浓度和其消耗的体积求得试样中被测组分的含量。准确测量溶液的体积是获得良好分析结果的重要前提之一，为此必须学会正确使用滴定分析仪器，掌握移液管、容量瓶及滴定管的操作技术。本实训是按照滴定分析仪器的使用操作规程，进行滴定操作和移液管、容量瓶及滴定管的使用练习。

## 三、主要器材与试剂

### 1. 器材

50mL 酸式滴定管、碱式滴定管，250mL 锥形瓶，10mL、25mL 移液管，10mL、50mL 量筒，50mL、500mL 烧杯，500mL 量杯，500mL 带橡皮塞的细口瓶（试剂瓶），500mL 带玻璃塞的细口瓶（试剂瓶），玻璃棒，滤纸，托盘天平，药匙，洗耳球，洗瓶。

### 2. 试剂

浓 HCl，NaOH（A.R.），0.2％甲基橙指示剂，1％酚酞指示剂。

## 四、实训内容

### 1. 准备工作

（1）仪器的清洗。用自来水和去离子水各洗 3 次。

（2）滴定管的检漏。如果漏水，需先检查活塞左侧的旋钮是否拧紧，该旋钮也不能拧得太紧，否则也会影响滴定的操作。

### 2. 溶液的配制

（1）$0.1mol \cdot L^{-1}$ 的 HCl 的配制。配制 $0.1mol \cdot L^{-1}$ 的 HCl 溶液 300mL。首先配制 $6mol \cdot L^{-1}$ HCl：在通风橱内用公用的小量筒量取 10mL 浓 HCl（相对密度 1.19，浓度约 $12mol \cdot L^{-1}$），倒入洗净的 50mL 小烧杯（内有 10mL 左右的去离子水），摇匀，即为 $6mol \cdot L^{-1}$ 盐酸。然后配制 $0.1mol \cdot L^{-1}$ HCl：量取 $6mol \cdot L^{-1}$ 的 HCl _____ mL，加入事先用量筒量取的 30mL 去离子水，稀释到所需体积后转入试剂瓶中。注意：不得将配制的溶液盛装在大烧杯、大量杯中备用。

（2）$0.1mol \cdot L^{-1}$ 的 NaOH 的配制。配制 $0.1mol \cdot L^{-1}$ 的 NaOH 溶液 300mL。快速称取_____ gNaOH 固体于小烧杯中，立即用 300mL 蒸馏水溶解，储于带"橡皮塞"的细口瓶（试剂瓶）中，充分摇匀溶液。注意：不用分析天平称量 NaOH。

### 3. 比较滴定

（1）碱式滴定管的操作。

① 取洗净的碱式滴定管 1 支，检查是否漏水（如漏水应更换合适的玻璃珠），并用少量 $0.1mol \cdot L^{-1}$ NaOH 溶液润洗碱式滴定管 3 次，装入 $0.1mol \cdot L^{-1}$ NaOH 溶液，排除气泡，调整至某一刻度（一般是 0.00 及以下某一刻度）。

② 取洗净的 25mL 移液管 1 支，用少量 $0.1mol \cdot L^{-1}$ HCl 溶液润洗 3 次，移取 $0.1mol \cdot L^{-1}$ HCl 溶液 25.00mL 于锥形瓶中，加入蒸馏水 15mL、酚酞指示剂 1～2 滴，用 $0.1mol \cdot L^{-1}$ NaOH 溶液滴定，至溶液显淡红色即为终点，准确读出数据，小数点后第二位是估读，记下 NaOH 的体积 $V_{NaOH}$（mL）。平行滴定 3 次。

（2）酸式滴定管的操作。

① 取洗净的酸式滴定管 1 支，检查是否漏水（如漏水需调整活塞的螺帽，或涂油），并用少量 $0.1mol \cdot L^{-1}$ HCl 溶液润洗酸式滴定管 3 次，装入 $0.1mol \cdot L^{-1}$ HCl 溶液，排除气泡，调整至 0.00 刻度。

② 取洗净的 25mL 移液管 1 支，用少量 $0.1mol \cdot L^{-1}$ NaOH 溶液润洗 3 次，移取 $0.1mol \cdot L^{-1}$ NaOH 溶液 25.00mL 于锥形瓶中，加入蒸馏水 15mL，甲基橙指示剂 1～2 滴，摇匀。用 $0.1mol \cdot L^{-1}$ HCl 溶液滴定 NaOH 溶液，溶液颜色由黄色变为橙色为终点，记下 HCl 的体积 $V_{HCl}$（mL）。平行滴定 3 次。操作过程中注意半滴加入的操作技术。

## 五、结果记录及数据处理

将结果填入表 6-1 中。

表 6-1　滴定练习记录表

| 项目 | | | 数据 | | |
|---|---|---|---|---|---|
| | | | 1 | 2 | 3 |
| NaOH ↓ HCl (25.00mL) | $V_{NaOH}$/mL | $V_{终}$/mL | | | |
| | | $V_{初}$/mL | | | |
| | | $V_{NaOH}$/mL | | | |
| | $\overline{V}_{NaOH}$/mL | | | | |
| | $\overline{V}_{NaOH}/\overline{V}_{HCl}$ | | | | |
| HCl ↓ NaOH (25.00mL) | $V_{HCl}$/mL | $V_{终}$/mL | | | |
| | | $V_{初}$/mL | | | |
| | | $V_{HCl}$/mL | | | |
| | $\overline{V}_{HCl}$/mL | | | | |
| | $\overline{V}_{HCl}/\overline{V}_{NaOH}$ | | | | |

## 六、注意事项与说明

（1）所配制的酸液和碱液都是近似浓度。

（2）要注意甲基橙颜色的变化，开始时应为黄色（若为红色则是溶液变质了）。

（3）用托盘天平称量 NaOH 固体时，只要保证小烧杯外壁是干燥的即可，不要用抹布擦拭烧杯内壁。称量完后立即加入少量蒸馏水，防止 NaOH 与空气中的 $CO_2$ 反应而变质。

（4）将量取好的浓 HCl 或 NaOH 固体转入试剂瓶中时，应少量、多次地用去离子水（大量杯事先量取好 300mL，稀释浓盐酸时要扣除浓盐酸的体积）稀释或溶解药品，然后逐次转移至试剂瓶，贴好标签。

（5）每次从试剂瓶中倒出溶液时都要充分摇匀溶液，保证溶液的浓度恒定。

（6）每次用滴定管滴定时，都要装回到初始刻度（0.00 及以下附近），因为连续放出溶液会引入系统误差（滴定管每段的误差都不一样）。

（7）注意蓝带滴定管的读数方法。

（8）滴定操作时，滴定架可拉出至合适的位置，便于滴定操作，实验完毕后应推回原位。

（9）随时注意纠正自己的滴定动作，要使用规范动作。

## 七、思考题

1. 盐酸以及氢氧化钠标准溶液可否采用直接法配制？为什么？

2. 平行滴定时，第一份滴定完成后，若剩下的滴定溶液还足够做第二份滴定，是否可以不再添加滴定溶液至零点附近而继续滴第二份？说明原因。

3. 配制盐酸和氢氧化钠溶液时，所加水的体积是否需要很准确？为什么？

4. 试分析实验中产生误差的原因。

# 实训 7  盐酸标准溶液的配制与标定

## 一、实训目的

1. 学会减量法准确称取基准物的操作；
2. 掌握滴定操作并学会正确判断滴定终点的方法；
3. 掌握配制和标定盐酸标准溶液的方法。

## 二、实训原理

由于浓盐酸容易挥发，不能用它来直接配制准确浓度的标准溶液，因此，配制 HCl 标准溶液时，只能先配制成近似浓度的溶液，然后用基准物质标定它的准确浓度，或者用另一已知准确浓度的标准溶液滴定该溶液，再根据消耗它的体积和浓度计算该溶液的准确浓度。

标定 HCl 溶液的基准物质常用无水 $Na_2CO_3$，其反应式如下：

$$Na_2CO_3 + 2HCl == 2NaCl + H_2CO_3$$
$$\llcorner\rightarrow CO_2 \uparrow + H_2O$$

滴定至反应完全时，溶液 pH 为 3.88，通常选溴甲酚绿-甲基红混合指示剂。

## 三、主要器材与试剂

### 1. 器材

50mL 酸式滴定管，容量瓶，锥形瓶，分析天平，量筒。

### 2. 试剂

浓 HCl；无水碳酸钠；溴甲酚绿-甲基红混合指示剂：量取 30mL 溴甲酚绿乙醇溶液（$2g \cdot L^{-1}$），加入 20mL 甲基红乙醇溶液（$1g \cdot L^{-1}$），混匀。

## 四、实训内容

### 1. $0.1mol \cdot L^{-1}$ HCl 溶液的配制

用量筒量取 $6mol \cdot L^{-1}$ HCl 9mL，倒入预先盛有适量水的试剂瓶中，加水稀释至 500mL，摇匀，贴上标签。

### 2. $0.1mol \cdot L^{-1}$ HCl 标准溶液的标定

用减量法准确称取约 0.2 g 在 270～300℃ 干燥至恒重的基准试剂无水碳酸钠，置于 250mL 锥形瓶，加 50mL 水使之溶解，再加 10 滴溴甲酚绿-甲基红混合指示剂，用配制好的 HCl 溶液滴定至溶液由绿色转变为暗红色，煮沸 2min，加盖具钠石灰管的橡胶塞，冷却至室温，继续滴定至溶液再显暗紫色。同时做空白试验，做三个平行样品。

## 五、结果记录及数据处理

将结果填入表 7-1 中。

表 7-1  HCl 溶液标定

| 项目 | | 次数 | | |
|---|---|---|---|---|
| | | 1 | 2 | 3 |
| 碳酸钠质量 $m$/g | | | | |
| $V_{HCl}$/mL | $V_终$ | | | |
| | $V_初$ | | | |
| | $V$ | | | |
| $V_0$/mL | | | | |
| $c_{HCl}$/(mol·L$^{-1}$) | | | | |
| $\overline{c}_{HCl}$/(mol·L$^{-1}$) | | | | |
| 偏差 $d_i$ | | | | |
| 平均偏差 $\overline{d}$ | | | | |
| 相对平均偏差 $R\overline{d}$/% | | | | |

盐酸标准滴定液的浓度按下式计算：

$$c_{HCl} = \frac{2m \times 1000}{M(V - V_0)} (\text{mol} \cdot \text{L}^{-1})$$

式中，$m$ 为无水碳酸钠质量，g；$V$ 为滴定消耗盐酸溶液体积，mL；$V_0$ 为空白试验消耗盐酸溶液体积，mL；$M$ 为无水碳酸钠的摩尔质量，g·mol$^{-1}$。

## 六、注意事项与说明

（1）干燥至恒重的无水碳酸钠有吸湿性，因此在标定中精密称取基准物质无水碳酸钠时，宜采用"减量法"称取，并应迅速将称量瓶加盖密闭。

（2）在滴定过程中产生的二氧化碳，使终点变色不够敏锐。因此，在溶液滴定进行至临近终点时，应将溶液加热煮沸，以除去二氧化碳，待冷至室温后，再继续滴定。

## 七、思考题

1. 作为标定的基准物质应具备哪些条件？

2. 欲溶解 $Na_2CO_3$ 基准物质，加水 50mL 应以量筒量取还是用移液管吸取？为什么？

3. 本实训中所使用的称量瓶、烧杯、锥形瓶是否必须都烘干？为什么？

4. 标定 HCl 溶液时为什么要称 0.2g 左右 $Na_2CO_3$ 基准物？称得过多或过少有何不好？

# 实训 8  氢氧化钠标准溶液的配制与标定

## 一、实训目的

1. 掌握 NaOH 标准溶液的配制和标定；
2. 掌握碱式滴定管的使用；
3. 学会酚酞指示剂的滴定终点的判断。

## 二、实训原理

NaOH 有很强的吸水性和吸收空气中的 $CO_2$ 的性质，因而，市售 NaOH 中常含有 $Na_2CO_3$。反应方程式：

$$2NaOH + CO_2 = Na_2CO_3 + H_2O$$

由于碳酸钠的存在，对指示剂的使用影响较大，应设法除去。除去 $Na_2CO_3$ 通常的方法是将 NaOH 先配成饱和溶液［约52％（质量分数）］，由于 $Na_2CO_3$ 在饱和 NaOH 溶液中几乎不溶解，会慢慢沉淀出来，因此，可用饱和氢氧化钠溶液，配制不含 $Na_2CO_3$ 的 NaOH 溶液。待 $Na_2CO_3$ 沉淀后，可吸取一定量的上清液，稀释至所需浓度即可。此外，用来配制 NaOH 溶液的蒸馏水，也应加热煮沸放冷，除去其中的 $CO_2$。

标定碱溶液的基准物质很多，常用的有草酸（$H_2C_2O_4 \cdot 2H_2O$）、苯甲酸（$C_6H_5COOH$）和邻苯二甲酸氢钾（$C_6H_4COOHCOOK$）等。

用基准物质邻苯二甲酸氢钾优点是易制得纯品，在空气中不吸水，易保存，摩尔质量大，与 NaOH 反应的计量比为 1∶1，在 105～110℃下干燥 1～2h 后使用。滴定反应为：

化学计量点时，溶液呈弱碱性（pH≈9.11），可选酚酞作指示剂。

$$c_{NaOH} = \frac{m_{邻} \times 1000}{M_{邻}(V - V_0)} (mol \cdot L^{-1})$$

式中，$m_{邻}$ 为邻苯二甲酸氢钾的质量，g；$V$ 为 NaOH 的体积，mL；$V_0$ 为空白实验中氢氧化钠标准滴定溶液用量，mL；$M_{邻}$ 为邻苯二甲酸氢钾的摩尔质量，$g \cdot mol^{-1}$。

草酸 $H_2C_2O_4 \cdot 2H_2O$ 作为基准物质，在相对湿度为 5％～95％时稳定（能否放置在干燥器中保存?）。用不含 $CO_2$ 的水配制草酸溶液，且暗处保存。光和 $Mn^{2+}$ 能加快空气氧化草酸，草酸溶液本身也能自动分解。滴定反应为：

$$H_2C_2O_4 + 2NaOH = Na_2C_2O_4 + 2H_2O$$

化学计量点时溶液呈弱碱性（pH≈8.4），可选酚酞作指示剂。

$$c_{NaOH} = \frac{2m_{草} \times 1000}{M_{草}(V - V_0)} (mol \cdot L^{-1})$$

式中，$m_{草}$ 为草酸的质量，g；$V$ 为滴定草酸溶液时消耗 NaOH 的体积，mL；$V_0$ 为空白实验中氢氧化钠标准滴定溶液用量，mL；$M_{草}$ 为草酸的摩尔质量，$g \cdot mol^{-1}$。

## 三、主要器材与试剂

### 1. 器材

50mL 碱式滴定管，容量瓶，锥形瓶，烧杯，分析天平，托盘天平。

### 2. 试剂

邻苯二甲酸氢钾（基准物质）；氢氧化钠固体（AR）；$10g \cdot L^{-1}$ 酚酞指示剂：1g 酚酞溶于适量乙醇中，再稀释至 100mL。

## 四、实训内容

### 1. $0.1mol \cdot L^{-1}$ NaOH 溶液的配制

用小烧杯在托盘天平上称取 110g 固体 NaOH，加新煮沸过冷的 100mL 蒸馏水，振摇使之溶解成饱和溶液，冷却后注入聚乙烯塑料瓶中，密闭，放置数日，澄清后备用。

准确吸取上述溶液的上层清液 5.4mL，用无二氧化碳的蒸馏水稀释至 1000mL，摇匀，贴上标签。

### 2. $0.1mol \cdot L^{-1}$ NaOH 标准溶液的标定

将基准物质邻苯二甲酸氢钾加入干燥的称量瓶内，于 105～110℃烘至恒重，用减量法准确称取邻苯二甲酸氢钾约 0.48～0.50g，置于 250mL 锥形瓶中，加 50mL 无 $CO_2$ 蒸馏水，温热使之溶解，冷却，加 2 滴酚酞指示剂（$10g \cdot L^{-1}$），用待标定的 $0.1mol \cdot L^{-1}$ NaOH 溶液滴定，直到溶液呈粉红色，30 s 不褪色。同时做空白实验。做三个平行样品。

## 五、结果记录及数据处理

将结果填入表 8-1 中。

表 8-1　NaOH 溶液的标定

| 项目 | | 次数 | | |
|---|---|---|---|---|
| | | 1 | 2 | 3 |
| 邻苯二甲酸氢钾质量 $m/g$ | | | | |
| $V_{NaOH}/mL$ | $V_{终}$ | | | |
| | $V_{初}$ | | | |
| | $V$ | | | |
| $V_0/mL$ | | | | |
| $c_{NaOH}/(mol \cdot L^{-1})$ | | | | |
| $\bar{c}_{NaOH}/(mol \cdot L^{-1})$ | | | | |
| 偏差 $d_i$ | | | | |
| 平均偏差 $\bar{d}$ | | | | |
| 相对平均偏差 $R\bar{d}/\%$ | | | | |

## 六、注意事项与说明

（1）邻苯二甲酸氢钾固体使用分析天平称量，准确记录数据。不要把锥形瓶直接放入分析天平中称量。

（2）NaOH 固体使用托盘天平称量。

（3）邻苯二甲酸氢钾在室温下不易完全溶解，滴定前要认真观察包括附着在锥形瓶壁上的邻苯二甲酸氢钾是否完全溶解。溶解时不要用玻璃棒搅拌，可加入热的去离子水，摇动溶解，以避免基准物质损失和引入杂质。

## 七、思考题

1. HCl 和 NaOH 标准溶液能否用直接法配制？为什么？

2. 配制酸碱标准溶液时，为什么用量筒量取 HCl，用托盘天平称取 NaOH，而不用吸量管和分析天平？

3. 标准溶液装入滴定管之前，为什么要用该溶液润洗滴定管 2～3 次？而锥形瓶是否也需用该溶液润洗或烘干，为什么？

4. 滴定至临近终点时加入半滴的操作是怎样进行的？

5. HCl 和 NaOH 溶液定量反应完全后，生成 NaCl 和水，为什么用 HCl 滴定 NaOH 时，采用甲基橙指示剂，而用 NaOH 滴定 HCl 时，采用酚酞或其他合适的指示剂？

# 实训 9  药用醋酸总酸度的测定

## 一、实训目的

1. 掌握 NaOH 标准溶液的标定方法；
2. 了解基准物质邻苯二甲酸氢钾的性质及应用；
3. 掌握强碱滴定弱酸的滴定过程、指示剂选择和终点的确定方法。

## 二、实训原理

总酸度：滴定至 $pH \approx 10.8$ 时所测得的酸度，又称为可滴定酸度，是指试液中所有酸性物质的总量，包括已解离的酸浓度。醋酸是一种弱酸，$K_a = 1.76 \times 10^{-5}$，药用醋酸中 HAc $cK_a > 10^{-8}$，故可在水溶液中，用 NaOH 标准溶液直接准确滴定。

滴定反应：$HAc + NaOH \Longrightarrow \underline{NaAc + H_2O}$

弱碱性（$pH_{sp} = 8.72$）

当用 $0.1 mol \cdot L^{-1}$ 的 NaOH 溶液滴定时，突跃范围约为 $pH = 7.7 \sim 9.7$。凡是变色范围全部或部分落在滴定突跃范围之内的指示剂，都可用来指示终点，因此用酚酞（能否用甲基橙或甲基红？）指示剂。溶液由无色变微红色，30s 内不褪色即为终点（为什么？）。

## 三、主要器材与试剂

### 1. 器材

50mL 酸式滴定管、碱式滴定管，250mL 锥形瓶，100mL 容量瓶，10mL、25mL 移液管，托盘天平，10mL 量筒，100mL 烧杯，带橡胶塞的试剂瓶。

### 2. 试剂

NaOH（A.R.），0.2%酚酞指示剂，药用醋酸，邻苯二甲酸氢钾（AR，在 $105 \sim 110℃$ 下干燥 1h 后，置于干燥器中备用）。

## 四、实训内容

### 1. $0.1mol \cdot L^{-1}$ NaOH 溶液的标定

同实训 8。

### 2. 药用醋酸总酸度的测定

准确移取药用醋酸 10.00mL 定容于 100mL 容量瓶中，摇匀，用移液管移取此稀释液 25.00mL 到 250mL 锥形瓶中，加 $2 \sim 3$ 滴酚酞，用 NaOH 溶液滴定至微红色（30 s 内不褪色）即为终点，记录 $V_{NaOH}$，平行做三次，同时做空白实验，计算药用醋酸总酸度（$mol \cdot L^{-1}$）和测定结果的相对偏差。

计算公式：

$$\rho_{HAc}(g/100mL) = \frac{c_{NaOH} \times (V_{NaOH} - V_0) \times 10^{-3} \times M_{HAc}}{10 \times \frac{25}{100}} \times 100$$

式中，$c_{NaOH}$ 为 NaOH 物质的量浓度，mol·L$^{-1}$；$V_{NaOH}$ 为样品消耗 NaOH 溶液的体积，mL；$V_0$ 为空白实验消耗 NaOH 溶液体积，mL；$M_{HAc}$ 为醋酸的摩尔质量，g·mol$^{-1}$。

## 五、结果记录及数据处理

### 1. 0.1mol·L$^{-1}$NaOH 溶液的标定

将结果填入表 8-1 中。

### 2. 药用醋酸总酸度的测定

将结果填入表 9-1 中。

表 9-1　药用醋酸总酸度的测定

| 项目 | | 次数 | | |
| --- | --- | --- | --- | --- |
| | | 1 | 2 | 3 |
| 醋酸稀释液的体积 $V_{醋酸}$/mL | | | | |
| $c_{NaOH}$/(mol·L$^{-1}$) | | | | |
| $V_{NaOH}$/mL | $V_终$ | | | |
| | $V_初$ | | | |
| | $V$ | | | |
| $V_0$/mL | | | | |
| $\rho_{HAc}$/(g·100mL$^{-1}$) | | | | |
| $\overline{\rho}_{HAc}$/(g·100mL$^{-1}$) | | | | |
| 偏差 $d_i$ | | | | |
| 平均偏差 $\overline{d}$ | | | | |
| 相对平均偏差 $R\overline{d}$/% | | | | |

## 六、注意事项与说明

（1）实验室盛装未知浓度醋酸的试剂瓶有多个，每个试剂瓶内醋酸的浓度均不同，请固定在其中某个试剂瓶中取醋酸样品；

（2）因试剂瓶中醋酸的浓度不同，移取醋酸的移液管必须专管专用，不要随意插入其他试剂瓶中，以免造成样品浓度的改变；

（3）正确使用移液管，包括洗涤、看标线、放液等。

## 七、思考题

1. 与其他基准物质比较，邻苯二甲酸氢钾有什么优点？

2. 称取 NaOH 及邻苯二甲酸氢钾各用什么天平？为什么？

3. 已标定的 NaOH 溶液在保存中吸收了二氧化碳，用它来测定 HCl 的浓度，若以酚酞为指示剂对测定结果有何影响？改用甲基橙，又如何？

4. 标准溶液的浓度应保留几位有效数字？

5. 测定药用醋酸时，为什么用酚酞指示剂？能否用甲基橙或甲基红？

6. 标定 NaOH 溶液，邻苯二甲酸氢钾的质量是怎样计算得来的？

7. 酚酞指示剂使溶液变红后，在空气中放置一段时间后又变为无色，原因是什么？

# 实训 10　药用 NaOH 含量的测定（双指示剂法）

## 一、实训目的

1. 掌握双指示剂法测定混合碱含量的原理和方法；
2. 掌握混合碱中各组分含量的计算。

## 二、实训原理

NaOH 在生产和储存过程中因吸收空气中的 $CO_2$ 而形成少量 $Na_2CO_3$，形成含 NaOH 和 $Na_2CO_3$ 的混合物，若分别测定各自的含量，称为混合碱的分析。混合碱的分析可采用双指示剂连续滴定法。即选用酚酞和甲基橙两种指示剂，以标准酸溶液连续滴定，根据两种指示剂的色变，得到两个滴定终点，分别根据各终点时所消耗的酸标准溶液的体积，计算各成分的含量，滴定反应和滴定过程如下：

$$\left.\begin{array}{l} NaOH \\ Na_2CO_3 \end{array}\right\} \xrightarrow{HCl\ V_1} \left.\begin{array}{l} NaCl+H_2O \\ NaCl+NaHCO_3 \end{array}\right\} \xrightarrow{HCl\ V_2} \left.\begin{array}{l} \\ NaCl+CO_2+H_2O \end{array}\right.$$

加入酚酞　　　　　　第一计量点　　　　　　第二计量点

红色　　　　无色，加入甲基橙指示剂　　　黄色变橙色

其中，滴定 NaOH 消耗的 HCl 的体积为 $V_1-V_2$，滴定 $Na_2CO_3$ 消耗的 HCl 的体积为 $2V_2$。根据以上体积可计算得到 NaOH 和 $Na_2CO_3$ 含量。

## 三、主要器材与试剂

### 1. 器材

50mL 酸式滴定管，250mL 锥形瓶，250mL 容量瓶，25mL 移液管，托盘天平，10mL 量筒，100mL 烧杯，玻璃棒，胶头滴管，滤纸。

### 2. 试剂

浓 HCl；无水 $Na_2CO_3$（基准物质 180℃干燥 2～3 h，置于干燥器中备用）；0.2％酚酞指示剂；0.2％甲基橙指示剂；药用 NaOH 试样。

## 四、实训内容

### 1. 0.1mol·L⁻¹ HCl 标准溶液的标定

同实训 7。

### 2. 药用 NaOH 含量的测定

准确称取 0.89g 试样于小烧杯中，用适量蒸馏水溶解（必要时，可稍加热以促进溶解），冷却后，定量地转移至 250mL 容量瓶中，用蒸馏水稀释至刻度，摇匀。用移液管移取试液 25.00mL 于锥形瓶中，加 1～2 滴酚酞指示剂，用 HCl 标准溶液滴定至溶液由红色变为无

色，即为第一终点，记下 $V_1$，然后加入 2 滴甲基橙指示剂于此溶液中，继续用 HCl 标准溶液滴定至溶液由黄色变为橙色，即为第二终点，记下 $V_2$。平行做 3 次。

计算公式：

$$w_{NaOH} = \frac{c_{HCl}(V_1 - V_2)M_{NaOH}}{m_s \times \dfrac{25.00}{250}} \times 100\%$$

$$w_{Na_2CO_3} = \frac{c_{HCl}V_2 M_{Na_2CO_3}}{m_s \times \dfrac{25.00}{250}} \times 100\%$$

式中，$m_s$ 为试样的质量，g；$M_{NaOH}$ 为氢氧化钠摩尔质量，$g \cdot mol^{-1}$；$M_{Na_2CO_3}$ 为碳酸钠摩尔质量，$g \cdot mol^{-1}$；$V_1$ 为酚酞终点消耗盐酸溶液的体积，L；$V_2$ 为甲基橙终点消耗盐酸溶液的体积，L；$c_{HCl}$ 为 HCl 物质的量浓度，$mol \cdot L^{-1}$。

## 五、结果记录与数据处理

### 1. 0.1mol·L⁻¹HCl 溶液的标定

将结果填入表 7-1 中。

### 2. 药用 NaOH 含量的测定

将结果填入表 10-1 中。

表 10-1　混合碱的测定（双指示剂法）

| 项目 | | 次数 | | |
|---|---|---|---|---|
| | | 1 | 2 | 3 |
| $m_{试样}$/g | | | | |
| 试样溶液总体积/mL | | | | |
| 滴定时移取 $V_{试液}$/mL | | | | |
| $V_{HCl}$/mL | $V_初$ | | | |
| | 第一终点读数 $V_1$ | | | |
| | 第二终点读数 $V_2$ | | | |
| $Na_2CO_3$ 消耗 HCl 体积 $V_2 = (V-V_1)$/mL | | | | |
| $w_{NaOH}$/% | | | | |
| $\overline{w}_{NaOH}$/% | | | | |
| 偏差 $d_i$ | | | | |
| 平均偏差 $R\overline{d}$ | | | | |
| 相对平均偏差 $R\overline{d}$/% | | | | |
| $w_{Na_2CO_3}$/% | | | | |
| $\overline{w}_{Na_2CO_3}$/% | | | | |
| 绝对偏差 $d_i$ | | | | |
| 绝对平均偏差 $\overline{d}$ | | | | |
| 相对平均偏差 $R\overline{d}$/% | | | | |

## 六、注意事项与说明

（1）用 HCl 滴定至临近甲基橙指示剂变色时，为防止 $CO_2$ 对滴定终点的干扰，应煮沸或剧烈振摇溶液。

（2）及时记录好两次体积的读数。

## 七、思考题

1. 无水 $Na_2CO_3$ 保存不当，吸收了 1% 的水分，用此基准物质标定盐酸溶液的浓度时，对其结果产生何种影响？

2. 标定盐酸的两种基准物质无水 $Na_2CO_3$ 和硼砂，各有什么优缺点？

3. 用双指示剂法测定混合碱组成的方法原理是什么？

4. 采用双指示剂法测定混合碱，判断下列五种情况下混合碱的组成。

（1）$V_1 = 0$，$V_2 > 0$；（2）$V_1 > 0$，$V_2 = 0$；（3）$V_1 > V_2$；（4）$V_1 < V_2$；（5）$V_1 = V_2$。

# 实训 11  硝酸银标准溶液的配制与标定

## 一、实训目的

1. 掌握硝酸银标准溶液的配制、标定和保存方法；
2. 掌握铬酸钾为指示剂判断滴定终点的方法；
3. 掌握以氯化钠为基准物质标定硝酸银的基本原理、反应条件、操作方法和计算。

## 二、实训原理

硝酸银标准溶液可以用经过预处理的基准试剂 $AgNO_3$ 直接配制。但非基准试剂 $AgNO_3$ 中常含有杂质，如金属银、氧化银、游离硝酸、亚硝酸银等，因此用间接法配制。先配成近似浓度的溶液后，用基准物质 $NaCl$ 标定。

以 $NaCl$ 作为基准物质，溶解后，在中性或弱碱性溶液中，以 $K_2CrO_4$ 为指示剂，用 $AgNO_3$ 溶液滴定。其反应式如下：

$$Ag^+ + Cl^- \xlongequal{} AgCl \downarrow（白色）\quad K_{sp} = 1.8 \times 10^{-10}$$

$$2Ag^+ + CrO_4^{2-} \xlongequal{} Ag_2CrO_4 \downarrow（砖红色）\quad K_{sp} = 1.1 \times 10^{-12}$$

达到化学计量点时，微过量的 $Ag^+$ 与 $CrO_4^{2-}$ 反应析出砖红色 $Ag_2CrO_4$ 沉淀，表示达到终点。

## 三、主要器材与试剂

### 1. 器材

50mL 酸式滴定管，250mL 锥形瓶，100mL、250mL 容量瓶，25mL 移液管，托盘天平，分析天平，10mL 量筒，100mL 烧杯，500mL 棕色试剂瓶。

### 2. 试剂

（1）$NaCl$ 基准试剂，在 $500 \sim 600℃$ 灼烧半小时后，放于干燥器中冷却。也可将 $NaCl$ 置于带盖的瓷坩埚中，加热，并不断搅拌，待爆炸声停止后，将坩埚放入干燥器中冷却。

（2）$0.1mol \cdot L^{-1} AgNO_3$：溶解 8.5 g $AgNO_3$ 于 500mL 不含 $Cl^-$ 的蒸馏水中，将溶液转入棕色试剂瓶中，置暗处保存，以防止见光分解。

（3）$5\% K_2CrO_4$ 溶液：称取 5 g $K_2CrO_4$ 溶于少量水中，滴加 $AgNO_3$ 溶液至红色不褪，混匀。放置过夜后过滤，将滤液稀释至 100mL。

## 四、实训内容

### 1. 配制 $0.1mol \cdot L^{-1} AgNO_3$ 溶液

称取 8.5 g 硝酸银溶于 500mL 不含 $Cl^-$ 的蒸馏水中，摇匀。溶液储存于密闭的棕色瓶中，置于暗处，待标定。

### 2. $0.1mol \cdot L^{-1} AgNO_3$ 溶液标定

准确称取基准试剂氯化钠 $0.5 \sim 0.65g$ 于小烧杯中，用不含 $Cl^-$ 蒸馏水溶解后，转入

100mL 容量瓶中，加不含 $Cl^-$ 蒸馏水稀释至刻度，摇匀。移取 25.00mL NaCl 标准溶液注入锥形瓶中，加入 25mL 不含 $Cl^-$ 的蒸馏水，加入 1mL 5% $K_2CrO_4$，在不断摇动下，用 $AgNO_3$ 溶液滴定至呈现砖红色即为终点。平行测定 3 次，同时做空白实验。

计算公式：

$$c_{AgNO_3} = \frac{m_{NaCl}/4}{M_{NaCl}(V-V_0)}(mol \cdot L^{-1})$$

式中，$m_{NaCl}$ 为 NaCl 的质量，g；$M_{NaCl}$ 为 NaCl 的摩尔质量，$g \cdot mol^{-1}$，（$M_{NaCl}$ = 58.44）；$V$ 为 $AgNO_3$ 溶液的体积，L；$V_0$ 为空白实验中氢氧化钠标准滴定溶液用量，L。

## 五、结果记录及数据处理

将结果填入表 11-1 中。

表 11-1 硝酸银溶液的标定

| 项目 | | 次数 | | |
|---|---|---|---|---|
| | | 1 | 2 | 3 |
| $m_{基准物}$/g | | | | |
| NaCl 基准试液总体积/mL | | | | |
| 滴定时移取 $V_{试液}$/mL | | | | |
| $c_{HCl}$/(mol·L$^{-1}$) | | | | |
| $V_{AgNO_3}$/mL | $V_{终}$ | | | |
| | $V_{初}$ | | | |
| | $V$ | | | |
| $V_0$/mL | | | | |
| $c_{AgNO_3}$/(mol·L$^{-1}$) | | | | |
| $\bar{c}_{AgNO_3}$/(mol·L$^{-1}$) | | | | |
| 偏差 $d_i$ | | | | |
| 平均偏差 $\bar{d}$ | | | | |
| 相对平均偏差 $R\bar{d}$/% | | | | |

## 六、注意事项与说明

（1）$AgNO_3$ 试剂及其溶液具有腐蚀性，破坏皮肤组织，注意切勿接触皮肤及衣服；

（2）配制 $AgNO_3$ 标准溶液的蒸馏水应无 $Cl^-$，否则配成的 $AgNO_3$ 溶液会出现浑浊，不能使用；

（3）实验完毕后，盛装 $AgNO_3$ 溶液的滴定管应先用蒸馏水洗涤 2～3 次后，再用自来水洗净，以免 AgCl 沉淀残留于滴定管内壁。

## 七、思考题

1. 莫尔法标定 $AgNO_3$ 溶液，用 $AgNO_3$ 滴定 NaCl 时，滴定过程中为什么要充分摇动溶液？如果不充分摇动溶液，对测定结果有何影响？

2. 配制 $K_2CrO_4$ 指示剂时，为什么要先加 $AgNO_3$ 溶液？为什么放置后要进行过滤？

3. 以 $K_2Cr_2O_7$ 作指示剂时，指示剂浓度过大或过小对测定结果有何影响？

# 实训 12　生理盐水中氯化钠含量的测定（莫尔法）

## 一、实训目的

1. 掌握莫尔法测定氯离子的原理和方法；
2. 掌握铬酸钾指示剂的正确使用。

## 二、实训原理

某些可溶性氯化物中氯含量的测定常采用莫尔法。由于 AgCl 的溶解度比 $Ag_2CrO_4$ 小，因此溶液中首先析出 AgCl 沉淀，当 AgCl 定量析出后，过量一滴 $AgNO_3$ 溶液即与 $CrO_4^{2-}$ 生成砖红色 $Ag_2CrO_4$ 沉淀，表示达到终点。滴定必须在中性或在弱碱性溶液中进行，最适宜 pH 值范围为 6.5～10.5，如有铵盐存在，溶液的 pH 最好控制在 6.5～7.2 之间。

指示剂的用量对滴定有影响，一般以 $5.0 \times 10^{-3} mol \cdot L^{-1}$ 为宜，过大或过小都会影响指示终点的正确性。凡是能与 $Ag^+$ 生成难溶化合物或配合物的阴离子都干扰测定，如 $AsO_4^{3-}$、$AsO_3^{2-}$、$S^{2-}$、$CO_3^{2-}$、$C_2O_4^{2-}$ 等，其中 $H_2S$ 可加热煮沸除去，将 $SO_3^{2-}$ 氧化成 $SO_4^{2-}$ 后不再干扰测定。大量 $Cu^{2+}$、$Ni^{2+}$、$Co^{2+}$ 等有色离子将影响终点的观察。凡是能与 $CrO_4^{2-}$ 生成难溶化合物的阳离子也干扰测定，如 $Ba^{2+}$、$Pb^{2+}$ 能与 $CrO_4^{2-}$ 分别生成 $BaCrO_4$ 和 $PbCrO_4$ 沉淀。$Ba^{2+}$ 的干扰可加入过量 $Na_2SO_4$ 消除。

$Al^{3+}$、$Fe^{3+}$、$Bi^{3+}$、$Sn^{4+}$ 等高价金属离子在中性或弱碱性溶液中易水解产生沉淀，也不应存在。

## 三、主要器材与试剂

### 1. 器材

同实训 11。

### 2. 试剂

NaCl 基准试剂，$0.1mol \cdot L^{-1} AgNO_3$，5％$K_2CrO_4$ 溶液，生理盐水。

## 四、实训内容

### 1. 0.1mol·L$^{-1}$ AgNO$_3$ 溶液的标定

同实训 11。

### 2. 生理盐水中氯化钠含量的测定

将生理盐水稀释 1 倍后，移取 25.00mL 注入锥形瓶中，加入 25mL 水，加入 1mL 5％ $K_2CrO_4$，在不断摇动下，用 $AgNO_3$ 标准溶液滴定至呈现砖红色即为终点，平行测定三份，同时做空白实验。

根据试样的质量和滴定中消耗 $AgNO_3$ 标准溶液的体积计算试样中 $Cl^-$ 的含量，计算出算术平均偏差及相对平均偏差。

计算公式：

$$\rho_{NaCl}(g/L) = \frac{c_{AgNO_3}(V_1 - V_0)M_{NaCl}}{\dfrac{V_2}{2}}$$

式中，$M_{NaCl}$ 为 NaCl 的摩尔质量，$g \cdot mol^{-1}$；$c_{AgNO_3}$ 为 $AgNO_3$ 物质的量浓度，$mol \cdot L^{-1}$；$V_1$ 为 $AgNO_3$ 溶液的体积，L；$V_2$ 为稀释后试样的体积，L；$V_0$ 为空白实验消耗 $AgNO_3$ 溶液体积，L。

## 五、结果记录及数据处理

### 1. 硝酸银标准溶液的标定

将结果填入表 11-1 中。

### 2. 生理盐水中氯化钠含量的测定

将结果填入表 12-1 中。

表 12-1　生理盐水中氯化钠含量的测定

| 项目 | | 次数 | | |
|---|---|---|---|---|
| | | 1 | 2 | 3 |
| 移取稀释后试样体积 $V_2$/mL | | | | |
| $V_1$/mL | $V_{终}$ | | | |
| | $V_{初}$ | | | |
| | $V$ | | | |
| $V_0$/mL | | | | |
| $\rho$/(g $\cdot$ L$^{-1}$) | | | | |
| $\overline{\rho}_{NaCl}$/(g $\cdot$ L$^{-1}$) | | | | |
| 偏差 $d_i$ | | | | |
| 平均偏差 $\overline{d}$ | | | | |
| 相对平均偏差 $R\overline{d}$/% | | | | |

## 六、注意事项与说明

（1）$AgNO_3$ 试剂价格昂贵，为节约成本，$AgNO_3$ 标准溶液是由实验室统一配制，在做实验时应注意节约。

（2）光线可促使 AgCl 分解析出金属银而使沉淀颜色变深，影响终点的观察，因此滴定时应避免强光直射；另外，光线也可加速 $AgNO_3$ 分解，滴定管应使用棕色的。

（3）标定和测定的实验步骤基本一致，所以仔细记录，以免数据记录错误。

（4）$AgNO_3$ 溶液能与皮肤和衣物反应，过一段时间，会留下水洗不掉的痕迹。因此触及 $AgNO_3$ 溶液的部位要及时用水洗净。

（5）实验结束以后，应立即用蒸馏水将用过的滴定管等滴定分析仪器冲洗干净，不可用自来水冲洗，以免器壁挂有 AgCl 而被污染。最好能回收银盐沉淀。

## 七、思考题

1. 莫尔法测氯时，为什么溶液的 pH 值必须控制在 6.5～10.5?

2. 能否用莫尔法以 NaCl 标准溶液直接滴定 $Ag^+$？为什么?

3. 配制好的 $AgNO_3$ 溶液要储于棕色瓶中，并置于暗处，为什么?

# 实训 13　高锰酸钾溶液的配制和标定

## 一、实训目的

1. 掌握 $KMnO_4$ 标准溶液的配制和方法；
2. 了解 $Mn^{2+}$ 对氧化还原反应的催化作用；
3. 了解自身指示剂确定终点的颜色变化。

## 二、实训原理

$KMnO_4$ 是氧化还原滴定中最常用的氧化滴定剂之一，在强酸性溶液中与还原剂发生下列半反应：

$$MnO_4^- + 8H^+ + 5e^- \longrightarrow Mn^{2+} + 4H_2O \quad E^\ominus(MnO_4^-/Mn^{2+}) = 1.507V$$

滴定过程所用介质为 $H_2SO_4$，且 $KMnO_4$ 本身颜色明显变化，可作指示剂。实验室配制 $KMnO_4$ 标准溶液时，由于试剂中常会有少量 $MnO_2$ 和其他杂质，蒸馏水中也常含有微量还原性物质，能慢慢使 $KMnO_4$ 还原为 $MnO(OH)_2$ 沉淀和 $Mn^{2+}$，而 $MnO(OH)_2$、$Mn^{2+}$ 和光线等都能促进 $KMnO_4$ 分解。故一般先配制近似浓度的 $KMnO_4$ 溶液，除尽杂质，并在暗处放置 7~10 天，再进行标定。

用作标定 $KMnO_4$ 溶液的基准物质有 $Na_2C_2O_4$、$H_2C_2O_4 \cdot 2H_2O$、$(NH_4)_2Fe(SO_4)_2 \cdot 6H_2O$ 等，其中 $Na_2C_2O_4$ 最常用，反应如下：

$$2MnO_4^- + 5C_2O_4^{2-} + 16H^+ \longrightarrow 2Mn^{2+} + 10CO_2 \uparrow + 8H_2O$$

此反应要在 $H_2SO_4$ 介质中、较高温度和有 $Mn^{2+}$ 作催化剂的条件下进行。滴定初期，反应很慢，$KMnO_4$ 溶液必须逐滴加入。逐渐生成的 $Mn^{2+}$ 有催化作用，随着滴定的进行反应慢慢加快。本实训不需另加指示剂，溶液由无色变为红色半分钟不褪去即为终点，记录消耗的 $KMnO_4$ 体积，并计算 $KMnO_4$ 溶液的准确浓度。

## 三、主要器材与试剂

### 1. 器材

4 号玻璃滤坩埚，电炉，250mL 容量瓶，洗瓶，吸耳球，100mL 量筒，10mL 移液管，50mL 酸式滴定管，锥形瓶，称量瓶，托盘天平，分析天平。

### 2. 试剂

$KMnO_4$（A.R.），$Na_2C_2O_4$（基准试剂），3mol·$L^{-1}$ $H_2SO_4$ 等。

## 四、实训内容

### 1. 0.02mol·$L^{-1}$ $KMnO_4$ 标准溶液的配制

称取 3.3g 高锰酸钾，溶于 1050mL 水中，缓缓煮沸 15min，冷却，于暗处放置 2 周，用已处理过的 4 号玻璃滤坩埚（在同样浓度的高锰酸钾溶液中缓缓煮沸 5min）过滤。储存于棕色瓶中。

## 2. KMnO₄ 溶液浓度的标定

准确称取 0.25g 已于 105～110℃ 电烘箱中干燥至恒重的基准试剂草酸钠,溶于 100mL 3mol·L⁻¹ 硫酸溶液中,用配制的高锰酸钾溶液滴定,近终点时加热至约 75℃,继续滴定至溶液呈粉红色,并保持 30s。同时做空白实验。

高锰酸钾标准滴定溶液的浓度按下式计算:

$$c_{KMnO_4} = \frac{2m \times 1000}{5 \times (V - V_0)M} \, mol \cdot L^{-1}$$

式中,$m$ 为草酸钠质量,g;$V$ 为高锰酸钾溶液体积,mL;$V_0$ 为空白实验消耗高锰酸钾溶液体积,mL;$M$ 为草酸钠的摩尔质量($M_{Na_2C_2O_4} = 133.998 mol \cdot L^{-1}$)。

# 五、结果记录及数据处理

将结果填入表 13-1 中。

表 13-1　KMnO₄ 标准溶液标定

| 项目 | | 次数 | | |
|---|---|---|---|---|
| | | 1 | 2 | 3 |
| 草酸钠质量 $m$/g | | | | |
| $V_{KMnO_4}$/mL | $V_{终}$ | | | |
| | $V_{初}$ | | | |
| | $V$ | | | |
| $V_0$/mL | | | | |
| $c_{KMnO_4}$/(mol·L⁻¹) | | | | |
| $\bar{c}_{KMnO_4}$/(mol·L⁻¹) | | | | |
| 偏差 $d_i$ | | | | |
| 平均偏差 $\bar{d}$ | | | | |
| 相对平均偏差 $R\bar{d}$/% | | | | |

# 六、注意事项与说明

(1)配制高锰酸钾标准溶液应注意其配制方法为:称取略多于理论计算量的固体 KMnO₄ 溶解于一定体积的蒸馏水中,加热煮沸,保持微沸约 15min,或在暗处放置 7～10 天,使还原性物质完全氧化,冷却后用微孔玻璃漏斗过滤除去 MnO(OH)₂ 沉淀。过滤后的 KMnO₄ 溶液储存于棕色瓶中,置于暗处,避光保存。不能用定量滤纸过滤,否则颗粒小的过滤除不干净。

(2)标定 KMnO₄ 溶液的反应要在酸性、较高温度(70～80℃)和有 $Mn^{2+}$ 作催化剂的条件下进行。滴定初期,反应很慢,KMnO₄ 溶液必须逐滴加入,如滴加过快,部分 KMnO₄ 在热溶液中分解而造成误差,发生以下副反应:

$$4KMnO_4 + 2H_2SO_4 \Longrightarrow 4MnO_2 + 2K_2SO_4 + 2H_2O + 3O_2 \uparrow$$

(3)温度不能太高,否则草酸钠在酸性溶液中分解。

(4)在滴定反应过程中消耗 $H^+$,如溶液酸度不够,会产生 $MnO_2$ 沉淀,并及时加硫酸进行补救,如果终点已经到了,则加硫酸无效,应重做。

（5）高锰酸钾为深色溶液，凹液面不易看清，读数时应以液面上缘为准。

（6）实验结束后，应立即用自来水冲洗滴定管，以免 $MnO_2$ 堵塞滴定管管尖。

## 七、思考题

1. 配制 $KMnO_4$ 标准溶液时，为什么要将 $KMnO_4$ 溶液煮沸一定时间并放置数天？配好的 $KMnO_4$ 溶液为什么要过滤后才能保存？过滤时是否可以用滤纸？

2. 配制好的 $KMnO_4$ 溶液为什么要盛放在棕色瓶中保存？如果没有棕色瓶怎么办？

3. 在滴定时，$KMnO_4$ 溶液为什么要放在酸式滴定管中？

4. 用 $Na_2C_2O_4$ 标定 $KMnO_4$ 时候，为什么必须在 $H_2SO_4$ 介质中进行？酸度过高或过低有何影响？可以用 $HNO_3$ 或 $HCl$ 调节酸度吗？为什么要加热到 $70 \sim 80 ℃$？溶液温度过高或过低有何影响？

5. 标定 $KMnO_4$ 溶液时，为什么第一滴 $KMnO_4$ 加入后溶液的红色褪去很慢，而以后红色褪去越来越快？

6. 盛放 $KMnO_4$ 溶液的烧杯或锥形瓶等容器放置较久后，其壁上常有棕色沉淀物，是什么？此棕色沉淀物用通常方法不容易洗净，应怎样洗涤才能除去此沉淀？

# 实训 14　过氧化氢含量的测定

## 一、实训目的

1. 掌握 $KMnO_4$ 标准溶液的配制方法；
2. 掌握用 $Na_2C_2O_4$ 基准物质标定 $KMnO_4$ 的条件；
3. 掌握用 $KMnO_4$ 标准溶液滴定 $H_2O_2$ 方法。

## 二、实训原理

$H_2O_2$ 分子中含有一个过氧键—O—O—，既可在一定条件下作为氧化剂，又可在一定条件下作为还原剂。在稀 $H_2SO_4$ 介质中，室温条件下 $KMnO_4$ 可将 $H_2O_2$ 定量氧化，可测 $H_2O_2$，反应方程式为：

$$2MnO_4^- + 5H_2O_2 + 6H^+ \xrightarrow{\phantom{aaa}} 2Mn^{2+} + 5O_2 \uparrow + 8H_2O$$

该反应开始时速度较慢，滴入第一滴后溶液不易褪色，随着反应的进行，生成的 $Mn^{2+}$ 对反应有催化作用，反应速度加快，故能顺利滴定，当滴定到溶液中有稍过量的 $MnO_4^-$ 后，溶液出现微红色即为终点。

$H_2O_2$ 样品的产品中常加有乙酰苯胺等有机物作为稳定剂，也可被 $KMnO_4$ 氧化，为避免误差的产生一般可采用碘量法或铈量法测定。

在生物化学中，常利用此法间接测定过氧化酶的活性。例如，血液中存在的过氧化酶能使过氧化氢分解，所以用一定量的过氧化氢与其作用，然后在酸性条件下用标准 $KMnO_4$ 溶液滴定残余的过氧化氢，就可以了解其活性。

## 三、主要器材与试剂

### 1. 器材

4 号玻璃滤埚，电炉，250mL 容量瓶，洗瓶，吸耳球，100mL 量筒，25mL 移液管，50mL 棕色酸式滴定管，锥形瓶，称量瓶，托盘天平，分析天平。

### 2. 试剂

$0.02mol \cdot L^{-1} KMnO_4$ 标准溶液，$3mol \cdot L^{-1}$ 硫酸溶液，$1mol \cdot L^{-1} MnSO_4$，双氧水样品（约 $30\% H_2O_2$ 水溶液）等。

## 四、实训内容

### 1. $0.02mol \cdot L^{-1} KMnO_4$ 溶液的标定

$0.02mol \cdot L^{-1} KMnO_4$ 溶液的标定同实训 13。

### 2. $H_2O_2$ 含量的测定

用移液管吸取 $1.00mL H_2O_2$ 样品（浓度约为 $30\%$）于 250mL 容量瓶中（直接用移液管移至容量瓶中），用蒸馏水定容，摇匀。

用移液管移取 25.00mL 稀释液三份，分别置于三个 250mL 锥形瓶中（先从容量瓶倒少量稀释液到烧杯中，将移液管和烧杯都润洗三次，然后再倒入一定量于烧杯中，再用移液管移取至锥形瓶中），各加 30mL 蒸馏水、5mL3mol·L$^{-1}$H$_2$SO$_4$ 溶液，用 KMnO$_4$ 标准溶液滴定至溶液呈微红色在半分钟内不褪色即为终点。同时做空白实验。过氧化氢的含量按下式计算：

$$\rho_{H_2O_2}(g \cdot mL^{-1}) = \frac{\frac{5}{2}c_{KMnO_4}(V-V_0)M_{H_2O_2} \times 10^{-3}}{\frac{25.00}{250.00} \times 1.00}$$

式中，$c_{KMnO_4}$ 为 KMnO$_4$ 物质的量浓度，mol·L$^{-1}$；$V$ 为高锰酸钾溶液体积，mL；$V_0$ 为空白实验消耗高锰酸钾溶液体积，mL；$M_{H_2O_2}$ 为 H$_2$O$_2$ 的摩尔质量，g·mol$^{-1}$。

## 五、结果记录及数据处理

### 1. 0.02mol·L$^{-1}$KMnO$_4$ 溶液的标定

将结果填入表 13-1 中。

### 2. H$_2$O$_2$ 含量的测定

将结果填入表 14-1 中。

表 14-1　H$_2$O$_2$ 含量的测定

| 项目 | | 次数 | | |
|---|---|---|---|---|
| | | 1 | 2 | 3 |
| H$_2$O$_2$ 稀释液的体积/mL | | | | |
| $c_{KMnO_4}$/(mol·L$^{-1}$) | | | | |
| $V_{KMnO_4}$/mL | $V_{终}$ | | | |
| | $V_{初}$ | | | |
| | $V$ | | | |
| $V_0$/mL | | | | |
| $\rho_{H_2O_2}$/(g·mL$^{-1}$) | | | | |
| $\overline{\rho}_{H_2O_2}$/(g·mL$^{-1}$) | | | | |
| 偏差 $d_i$ | | | | |
| 平均偏差 $\overline{d}$ | | | | |
| 相对平均偏差 $R\overline{d}$/% | | | | |

## 六、注意事项与说明

（1）用高锰酸钾法测定 H$_2$O$_2$ 时，不能通过加热来加速反应。

（2）其他注意事项同实训 13。

## 七、思考题

1. 用高锰酸钾法测定 H$_2$O$_2$ 时，能否用 HNO$_3$ 或 HCl 来控制酸度？

2. 用高锰酸钾法测定 H$_2$O$_2$ 时，为何不能通过加热来加速反应？

# 实训 15　$Na_2S_2O_3$ 标准溶液的配制与标定

## 一、实训目的

1. 熟练掌握 $Na_2S_2O_3$ 标准溶液的配制和标定方法；

2. 学会使用碘量瓶和正确判断淀粉指示剂指示的终点；

3. 了解置换碘量法的过程、原理，并掌握用基准物 $K_2Cr_2O_7$ 标定 $Na_2S_2O_3$ 溶液浓度的方法。

## 二、实训原理

硫代硫酸钠标准溶液通常用 $Na_2S_2O_3 \cdot 5H_2O$ 配制，由于 $Na_2S_2O_3$ 遇酸即迅速分解产生 S，配制时若水中含 $CO_2$ 较多，则 pH 偏低，容易使配制的 $Na_2S_2O_3$ 变浑浊。另外水中若有微生物也能够慢慢分解 $Na_2S_2O_3$。因此，配制 $Na_2S_2O_3$ 通常用新煮沸放冷的蒸馏水，并先在水中加入少量 $Na_2CO_3$（防止 $Na_2S_2O_3$ 分解），然后再把 $Na_2S_2O_3$ 溶于其中。日光也能促使 $Na_2S_2O_3$ 分解，因此 $Na_2S_2O_3$ 应储存于棕色瓶中，放置暗处 7~10 天后再标定。

标定 $Na_2S_2O_3$ 标准溶液的基准物质有 $KBrO_3$、$KIO_3$、$K_2Cr_2O_7$ 等。由于 $K_2Cr_2O_7$ 价格低廉、性质稳定、易提纯，故最常用。标定时采用置换滴定法，使 $K_2Cr_2O_7$ 先与过量 KI 作用，再用待标定浓度的 $Na_2S_2O_3$ 溶液滴定析出的 $I_2$。

第一步反应为：

$$Cr_2O_7^{2-} + 14H^+ + 6I^- \Longrightarrow 3I_2 + 2Cr^{3+} + 7H_2O$$

在酸度较低时此反应完成较慢，若酸度太强又有使 KI 被空气氧化成 $I_2$ 的危险，因此必须注意酸度的控制并避光放置 10min，此反应才能定量完成。

第二步反应为：

$$2S_2O_3^{2-} + I_2 \Longrightarrow S_4O_6^{2-} + 2I^-$$

以淀粉作指示剂，用 $Na_2S_2O_3$ 标准溶液滴定第一步反应析出的 $I_2$。淀粉溶液在有 $I^-$ 存在时能与 $I_2$ 形成蓝色可溶性吸附化合物，使溶液呈蓝色。到达终点时，溶液中的 $I_2$ 全部与 $Na_2S_2O_3$ 作用，则蓝色消失。但开始 $I_2$ 太多，被淀粉吸附得过牢，就不易被完全夺出，并且也难以观察终点，因此必须在滴定至近终点时方可加入淀粉溶液。

$S_2O_3^{2-}$ 与 $I_2$ 的反应要在中性或弱酸性溶液中进行，因为在碱性溶液中会发生下面的副反应：

$$2S_2O_3^{2-} + 4I_2 + 10OH^- \Longrightarrow 2SO_4^{2-} + 8I^- + 5H_2O$$

而在酸性溶液中 $Na_2S_2O_3$ 又易分解：

$$S_2O_3^{2-} + 2H^+ \Longrightarrow S\downarrow + SO_2\uparrow + H_2O$$

所以进行滴定以前溶液应加以稀释，一为降低酸度，二为使终点时溶液中的 $Cr^{3+}$ 不致颜色太深，影响终点观察。另外 KI 浓度不可过大，否则 $I_2$ 与淀粉所显颜色偏红紫，也不利于观察终点。

## 三、主要器材与试剂

### 1. 器材

分析天平，托盘天平，250mL 碘量瓶，250mL 容量瓶，25mL 移液管，50mL 酸式滴定管，4 号玻璃滤锅。

### 2. 试剂

$K_2Cr_2O_7$（A. R.），20% $H_2SO_4$，$Na_2S_2O_3 \cdot 5H_2O$（A. R.），KI（A. R.），$10g \cdot L^{-1}$ 淀粉指示液，$Na_2CO_3$（A. R.）。

## 四、实训内容

### 1. $0.1mol \cdot L^{-1}Na_2S_2O_3$ 溶液的配制

在 1000mL 含有 $0.2gNa_2CO_3$ 蒸馏水中加入 $26gNa_2S_2O_3 \cdot 5H_2O$，缓缓煮沸 10min，冷却。放置 2 周后用 4 号玻璃滤锅过滤。

### 2. $Na_2S_2O_3$ 溶液的标定

准确称取 0.45～0.5g 已于 140℃±2℃ 干燥至恒重的基准试剂重铬酸钾，置于碘量瓶中，溶于 50mL 水，加 4g 碘化钾及 20mL 硫酸溶液（20%），摇匀，于暗处放置 15min。加 50mL 水（15～20℃）。用配制的硫代硫酸钠溶液滴定，近终点（土黄色）时，加 2mL 淀粉指示液（$10g \cdot L^{-1}$），摇匀，继续滴定至溶液由蓝色变为亮绿色，即达终点。同时做空白实验。

硫代硫酸钠标准滴定溶液的浓度，按下式计算：

$$c_{Na_2S_2O_3} = \frac{6m \times 1000}{(V-V_0)M} mol \cdot L^{-1}$$

式中，$m$ 为重铬酸钾质量，g；$V$ 为硫代硫酸钠溶液体积，mL；$V_0$ 为空白实验消耗硫代硫酸钠溶液体积，mL；$M$ 为重铬酸钾的摩尔质量（$M_{K_2Cr_2O_7}=294.18g \cdot mol^{-1}$）。

## 五、结果记录及数据处理

将结果填入表 15-1 中。

表 15-1　$Na_2S_2O_3$ 标准溶液的标定

| 项目 | | 次数 | | |
|---|---|---|---|---|
| | | 1 | 2 | 3 |
| 重铬酸钾 $m/g$ | | | | |
| $V_{Na_2S_2O_3}/mL$ | $V_{终}$ | | | |
| | $V_{初}$ | | | |
| | $V$ | | | |
| $V_0$ | | | | |
| $c_{Na_2S_2O_3}/(mol \cdot L^{-1})$ | | | | |
| $\bar{c}_{Na_2S_2O_3}/(mol \cdot L^{-1})$ | | | | |
| 偏差 $d_i$ | | | | |
| 平均偏差 $\bar{d}$ | | | | |
| 相对平均偏差 $R\bar{d}/\%$ | | | | |

## 六、注意事项与说明

(1) $Cr_2O_7^{2-}$ 和 $I^-$ 的反应不是立刻完成,在稀溶液中进行得更慢。所以应待反应完成后再加水稀释,在上述条件下,大约需经 15min 反应才能完成。

(2) $Cr_2O_7^{2-}$ 还原后所生成的 $Cr^{3+}$ 呈绿色,妨碍终点的观察。滴定前预先稀释可使 $Cr^{3+}$ 浓度降低,绿色变淡,结果到达终点时,溶液由蓝色转变到绿色,容易观察出来。同时,稀释可降低酸度,以降低溶液中过量 $I^-$ 被空气氧化的速度,避免引起误差。

(3) 淀粉指示剂不宜过早加入,否则大量 $I_2$ 与淀粉结合生成蓝色加合物,加合物中的 $I_2$ 不易与 $Na_2S_2O_3$ 溶液作用。

(4) 滴定到终点的溶液,经过一段时间后会变蓝色。如果不是很快变蓝,那是由空气中氧化作用所造成。但如果很快变蓝,而且又不断加深,那就说明溶液稀释得太早,$K_2Cr_2O_7$ 和 KI 的反应在滴定前进行得不完全,在这种情况下,实验应重做。

(5) 临近终点,即当溶液为绿里带浅棕色时,才可加指示剂。

(6) 滴定开始时要掌握慢摇快滴,但近终点时,要慢滴,并用力振摇,防止吸附。

## 七、思考题

1. 如何配制和保存 $I_2$ 溶液?配制 $I_2$ 溶液时为什么要滴加 KI?

2. 如何配制和保存 $Na_2S_2O_3$ 溶液?

3. 用 $K_2Cr_2O_7$ 作基准物质标定 $Na_2S_2O_3$ 溶液时,为什么要加入过量的 KI 和 HCl 溶液?为什么要放置一定时间后才能加水稀释?为什么在滴定前还要加水稀释?

4. 标定 $I_2$ 溶液时,既可以用 $Na_2S_2O_3$ 滴定 $I_2$ 溶液,也可以用 $I_2$ 滴定 $Na_2S_2O_3$ 溶液,且都采用淀粉指示剂。但在两种情况下加入淀粉指示剂的时间是否相同?为什么?

# 实训 16　胆矾中铜含量的测定

## 一、实训目的

1. 了解碘量法的误差来源及其消除方法；
2. 掌握间接碘量法测定胆矾中铜含量的原理和方法；
3. 熟悉滴定分析操作中的掩蔽技术。

## 二、实训原理

胆矾（$CuSO_4 \cdot 5H_2O$）中的铜含量常用间接碘量法测定，在弱酸性溶液中，$Cu^{2+}$ 与过量 $I^-$ 发生如下反应：

$$2Cu^{2+} + 4I^- \!=\!=\!= 2CuI \downarrow + I_2$$

$$I_2 + I^- \!=\!=\!= I_3^-$$

生成的 $I_2$ 用 $Na_2S_2O_3$ 标准溶液滴定，以淀粉为指示剂，滴定至溶液的蓝色刚好消失即为终点，由此计算出样品中铜的含量。

$$I_2 + 2S_2O_3^{2-} \!=\!=\!= 2I^- + S_4O_6^{2-}$$

由于 CuI 沉淀强烈吸附 $I_3^-$，分析结果偏低，为了减少 CuI 沉淀对 $I_3^-$ 的吸附，可在大部分 $I_2$ 被 $Na_2S_2O_3$ 溶液滴定后，再加入 KSCN，使 CuI（$K_{sp} = 5.06 \times 10^{-12}$）转化为溶解度更小的 CuSCN（$K_{sp} = 4.8 \times 10^{-15}$）。

$$CuI + SCN^- \!=\!=\!= CuSCN \downarrow + I^-$$

CuSCN 对 $I_3^-$ 的吸附较小，因而可提高测定结果的准确度。KSCN 只能在接近终点时加入，否则 $SCN^-$ 可能直接还原 $Cu^{2+}$ 而使结果偏低：

$$6Cu^{2+} + 7SCN^- + 4H_2O \!=\!=\!= 6CuSCN \downarrow + SO_4^{2-} + HCN + 7H^+$$

为了防止 $Cu^{2+}$ 的水解及满足碘量法的要求，反应必须在微酸性介质中进行（pH＝3～4）。控制溶液的酸度常用 $H_2SO_4$ 或 HAc，而不用 HCl，因 $Cu^{2+}$ 易与 $Cl^-$ 生成 $CuCl_4^{2-}$ 配离子不利于测定。

若试样中含有 $Fe^{3+}$，对测定有干扰，则发生反应：

$$2Fe^{3+} + 2I^- \!=\!=\!= 2Fe^{2+} + I_2$$

使结果偏高，可加入 NaF 或 $NH_4F$，将 $Fe^{3+}$ 掩蔽为 $FeF_6^{3-}$。

## 三、主要器材与试剂

### 1. 器材

50mL 酸式滴定管，250mL 碘量瓶，100mL 烧杯，50mL 量筒，2mL、5mL、10mL 移液管，分析天平，托盘天平。

### 2. 试剂

$0.1mol \cdot L^{-1} Na_2S_2O_3$ 标准溶液，20% $H_2SO_4$ 溶液，$10g \cdot L^{-1}$ 淀粉溶液，10% KI 溶液，10% KSCN 溶液，饱和 NaF 溶液，$CuSO_4$（s）。

## 四、实训内容

### 1. $0.1mol \cdot L^{-1}Na_2S_2O_3$ 标准溶液的配制与标定

同实训 15。

### 2. 胆矾中铜含量的测定

准确称取胆矾试样 $0.5 \sim 0.75g$ 置于 250mL 碘量瓶中，加入 $2mL20\%H_2SO_4$ 溶液及 30mL 蒸馏水，样品溶解后，加入 2mL 饱和 NaF 溶液（若不含 $Fe^{3+}$，则不加入）和 $10mL10\%KI$ 溶液，摇匀后立即用 $Na_2S_2O_3$ 标准溶液滴定至浅黄色（接近终点）。然后加入 $1mL10g \cdot L^{-1}$ 的淀粉溶液，继续滴定到呈蓝灰色（更接近终点），再加入 $5mL10\%KSCN$ 溶液，摇匀，溶液的蓝色转深，再继续用 $Na_2S_2O_3$ 标准溶液滴定至蓝色刚好消失即为终点（溶液呈肉红色，CuSCN 悬浮液），记录所耗 $Na_2S_2O_3$ 的体积，平行测定 3 次，同时做空白实验。

按下式计算铜的百分含量：

$$Cu \text{ 含量}(\%) = \frac{c\dfrac{V-V_0}{1000}M}{m_s} \times 100\%$$

式中，$m_s$ 为样品质量，g；$V$ 为硫代硫酸钠溶液体积，mL；$V_0$ 为空白实验消耗硫代硫酸钠溶液体积，mL；$c$ 为 $Na_2S_2O_3$ 溶液的浓度，$mol \cdot L^{-1}$；$M$ 为胆矾的摩尔质量，$g \cdot mol^{-1}$。

## 五、结果记录及数据处理

### 1. $Na_2S_2O_3$ 标准溶液的标定

将结果填入表 15-1 中。

### 2. 胆矾中铜含量的测定

将结果填入表 16-1 中。

表 16-1　Cu 含量的测定

| 项目 | | 次数 | | |
|---|---|---|---|---|
| | | 1 | 2 | 3 |
| 胆矾的质量 $m/g$ | | | | |
| $V_{Na_2S_2O_3}/mL$ | $V_{终}$ | | | |
| | $V_{初}$ | | | |
| | $V$ | | | |
| $V_0/mL$ | | | | |
| $Cu/\%$ | | | | |
| $\overline{Cu}/\%$ | | | | |
| 偏差 $d_i$ | | | | |
| 平均偏差 $\overline{d}$ | | | | |
| 相对平均偏差 $R\overline{d}/\%$ | | | | |

## 六、注意事项与说明

（1）在铜盐含量测定时加 KI 后应立即滴定，不必放置，以防止 CuI 沉淀对 $I_2$ 的吸附太牢固。

（2）由于 CuI 沉淀对 $I_2$ 强烈吸附，溶液颜色变深，易造成终点提前，而使测定结果偏低。故在滴定至终点时加入 KSCN 以使 CuI（$K_{sp}=5.06\times10^{-12}$）沉淀转化为溶解度更小的 CuSCN（$K_{sp}=4.8\times10^{-15}$），以使被 CuI 吸附的 $I_2$ 重新释放出来，使结果更加准确。

（3）用置换滴定法测定铜盐的含量时，溶液的 pH 值以 3.5～4 为宜，可用 HAc-NaAc 缓冲溶液控制溶液的 pH 值。若在碱性条件下，由于 $Cu^{2+}$ 的水解作用，$Cu^{2+}$ 氧化 $I^-$ 的反应进行不完全，滴定结果偏低，而且反应速率慢。同时，在碱性溶液中，生成的 $I_2$ 还会发生歧化反应。

（4）滴定开始时要快滴慢摇，以减少 $I_2$ 的挥发，接近终点时，要慢滴，用力旋摇，以减少淀粉对 $I_2$ 的吸附。

（5）滴定结束后，溶液放置后会回蓝，如果不是很快回蓝（超过 5min），则是由空气中的 $O_2$ 氧化所致，不会影响分析结果。如果很快回蓝，说明 $Cu^{2+}$ 和 KI 的反应不完全，应重做实验。

## 七、思考题

1. 本实训加入 KI 的作用是什么？

2. 本实训为什么要加入 $NH_4SCN$？为什么不能过早加入？

3. 若试样中含有铁，则加入何种试剂以消除铁对测定铜的干扰并控制溶液 pH 值。

# 实训 17　碘量法测定药片维生素 C 的含量

## 一、实训目的

1. 熟悉碘标准溶液配制与标定的方法；
2. 通过维生素 C 含量的测定，掌握直接碘量法及其操作。

## 二、实训原理

维生素 C 又名抗坏血酸，分子式为 $C_6H_8O_6$，摩尔质量为 $176.12 mol \cdot L^{-1}$，维生素 C 纯品为白色或浅黄色结晶或粉末，无臭、无味。因为分子中的烯二醇基具有还原性，所以能被碘定量地氧化为二酮基而生成脱氢抗坏血酸，反应式为：

$$\begin{array}{c} \overset{\displaystyle O}{\underset{\displaystyle O}{\|}}\ \underset{\displaystyle OH}{C}\!=\!\underset{\displaystyle OH}{C}\!-\!\underset{\displaystyle H}{\underset{\displaystyle H}{C}}\!-\!\overset{\displaystyle H}{\underset{\displaystyle OH}{C}}\!-\!CH_2OH + I_2 \end{array} = \begin{array}{c} \overset{\displaystyle O}{\underset{\displaystyle O}{\|}}\ \underset{\displaystyle O}{C}\!-\!\underset{\displaystyle O}{C}\!-\!\underset{\displaystyle O}{C}\!-\!\overset{\displaystyle H}{\underset{\displaystyle OH}{C}}\!-\!CH_2OH + 2HI \end{array}$$

该反应可用于测定药片、注射液、蔬菜及水果中维生素 C 的含量。

由于维生素 C 的还原性很强，在空气中容易被氧化，在碱性介质中更甚，因此测定时加入醋酸或偏磷酸-醋酸溶液使溶液呈弱酸性，可以降低氧化速度，减少副反应的发生。

维生素 C 含量，可采用直接碘量法或间接碘量法进行测定。本实训通过标准碘液进行直接滴定。

## 三、主要器材与试剂

### 1. 器材

分析天平，托盘天平，50mL 酸式滴定管，250mL 锥形瓶，250mL 碘量瓶，100mL 量筒，2mL、5mL、10mL、25mL 移液管

### 2. 试剂

固体样品（维生素 C 片剂），$0.1 mol \cdot L^{-1}$ 盐酸溶液，1:1HAc 溶液，$0.1 mol \cdot L^{-1}Na_2S_2O_3$ 标准溶液，$0.1 mol \cdot L^{-1}I_2$ 标准溶液，0.5％淀粉指示剂。

## 四、实训内容

### 1. $0.1 mol \cdot L^{-1}Na_2S_2O_3$ 溶液的配制与标定

同实训 15。

### 2. $I_2$ 标准溶液的标定

称取 6.5g 碘和 17.5g 碘化钾，溶于 100mL 水中，置于棕色瓶中，放置 2 天，稀释至 500mL，摇匀。

移取 25.00mL 碘溶液，置于碘量瓶中，加 150mL 水（15～20℃），加 5mL 盐酸溶液 $[c(HCl) = 0.1 mol \cdot L^{-1}]$，用硫代硫酸钠标准溶液 $[c(Na_2S_2O_3) = 0.1 mol \cdot L^{-1}]$ 滴

定，近终点时加 2mL 淀粉指示液（$10g \cdot L^{-1}$），继续滴定至溶液蓝色消失。平行滴定三次。反应式为：

$$2S_2O_3^{2-} + I_2 \Longrightarrow S_4O_6^{2-} + 2I^-$$

碘标准滴定溶液的浓度，按下式计算：

$$c_{I_2} = \frac{1}{2} \times \frac{c_{Na_2S_2O_3} V_1}{V_2} (mol \cdot L^{-1})$$

式中，$V_1$ 为硫代硫酸钠标准溶液的体积，mL；$c_{Na_2S_2O_3}$ 为硫代硫酸钠标准溶液的浓度，$mol \cdot L^{-1}$；$V_2$ 为碘溶液体积，mL。

### 3. 药片维生素 C 含量的测定

准确称取适量药品粉末 0.2g 置于 250mL 的锥形瓶中，加入 20mL 新煮沸并冷却的蒸馏水和 2mL 1:1HAc，完全溶解后，再加入 1mL 淀粉指示剂，立即用 $I_2$ 标准溶液滴定至溶液显稳定的蓝色，平行滴定三次并按下式计算维生素 C 的含量。

$$w_{VC} = \frac{c_{I_2} V M_{VC}}{m_{样}} \times 100\%$$

式中，$c_{I_2}$ 为 $I_2$ 标准溶液的浓度，$mol \cdot L^{-1}$；$M_{VC}$ 为维生素 C 的摩尔质量，$g \cdot mol^{-1}$；$V$ 为滴定时所用 $I_2$ 标准溶液的体积，L；$m_{样}$ 为试样质量，g。

## 五、结果记录及数据处理

### 1. $Na_2S_2O_3$ 标准溶液的标定

将结果填入表 15-1 中。

### 2. $I_2$ 标准溶液的标定

将结果填入表 17-1 中。

表 17-1　$I_2$ 标准溶液的标定

| 项目　　　　次数 | | 1 | 2 | 3 |
|---|---|---|---|---|
| $c(Na_2S_2O_3)/(mol \cdot L^{-1})$ | | | | |
| $V_1(Na_2S_2O_3)/mL$ | $V_{终}$ | | | |
| | $V_{初}$ | | | |
| | $V$ | | | |
| $V_2/mL$ | | | 25.00 | |
| $c_{I_2}/(mol \cdot L^{-1})$ | | | | |
| $\overline{c_{I_2}}/(mol \cdot L^{-1})$ | | | | |
| 偏差 $d_i$ | | | | |
| 平均偏差 $\overline{d}$ | | | | |
| 相对平均偏差 $R\overline{d}/\%$ | | | | |

### 3. 药片维生素 C 含量的测定

将结果填入表 17-2 中。

表 17-2　药片维生素 C 含量的测定

| 项目 \ 次数 | | 1 | 2 | 3 |
|---|---|---|---|---|
| 样品 $m$/g | | | | |
| $I_2$ 标准溶液的体积 $V$/mL | $V_{终}$ | | | |
| | $V_{初}$ | | | |
| | $V$ | | | |
| $w_{VC}$/% | | | | |
| $\overline{w}_{VC}$/% | | | | |
| 偏差 $d_i$ | | | | |
| 平均偏差 $\overline{d}$ | | | | |
| 相对平均偏差 $R\overline{d}$/% | | | | |

## 六、注意事项与说明

（1）抗坏血酸会缓慢地氧化成脱氢抗坏血酸，所以制备液必须在每次实验时重新配制。

（2）维生素 C 药片难以完全溶解，有少量未溶杂质沉于瓶底，但不影响滴定结果。

（3）碘易受有机物影响，其不可与软木塞、橡皮塞等接触，应用酸式滴定管进行滴定。

（4）在碱性条件有利于碘氧化维生素 C 的反应向右进行，但在中性或碱性条件下，维生素 C 易被空气中的 $O_2$ 氧化而产生误差，尤其在碱性条件下，误差更大。同时，由于维生素 C 的还原性很强，即使在弱酸性条件下，此反应也进行得相当完全。因此，该滴定反应应在弱酸性溶液中进行，以减慢副反应的速率。

（5）$I_2$ 具有挥发性，取用 $I_2$ 滴定液后应立即盖好瓶塞。

（6）接近终点时应充分振摇，并放慢滴定速率。

（7）注意节约 $I_2$ 滴定液，润洗滴定管或未滴完的滴定液应倒入回收瓶中。

（8）维生素 C 溶解后易被空气中的 $O_2$ 氧化，应溶解一份滴定一份，不要三份同时溶解。

## 七、思考题

1. 测定维生素 C 为什么要加入稀醋酸？

2. 溶解样品时为什么要用新煮沸过的蒸馏水？

# 实训 18　EDTA 标准溶液的配制与标定

## 一、实训目的

1. 掌握 EDTA 标准溶液的配制和标定方法；
2. 学会判断配位滴定的终点；
3. 了解缓冲溶液的应用。

## 二、实训原理

乙二胺四乙酸（EDTA）难溶于水，常温下溶解度为 $0.0007mol \cdot L^{-1}$（约 $0.2g \cdot L^{-1}$），不适合分析滴定中应用。其二钠盐溶解度较大，为 $0.3mol \cdot L^{-1}$（约 $120g \cdot L^{-1}$），故通常用乙二胺四乙酸二钠盐（EDTA）配制标准溶液，一般采用标定法配制 EDTA 标准溶液。因 EDTA 能与大多数金属离子形成 1∶1 的稳定配合物，所以可以用含有金属离子的基准物质如 $Zn$、$Cu$、$Pb$、$CaCO_3$、$MgSO_4 \cdot 7H_2O$ 等，在一定 pH 值条件下，选择适当的指示剂来标定。一般选用与被测组分含有相同金属离子的基准物质进行标定，这样分析条件相同，误差可以减小。

本实训选用 ZnO 作基准物质，用铬黑 T（EBT）作指示剂在 $NH_3H_2O\text{-}NH_4Cl$ 缓冲溶液（pH＝10）中进行标定，其反应如下：

滴定前：
$$Zn^{2+} + In^{3-} \Longrightarrow ZnIn^-$$
$$\text{（纯蓝色）（酒红色）}$$

式中，$In^{3-}$ 为金属指示剂。

滴定开始至终点前：
$$Zn^{2+} + Y^{4-} \Longrightarrow ZnY^{2-}$$

终点时：
$$ZnIn^- + Y^{4-} \Longrightarrow ZnY^{2-} + In^{3-}$$
$$\text{（酒红色）} \qquad\qquad \text{（纯蓝色）}$$

所以，终点时溶液从酒红色变为纯蓝色。

用 ZnO 作基准物也可用二甲酚橙为指示剂，六亚甲基四胺作缓冲剂，在 pH＝5～6 进行标定。两种标定方法所得结果稍有差异，通常选用的标定条件应尽可能与被测物的测定条件相近，以减少误差。

## 三、主要器材与试剂

### 1. 器材

50mL 酸式滴定管，250mL 锥形瓶，5mL、10mL、25mL 移液管，托盘天平，分析天平，100mL 量筒，100mL 烧杯，250mL 容量瓶。

### 2. 试剂

氧化锌（AR）；乙二胺四乙酸二钠（AR）；20％ HCl；10％氨水；$NH_3H_2O\text{-}NH_4Cl$ 缓冲溶液（pH＝10）：取 6.75g $NH_4Cl$ 溶于 20mL 水中，加入 57mL $15mol \cdot L^{-1}$ $NH_3 \cdot H_2O$，用水稀释到 100mL；$5g \cdot L^{-1}$ 铬黑 T 指示剂：称取 0.5g 铬黑 T，加 10mL 三乙醇胺，加乙醇稀释至 100mL（配制液不宜久放。或配制成固体指示剂，即将 1g 铬黑 T 与

100g NaCl 研磨混合）。

## 四、实训内容

### 1. 0.01mol·L⁻¹EDTA 的配制

称取 2g EDTA 二钠盐，加 500mL 水，加热溶解，冷却，摇匀。

### 2. EDTA 溶液浓度的标定

准确称取 0.21g 于 800℃±50℃的高温炉中灼烧至恒量的基准试剂氧化锌，用少量水湿润，加 3mL 盐酸溶液（20%）溶解，移入 250mL 容量瓶中，稀释至刻度，摇匀。移取 25.00mL Zn²⁺ 溶液于锥形瓶中，加入 50mL 水，用氨水溶液（10%）将溶液 pH 值调至 7～8，加 10mL 氨-氯化铵缓冲溶液（pH≈10）及 5 滴铬黑 T 指示液（5g·L⁻¹），用配制的乙二胺四乙酸二钠溶液滴定至溶液由紫色变为纯蓝色。同时做空白实验。

乙二胺四乙酸二钠标准滴定溶液的浓度，按下式计算：

$$c_{EDTA} = \frac{m \times \frac{25}{250} \times 1000}{(V - V_0)M} \quad (mol \cdot L^{-1})$$

式中，$m$ 为氧化锌质量，g；$V$ 为乙二胺四乙酸二钠溶液体积，mL；$V_0$ 为空白实验消耗乙二胺四乙酸二钠溶液体积，mL；$M$ 为氧化锌的摩尔质量（$M_{ZnO}$＝81.38g·mol⁻¹g·mol⁻¹）。

## 五、结果记录及数据处理

将结果填入表 18-1 中。

表 18-1 EDTA 标准溶液标定

| 项目 | | 次数 | | |
|---|---|---|---|---|
| | | 1 | 2 | 3 |
| 氧化锌质量 $m_{ZnO}$/g | | | | |
| $V_{EDTA}$/mL | $V_终$ | | | |
| | $V_初$ | | | |
| | $V$ | | | |
| $V_0$/mL | | | | |
| $c_{EDTA}$/(mol·L⁻¹) | | | | |
| $\bar{c}_{EDTA}$/(mol·L⁻¹) | | | | |
| 偏差 $d_i$ | | | | |
| 平均偏差 $\bar{d}$ | | | | |
| 相对平均偏差 $R\bar{d}$/% | | | | |

## 六、注意事项与说明

（1）EDTA 在冷水中溶解较慢，因此应加温溶解，放冷后稀释至刻度。

（2）EDTA 溶液的储存应选择塑料瓶为佳，或硬质玻璃瓶。

（3）ZnO 加稀 HCl 后必须使其全部溶解后才能加水稀释，否则会使溶液变浑浊。

（4）当水样中 Mg²⁺ 含量较低时，铬黑 T 终点变色不够敏锐，可加入一定量的 Mg-EDTA 混合液以增加溶液中 Mg²⁺ 含量，使终点敏锐。

## 七、思考题

1. 配位滴定中为什么加入缓冲溶液？

2. 以 ZnO 为基准物，以钙指示剂为指示剂标定 EDTA 浓度时，应控制溶液的酸度为多大？为什么？如何控制？

3. 以二甲酚橙为指示剂，用 $Zn^{2+}$ 标定 EDTA 浓度的实验中，溶液的 pH 为多少？

4. 配位滴定法与酸碱滴定法相比，有哪些不同点？操作中应注意哪些问题？

# 实训 19　水的硬度的测定

## 一、实训目的

1. 了解水硬度的表示方法和测定意义；
2. 了解金属指示剂的变色原理及滴定终点的判断；
3. 掌握 EDTA 法测定水中 $Ca^{2+}$、$Mg^{2+}$ 含量的原理和方法。

## 二、实训原理

水的总硬度通常表示水中钙、镁的总量。其中钙、镁的酸式碳酸盐遇热即形成碳酸盐沉淀而被除去，这部分钙、镁含量称为暂时硬度。即

$$Ca(HCO_3)_2 \Longrightarrow CaCO_3 \downarrow + CO_2 \uparrow + H_2O$$

而以氯化物、硫酸盐、硝酸盐等形式存在的钙、镁含量称为永久硬度，其在加热时不沉淀（但在锅炉中溶解度低时可以析出成为锅垢）。

许多工农业生产不能用硬水，所以需要事先分析水中钙盐和镁盐的含量。测定水的硬度，就是测定水中钙、镁含量而折算成 CaO，然后用硬度单位表示。也可用水中钙镁的质量（mg）表示。这里介绍常用的两种表示方法：

（1）以德国度（°dH）计，1 L 水中含有 10mg CaO 为德国度。

（2）以 $mg \cdot L^{-1}$ 计，表示 1 L 水中含有 $CaCO_3$ 的质量（mg）。

测定水的总硬度一般采用 EDTA 滴定法。先测定钙镁的总含量，再测钙含量，然后由钙镁总含量减去钙含量，求出镁含量。即在 $pH \approx 10$ 的氨性缓冲溶液中，以铬黑 T 为指示剂，用 EDTA 标准溶液滴定。在化学计量点前，$Ca^{2+}$、$Mg^{2+}$ 与铬黑 T 形成紫红色配合物，当用 EDTA 标准溶液滴定至化学计量点时，游离出指示剂，溶液呈现纯蓝色。

滴定时有 $Fe^{3+}$、$Al^{3+}$ 等干扰离子，可用三乙醇胺掩蔽，有 $Cu^{2+}$、$Pb^{2+}$、$Zn^{2+}$ 等金属离子，可用 KCN、$Na_2S$ 或巯基乙酸掩蔽。

铬黑 T 和 $Mg^{2+}$ 显色灵敏度高于 $Ca^{2+}$ 显色灵敏度，当水样中 $Mg^{2+}$ 含量较低时，终点变色不敏锐。为此可在 EDTA 标准溶液中加入适量 $Mg^{2+}$（标定前加入，不影响测定结果）；或者在缓冲溶液中加入一定的 Mg-EDTA 盐，利用置换滴定来提高终点变色的敏锐性；也可采用 KB 混合指示剂，此时终点的颜色由紫红色变为蓝绿色。

## 三、主要器材与试剂

### 1. 器材

50mL 酸式滴定管，250mL 锥形瓶，1mL、2mL、5mL、50mL 移液管，托盘天平，分析天平。

### 2. 试剂

$0.01000mol \cdot L^{-1}$ EDTA 标准溶液；$NH_3 \cdot H_2O$-$NH_4Cl$ 缓冲溶液（pH＝10）；20% 三乙醇胺溶液；2% $Na_2S$ 溶液；$4mol \cdot L^{-1}$ HCl 溶液；$6mol \cdot L^{-1}$ NaOH 溶液；铬黑 T 指示剂，钙指示剂。

## 四、实训内容

### 1. 0.01mol·L⁻¹EDTA 标准的配制

按实训 18 的方法进行。

### 2. 总硬度的测定

取 50.00mL 澄清的水样（或自来水）三份，置于 250mL 锥形瓶中。加 1～2 滴 4mol·L⁻¹HCl 溶液酸化，煮沸数分钟以除去 $CO_2$，冷却至室温。分别加入 5mL 三乙醇胺溶液（掩蔽 $Fe^{3+}$、$Al^{3+}$ 等高价金属离子）、5mL pH＝10.0 的 $NH_3·H_2O-NH_4Cl$ 缓冲溶液和 1mL $Na_2S$ 溶液（掩蔽 $Cu^{2+}$、$Zn^{2+}$ 等重金属离子），摇匀。加入 3 滴铬黑 T 指示剂，摇匀，此时溶液呈酒红色，以 0.01000mol·L⁻¹ EDTA 标准溶液滴定至溶液刚好转变为纯蓝色，即为终点，记录 EDTA 标准溶液的用量 $V_1$（mL）。平行测定三次。

### 3. 钙含量的测定

另量取 50.00mL 澄清水样三份，于 250mL 锥形瓶中，加 2mL 6mol·L⁻¹NaOH 溶液，摇匀。加适量钙指示剂（至溶液颜色清亮），摇匀，溶液呈红色，用 0.01000mol·L⁻¹ ED-TA 标准溶液滴定至溶液刚好转变为纯蓝色即为终点❶。记录 EDTA 标准溶液的用量 $V_2$（mL）。平行测定三次。

### 4. 镁含量的测定

由钙镁总含量减去钙含量即为镁含量。

根据以上数据按下式计算水样的总硬度和每升水样中 $Ca^{2+}$、$Mg^{2+}$ 的质量（mg）即钙镁硬度。

$$总硬度：CaO(mg·L^{-1})=\frac{V_1 c_{EDTA} M_{CaO}}{V_水}\times 1000$$

$$总硬度：德国度(°dH)=\frac{V_1 c_{EDTA} M_{CaO}}{V_水}\times 100$$

$$钙硬度：Ca^{2+}(mg·L^{-1})=\frac{V_2 c_{EDTA} M_{Ca}}{V_水}\times 1000$$

$$镁硬度：Mg^{2+}(mg·L^{-1})=\frac{(V_1-V_2)c_{EDTA} M_{Mg}}{V_水}\times 1000$$

## 五、结果记录及数据处理

将结果填入表 19-1 中。

表 19-1　水总硬度的测定

| 项目 | | 次数 | | |
|---|---|---|---|---|
| | | 1 | 2 | 3 |
| | 水样体积/mL | | | |

---

❶　当试液中 $Mg^{2+}$ 的含量较高时，加入 NaOH 后，产生 $Mg(OH)_2$ 沉淀，使结果偏高或终点不明显（因沉淀吸附指示剂之故），可将溶液稀释后测定。

| 项目 | | | 次数 | | |
|---|---|---|---|---|---|
| | | | 1 | 2 | 3 |
| 总硬度的测定 | $V_{EDTA}$/mL | $V_{终}$ | | | |
| | | $V_{初}$ | | | |
| | | $V_1$ | | | |
| | $\overline{V}_1$/mL | | | | |
| | 总硬度(CaO 计)/(mg·L$^{-1}$) | | | | |
| | 总硬度(以德国度计) | | | | |
| 钙硬度的测定 | 水样编号 | | 4 | 5 | 6 |
| | 水样体积/mL | | | | |
| | $V_{EDTA}$/mL | $V_{终}$ | | | |
| | | $V_{初}$ | | | |
| | | $V_2$ | | | |
| | $\overline{V}_2$/mL | | | | |
| | 钙硬度(Ca)/(mg·L$^{-1}$) | | | | |
| 镁硬度(Mg)/(mg·L$^{-1}$) | | | | | |

## 六、注意事项与说明

（1）注意加入掩蔽剂掩蔽干扰离子，掩蔽剂要在加指示剂之前加入。

（2）测定总硬度的时候在临近终点时应慢滴多摇。

（3）测定时要是水温过低应将水样加热到30～40℃再进行测定。

## 七、思考题

1. 什么叫水的总硬度？怎样计算水的总硬度？

2. 为什么滴定 $Ca^{2+}$、$Mg^{2+}$ 总含量时要控制 pH≈10，而滴定 $Ca^{2+}$ 含量时要控制 pH 值为 12～13？若 pH ＞13 时测 $Ca^{2+}$ 对结果有何影响？

3. 如果只有铬黑 T 指示剂，能否测定 $Ca^{2+}$ 的含量？如何测定？

# 实训 20　胃舒平药片中铝和镁的测定

## 一、实训目的

1. 掌握配位滴定的原理和配位滴定中返滴定的特点；
2. 掌握 XO 金属指示剂的使用；
3. 了解成品药剂中组分含量测定的前处理方法。

## 二、实训原理

胃舒平主要成分为氢氧化铝、三硅酸铝及少量中药颠茄流浸膏，在制成片剂时还加了大量糊精等赋形剂。药片中 Al 和 Mg 的含量可用 EDTA 配位滴定法测定。

测定 $Al^{3+}$ 含量——返滴定法。$Al^{3+}$ 和 EDTA 反应速率慢，加热及 EDTA 过量才能使反应完全。$Al^{3+}$ 在 pH=4.1 时水解影响滴定，应控制 pH=4。$Al^{3+}$ 能使 XO 封闭。

返滴定法——在试液中先加一定量过量的 EDTA 标准溶液，使待测离子 M 完全配位，剩余的 EDTA 再用另一金属离子标准溶液滴定。

测定 $Mg^{2+}$ 含量——直接滴定法。

先将样品溶解，分离弃去水的不溶物质，然后取一份试液，调节 pH 值约为 4，定量加入过量的 EDTA 溶液，加热煮沸，使 $Al^{3+}$ 与 EDTA 完全反应，再以二甲酚橙为指示剂，用 $Zn^{2+}$ 的标准液滴定过量 EDTA 而测定出 Al 的含量。

$$Al^{3+} + H_2Y^{2-} \longrightarrow AlY^- + 2H^+$$

另取一份溶液，调节 pH=5.5 左右，使 $Al^{3+}$ 生成 $Al(OH)_3$ 沉淀分离后，再调节 pH=10，以铬黑 T 作为指示剂，用 EDTA 标准溶液滴定滤液中的 Mg。

$$Mg^{2+} + H_2Y^{2-} \longrightarrow MgY^{2-} + 2H^+$$

## 三、主要器材与试剂

### 1. 器材

分析天平，托盘天平，50mL 酸式滴定管，250mL 锥形瓶，1mL、2mL、5mL、10mL、20mL、25mL 移液管，250mL 容量瓶，25mL 量筒，烧杯，表面皿，胶头滴管。

### 2. 试剂

EDTA 二钠盐（A.R.）；ZnO（基准试剂）；0.2%二甲酚橙指示剂；6mol·$L^{-1}$HCl 溶液；1:1 氨水溶液；$NH_3$·$H_2O$-$NH_4Cl$ 缓冲溶液（pH=10）；20%六亚甲基四铵溶液；0.2%乙醇溶液。

## 四、实训内容

### 1. 配制 $Zn^{2+}$ 标准液（0.02mol·$L^{-1}$）

准确称取氧化锌 0.5g 置于 150mL 烧杯中，加入水完全溶解后，以少量水洗涤表面皿和烧杯内壁，定量转移至 250mL 容量瓶中，加水稀释至刻度。

### 2. 配制 EDTA 溶液（0.02mol·L$^{-1}$）

称取约 7.5 g EDTA 二钠盐固体，加水，温热溶解，冷却后转移至聚乙烯试剂瓶中，稀释至 1L，摇匀，配制成浓度约为 0.02mol·L$^{-1}$ 的 EDTA。

### 3. 标定 EDTA 溶液的浓度

移取 25.00mL 锌标准溶液于锥形瓶中，加入 2mL 6mol·L$^{-1}$ HCl 及 15mL 20％六亚甲基四胺溶液，加入 1mL 0.2％二甲酚橙水溶液，溶液变为紫红色，用 0.02mol·L$^{-1}$ EDTA 标准溶液滴定由紫红色变为亮黄色为终点，记下终点读数 $V$（平行滴定三次），按下式计算 EDTA 标准溶液的浓度。

$$c_{EDTA}(mol·L^{-1}) = \frac{m_{ZnO} \times 25.00 \div 250.00}{M_{ZnO} V_{EDTA}} \times 10^3, \quad M_{ZnO} = 81.38g·mol^{-1}$$

### 4. 样品处理

称取胃舒平药片 10 片，研细后从中称出药粉 2.0g 于洁净小烧杯中，加入 20mL 6mol·L$^{-1}$ HCl，加去离子水 40mL，煮沸（不宜爆沸，否则溶液发黄），冷却后过滤，并以水洗涤沉淀，收集滤液及洗涤液于 250mL 容量瓶中，稀释至刻度，摇匀。

### 5. 铝的测定

准确移取上清液 5.00mL 于 250mL 锥形瓶中，加水至 25mL 左右，滴加 1∶1 NH$_3$-H$_2$O 溶液至刚出现浑浊，再加 6mol·L$^{-1}$ HCl 溶液至沉淀恰好溶解，准确加入 EDTA 标准溶液 25.00mL，再加入 10mL 20％六亚甲基四胺溶液，煮沸 3 min 并冷却后，加入二甲酚橙指示剂 2～3 滴，以 Zn$^{2+}$ 标准溶液滴定至溶液由黄色变为红色，即为终点。根据 EDTA 加入量与 Zn$^{2+}$ 标准溶液滴定体积，按下式计算每片药片中 Al$_2$O$_3$ 质量分数。

$$w_{Al_2O_3} = \frac{\frac{1}{2} \times [(cV)_{EDTA} - (cV)_{Zn标液}] \times 10^{-3} M_{Al_2O_3}}{m_s \times 5.00 \div 250.00} \times 100\%, \quad M_{Al_2O_3} = 101.96g·mol^{-1}$$

### 6. 镁的测定

吸取试液 25.00mL，滴加 1∶1 NH$_3$·H$_2$O 溶液至刚出现沉淀，再加 6mol·L$^{-1}$ HCl 溶液至沉淀恰好溶解，加入 2g 固体 NH$_4$Cl，滴加六亚甲基四胺溶液至沉淀出现并过量 15mL，加热至 80℃，维持 10～15min，冷却后过滤，以少量蒸馏水洗涤沉淀数次，收集滤液与洗涤液于 250mL 锥形瓶中，加入三乙醇胺溶液 10mL、NH$_3$·H$_2$O-NH$_4$Cl 缓冲溶液（pH＝10）10mL 及甲基红指示剂 1 滴、铬黑 T 指示剂少许，用 EDTA 标准溶液滴定至试液由暗红色转变为蓝绿色，即为终点。按下式计算每片药片中 Mg 的质量分数（以 MgO 表示）。

$$w_{MgO} = \frac{(cV)_{EDTA} \times 10^{-3} M_{MgO}}{m_s \times 25.00 \div 250.00} \times 100\%, \quad M_{MgO} = 40.30g·mol^{-1}$$

## 五、结果记录及数据处理

### 1. EDTA 溶液的标定

将结果填入表 20-1 中。

### 2. 胃舒平药片中镁、铝含量的测定

将结果填入表 20-2 中。

表 20-1　0.02mol·L$^{-1}$EDTA 溶液的标定（ZnO 为基准物）

| 项目 | | 次数 | | |
|---|---|---|---|---|
| | | 1 | 2 | 3 |
| 氧化锌质量 $m_{ZnO}$/g | | | | |
| $V_{EDTA}$/mL | $V_终$ | | | |
| | $V_初$ | | | |
| | $V$ | | | |
| $V_0$/mL | | | | |
| $c_{EDTA}$/(mol·L$^{-1}$) | | | | |
| $\overline{c}_{EDTA}$/(mol·L$^{-1}$) | | | | |
| 偏差 $d_i$ | | | | |
| 平均偏差 $\overline{d}$ | | | | |
| 相对平均偏差 $R\overline{d}$/% | | | | |

表 20-2　胃舒平药片中镁、铝含量的测定

| 项目 | | 次数 | | |
|---|---|---|---|---|
| | | 1 | 2 | 3 |
| $m$（胃舒平）/g | | | | |
| $V$（胃舒平试液）/mL | | | | |
| $c_{EDTA}$/(mol·L$^{-1}$) | | | | |
| $V_{EDTA}$/mL | | | | |
| $V_{Zn标}$/mL | $V_终$ | | | |
| | $V_初$ | | | |
| | $V_{Zn标}$ | | | |
| $w_{Al_2O_3}$/% | | | | |
| $\overline{w}_{Al_2O_3}$/% | | | | |
| $V$（胃舒平试液）/mL | | | | |
| $V_{EDTA标}$/mL | $V_终$ | | | |
| | $V_初$ | | | |
| | $V_{EDTA}$ | | | |
| $w_{MgO}$/% | | | | |
| $\overline{w}_{MgO}$/% | | | | |

# 六、注意事项与说明

（1）胃舒平药片试样中铝含量不均匀，为测定准确，应取具有代表性的样品，研细后进行分析。

（2）用六亚甲基四铵溶液调节 pH 值比用氨水好，可以减少 $Al(OH)_3$ 对 $Mg^{2+}$ 的吸附。

（3）测定 $Al^{3+}$ 含量之前先除去样品中的杂质，以免影响测量结果。

（4）$Al^{3+}$ 的存在会封闭 EBT，干扰 $Mg^{2+}$ 的测定，所以应分离除去 $Al^{3+}$，余下少量

$Al^{3+}$ 加掩蔽剂掩蔽。

（5）测定镁时加入甲基红一滴可使终点更为敏锐。

（6）为节省实验时间，实验顺序可以调整为：①样品预处理，试液静置；②准备镁测定，沉淀 $Al^{3+}$，过滤；③配制 EDTA 溶液；④准备锌标准溶液；⑤标定 EDTA；⑥返滴定法测定 Al 含量；⑦测定 Mg 含量。

## 七、思考题

1. 为什么要称取大样混匀后再取小部分试样进行测定？
2. 在测定铝时为什么不采用直接滴定法？
3. 在测定镁时为什么要加入三乙醇胺溶液？
4. 测定胃舒平片剂中铝含量的意义是什么？